Roswitha von Bary · Henriette Adelaide

Roswitha von Bary

HENRIETTE ADELAIDE

Kurfürstin von Bayern

Verlag Friedrich Pustet
Regensburg

Bibliografische Information der Deutschen Bibliothek

Die Deutsche Bibliothek verzeichnet diese Publikation
in der Deutschen Nationalbibliografie; detaillierte bibliografische
Daten sind im Internet über http://dnb.ddb.de abrufbar.

ISBN 3-7917-1873-8
Unveränderter Nachdruck der Originalausgabe „Henriette Adelaide von Savoyen.
Kurfürstin von Bayern", 1980 Süddeutscher Verlag GmbH, München

Umschlaggestaltung: Anna Braungart, Regensburg
Karten: Christl Aumann
Gesamtherstellung: Friedrich Pustet, Regensburg
Printed in Germany 2004

Inhalt

Vorwort

Die Erinnerung an Kurfürstin Henriette Adelaide ist in unserem Land und in meiner Familie noch immer sehr lebendig.

Im Alter von fünfzehn Jahren ist die temperamentvolle Tochter des Herzogs Viktor Amadeus I. von Savoyen 1652 nach München gekommen, nachdem sie noch in Turin – in einer von Kurfürst Maximilian I. gestifteten Ehe – dem gleichaltrigen bayerischen Kurfürsten Ferdinand Maria vermählt worden war.

Als der junge Herrscher 1654 in Kurbayern die Regierung übernahm, gewann Henriette Adelaide auf das geistige, kulturelle und religiöse Leben in Bayern einen prägenden Einfluss. Sie holte die Theatiner von Turin nach München und ließ für diesen neuen Reformorden die große Hofkirche gegenüber der Residenz erbauen, die Theatinerkirche. Zu den italienischen Künstlern, die von ihr berufen wurden, gehörten die Architekten Agostino Barelli und der aus Graubünden stammende Enrico Zucalli, die Maler Sebastiano Bombelli und Antonio Zanchi, die Musiker Ercole Barnabei und Agostino Stefani.

Die großen Festlichkeiten, in deren Mittelpunkt Henriette Adelaide stand, zum Beispiel die Feiern anlässlich der Geburt des Thronfolgers Maximilian Emanuel im Jahr 1662, bildeten die Höhepunkte der Münchner Hofkultur in der Barockzeit.

Auch die jüngeren Kinder des Kurfürstenpaares nahmen in Europa bedeutende Positionen ein. Der Sohn Joseph Clemens wurde zum Kurerzbischof von Köln gewählt, die Tochter Marie Christine heiratete den Dauphin von Frankreich, deren Schwester Violante Beatrix den Großprinzen von der Toskana.

Der frühe Tod Henriette Adelaides im März 1676 – nach dem großen Residenzbrand des Jahres 1674 – stellt einen wichtigen Einschnitt in der bayerischen Geschichte dar.

Der Verlag Pustet hat in den letzten Jahren immer wieder die Aufmerksamkeit auf bayerische Kurfürstinnen und Königinnen gelenkt. Ich freue mich, dass er nun die schöne Biographie, die Roswitha von Bary der Kurfürstin Henriette Adelaide gewidmet hat, wiederum der Öffentlichkeit zugänglich macht, und wünsche dem Buch viele interessierte Leser.

Schloss Nymphenburg im Oktober 2003

Eine ungewöhnliche Mutter

Viktor Amadeus von Savoyen war ein 32jähriger Prinz, als sein Vater ihn 1619 nach Paris sandte, um die Schwester König Ludwigs XIII. zu heiraten. Der Bräutigam stammte aus einem der kleineren europäischen Staaten, aber aus einer alten und ruhmreichen Dynastie. Über Jahrhunderte hatte sich seine Familie im Besitz des französischen Stammlandes Savoyen erhalten, das zwischen den großen Mächten Europas ein Sammelbecken kultureller Einflüsse darstellte. Durch kluge Politik faßte das Haus Savoyen auch festen Fuß im oberitalienischen Piemont und verlegte im 16. Jahrhundert seinen Regierungssitz aus dem Alpenstädtchen Chambéry nach Osten in das ehemalige Römerzentrum Turin. Die geographische Lage und wirtschaftliche Bedeutung dieser Stadt verhießen dem Fürstenhof eine entscheidendere Rolle im europäischen Kräftespiel. Mit der Erwerbung der Grafschaft Nizza hatte Savoyen bereits 1388 Zugang zum Mittelmeer erhalten.

Als eigentliche Klammer des zweisprachigen, durch hohe Alpenkämme geteilten Staatswesens wirkte die ehrgeizige Herrscherfamilie. Im italienischen Raum gewann die Casa Savoia politische Wirksamkeit durch die alte Zugehörigkeit des Herzogtums zum Heiligen Römischen Reich, durch militärische Erfolge und Heiratsverbindungen mit den ersten Fürstenhäusern Europas. Als die Apenninen-Halbinsel im 16. Jahrhundert immer stärker in Abhängigkeit von den spanischen Habsburgern geriet, richtete auch Savoyen-Piemont seine Politik jahrzehntelang nach der Weltmacht Spanien aus. Doch das Erstarken Frankreichs nach dem Ende der Glaubenskämpfe ließ dem Turiner Hof eine dynastische Verbindung mit Paris geraten erscheinen. Die Heirat des Thronfolgers Viktor Amadeus mit Christine Bourbon, der Tochter König Heinrichs IV. und der Maria Medici, leitete schließlich eine politische Abkehr vom Bündnis mit Spanien und Hinneigung zum mächtigen Nachbarn Frankreich ein.

Die dreizehnjährige, reizvolle Braut besaß bereits Ehrgeiz genug, um den savoyischen Prinzen nicht als einen wirklich ebenbürtigen Freier zu empfinden. Ihre ältere Schwester Elisabeth hatte 1615 auf den Königsthron von Spanien geheiratet, während sie selbst sich mit einer Herzogskrone begnügen sollte. Obendrein war der Savoyer fast zwanzig Jahre älter als sie. Während sie Paris in nicht gerade rosiger Laune verließ, um dem stillen, soldatischen Bräutigam nach Turin zu folgen, war sie entschlossen, ihre königliche Herkunft und ihr französisches Wesen stets zu betonen. Trotz ihrer Jugend hatte »Chrestienne« die freien Sitten und den Luxus des Pariser Hofes kennengelernt und fand den wesentlich strengeren Ton im Haus ihres Schwiegervaters, des Herzogs Karl Emanuel I. von Savoyen, durchaus nicht nach ihrem Geschmack.

Der damalige Herr von Turin, dem die italienische Geschichte den Beinamen »Testa di Fuoco« (Feuerkopf) gab, war ein lebhafter, kriegerischer Geist. Er hatte seine Gemahlin, die spanische Infantin Katharina, früh verloren und war Witwer geblieben. In Turin herrschte eine männlich-militärische Atmosphäre, die aber durch die höfischen Sitten und kulturellen Interessen der Fürstenfamilie glanzvolle Wirkung erhielt. Mit seiner dominierenden Persönlichkeit gebot der alte Herzog über den Hof und die ehrgeizige Schwiegertochter mußte sich fügen. Die jüngere Generation der Familie Savoyen bestand aus den beiden Brüdern des Thronfolgers, dem Kardinal Mauritius, der in Rom einen Musenhof unterhielt, und dem Heerführer Prinz Thomas, sowie mehreren unehelichen Söhnen Karl Emanuels, unter denen der Malteserritter Don Felix von Savoyen durch persönliche Fähigkeiten hervorragte.

Der jungen Christine fiel es schwer, sich an ihren neuen Lebenskreis zu gewöhnen. Zwar zeigte sich Viktor Amadeus seiner graziösen Frau bald mit Leib und Seele ergeben, aber er hatte nach dem frühen Tod der Mutter am spanischen Hof, im trübseligen Escorial, viele Jahre strengster Erziehung erlebt, aus denen er als nachdenklicher, verschlossener Mensch hervorgegangen war. Festlichkeiten interessierten ihn wenig, galante Abenteuer lehnte er ab. Er war ein unermüdlicher Arbeiter, der sparsam lebte und seine Pflichten verantwortungsbewußt erfüllte. Obwohl er Christine mit Zärtlichkeit umgab, gelang es ihm nicht, sie auf die Dauer an sich zu fesseln. Mit seinem strengen, olivfarbenen Gesicht und dem melancholischen Ausdruck seiner Augen entsprach er nicht dem Geschmack der lebenslustigen Französin. Da Viktor Amadeus in den militärischen Auseinandersetzungen jener Zeit allzu häufig dem Hofe fernblieb, interessierte Christine sich schließlich für die Herren ihrer Umgebung und ihr Ruf begann zu leiden. Ihr erstes lebensfähiges Kind, eine kleine Tochter, die nach dem französischen König den Namen Luisa erhielt, kam erst 1629 zur Welt.[1]

Mitteleuropa war in jenen Jahren der Schauplatz des Dreißigjährigen

Krieges. Durch religiöse und politische Gegensätze entflammt, schwelte er bereits seit über einem Jahrzehnt in verschiedenen Feldzügen weiter und offenbarte die ganze Zerrissenheit des Heiligen Römischen Reiches, dessen Fürstenwelt sich dem Übergewicht Habsburg nicht länger beugen wollte. Als sich die außerdeutschen Staaten Spanien und Dänemark, Schweden und Frankreich in die Machtkämpfe mischten, wurde das Reich zum Schlachtfeld einer ganzen Generation.

Auch der oberitalienische Raum, den das Haus Habsburg vom spanischen Mailand aus überwachte, war in die europäischen Kriegswirren einbezogen. Jahrelang suchte Herzog Karl Emanuel von Savoyen sein Heil in einer Schaukelpolitik zwischen der spanisch-habsburgischen Macht und dem aufstrebenden Frankreich. Dort leitete Richelieu als erster Ratgeber des Königs die Geschicke des Landes. Mit eiserner Faust hielt er im Innern den Adel im Zaum und warf den letzten Widerstand der Hugenotten nieder. Als er an Allerheiligen 1628 mit Ludwig XIII. deren gefallenes Bollwerk La Rochelle betrat, hatte er den Rücken frei, um Frankreich nach außen den Weg zur Hegemonie in Europa zu bereiten. Dazu mußte er sein Land aus der habsburgischen Umklammerung lösen, in die es im 16. Jahrhundert geraten war. Habsburg zu treffen, wo es ihm begegnete, war in den kommenden Jahren sein vornehmstes Ziel.

Hierzu bot sich Gelegenheit in der oberitalienischen Tiefebene, die für Frankreich eine wichtige Flanke bedeutete. Nachdem er bereits um die Mitte der zwanziger Jahre die Graubündner im Kampf um das Veltlin gegen Habsburg unterstützt und dabei Karl Emanuel seine Macht hatte spüren lassen, griff er 1629 in den Mantuanischen Erbfolgekrieg ein, um den französischen Kandidaten für dieses Herzogtum gegen Habsburg durchzusetzen. Hierbei traf er wiederum auf den alten Savoyerherzog, der Teile des mantuanischen Besitzes beanspruchte und sich dabei auf Spanien stützte. Das erste französische Heer, das die Alpen überquerte, schlug Karl Emanuel zurück, mußte aber im Vertrag von Susa 1629 der Macht Richelieus weichen und den Franzosen Durchzug durch sein Land gestatten. Im folgenden Jahr trieb die Politik des Savoyers einer Katastrophe zu. Während die Spanier ihm ihre Hilfe verweigerten, eroberte ein französisches Heer die strategisch bedeutende piemontesische Staatsfestung Pinerolo am Alpenrand westlich von Turin. Als der alte Herzog herbeieilte, um sein Land vor dem Feind zu schützen, befiel ihn eine Lungenentzündung, die am 26. Juli

1630 zum Tode führte. Er hinterließ Piemont seinem Thronfolger als Kriegsschauplatz, blieb seinen Landsleuten aber als ein Mann im Gedächtnis, der in Zeiten französischer Einmischungspolitik und schwerster Unterdrückung durch die Spanier eine selbständige, in die Zukunft der Familie Savoyen weisende Haltung bezogen hatte.

Viktor Amadeus war kein Feuerkopf wie sein Vater und wollte dessen kriegerisches Leben nicht fortsetzen. In Piemont begannen Hunger und Pest zu wüten, das Volk verlangte nach Frieden. So beugte sich der neue Herzog den Bedingungen der Vernunft und beschloß, mit Frankreich über einen Vertrag zu verhandeln. Das erste Jahr seiner Regierung war für ihn eine besonders dornenreiche Zeit. Stärker als alle verwandtschaftlichen Beziehungen zu Spanien und Frankreich wog die politische Realität. Im April 1631 mußte er in Cherasco, einem Städtchen nahe Turin, wo der Hof aus Furcht vor der Pest einen trostlosen Winter verbracht hatte, den Frieden mit Frankreich unterzeichnen. Richelieu behielt das Festungswerk Pinerolo, die Schlüsselstellung für den Einmarsch französischer Truppen in Oberitalien, und errang damit eine starke Zwingburg mitten im Gebiet des Hauses Savoyen. Für die Beseitigung der politischen Isolation des Herzogtums war also ein hoher Preis bezahlt worden.[2]

Zu diesen Schwierigkeiten kamen für Viktor Amadeus bittere Enttäuschungen mit Christine, an deren ehelicher Treue er bisher nicht hatte zweifeln wollen. Ein Mann kreuzte damals den Lebensweg der jungen Herzogin, der sie fortan von Stufe zu Stufe begleiten sollte: Graf Philipp von Agliè. Er entstammte einer angesehenen piemontesischen Familie, die in der Nähe der Stadt Ivrea, im grünen Hügelland vor den Alpen, ihr gleichnamiges Stammschloß besaß. Philipp war, als er 1630 die Aufmerksamkeit Christines auf sich zog, ein großgewachsener, schöner Mann von 26 Jahren und kein Neuling am Turiner Hof. In ein Duell verwickelt, hatte er 1623 die Stadt verlassen und wurde kurz darauf Page bei Kardinal Mauritius von Savoyen in Rom, der sich dort, häufig über seine finanziellen Verhältnisse, als Mäzen für Musik, Theater und Literatur betätigte. Dieser erkannte die musischen Fähigkeiten seines neuen Pagen und förderte dessen Ehrgeiz auf dem Gebiet des Balletts. Diese Kunstform der barocken Bühne, die damals große Beliebtheit erlangte, forderte die Talente eines Choreographen, Dichters und Komponisten, also eine umfassende künstlerische Phantasie. Das erste Werk Philipps, »Bacco trionfante delle Indie«, ließ Kardinal

Mauritius 1624 in Rom aufführen. Weitere Ballette folgten auch in Turin und im Sommer 1631 sogar am verwöhnten französischen Hof, wohin Agliè seinem Herrn folgte, als dieser mit Frankreich über die Durchführung des Friedens von Cherasco verhandelte. Auf Wunsch der Königin Anna fand in Monceaux eine festliche Ballettaufführung statt, die Agliè zu einem bekannten und gefeierten Bühnenautor machte.[3]

Die Liebesbeziehung zwischen der Herzogin und dem begabten jungen Höfling begann wahrscheinlich im Winter 1630/31, als sich der piemontesische Hof in Cherasco befand. Zunächst suchte das Paar seine Gefühle geheimzuhalten, soweit dies irgend möglich war. Aber für Herzogin Christine war Philipp Agliè kein Liebhaber, den sie sich aus Langeweile genommen hatte. Die Beziehung zu ihm dauerte ein ganzes, langes Leben und nahm im Verlauf von Christines späterer Witwenschaft den Charakter einer Ehe zur linken Hand an. Ein so tiefes Gefühl konnte dem Hof nicht verborgen bleiben.

In den kommenden Monaten bewies die Herzogin, daß sie eine ungewöhnliche Frau war. Wie aus ihren Briefen jener Zeit hervorgeht, brachte sie das Kunststück fertig, ihr Verhältnis zu Viktor Amadeus von Savoyen weiterhin liebenswürdig, ja zärtlich zu gestalten. Der Herzog war ein frühverbrauchter Mann von 45 Jahren und fühlte sich gesundheitlich dem überschäumenden Temperament Christines nicht mehr gewachsen. Ein Asthmaleiden, das ihn schon in der Jugend gequält hatte, nahm in diesen Jahren bedrohliche Formen an. Auch neigte er seit dem Friedensschluß mit Frankreich, der für das Haus Savoyen eine starke Abhängigkeit vom westlichen Nachbarn bedeutete, zur Melancholie. Durch Natur- und Jagderlebnisse versuchte er seiner tiefen Mutlosigkeit Herr zu werden. Er war häufig vom Turiner Hof abwesend und überließ dort dem Kardinal Mauritius die Regierung und dem jungen Höfling seine Frau. Schmähschriften und Gesandtschaftsberichte bezeugten diese Situation.

Daß Christine immer wieder versuchte, die Bande zu Viktor Amadeus neu zu knüpfen und seine Resignation zu überbrücken, hatte gute Gründe. Sie gebar in den folgenden Jahren fünf Kinder und mußte danach trachten, daß der Herzog für keines von ihnen die Vaterschaft ablehnte. Es war ohnehin eine Frage der Staatsraison, die dynastische Nachfolge im Herzogtum zu sichern. So erkannte Viktor Amadeus sowohl die beiden Söhne, die Christine 1632 und 1634 gebar, als auch die drei Mädchen, die anschließend zur Welt kamen, ohne Unterschied als Prinzen und Prinzessinnen von Savoyen an. Die Zweifel, die er bei der einen oder anderen Geburt gehegt haben mag, nahm er mit ins Grab. Auch die Herzogin und der treue Philipp Agliè lüfteten ihr Leben lang den Schleier nicht, der über diesen familiären Vorgängen des Hauses Savoyen lag.

Dafür blühte der Hofklatsch um so stärker. Christine war trotz ihrer Anmut und ihres lebhaften Geistes, trotz der prunkvollen Feste, die sie nach dem Friedensschluß von 1631 am Turiner Hof veranstaltete, beim piemontesischen Adel wenig beliebt. Man haßte die französische Machtstellung über das Herzogtum und kam der Bourbonin mit Mißtrauen entgegen. Mit Recht fürchteten die Turiner Patrioten ihren starken Einfluß auf den Herzog. Als sich ihre Beziehungen zu Agliè nicht mehr verheimlichen ließen, geriet Christine in starke Isolierung, auch von Seiten der Familie Savoyen. Den erstgeborenen Prinzen Franz Hyazinth, der am 14. September 1632 in Turin zur Welt kam, begrüßten Adel und Volk noch mit großem Jubel als Erben der Krone. Doch nach der Geburt des zweiten Sohnes Karl Emanuel meldeten sich bei Hof starke Zweifel, da man Philipp Agliè für dessen Vater hielt. Vor allem die beiden Brüder des Herzogs, Kardinal Mauritius und der streitbare Thomas, wollten nicht für blind gehalten werden. Sie scheiterten damals an der unerschütterlichen Ruhe und Vernunft von Viktor Amadeus selbst, wußten aber später ihre Ansprüche energisch zu vertreten. Als der Herzog 1634 nach weiterer politischer Bindung mit Frankreich strebte, verließen seine beiden habsburgfreundlichen Brüder ostentativ den Turiner Hof. Diesmal folgte Philipp Agliè seinem ehemaligen Herrn nicht nach Rom.

Christines Einfluß auf Viktor Amadeus führte in dessen ersten Regierungsjahren zu einer beträchtlichen Standeserhöhung der Familie Savoyen. Der stolzen Bourbonin hatte der Herzogstitel nie genügt, sie strebte nach der Königskrone. So gruben die Archivare und Juristen des Hauses Savoyen wieder einmal die alten Rechte auf den Königstitel der Insel Zypern aus, die man bereits seit zwei Jahrhunderten, nämlich seit der Heirat Herzog Ludwigs mit Anna von Lusignan aus dem königlichen Hause von Zypern, geltend machte. Die Insel war inzwischen in türkischem Besitz und die italienischen Staaten hatten stets gezögert, dieses Titularkönigtum Savoyens anzuerkennen, doch Christines Ehrgeiz und Zähigkeit überwanden alle Bedenken des Herzogs.

Trotz Richelieus Spott gelang Viktor Amadeus schließlich mit Unterstützung des Papstes eine teilweise Anerkennung als »König von Zypern«. Nach der Geburt des Thronerben legte er sich die Anrede »Königliche Hoheit« zu und ging von der offenen Herzogskrone auf die geschlossene Königskrone über. Christine wurde die erste »Madama Reale« in der Geschichte des Hauses Savoyen.[4]

Als sie 1635 in Schloß Rivoli bei Turin einem dunkelhaarigen Mädchen das Leben schenkte, das augenfällig die olivartige Hautfarbe von Viktor Amadeus trug, begannen sich die bösen Zungen am Turiner Hof zu beruhigen. Die kleine Margherita Violante war sichtlich eine echte Savoyerin, denn die spanische Abkunft ihres Vaters konnte ihr jeder aus dem Gesicht ablesen. Und als schließlich am 6. November 1636 nach schwerer Geburt in Turin Zwillingsmädchen zur Welt kamen, hatte sich Christines Stellung am Hof derart gefestigt, daß niemand mehr wagte, einen Zweifel laut werden zu lassen.

Es waren zwei schwächliche kleine Mädchen, die man der Herzogin in die Wiege legte, aber sie war so stolz über diese Zwillingsgeburt, daß sie bald einen Hofmaler beauftragte, das spektakuläre Ereignis im Bild festzuhalten. Die beiden kleinen Prinzessinnen, Henriette Maria Adelaide und Caterina Beatrice, wurden im Wickelkissen mit Häubchen und gekreuzten Bändern gemalt, zu zweit oder im Kreis ihrer sämtlichen Geschwister.

Von der Kinderstube der Madama Reale gibt es ein reizendes Gemälde, das dem Porträt Van Dycks von den damaligen englischen Königskindern nachempfunden und im Lauf des Winters 1636/37 entstanden ist. Mit ihren Spielgefährten, Vögeln und Hündchen, standen die vier größeren, reichgekleideten Kinder gravitätisch und ihrer Würde bewußt vor dem Maler, während man den Stolz der Herzogin, die beiden Säuglinge in ihren Steckkissen, im Hintergrund bewundern konnte. Über diesem Bild liegt eine Atmosphäre kindlicher Anmut, die nicht ahnen läßt, wie häufig Christine um die Gesundheit ihrer Lieblinge zittern mußte.[5] Die beiden Prinzen kränkelten oft, die kleine Margherita war etwas verwachsen und das Durchkommen der Zwillinge galt monatelang als unsicher.

Man feierte die Taufe der beiden kleinen Prinzessinnen mit allem Pomp und Glanz. Das stärkere und gesündere Mädchen erhielt die Namen Henriette Maria nach der Königin von England, einer Schwester Christines, als Taufpatin und Adelaide nach der historischen Ahnfrau des Hauses Savoyen, der Markgräfin von Susa. Dem schwächlicheren Zwillingsmädchen gab man die Namen Caterina nach der spanisch-habsburgischen Großmutter, Gemahlin Herzog Karl Emanuels, und Beatrice nach einer weiteren Ahnfrau des savoyischen Hauses. Dieser kleinen Prinzessin war kein langes Leben beschieden. Sie starb am 26. August 1637 und eröffnete die Reihe der Todesfälle in der Casa Savoia, die in den folgenden Jahren Hof und Staat erschütterten. Adelaide blieb somit das einzige Nesthäkchen der Familie. Da Herzogin Christine eine besonders zärtliche Mutter war, litt sie schwer unter diesem traurigen Ereignis. Aber die folgenden Monate sollten ihr noch Schlimmeres bringen.

Richelieu hatte 1632 seinen Verbündeten, den schwedischen König Gustav Adolf, bei Lützen verloren und suchte mehr denn je nach Parteigängern. So umwarb er auch den Herzog von Savoyen, wobei ihn Christine kräftig unterstützte. 1635 unterzeichnete Viktor Amadeus den Vertrag von Rivoli, der ihn an der Seite Frankreichs in einen neuen Krieg gegen Spanien-Habsburg verwickelte. Nach einem siegreichen Gefecht mit einem spanischen Kontingent im September 1637 begab sich der Herzog nach Vercelli, wo er am 25. September vom französischen Marschall Créqui zu einem üppigen Nachtmahl geladen wurde. Am folgenden Tag erkrankten mehrere der Anwesenden schwer, darunter auch der Herzog selbst. Man sprach von plötzlichem Fieber, von verdorbenen Speisen, ja sogar von Gift. Als schließlich ein Begleiter von Viktor Amadeus starb und der Zustand des Herzogs sich rapide verschlechterte, eilte Christine aus Turin ans Krankenlager. Sie fand dort ratlose Ärzte und einen sehr entschlossenen französischen General, den Grafen d'Héméry, der bereit war, am Sterbebett für die Interessen Frankreichs und der bourbonischen Prinzessin zu kämpfen. Denn Viktor Amadeus hinterließ weder einen volljährigen Sohn noch ein Testament.

Für die Regentschaft kamen neben der politisch interessierten, herrschbegierigen Gemahlin zwei für Frankreich gefährliche Brüder in Betracht. Diese letzteren galt es auszuschalten. Als die Ärzte am 7. Oktober den Kranken aufgaben, betrat Héméry mit Madama Reale und verschiedenen Zeugen das Sterbezimmer, brachte mit großer Geschicklichkeit und der Hilfe des Beichtvaters ein Testament zustande, das Christine zur Regentin für den Thronerben und zum Vormund ihrer Kinder einsetzte. Einen leichten Seufzer des Sterbenden nach der

Verlesung interpretierten die Anwesenden, die unter dem Druck dramatischer Verhältnisse handelten, als dessen Zustimmung. Neun Persönlichkeiten des Hofes unterschrieben das Testament.[6]

Damit war Christine Regentin für ihren fünfjährigen Sohn Franz Hyazinth und Herrscherin über Savoyen-Piemont geworden. Sie ernannte in der Folgezeit frankreichfreundliche Minister, und Richelieu war mit der neuen Ordnung der Dinge einverstanden. Aber seine Hand lastete schwer auf dem verbündeten Staat und die Herzogin mußte an Frankreichs Seite ihre Truppen gegen Habsburg weiterkämpfen lassen. Es war eine Frage der Zeit, wie lange sich die Bourbonin seinen Willen aufzwingen ließ. In dieser Situation besann sich der Schöngeist und Dichter Agliè, den Christine nicht mehr von ihrer Seite ließ, auf seine politischen und militärischen Fähigkeiten. Er wurde ihr engster Berater, organisierte Hilfstruppen und ermahnte sie, gegen Richelieu, dem Ludwig XIII. trotz der Opposition in den Kreisen des Pariser Hofes vertraute, hart zu bleiben. Seine Treue gegenüber dem savoyischen Staat war beispielhaft, doch konnten sich seine staatsmännischen Fähigkeiten mit denen Richelieus nicht messen.

Inzwischen erstanden Christine zwei unbeugsame Widersacher in Gestalt der Brüder ihres verstorbenen Gemahls. Solange der kleine Franz Hyazinth am Leben war, konnte sie sich die Schwäger vom Leibe halten und deren Forderungen nach Teilnahme an der Regierung zurückweisen. In ihrer neuen Rolle als »donna politica« lavierte sie verhältnismäßig geschickt zwischen Frankreich und Spanien, zwischen Kardinal Mauritius in Rom und General Thomas in Flandern. Aber im Herbst 1638 wurde der schwächliche kleine Thronfolger von einer akuten Krise seines schwelenden Lungenleidens heimgesucht. Der Hof befand sich damals in Schloß Valentino bei Turin, um die lang ersehnte Geburt des französischen Dauphin, des späteren Ludwigs XIV., zu feiern. Dort starb der kleine Herzog von Savoyen am 4. Oktober 1638 in den Armen seiner untröstlichen Mutter, »stoisch wie ein reifer Mann«.[7]

Nun wurde die von Schicksalsschlägen heimgesuchte Christine Regentin für ihren jüngeren Sohn, den vierjährigen Karl Emanuel II., ein zartes, nervöses Kind, dem niemand ein langes Leben voraussagen wollte. Aber diesmal lagen für die beiden savoyischen Onkel die Dinge anders. Diesen Neffen wollten sie keinesfalls als ihren Herrn anerkennen, denn sie glaubten Beweise zu haben, daß er ein Sohn des verhaßten Philipp war. Sie beschlossen, gemeinsam vorzugehen und die Nachfolge im Herzogtum für sich zu fordern. Auch bei Adel und Volk regten sich die Patrioten, die Christine als Regentin absetzen und die angestammten Fürsten an der Macht sehen wollten. Eine Welle der Unzufriedenheit brandete auf die Herzogin zu. Man tadelte ihre Verschwendungssucht und blinde Abhängigkeit von Frankreich, man flüsterte, sie habe Agliè heimlich zur linken Hand geheiratet und weitere Leibesfrüchte beiseite geschafft.

So warf der kommende Bürgerkrieg seine Schatten voraus und Christine sah zunehmend Anlaß zu der Befürchtung, daß die Schwäger sie aus Turin vertreiben wollten. Sie begann zu überlegen, wohin sie ihre Kinder, vor allem den kleinen Herzog, in Sicherheit bringen konnte. Wer würde loyal genug sein, ihn zu schützen? Ganz Piemont war Schauplatz von Kämpfen und dem übermächtigen Frankreich wollte sie ihren Sohn nicht anvertrauen. So blieben als Zuflucht nur die starken Staatsfestungen des Gebirgslandes Savoyen und Christines Schwager Don Felix, der unbestechliche Anhänger, der als Gouverneur in der Hauptstadt Chambéry residierte. Ihm konnte Christine vertrauen, wie es auch der verstorbene Herzog immer getan hatte. Bei ihm würden die Kinder in Sicherheit sein und dem kommenden Krieg entgehen.[8]

Im Frühjahr 1639, als sich die Lage immer mehr zuspitzte, schickte Christine die drei jüngeren Kinder, nämlich Karl Emanuel, Margherita und die zweijährige Adelaide, auf die Reise. Die älteste Tochter Luisa, »Madama principina«, an der sie über die Maßen hing, behielt sie zu ihrem Trost bei sich. Unter Führung des Marchese Pallavicini machte sich die Reisegesellschaft auf den Weg über den Mont Cenis ins ferne Savoyen. Zunächst wurden die Kinder zur Sicherheit auf der Festung Montmélian untergebracht, einem trotzigen Burgfelsen mit uneinnehmbaren Mauern über dem Tal der Isère. Es war Sommer und die Bäume und Blumen blühten in diesem schönen, südlichen Alpental, als die treuen Erzieher mit den Fürstenkindern anlangten. Zwar waren die Räume auf der Festung eng und wenig bequem, aber die Höhenluft gesund und die Sicherheit vor Übergriffen vollkommen.

Christines Briefe nach Montmélian und an Don Felix von Savoyen sprachen von großer Sorge um die Kinder und von einer Mütterlichkeit, die bei den Fürstinnen des 17. Jahrhunderts durchaus nicht an der Tagesordnung war. Sie besaß starken Familiensinn und hatte in den beiden vergangenen Jahren so große Verluste erlitten, daß von ihrer früheren Leichtlebigkeit nichts mehr zu spüren war. Nun stand sie vor der Frage, ob auch sie selbst Turin verlassen sollte. Die beiden feindlichen Schwäger waren bereits in piemontesischem Gebiet eingetroffen und schickten sich an, mit spanischer Unterstützung auf die Hauptstadt vorzurücken.

Inzwischen war auch die Bevölkerung von Turin in zwei Lager gespalten, in die sogenannten »Madamisti« und »Principisti«. Wer zu Madama Reale hielt, war ein Madamist und trug ein weiß-blaues Zeichen, wer für die angestammten savoyischen Fürsten kämpfte, nannte sich Principist und schmückte sich mit einem blauen Band. Die letzteren warfen der Herzogin unlautere Machenschaften am Sterbebett ihres Gemahls vor, die ersteren hielten den kleinen Herzog für den rechtmäßigen Herrn und erwarteten ihr Heil von der Parteinahme für Frankreich. So leidenschaftlich wogte der politische Hader in der Hauptstadt, daß Christine die Abreise beschloß. Schon standen die Kutschen vor dem Herzogspalast, da siegten ihr Mut und ihr streitbarer Charakter über die Angst und sie beschloß zu bleiben. Das wankelmütige Stadtvolk von Turin zeigte sich begeistert und jubelte seiner Madama Reale von neuem zu. Christine von Frankreich war wirklich eine ungewöhnliche Frau!

Aber die savoyischen Brüder ließen sich von der Eroberung der Hauptstadt nicht mehr abhalten. Im Juli 1639 schlossen sie den Belagerungsring von allen Seiten und eröffneten eine schwere Kanonade. Als der getreue Philipp Agliè am 27. Juli die drohende Gefahr des Einmarsches sah, verließ er die Verteidigung der Bastionen und rettete die Herzogin mit ihren klagenden Hofdamen in einem dramatischen Fußmarsch vom Palast zur Zitadelle, während die siegreichen Schwäger in die Stadt einzogen. Auf der Festung betrug sich die Landesfürstin wie ein Haudegen, trug Hosen und Pistolen und kommandierte die Soldaten herum. Erst als die Lebensmittel knapp wurden, verließ Christine unter französischem Schutz die Stadt und schloß am 14. August mit ihrem Schwager Thomas in Schloß Valentino einen 70tägigen Waffenstillstand. Dann trat sie selbst den traurigen Rückzug nach Westen an und reiste wie ihre Kinder über den Mont Cenis, zunächst um diese wiederzusehen, dann um ihren Bruder Ludwig XIII. und Richelieu in Grenoble zu treffen, wo über die Zukunft des Herzogtums Savoyen verhandelt werden sollte. Philipp Agliè war als ständiger Berater an ihrer Seite.[9]

In Savoyen angekommen, wurde ihr das Gerücht überbracht, daß der Kardinal auf der Übergabe der Feste Montmélian und der Erziehung Karl Emanuels in Frankreich bestehen werde. Aber gerade dies war ihr neuralgischer Punkt. Aus Mutterliebe, aber auch aus persönlichem Willen zur Macht war sie nicht bereit, in eine Trennung von dem kleinen Herzog zu willigen, da er das Unterpfand ihrer eigenen Herrscherrechte darstellte. Mehr noch mußte sie fürchten, sich durch einen solchen Schritt vollends der Willkür Richelieus auszuliefern. In diesen Tagen kam Christine zu der Einsicht, daß sie zwar eine französische Prinzessin war, aber ihrem Mutterland gegenüber die Interessen des Staates Savoyen-Piemont mit Festigkeit zu vertreten hatte. Nach einem rührenden Wiedersehen mit den Kleinen brach sie vom Kloster Saint Dominique in Montmélian nach Grenoble auf. Vorher befahl sie aufs strengste, die Festung unter keinen Umständen zu übergeben und Karl Emanuel lieber ins Bett zu legen und eine Krankheit vorzutäuschen, als einen Fremden vor ihn zu führen.

Aus dieser Zeit hat sich ein schönes Kinderbild des kleinen Herzogs erhalten. In reicher Spitzenkleidung steht er vor der Feste Montmélian, die von dunklen Herbstnebeln umwallt ist, und sieht den Betrachter mit großen, traurigen Kinderaugen an. Immer hatte er Heimweh nach seiner »Mammina cara«, jedes Gespräch endete für ihn in dieser Sehnsucht.[10] Seine Schwester Adelaide war damals noch zu klein, um die Abwesenheit der Mutter in gleichem Maß zu spüren. Sie führte noch ein fröhliches Dasein mit ihren Kinderfrauen.

Die Zusammenkunft in Grenoble brachte zunächst ein pompöses Wiedersehen der beiden königlichen Geschwister vor der Stadt, dann aber harte, mitleidslose Gespräche mit dem Kardinal. Wie er den Willen von Christines Mutter Maria Medici gebrochen hatte, versuchte er nun auch den ihren zu beugen. Als Preis für die Unterstützung durch französische Truppen in Piemont verlangte er tatsächlich die Übergabe der Festung Montmélian und die Auslieferung des kleinen Herzogs. Aber er hatte nicht mit Philipp Agliè gerechnet. Dieser stand in Grenoble auf dem Höhepunkt seines Lebens und seiner Energie. Da er unerschrocken darauf beharrte, keine Handbreit savoyischen Bodens abzutreten und nur Herzog Karl Emanuel als Herrn in Turin anzuerkennen, zog er sich den tödlichen Haß des Kardinals zu. Agliè erwies sich als unkäuflich und Christine widerstand der Forderung Richelieus, sich von ihrem Favoriten zu trennen.

Aber sie vergaß die Tage von Grenoble in ihrem Leben nicht. Tiefgebeugt und melancholisch durch ihre Erfahrungen mit der französischen Politik kehrte sie im Oktober 1639 aus der »Löwenhöhle« nach Chambéry zurück, wo sie den Winter mit ihren Kindern im alten Herzogspalast verbrachte. Ausdruck der trüben Familienstimmung ist ein grau und schwarz gemaltes Bild von Christine in Witwentracht mit ihren vier Kindern, das in diesem Winter 1639/40 entstand und heute im Turiner Palazzo Madama zu sehen ist. Die dreijährige Adelaide im steifen, langen Kinderkleid mit Löckchen, Perlenkette und Häubchen ist ihrer Mutter wie aus dem Gesicht geschnitten.

Auch in Chambéry konnte Madama Reale trotz aller bitteren Erlebnisse ein gewisses Festefeiern nicht lassen. Die traditionellen Geburtstage von Turin mußten auch dort in kleinerem Maße stattfinden. So erlaubte sie zu Adelaides Wiegenfest am 6. November 1639 ein paar Stunden Tanz in den Kinderzimmern von Chambéry und feierte ihren eigenen Geburtstag am 10. Februar 1640 im gleichen Schloß mit einem von Philipp Agliè geschaffenen Ballett »Hercole e Amore«, in dem zur Freude der Mutter der kleine Herzog und seine elfjährige Schwester Luisa auftraten. Natürlich erfuhr Richelieu von diesen Feiern und rügte Madama Reale, daß sie auch die Zeit des Exils mit eitlen Vergnügungen verbrachte.[11]

Im Sommer 1640 hielt es die Herzogin nicht länger in Savoyen. Wieder schlug die Trennungsstunde von ihren Kindern. In Piemont kämpften die vereinigten Franzosen und »Madamisten« um die Rückgewinnung Turins, das von Prinz Thomas 135 Tage lang verteidigt wurde. Im September erhielt er von dem französischen General Harcourt freien Abzug zugesichert und übergab die Stadt. Nachdem sich in Paris die Erkenntnis durchgesetzt hatte, daß ein durch Verträge gebundenes Herzogtum Savoyen nach wie vor am geeignetsten war, die Südostflanke Frankreichs zu schützen, erhielt Madama Reale die Regierung zurück und zog am 18. November feierlich in Turin ein. Sie befand sich vorläufig nur in Begleitung der ältesten Tochter, da sie den unsicheren Verhältnissen nicht traute.

Tatsächlich hatte Richelieu noch einen schweren Schlag gegen sie im Sinn. Er ließ am letzten Tag des Jahres 1640 den ihm verhaßten Philipp Agliè gefangennehmen und nach Vincennes bei Paris führen, um endlich diesen »frechen, ehrlosen« Menschen aus Christines Nähe zu entfernen und seine Einflüsterungen auszuschalten. Madama Reale war untröstlich, aber sie hatte viel von Agliès diplomatischen Bestrebungen gelernt und gab auch in seiner Abwesenheit die savoyische Staatsfestung nicht preis.

Inzwischen erhielt sie laufend Nachrichten von den treuen Erziehern im fernen Savoyen. Vor allem waren es die Briefe des Hofmeisters der Herzogskinder, Marchese Carlo Emanuele Pallavicini, die immer wieder von ihrem Wohlergehen Kunde gaben. Die kleine, fröhliche »principessa Adelaide« hatte es dem braven Marchese angetan und er berichtete mit Vergnügen von ihren Fortschritten und von ihrer Gesundung, wenn sie nach einem Krankenlager wieder aufstehen durfte. Er schilderte sie als »allegra« und »bellissima« und freute sich an ihrem kindlichen Geplapper. Von ihrer ernsteren Schwester Margherita wußte er dagegen kaum etwas zu sagen. Sie besaß nicht den Charme der Jüngeren.[12]

Im August 1640, als Madama Reale ihre Kinder bereits verlassen hatte, erkrankte die kleine Adelaide auf der Feste Montmélian an einer schweren Störung des Magens und der Gallenwege, die mit Fieber, Durst und starken Erregungszuständen verbunden war. Das nervöse Kind war kaum im Bett zu halten. Mit den Medikamenten der Zeit versuchte der Arzt Emanuele Rainaudi die Kleine zu kurieren. Er ließ ein Pulver stoßen aus Perlen, Korallen, Sandelholz und Hirschgeweih und gab ihr Aufgüsse zu trinken, in denen Rhabarber enthalten war. Adelaide überwand die Krankheit zwar schnell, aber in den späteren Jahren ihrer Kindheit sollten ähnliche Symptome erneut auftreten.[13]

Auch die Jahre 1641/42 vergingen für die savoyischen Fürstenkinder noch fern von Turin unter dem Schutz des Gouverneurs Don Felix. Dieser war ein älterer, unverheirateter Herr, der sich gern mit Gelehrten umgab. Durch die Briefe aus Chambéry und Montmélian erfuhr die Herzogin, daß die Kinder wuchsen und gediehen und auch geistig gute Fortschritte machten. Adelaide gab man schließlich in Chambéry zu den Schwestern des Annunziatenordens in Erziehung, wo das sechsjährige Kind in französischem Lesen und Schreiben unterrichtet wurde. Zu den guten Nonnen, deren Orden auf die Mystikerin Katharina von Genua zurückging, faßte die kleine Prinzessin eine starke Zuneigung. Die Atmosphäre der Frömmigkeit, der Sanftmut und der mystischen Gebete in diesem Kloster übte auf das eindrucksfähige Gemüt des Kindes eine Anziehungskraft aus, die schließlich in dem Wunsch gipfelte, selbst eine der Nonnen zu werden. Besonders liebevoll muß die Priorin, Mutter Marie-Victoire, zu dem kleinen Mädchen gewesen sein. Noch als Kurfürstin von Bayern erinnerte sie sich gern an die Zeit in diesem Kloster und empfahl es der Sorge ihrer Mutter.[14]

In Turin feierten die Prinzen von Savoyen inzwischen Versöhnung mit ihrer französischen Schwägerin. Christine hatte sich zu einer Entscheidung durchgerungen, die ihr unendlich schwerfiel: sie gab ihre älteste Tochter Luisa, ihr Herzblatt, das sie in den schwersten Stunden nicht von der Seite gelassen hatte, im Sommer 1642 dem Schwager Mauritius zur Frau. Dieser hatte nur darauf gewartet, den Purpur endlich abzulegen, und heiratete im Alter von 49 Jahren seine 13jährige Nichte, die Tochter seines Bruders. Luisa war ein liebenswürdiges, willfähriges Mädchen, beugte sich den Vernunftgründen der Mutter und wurde dem vitalen Kirchenfürsten, der mit großem Vergnügen in den Stand der Ehe trat, eine gute und treue Frau.

Damit war eine dauerhafte verwandtschaftliche Bindung geknüpft, und der Schwiegersohn erwies sich für Christine als ein loyaleres Familienmitglied, als es der Schwager gewesen war. Ihm winkte die Nachfolge auf den savoyischen Thron, wenn der kleine Herzog starb. Christine selbst blieb Regentin für ihren Sohn, Mauritius übernahm die Statthalterschaft von Nizza und Thomas die über Ivrea und Biella. Noch im gleichen Jahr 1642 verschied der Mann, den Madama Reale wie keinen anderen gefürchtet hatte: Richelieu schloß am 4. Dezember die Augen und so konnte sie hoffen, ihren treuen Paladin Agliè bald wieder in Turin zu sehen. Sie verlangte seine sofortige Freilassung, die bereits am 31. Dezember erfolgte.[15]

Als im Mai 1643 auch ihr Bruder Ludwig XIII. starb und dessen Gemahlin Anna von Österreich für den fünfjährigen Dauphin die Regentschaft übernahm, brachen für die Herzogin von Savoyen leichtere Zeiten an. Mit Kardinal Mazarin, dem glatten Südländer, wußte sie sich besser zu arrangieren, als mit dessen eisenhartem Vorgänger. Sie konnte nun daran denken, ihre Kinder nach Piemont zurückzuholen. Da Don Felix von Savoyen kränkelte und seine Ärzte in Turin aufsuchen wollte, war der Zeitpunkt gekommen, die Kinder aus ihrem Exil im alten Herzogsschloß von Chambéry zu befreien. Anfang September 1643 begannen die Reisevorbereitungen und die beiden älteren Geschwister jubilierten bei der Aussicht, endlich die »chère Maman« wiederzusehen. Der kleinen Adelaide dagegen wurde der Abschied von den geliebten Nonnen sehr schmerzlich. Sie hatte an die Mutter nur eine schwache Erinnerung, und die kommende Trennung von allem, was ihr lieb war, erfüllte sie mit Bangen. Wieder begann das zarte Kind unter Magenschmerzen zu leiden.

Trotzdem fand die Abreise am 20. September 1643 statt, da schlechtes Herbstwetter die Überquerung des Alpenkammes behindern konnte. Es war kalt und windig, als die Reisegesellschaft die Paßhöhe des schneebedeckten Mont Cenis erreichte und abwärts in die Poebene rollte. Der neunjährige Herzog strahlte vor Glück und Fröhlichkeit. Aber bald verwandelte sich seine gute Laune in bittere Enttäuschung, da er, der sich am meisten auf die Mutter gefreut hatte, nach Fossano, einer Kleinstadt im südlichen Piemont gebracht wurde, während die Schwestern nach Turin zurückkehren durften. Noch traute Madama Reale dem Frieden nicht, noch hielten französische Truppen die Turiner Zitadelle besetzt. So mußte der kleine Karl Emanuel mit seinem Hofstaat, bewacht von piemontesischen Soldaten, noch lange Monate fern der Hauptstadt ausharren. Nach der fröhlichen Spielgefährtin Adelaide hatte er große Sehnsucht.[16]

Die beiden kleinen Prinzessinnen kamen nach anstrengender Reise erschöpft aber glücklich in Turin an. Da Adelaide eine schwere Erkältung hatte, wurde sie sogleich der Obhut des Hofarztes Ettore Rocca übergeben. Dieser war ein älterer, kluger und menschlicher Medikus, zu dem das Kind bald Vertrauen faßte. Gehorsam und mit einer Gelassenheit, die ihre Jahre überstieg, schluckte Adelaide seine Medikamente. Er erkannte bald, daß er ein kränkliches und leicht erregbares Geschöpf vor sich hatte. In einem Bericht an Herzogin Christine bezeichnete er das Kind als eine »delicatissima principessa«, der man besondere Sorge angedeihen lassen müsse. Damals mag für die jüngste Prinzessin in der Familie der Name »la Tenerina«, die kleine Zarte, aufgekommen sein, an den Adelaide in späterer Zeit ihren Bruder gern erinnerte. Strenge Erziehung war angesichts dieser schwächlichen Konstitution nicht am Platze. Auf Rat des Arztes wurden ihr Diät, frische Luft und geregelte Lebensweise zuteil, dagegen vermied man Härte und förderte die natürlichen Neigungen des Kindes, um dessen Nervosität entgegenzuwirken. Die Erzieherin der beiden Mädchen, Madama di Brandis, galt als besonders konsequent, pünktlich und verläßlich.[17]

Aber trotz aller Sorgfalt, mit der man Adelaide umgab, war das Kind in Turin nicht glücklich. Es sehnte sich fort von dem lauten Hof der Mutter, den vielen steifen, geschmückten Menschen, es verlangte zurück nach Chambéry in das stille Kloster der Annunziatinnen. Dort hatte es Wärme und Geborgenheit gespürt. Ein Brief vom 30. März 1644 aus Turin an die Klosterpriorin, den Adelaide mit ihrer hohen französischen Kinderschrift fast ganz selbst geschrieben hat, zeugt von ihrer Sehnsucht nach der vertrauten Umgebung und dem kindlichen Wunsch, dort eine der Nonnen zu werden. »Meine liebe Freundin«, schrieb sie an Mère Marie-Victoire, »beten Sie bitte für mich zu Gott, er möge mir die Gnade antun, daß ich Nonne bei den Annunziatinnen in Chambéry werden darf. Madame Vernoni und meine Frauen lassen sich Ihnen empfehlen und freuen sich mit mir. Ich werde bald mit Ihnen allen nach Randan fahren. Für jetzt verbleibe ich, meine liebe Freundin, Ihre wohlgewogene Adelaida de Savoi.«[18]

Wie stark lebte das siebenjährige Kind während jenes ersten Winters in Turin noch in der religiösen Atmosphäre von Chambéry, wie freute es sich auf eine Rückkehr, die ihm vielleicht zur Beschwichtigung versprochen worden war. Aber natürlich dachte Madama Reale gar nicht daran, diese hübsche, anmutige Tochter hinter Klostermauern zu vergraben. Sie sollte eine erstklassige Heirat machen und dem Hause Savoyen neue Familienverbindungen zuführen, denn es war fraglich, ob man das gleiche von der wenig schönen Margherita erwarten konnte. Jedenfalls beschloß die Herzogin bereits 1644, die beiden Mädchen mit einer Zukunft auf europäischen Thronen vertraut zu machen, nachdem Luisa um des Familienfriedens willen auf eine große Partie hatte verzichten müssen.

Margherita und Adelaide erhielten in diesem Jahr einen eigenen Hofstaat mit dem Grafen Pier Luigi Broglia an der Spitze. Um sie beizeiten an das höfische Parkett zu gewöhnen, ließ Madama Reale die Prinzessinnen bei den großen Hoffesten des Jahres 1645 zu. So sieht man beide auf den reizenden Ballett-Illustrationen des Tommaso Borgogno mit der herzoglichen Familie unter dem Zuschauerbaldachin sitzen, als Philipp Agliè zum Geburtstag Christines in Schloß Rivoli und zu dem Karl Emanuels in Schloß Valentino seine prachtvollen, farbenreichen Ballette aufführte. Die kleinen Prinzessinnen, in schöne Roben gekleidet, verfolgten diese Festlichkeiten mit atemlosen Interesse und wurden einige Jahre später selbst Protagonistinnen auf der höfischen Tanzbühne.[19]

Am 3. April 1645 schloß die Regentin eine neue Allianz mit Frankreich, die Piemont in den Status einer von dieser Großmacht »geschützten Freiheit« brachte. Zwar schwelte der Krieg mit den Spaniern weiter, doch bekamen die Savoyer ihre Hauptstadt wieder in die Hand. Christine konnte es wagen, den jungen Herzog aus seinem jahrelangen Exil zu befreien und nach Turin zurückzuholen. Der lange erlittenen Kriegsunbilden müde, begrüßte das Volk seinen Fürsten in Festesstimmung. Die Herzogin hatte mit Mut und Tatkraft das Bestehende bewahrt und ihre Familie wieder vereint.

Ferne Freier

Turin war im 17. Jahrhundert eine mittelgroße Residenzstadt innerhalb eines fruchtbaren, vom Bogen der Alpen umspannten Landes. Im Osten der Stadtmauern floß der Po vorüber, auf dessen abgewandter Seite sich eine grüne Hügelkette mit Wein- und Obstgärten erhob. Während der mittelalterliche Stadtkern aus engen, volkreichen Gassen bestand, erstreckten sich nach Südosten neue Viertel mit militärisch-geraden Straßen. Unverputzte Fassaden aus dunkelroten Ziegeln gaben der Stadt einen eigenartigen, düster-herrischen Reiz. Den Mittelpunkt des höfischen Lebens bildete die Piazza Castello, ein großer, quadratischer Platz, an dem die herzoglichen Residenzgebäude lagen. Dort herrschte stets ein malerisches Leben und Treiben von Kutschen, Kavalieren, Wachen und Hofpersonal.

Das trutzige alte Herzogskastell mit seinen vier Ecktürmen, Zugbrücke und Wassergraben, war die Residenz der Madama Reale. Diese hatte bereits vor dem Bürgerkrieg begonnen, das mittelalterliche Schloß nach ihrem Geschmack umzuwandeln und den viereckigen Hof zu überbauen, um im ersten Stock einen großen Audienzsaal zu gewinnen. Wohn- und Empfangsgemächer wurden in den schwellenden Kunstformen der Zeit aufs kostbarste ausgestattet. Schließlich bekam das Kastell auch eine barocke Bezeichnung: ab 1650 wurde es nach der Herzogin »Palazzo Madama« genannt und trägt diesen Namen heute noch. Hier spielte sich in Adelaides Jugendjahren das höfische Leben Turins ab, hier wurden die Gesandten der auswärtigen Mächte empfangen.

Vom Palazzo Madama führte ein Galeriegebäude mit den Kunstsammlungen der Familie Savoyen zu einem Areal von Bauwerken, die früher in bischöflichem Besitz gewesen und dann von den Herzögen übernommen worden waren. Nach der glücklichen Rückkehr ihres Sohnes im Jahre 1645 beschloß Herzogin Christine, dieses Areal zu einer repräsentativen Residenz für den jungen Landesherrn auszugestalten. Damit schlug die Geburtsstunde für den »Palazzo Reale« der Herzöge und Könige des Hauses Savoyen, die in Turin residierten. Im Westen sollte dieser Palast an die altehrwürdige Kathedrale, den Sitz des Erzbischofs, anschließen. Nahe dem Glockenturm dieser Kirche stand ein weiteres herzogliches Palais, der sogenannte Palazzo San

Giovanni, in dem die Prinzessinnen Margherita und Adelaide, getrennt von Mutter und Bruder, ihre eigene Hofhaltung hatten. Ein reizvoller Lustgarten mit südlicher Vegetation, Fontäne, Bad und Grotte erstreckte sich hinter dem Palais bis zu den Bastionen der Stadtbefestigung und ließ einen herrlichen Blick nach Norden auf die Gebirgskette der Alpen frei.[20]

Aber es war nicht nur ein schön gelegenes, sondern auch ein besonders kultiviertes und in religiösem Sinn bedeutungsvolles Palais, das Madama Reale für ihre beiden jüngsten Töchter ausgewählt hatte. Der große Saal dieses Hauses diente als Hoftheater und die Gemächer im ersten Stockwerk waren mit kostbaren Gemälden der ersten Künstler Italiens geschmückt. In der Kapelle des Palazzo San Giovanni hatte noch Adelaides Großvater Karl Emanuel das Heiligtum der Familie Savoyen, die Grableinwand Christi, die im Mittelalter über Konstantinopel nach Chambéry und 1578 nach Turin gekommen war, in einem Gehäuse aufgestellt und hoch verehrt. Sie wurde nun im Presbyterium der benachbarten Kathedrale verwahrt.[21] So wuchs Adelaide im Schatten dieser Kirche, unter den Glockenklängen des Campanile, in einer höfisch-religiös bestimmten Atmosphäre auf.

Während der Sommermonate verließ Madama Reale die heiße Stadt und bewohnte abwechslungsweise ihre schönen Schlösser und Landhäuser rund um Turin, soweit der Krieg und die französische Besatzung sie nicht beschädigt hatten. Ihre Familie nahm sie häufig mit sich. Der Lieblingsaufenthalt Christines war Schloß Valentino, nur eine Meile von Turin am Po-Ufer inmitten malerischer Gärten gelegen. In Adelaides Jugendjahren war dieses majestätische Gebäude in französischem Stil zwar noch nicht fertiggestellt, enthielt aber bereits Säle mit reicher Dekoration nach den Ideen Philipp Agliès und des Philosophen Emanuele Tesauro, der später an der Ausgestaltung Nymphenburgs beteiligt werden sollte. Eine halbe Tagereise von Turin entfernt lag Schloß Rivoli auf beherrschender Höhe über Städtchen und Fluß, damals noch ein Gebäude aus der Renaissancezeit mit zweiflügeliger Freitreppe, das Madama Reale gern mit der ganzen Familie besuchte. Auch die Schlösser Mirafiori und Moncalieri kannte Adelaide von Aufenthalten des Hofes.

Ein besonders lieblich gelegener, nach dem Kunstsinn der Zeit gestalteter Sommersitz bot sich dem Turiner Hof mit Schloß Agliè bei Ivrea, das Christine und Philipp in den Jahren nach dem Krieg ausbauten und mit herrlichen Gartenanlagen versahen. Der Favorit der Herzogin war Präsident der Finanzverwaltung geworden, besaß somit die Schlüssel zum Staatsschatz und hatte hohe Jahresbezüge. Von diesem Geldsegen wissen die schönen Zimmerfluchten des Schlosses heute noch zu erzählen. In lauen Sommernächten gaben Philipp und Madama Reale in Agliè romantische Gartenfeste mit Windlichtern, Musik und Tanz. Manche Hofdame hätte sich dem schönen, als unverheiratet geltenden Schloßherrn gerne genähert, aber sie wäre von der inzwischen vierzigjährigen und etwas in die Breite gegangenen Herzogin mit tödlicher Eifersucht verfolgt worden. Adelaide kannte und liebte das Schloß mit seiner edlen Gartenfassade und bekundete später von München aus ihre Sehnsucht nach Agliè. In mancher Hinsicht erinnert ihre eigene Schöpfung Nymphenburg an diese Schlösser der Kindheit.[22]

In den Jahren nach dem Krieg genoß die junge Savoyerin eine sorgfältige Erziehung innerhalb einer liebevollen Familie, deren Zusammenleben sich ständig festigte und inniger gestaltete. Diese warme Atmosphäre ließ das Klosterdasein von Chambéry bald verblassen. In Adelaides Erziehung dominierte das weibliche Element, während die Vatergestalt fehlte, an der sich ihre jugendlichen Eindrücke über die männliche Natur hätten bilden können. Man begann bereits in diesen frühen Jahren, ihr die reichhaltige Ausbildung aller Begabungen zuteil werden zu lassen, wie sie für Fürstenkinder dieses Jahrhunderts in Italien selbstverständlich war.

Mit neun Jahren war unsere kleine Prinzessin bereits so reizend anzusehen, daß die Kunde davon an den französischen Hof gelangte. Als der savoyische Gesandte Ponte di Scarnafigi sich im August 1646 bei Königin Anna von Frankreich vorstellte, wurde er gefragt, ob denn die Prinzessin Adelaide wirklich so wunderhübsch sei, wie alle Leute erzählten. Der eifrige Gesandte erwiderte, man könne keine Prinzessin finden, die ein schöneres Gesicht, eine vollendetere Gestalt und bessere Manieren habe, wobei über ihren Geist, ihre Grazie und Erziehung noch vieles hinzuzufügen sei. Die Königin freute sich darüber außerordentlich und sprach den Wunsch aus, ein Bild der Prinzessin zu erhalten, um es ihrem Sohn Ludwig XIV. zu zeigen. – Man solle ihm ein wirklich gut gemaltes Bild schicken, schloß der Gesandte seinen Bericht an Madama Reale, denn es würde ihm sofort abverlangt werden.[23]

Dies waren Aussichten familiärer und politischer Natur, die Herzogin Christine nicht mehr ruhen ließen. Sie wollte und mußte erreichen, daß ihre jüngste Tochter auf den Thron der Bourbonen gelangte. Adelaide war zwar etwas älter als der König von Frankreich, aber Liebenswürdigkeit und Grazie würden alle Hindernisse überwinden. Mit ihrer einfallsreichen Phantasie spann Christine diese Heiratspläne immer weiter aus und geriet sogar auf den Gedanken, die Tochter am heimatlichen Hof in Paris erziehen zu lassen, an dem sie selbst so glücklich gewesen war. Natürlich konnte sie sich nicht so weit beherrschen, die Kleine über ihre Pläne im Unklaren zu lassen. Im Gegenteil, sie nährte in dem lebhaften und eindrucksfähigen Kind den Wunsch, Königin jenes großes, stolzen Volkes zu werden, dem sie selbst entstammte. Sie erzählte von ihrem Vater Heinrich IV., der dieses in Konfessionen gespaltene Volk wieder unter seinem Szepter geeinigt hatte, von dem schönen jungen Fürsten, der dort heranwuchs und Adelaide zur Frau begehrte. Madama Reale wird kaum erkannt haben, was sie ihrem Kind mit diesen phantasievollen Ideen antat. In allen Träumen des jungen Mädchens spielte der Dauphin Ludwig jahrelang die Rolle des romantischen Ritters, der seine Auserwählte schließlich zu sich auf sein Schloß holt.

Nun mag zwar die französische Königin Anna von dem Plan einer Heirat ihres Sohnes mit Adelaide erfreut gewesen sein, aber Kardinal Mazarin verschwendete auf diesen Gedanken vorläufig wenig Zeit. Warum sollte man sich für den achtjährigen Ludwig bereits festlegen, noch dazu auf eine Prinzessin aus einem verhältnismäßig unbedeutenden Land? Man hatte Savoyen-Piemont ohnehin mit guten Verträgen an sich gebunden. Vielleicht konnte die französische Regierung den Krieg mit Spanien eines Tages dadurch beenden, daß man den jungen König oder dessen Bruder mit einer Habsburgerin vermählte. Mazarin beschloß, die Heiratswünsche der Herzogin Christine in andere Bahnen zu lenken. Er dachte dabei vor allem an das Kurfürstentum Bayern, dessen Politik er eine frankreichfreundliche Richtung geben wollte.

Die deutschen Staaten standen damals nach fast dreißig Jahren eines fürchterlichen Krieges am Rande der Erschöpfung. Auch die Hilfsquellen des Kurfürsten Maximilian I. von Bayern, der jahrzehntelang dem Hause Habsburg die Treue gehalten hatte, drohten zu versiegen. Er suchte daher nach einem neuen politischen Konzept, das ihm erlauben sollte, sich aus der engen Verbindung mit dem Kaiser zu lösen. Er hatte ein ganzes Menschenalter als eine der markantesten Persönlichkeiten Europas gegolten, war aber nun ein alternder, tiefgebeugter Mann, als er 1647 Habsburgs Fahnen verließ und mit Frankreich den Waffenstillstand von Ulm schloß. Sein Land lag verwüstet und die verarmte und stark dezimierte Bevölkerung verlangte nach Frieden. Um diesen Fürsten durch Entgegenkommen an sich zu binden, schlug Mazarin ihm vor, seinen Thronerben mit einer der savoyischen Prinzessinnen zu verheiraten. Beide Dynastien waren alt und vornehm, sie saßen seit Jahrhunderten auf ihren Thronen und erfreuten sich der Treue ihrer Untertanen. Beide nahmen eine politische Zwischenstellung zwischen Habsburg und Frankreich ein. Nach Mazarins Wünschen sollte Bayern, ein besonders mächtiges Glied des Reiches, durch eine Familienverbindung aus dem Bannkreis Habsburg gezogen werden. Als 1647 Maximilians Gesandte am spanischen Hof weilten, ging ihnen eine Botschaft Mazarins zu, der ihrem Kurfürsten ein solches Heiratsprojekt vorschlug.[24]

Da Maximilian I. nicht mehr lange zu leben hatte und sein älterer Sohn Ferdinand Maria erst elf Jahre alt war, lag ihm viel daran, bald eine geeignete Partie für diesen ausfindig zu machen. Die Braut sollte katholisch und möglichst eine Deutsche sein, aber zum Leidwesen des Vaters fand sich in deutschen Landen keine passende Prinzessin, die altersmäßig dem jungen Kurprinzen entsprochen hätte. Er mußte sich daher nach einer auswärtigen Partie umsehen. Als der Vorschlag Mazarins, den dieser auch einer bayerischen Gesandtschaft in Paris unterbreitete, an den Kurfürsten gelangte, fühlte er sich »obligiert« und ließ dem Kardinal im September 1647 auf diplomatischem Wege seinen Dank aussprechen. Eine dynastische Verbindung mit Savoyen konnte dem bayerischen Kurfürstentum eine ganze Reihe neuer politischer Möglichkeiten eröffnen, die es reiflich zu erwägen galt.[25]

Was hielt man nun in Turin von diesen Heiratsgedanken Mazarins? Madama Reale war nicht abgeneigt, einem solchen Plan für ihre Tochter Margherita näherzutreten, aber die schöne Jüngere wollte sie auf alle Fälle für den französischen Thron aufsparen, obwohl aus Paris keine neuen Ermutigungen eingetroffen waren. Das Herzogtum Savoyen, das im Lauf seiner Geschichte immer wieder auf die Zugehörigkeit zum Reich gepocht hatte, entsandte zu den Friedensverhandlungen nach Münster in Westfalen eine eigene Gesandtschaft. Vor allem verlangte es strittige Teile des Reichslehens Montferrat östlich von Turin zurück, die in mantuanische Hände gekommen waren. Auch eine neunte Kurwürde hielt Savoyen für angemessen und reklamierte diese, anknüpfend an die Tradition Herzog Karl Emanuels I., für sich. Daher war eine Eheverbindung mit einem mächtigen katholischen Kurfürstenhaus ganz im Sinn der Madama Reale.

Sie beschloß, auf die Idee Mazarins einzugehen und in Münster eine gewisse Annäherung an Bayern zu suchen. Ihr dortiger Gesandter Graf Lorenzo Nomis und der bayerische Bevollmächtigte Dr. Johann Adolf Krebs verständigten sich aber nur dahingehend, daß eine verwandtschaftliche Bindung zwischen den beiden Häusern wünschenswert wäre. Maximilian I. hatte nämlich inzwischen wieder eine Schwenkung ins kaiserliche Lager vollzogen und verschob weitere Schritte in der Heiratsangelegenheit bis zum wirklichen Friedensschluß.[26]

Auf die Herzogin von Savoyen warteten im Frühsommer 1648 neue Probleme, da Karl Emanuel am 20. Juni sein 14. Lebensjahr vollendete und damit das vorgeschriebene Alter der Regierungsfähigkeit erreichte. Das Ende ihrer Regentschaft war also gekommen. Die ehrgeizige Frau gedachte aber keineswegs, sich von diesem Zeitpunkt an zurückzuziehen und die Staatsgeschäfte etwa dem unverständigen »ragazzo« und einem Kronrat oder gar den beiden Schwägern zu überlassen. Daher sann sie auf geeignete Pläne, um den bisherigen Zustand so weitgehend wie möglich aufrechtzuerhalten.

Der junge Herzog hatte eine gewisse Anlage zur Fallsucht und wurde von der Mutter in starker Abhängigkeit gehalten. Da er mit großer Liebe an ihr hing und ein willfähriges Gemüt besaß, hatte sie leichtes Spiel mit ihm. Auch fühlte er sich selbst noch zu jung und unerfahren, um auf selbständige Führung der Geschäfte zu drängen. Von ihm hatte Madama Reale also kein Auflehnen zu erwarten. Aber eine Einmischung der beiden Schwäger, wenigstens von Seiten des energischen Thomas, schien ihr unvermeidlich. Sie inszenierte daher einen Bühnenauftritt, wie er ihrem theatralischen Temperament entsprach, um Thomas die Festung Ivrea zu entreißen und seine Machtposition zu schwächen.

Während der Hof sich in Schloß Agliè befand, schickte sie am 19. Juni einen Offizier mit einem Brief Karl Emanuels nach Ivrea, worin Aufnahme in die Stadt gefordert wurde. In Abwesenheit des Gouverneurs übergab der überraschte Statthalter die Schlüssel zu den Toren und empfing den jungen Souverän, der mit der Herzoginwitwe und dem Hofstaat in die Stadt einzog. Bei der Abhaltung eines großen

Staatsrates bat Karl Emanuel die Mutter, wegen seines jugendlichen Alters die Regierungsgeschäfte vorläufig weiterzuführen. Nachdem sie zugestimmt hatte, küßten ihr die Anwesenden die Hand zum Zeichen ihrer Treue. Ein feierliches Tedeum im Dom von Ivrea besiegelte am nächsten Tag das bedeutungsvolle Ereignis.[27]

Für das Herzogtum war dies die beste Lösung der Probleme, wenn nicht von neuem der Bruderkrieg ausbrechen sollte. Christine hatte in Notzeiten Standfestigkeit bewiesen und hielt nun im Frieden die Zügel straff in der Hand. Zwar warf man ihr zu harten Steuerdruck und wahllose Verschwendung des Staatsgutes vor, aber sie vertrat die Interessen des Hauses Savoyen mit Geschick und politischer Einsicht. Sie befreite den Hof von der schweren spanischen Etikette, hielt aber trotzdem auf persönliche Würde und hatte Sinn für religiöse und weltliche Zeremonien. Adelaide sah an ihr das selbstsichere Handeln einer absolutistischen Fürstin, lernte das majestätische Auftreten einer großen Dame innerhalb des Hofstaates und gegenüber auswärtigen Gesandten, sowie die Führung von Menschen und Dingen in einem überdimensionalen Haushalt. Die starke Persönlichkeit der Mutter beeinflußte die junge Savoyerin für ein ganzes Leben.

In den Jahren 1647/48 waren die Ärzte mit Adelaides Gesundheit wenig zufrieden und beobachteten vor allem in den Sommermonaten nervöse Veränderungen, Fieberzustände und unangenehme Gallenstörungen. Das junge Mädchen fühlte sich schwach und ausgehöhlt und man befürchtete, daß sie ihr Leben in einem chronischen Krankheitszustand verbringen müßte. Diät und geregelte Lebensweise wurden der Erzieherin nach wie vor zur Pflicht gemacht. So vergingen die Jahre der Kindheit. Im Mai 1649 war in der »Gazzetta di Torino« zu lesen, daß Adelaide gemeinsam mit ihrem Bruder am 26. dieses Monats das Sakrament der Firmung aus den Händen des Erzbischofs empfangen habe. Die Zeremonie fand in Anwesenheit des ganzen Hofes in der Kathedrale statt und Prinz Mauritius und seine Gemahlin Luisa, zu der Adelaide eine besondere schwesterliche Zuneigung empfand, traten als Firmpaten auf. Am Turiner Hof wurde eine innige, aber weltoffene und tolerante Frömmigkeit gepflegt, die von der Lehre des Genfer Bischofs Franz von Sales beeinflußt war.

Inzwischen hatte im Oktober 1648 der Dreißigjährige Krieg durch die Westfälischen Friedenspakte ein Ende gefunden und Kurfürst Maximilian von Bayern zeigte neues Interesse an der Heirat seines ältesten

Sohnes mit einer savoyischen Prinzessin. Da er viel zu lebenserfahren war, um ohne vorausgehende Erkundigungen zu verhandeln, beauftragte er zunächst einen Agenten in Florenz, beim Großherzog von Toskana um Audienz zu bitten und Informationen über die Töchter der Madama Reale einzuholen. Dieser berichtete im April 1649 interessante Einzelheiten nach München: Durch eine Contessa Fabroni, die am Turiner Hof gelebt habe, sei der Großherzog über die dortigen Verhältnisse gut unterrichtet. Er habe ihm erzählt, daß die ältere Prinzessin Margherita durch eine Krankheit einen Defekt an der Hüfte habe, die jüngere aber schön und tadellos gewachsen sei. Die Herzogin von Savoyen habe gehofft, diese mit dem König von Frankreich zu verheiraten, da aber der Herzog von Orléans eine Tochter besitze, scheine der französische Hof nicht mehr auf die Heirat zu reflektieren.[28]

Diese Information war für Bayern von größter Wichtigkeit und man beschloß, mit vorsichtiger Diplomatie die ältere Tochter abzulehnen und sich auf Verhandlungen über die jüngere einzustellen. Die einflußreichsten Berater des Kurfürsten Maximilian waren dessen Gemahlin Maria Anna, Erzherzogin von Österreich, und der Obersthofmeister Graf Maximilian Kurz, zwei willensstarke Persönlichkeiten, die ausgezeichnet zusammenarbeiteten und den 76jährigen Kurfürsten in ihrem Sinn berieten und beeinflußten.

Maria Anna war die Schwester des damaligen Kaisers Ferdinand III. und durch ihre Mutter, eine bayerische Prinzessin, die direkte Nichte Maximilians. Mit 25 Jahren hatte man sie ihrem Onkel vermählt, der durch ihre starke, gesunde Natur in zweiter Ehe noch zu männlicher Nachkommenschaft zu gelangen hoffte, nachdem er mit Elisabeth von Lothringen ohne Erben geblieben war. Die junge Erzherzogin gebar zur Freude des ganzen Landes noch zwei gesunde Söhne, nämlich 1636 den Kurprinzen Ferdinand Maria und 1638 den Herzog Maximilian Philipp. Durch diese glückverheißenden Geburten errang sie starken Einfluß auf Maximilian und seinen Hof. Sie war eine tatkräftige Natur, die sich der großen Persönlichkeit des Kurfürsten zwar willig unterordnete, aber weniger als dieser selbst von idealen Auffassungen geleitet wurde. Während Maximilian wegen seiner unerschütterlichen Gewissenhaftigkeit und Tugend eher gefürchtet als geliebt wurde und bis zum Tod in sittlichen Idealen aufging, war Maria Anna trotz pflichtgemäßer Religiosität der Landesherrin eher eine weltlich denkende Natur, eine politisch interessierte Fürstin, die bereits zu Lebzeiten Maximilians Sitz im Geheimen Rat hatte. Sie fühlte sich durch und durch als Habsburgerin und vertrat lebenslang die Interessen ihres Herkunftslandes.[29]

Für ihren Erstgeborenen hätte auch sie eine deutschsprechende Prinzessin bevorzugt, fand aber eine Verbindung mit Savoyen durchaus im Sinne der bayerischen Politik und des Wittelsbachischen Hauses. In ihren Briefen an den Münchener Hofkammerpräsidenten Johann Georg Mändl, der 1649 in politischen Geschäften am Wiener Hof weilte, drückte sie ihr starkes Interesse an der »savoyischen Heirat« aus. Ja, sie befürchtete sogar, daß ihr Bruder, der Kaiser, der vor kurzem neuerdings Witwer geworden war, die Verhandlungen mit Turin durch eigene Vermählungsabsichten durchkreuzen könnte.[30]

Der zweite einflußreiche Ratgeber des bayerischen Kurfürsten war Graf Maximilian Kurz zu Senftenau, der ebenso wie Maria Anna im Leben Adelaides eine außerordentliche Rolle spielen sollte. Er entstammte einer ursprünglich Südtiroler Familie aus dem Pustertal, die sich im 16. Jahrhundert in Lindau am Bodensee niedergelassen und nördlich der Stadt das Wasserschlößchen Senftenau erworben hatte. Das interessanteste Mitglied dieser Familie, Sebastian Kurz, bereiste im gleichen Jahrhundert als Fugger'scher Handelsagent die neuentdeckten Länder in Mittelamerika. Am Münchener Hof brachte es Maximilians Vater, Philipp Kurz zu Senftenau und Toblach, als Hofmeister der Elisabeth von Lothringen zu Ehren und Besitz.[31]

Max Kurz selbst war zur Zeit der savoyischen Heiratspläne bereits der erste Mann am Hof und stand zum Kurfürstenpaar bei aller Ehrerbietung in einem geradezu freundschaftlichen Verhältnis. Man bezeichnete ihn als den »Liebling« Maximilians, der in alle Geheimnisse des Hofes eingeweiht wurde. Er besaß scharfen politischen Verstand, höfische Umgangsformen, beißenden Humor und ausgezeichnete Sprachkenntnisse. Sein Wuchs war gedrungen, sein Gesicht von einer fleischigen Nase und einem willensstarken Kinn beherrscht. Bei Hof galt er als schlauer Fuchs, als ein mit allen Wassern gewaschener Politiker. Er verstand sich auf die internationale Agententätigkeit, auf Postüberwachung und das Entziffern von Code-Schlüsseln. Wer ihm mißfiel, mußte weichen. Da sein Bruder Ferdinand eine hohe Beamtenstellung am Wiener Hof innehatte, war er stets an guten Beziehungen zu Österreich interessiert. Französisches Wesen lag ihm wenig und die Praktiken der Madama Reale während der ersten Heiratsverhandlungen stimmten ihn eher mißtrauisch. War die ältere Prinzessin wirklich unschön und hatte man die jüngere tatsächlich für Frankreich reserviert? Er wollte diese Dinge aus sicherer Quelle erfahren.

So schickte er mit Zustimmung des Kurfürstenpaares im September 1649 den »welschen Segretario« Maximilians I., einen Mann namens Ferdinando Egartner, mit Spezialaufträgen nach Turin. Egartner war Halbitaliener und für eine solche Mission der geeignete Mann. Nachdem der Obersthofmeister ihn in seine Pläne eingeweiht hatte, vereinbarte man den Decknamen »Aloise Rizzi«, die Chiffrierung der Briefe, die Postwege und die exakten Aufgaben. Egartner sollte alles, was er über die beiden Prinzessinnen und die herzogliche Familie in Erfahrung brachte, nach München berichten, möglichst auch Porträts schikken und selbst völlig unerkannt bleiben. Er nahm seinen Weg als harmloser Reisender über die Schweiz.[32]

Daß das Kurfürstenpaar und Max Kurz seinen Berichten entgegenfieberten, braucht nicht betont zu werden. Im Herbst 1649 trafen nämlich in Nürnberg auf dem internationalen Gesandtenkongreß über die Durchführung der Westfälischen Friedensverträge der bayerische Gesandte Dr. Krebs und der französische Bevollmächtigte Seigneur de Vautorte zusammen, wobei die savoyische Heirat erneut aufs Tapet gebracht wurde. Aus den Verhandlungen der beiden Gesandten ging hervor, daß Mazarin nach wie vor an einer ehelichen Verbindung Bayern-Savoyen interessiert war. Dadurch würde die Blutsverwandtschaft zwischen Frankreich und dem Kurfürstentum erneuert und eine Fraternität des französischen Königs und des bayerischen Kurprinzen festgelegt. Der Kardinal wollte sein Einverständnis zu einer solchen Heirat aber zunächst nur für die ältere Tochter der Madama Reale erteilen, da es auch für Frankreich damals schwierig war, in Europa eine katholische Prinzessin zu finden. Sollte Bayern nun von dem ganzen Projekt zurücktreten oder war etwa Margherita doch eine geeignete Braut?

Der erste Bericht Egartners aus Turin stammte vom 15. Oktober 1649. Da sich die Herzogsfamilie noch außerhalb der Stadt auf einem Lusthaus befand, hatte er sie selbst noch nicht zu Gesicht bekommen. Seinen ersten Informationen nach wurde Prinzessin Adelaide überall als schön, graziös und von bestem Temperament geschildert, während man Margherita als kleiner, mißgestaltet, kränklich und melancholisch befand. Vom Turiner Hof wurden diese Mängel der Älteren zwar energisch bestritten, aber die Menschen in der Stadt wußten es besser, da sie die Prinzessin häufig zu sehen bekamen. Auch der Herzog von Mantua hatte die schöne Tochter der Madama Reale begehrt, sollte aber mit Margherita abgespeist werden, als wäre die jüngere für den französischen König reserviert.[33]

Endlich besaß der bayerische Hof authentische Nachrichten. Und nun folgten Egartners weitere Berichte, einer immer interessanter als der andere. Nach der Rückkehr der fürstlichen Personen in die Stadt bekam der geheime Kundschafter die beiden Prinzessinnen selbst zu Gesicht. Adelaide sei tatsächlich wunderschön, liebenswert und graziös, schrieb er hocherfreut, auch eine Handbreit größer als die Schwester. Die letztere dagegen habe ein olivfarbenes Gesicht und sei nicht schön gestaltet.

Während Egartners Aufenthalt in Turin erkrankte Adelaide, nachdem sie eines warmen Sonntags Ende Oktober an einem stark besuchten Gottesdienst in der Kathedrale teilgenommen hatte. Die Ärzte ließen sie zur Ader und sie mußte mehrere Tage das Bett hüten. Schon an ihrer Gesichtsfarbe hatte der bayerische Agent erkannt, was für ein zartes Geschöpf sie war. Schließlich sah er die Prinzessin aber gesund und munter in der Komödie wieder, die auf Veranlassung der beiden savoyischen Onkel von einer »Compagnia di Comici« in Turin aufgeführt wurde. Die soeben dreizehnjährige Adelaide durfte dieses Theater, zu dem jedermann Zutritt hatte, mit ihren Schwestern besuchen.

Langsam wurde dem bayerischen Agenten aber der Boden heiß unter den Füßen. Der Turiner Hof hatte von seiner Anwesenheit Wind bekommen und begann, ihn beobachten zu lassen. Zunächst hielt man ihn für einen österreichischen Kundschafter, der Porträts von den Prinzessinnen erwerben sollte. Aber bald nach seiner Abreise, die Mitte November erfolgte, wurde der Turiner Regierung klar, daß es sich bei dem »Alemanno« um einen Agenten des Kurfürsten von Bayern gehandelt hatte.

In einem seitenlangen Finalbericht vom 4. Dezember 1649 faßte Egartner, alias Aloise Rizzi, seine Turiner Erlebnisse in italienischer Sprache zusammen: Madama Reale bewohnte damals gemeinsam mit ihrem fünfzehnjährigen Sohn das Kastell, aber in getrennten Appartements. Sie zog sich gelegentlich für mehrere Tage und Nächte in ein Kloster zurück, um das weltliche Leben zu unterbrechen und sich geistlichen Übungen zu widmen.

Den jungen Karl Emanuel schilderte Egartner als einen schönen

Prinzen, zwar von kleiner Statur, aber wohlproportioniert. Er liebte das Reiten, die Jagd und den Gebrauch der Waffen, mußte aber auch bereits mit der Mutter den Staatsrat besuchen. Prinz Thomas war dort ebenfalls häufig zugegen, während der ehemalige Kardinal Mauritius ein zurückgezogenes Leben führte. Als der »Arbiter aller Dinge« in der Regierung, im Staat und im Krieg wurde der Marchese di Pianezza bezeichnet, der als Präsident des Staatsrats fungierte. Auch Philipp Agliè als Chef der Finanzen, dessen Bruder San Germano und den Grafen Tana als Oberst der Schweizergarden nannte Egartner als interessante Gestalten des Turiner Hofes.

Besondere Aufmerksamkeit widmete der Kundschafter natürlich den drei Töchtern der Herzogin. Die älteste, Prinzessin Luisa, erkrankte nach ihrer Heirat an den Pocken und war daher etwas entstellt. Sie hatte aber eine schöne Gestalt. Margherita, von kleinerer Statur, galt nicht als fröhlich, aber als bescheidener und angenehmer Charakter. Ihr bräunliches Gesicht war durch zwei Leberflecken entstellt. Nach einer schweren Krankheit mußte man befürchten, daß sie ihr Leben lang hinken würde, aber das Übel hatte sich anschließend gebessert. Adelaide dagegen besaß eine wunderhübsche Gestalt, ein weißes, längliches Antlitz, eine hohe, heitere Stirn, lebhafte, aber bescheidene Augen. Sie bot einen majestätischen Anblick, war höflich und angenehm in der Unterhaltung und besaß hohe Begabungen. Kurzum, sie war eine Prinzessin mit vollkommenen Eigenschaften. Allerdings litt sie gelegentlich unter Schwankungen der Zirkulation und hatte Kälte- oder übermäßige Hitzegefühle. Im übrigen war sie aber völlig gesund, fügte der Berichterstatter optimistisch hinzu.

Die beiden jüngeren Prinzessinnen lebten nach wie vor im Palast nördlich des Turiner Domes, wo sie unter dem Befehl der Frau von Brandis zusammen mit einigen gleichaltrigen Edelfräulein erzogen wurden. Sie führten ein sehr geregeltes Leben, hörten täglich im Dom die Messe und wirkten ausgesprochen fromm. Als Unterrichtsfächer nannte Egartner vor allem Latein und das Schlagen verschiedener Musikinstrumente, wie Harfe, Gitarre und Spinett. Sie sprachen gutes Französisch, aber ihre eigentliche Muttersprache war das gewöhnliche Piemontesisch, wie es in Turin gesprochen wurde, – eine Art Mischung zwischen Italienisch und Französisch. In den Mußestunden durften sie mit den anderen Mädchen spielen und singen. Von Madame Brandis, die sie mehr fürchteten als die eigene Mutter, waren sie stets begleitet.

Alle drei Schwestern kleideten sich französisch, aber Adelaide war noch nicht dekolletiert wie die beiden anderen.

Da Madama Reale ihre Kinder sehr liebte, fuhr sie häufig mit ihnen spazieren oder in die Kirche, wobei alle fünf zusammen in einer Kutsche saßen. Wenn die beiden jüngeren Prinzessinnen zu Fuß gingen, hatten sie wie auch die Herzogin Waffenträger und Kavaliere von Rang als Begleitung. Adelaide galt seit Jahren am Hof wie in der breiten Öffentlichkeit als interessantes Heiratsobjekt. Daß sie von der Mutter als Braut des französischen Königs ausersehen war, wußte man in Turin schon lange, doch sprach man seit einiger Zeit nicht mehr viel darüber. Auch die Werbung des bayerischen Kurfürsten für seinen Thronerben galt als hohe Ehre, doch waren die Absichten der Herzogin in dieser Angelegenheit vorläufig undurchschaubar.

Für den bayerischen Agenten erwies sich als schwierig, Porträts der Prinzessinnen zu bekommen, ohne sofort den Argwohn seiner Umgebung zu wecken. Er beauftragte einen französischen Maler namens »Monsieur Bartolomeo Aures«, der im Palast des Marchese Villa arbeitete, die dort hängenden Bilder der herzoglichen Familie zu kopieren, was keine Schwierigkeiten bot. Nur von Margherita ließ sich weder bei Hof noch im Palais eines Kavaliers ein Porträt auftreiben, ohne Aufsehen zu erregen. Schließlich mußte die Marchesa Villa bei Madama Reale um ein solches Porträt bitten, das der Maler in zwei Tagen im Palast der Prinzessinnen schuf und für Egartner eine Kopie davon fertigte. Auf diese Weise scheint die Anwesenheit eines Agenten ruchbar geworden zu sein. Jedenfalls erhielt Kurfürst Maximilian von dem Herausgeber der »Gazzetta di Torino«, Pier Antonio Socini, einen Brief vom 27. November 1649, worin dieser ihm ein Originalporträt Adelaides anbot, da sein Abgesandter ja nur Kopien erhalten habe.

Mit diesen aufschlußreichen Berichten des »welschen Segretario« waren das Kurfürstenpaar und der Obersthofmeister hoch zufrieden und wurden sich über die Maßnahmen, die nun zu ergreifen waren, rasch einig. Bereits am 10. Dezember ließen sie Dr. Krebs an den französischen Bevollmächtigten in Nürnberg, Seigneur de Vautorte, schreiben, daß Maximilian I. auf der jüngeren Prinzessin bestehe. Der Münchener Hof sah also seinen Weg klar vor sich. Nun sollten Mazarin und die Herzogin von Savoyen entscheiden, ob sie Adelaide für Bayern freigeben wollten oder nicht.[34]

Aber Christine fand noch nicht so schnell zu einem endgültigen Entschluß. Daß sie ihre Lieblingsidee aufgeben sollte, die schöne jüngste Tochter auf dem Thron der Bourbonen zu sehen, wollte ihr nicht in den Sinn. Zu lange hatte sie ihren Plan genährt und Adelaide in diesem Geist erzogen. Wie sollte sie dem jungen Mädchen begreiflich machen, daß nicht das stolze Frankreich, sondern ein wesentlich kleineres, durch dreißig Jahre Krieg verarmtes Land am Nordabhang der Alpen seine künftige Heimat werden würde? Sie sah bittere Tränen voraus und mußte sich selbst eine gewisse Schuld daran zumessen. Leider hatte der Bayer durch geschickte Agententätigkeit herausgefunden, daß Margherita seinen Ansprüchen nicht genügte, und sie mußte sich geschlagen geben. Da der aalglatte Mazarin sich zu keiner Versicherung herbeiließ, wäre es töricht gewesen, den mächtigen Kurfürsten abzuweisen. Aber auch sie war eine vorsichtige Frau, wollte über den bayerischen Kurprinzen Näheres in Erfahrung bringen und beschloß, die »Bavaresi« noch eine Weile mit Verhandlungen hinzuhalten.

Der älteste Träger des savoyischen Annunziatenordens, Marchese Carretto di Bagnasco, ein diskreter und höflicher alter Herr, befand sich im Dezember 1649 wegen privater Angelegenheiten in Wien und schien Herzogin Christine der geeignete Mann für ausgedehnte Gespräche mit dem immer noch dort anwesenden bayerischen Unterhändler Johann Georg Mändl. Auch Kurfürst Maximilian zeigte Bereitschaft für solche Gespräche, die jedoch ausschließlich auf Adelaide gerichtet sein sollten. Nachdem der ganze Monat Januar 1650 mit erfolglosen Verhandlungen verstrichen war und Mändl Wien verlassen sollte, richtete dieser an seinen savoyischen Verhandlungspartner ein energisches Schreiben, in dem er darauf hinwies, daß Bayern in der Heiratsangelegenheit mit einem so großen Fürsten wie dem König von Frankreich nicht konkurrieren wolle, daß man dessen Interesse aber füglich bezweifle.[35]

Kurz darauf ließ Herzogin Christine, um nochmals Zeit zu gewinnen, den bayerischen Unterhändler Dr. Krebs, den Savoyen schon von den Westfälischen Friedensgesprächen kannte, durch ihren bewährten Grafen Nomis zu einer Zusammenkunft nach St. Gallen einladen. Sie wollte die Verhandlungen keinesfalls abreißen lassen und hoffte in der Zwischenzeit auf eine definitive Entscheidung Frankreichs. Ende März 1650 trafen Nomis und Krebs in St. Gallen zusammen, logierten in einer Wirtschaft und hielten ihre Mahlzeiten gemeinsam. Wieder zogen sich die Gespräche einen ganzen Monat in die Länge, während Madama Reale als letzten verzweifelten Versuch einen Sondergesandten nach Paris schickte. Als auch dieser vom Kardinal nur hingehalten wurde und die Bayern auf Prinzessin Adelaide beharrten, gab die Herzogin endlich nach und willigte in die Heirat ein.

Am 14. Mai 1650 unterschrieb das Kurfürstenpaar in München, unterschrieb auch Christine mit ihrem Sohn Karl Emanuel in Turin die gleichlautenden Urkunden, in denen die Ehe Ferdinand Marias mit Adelaide festgelegt wurde. Der Austausch der Heiratspakte erfolgte am 23. Mai in St. Gallen, und Frankreich erteilte im Juni seine Zustimmung. Beeindruckt von der vornehmen Abstammung ihrer Auftraggeber, verglichen die beiden Unterhändler die Stammbäume des Brautpaares. Die junge Savoyerin wies eine Ahnenreihe auf, wie sie im damaligen Europa kaum interessanter gestaltet sein konnte. Hier reichten sich die französischen und deutschen, die spanischen und italienischen Souveräne, die mächtigsten Fürsten Europas die Hände. Erst in der Generation der Ur-Urgroßeltern traten Wiederholungen auf. Wie die beiden Gesandten feststellten, war die savoyische Prinzessin mit ihrem zukünftigen Bräutigam über ihren dreifachen Urgroßvater, den Habsburger Philipp den Schönen, verwandt.[36]

Was mochten nun die Hauptpersonen dieses Ehevertrages empfinden, die damals beide dreizehn Jahre alt waren? Sie wurden nach der Sitte der Zeit mitten im Entwicklungsalter vor die vollendete Tatsache gestellt, mit einem Partner verlobt zu sein, von dem sie höchstens ein geschmeicheltes Porträt zu sehen bekamen. Auch die Eltern konnten ihnen den künftigen Lebensgefährten nur aus den Berichten Dritter schildern. Fürstenkinder des 17. Jahrhunderts wurden ausschließlich nach politischen Erwägungen verheiratet und waren nicht zu beneiden.

Der erste Brief des bayerischen Kurprinzen an die von seinen Eltern Auserwählte datierte vom 19. Juli 1650 und war aus Höflichkeit für die Braut, die noch kein deutsches Wort verstand, in italienischer Sprache geschrieben. Da Kurfürstin Maria Anna und Max Kurz des Italienischen mächtig waren, dürften sie ihn gemeinsam mit dem welschen Sekretär abgefaßt haben. »Der Ferdinand«, wie der Kurprinz in der Familie hieß, war damals noch nicht in der Lage, ein vollendet höfisches italienisches Verlöbnisbrieflein an die ferne Braut zu richten.

Wäre es ihm vom Schicksal vergönnt, ihr in eigener Person zu dienen, so lauteten Ferdinands Zeilen, so würde sie klare Beweise der herzlichen Zuneigung erhalten, die er für sie empfinde. Aber die weite

Entfernung verbiete ihm dieses Glück. Seinen Eltern schulde er großen Dank für die Sorge und Eilfertigkeit, mit der sie ihm die Hand einer so verdienstvollen Prinzessin gewonnen hätten. Er bitte sie um ihre Zuneigung und werde ihr ein Leben lang unverbrüchliche Treue bewahren.[37]

Der junge Ferdinand war ein guter Sohn. In eisernem Pflichtgefühl erzogen, kannte er seinen Eltern gegenüber nur Respekt und Gehorsam und teilte daher deren Stolz über die vornehme, katholische Braut. Überdies versicherte ihm jedermann, daß sie schön, liebenswert und geistreich sei. Aber für die Würdigung solcher Attribute waren die Sinne des jungen Bayern noch zu wenig entwickelt. Kaum dem Spielalter entwachsen, mit Latein-, Mathematik- und Spinettunterricht geplagt, sollte er seine Gedanken auf eine ferne Braut richten, mit der er schon in absehbarer Zeit ein Eheleben führen würde.

Derartige Überlegungen wird der Dreizehnjährige möglichst verdrängt haben. Auf dem bekannten Bild von Nikolaus Prugger im Bayerischen Nationalmuseum, das ihn mit seinem greisen Vater zeigt, ist er als Kind mit hübschem, offenem Knabengesicht dargestellt. Zur Zeit des Ehevertrages dagegen war er ein hochgeschossener Jüngling, der wenig Wert auf sein Äußeres legte und durch Kurzsichtigkeit behindert war. Man sagte dem Kurprinzen »quelque sorte de mélancholie et de stupidité d'esprit« nach, als er noch kaum den Kinderschuhen entwachsen war, und hoffte, daß die südländische Braut seine Entwicklung fördern würde.[38]

Im Jahre 1650 verfügte er bereits über eine eigene Hofhaltung, betrieb seine Studien mit mehreren Lehrmeistern in der Residenz und erhielt eine streng religiöse Erziehung im jesuitischen Sinn. An der ersten Ratssitzung seines Lebens nahm er im Januar 1650 teil, aber zunächst nicht im Geheimen Rat, sondern nur beim Hofrat, »damit er nit an dem studio verhindert werde und das doch auch lerne«, wie seine Mutter an den Hofkammerpräsidenten Mändl schrieb. Die Grundzüge seiner Erziehung hatte Kurfürst Maximilian schon 1639 in den wahrhaft klassischen »Monita paterna« aufschreiben lassen, die auch Adelaide später für ihren Sohn Max Emanuel in Anspruch nahm.[39]

Die Entwicklung der jungen Südländerin war naturgemäß rascher gediehen. Das Gefühl ihrer Schönheit und die konsequente höfische Erziehung verliehen Adelaide außerdem eine erhöhte Sicherheit und Würde. Dagegen war das Desinteresse des französischen Hofes eine

Enttäuschung gewesen, an der die verwöhnte Jüngste der Madama Reale schwer zu tragen hatte. Zu lange war diese stolze Hoffnung genährt worden. Verärgert und verbittert nahm sie zur Kenntnis, was dem Turiner Hof schon seit längerem klar war: der königliche Freier begehrte sie nicht mehr, sie mußte mit einem geringeren vorlieb nehmen. Man hatte ihr den Ritter ihrer Träume geraubt, den holden Schäfer, der in den französischen Romanen der damaligen Zeit so treu an seiner geliebten Prinzessin hing. Kein Wunder, daß sie mißvergnügt und launisch wurde, der Mutter insgeheim die Schuld an ihrem Unglück zuschob und vor allem bei der übergangenen Margherita Schadenfreude witterte.

Ihr einziger Trost in der Familie war die verständnisvolle Schwester Luisa, die man auch mit dreizehn Jahren zur Ehe gezwungen hatte. Nur durfte diese damals wenigstens in der Heimat bleiben, während sie selbst in ein Land mit unwirtlichem Klima verbannt werden sollte. Windiges und regnerisches Wetter gab es dort im Sommer, hatte sie gehört, und den ganzen Winter lag eine dichte Schneedecke über den Feldern. Über Schlittenfahrten mit lustigem Schellengeläute würde sie sich wohl freuen können, aber sonst fror sie in Gedanken an dieses kalte, unfruchtbare Land, an die schwere, holperige Sprache, die sie würde lernen müssen. Der junge Prinz sollte zwar ein Engelsgesicht haben, wie die Höflinge der Mutter ihr versprachen, aber was konnte sie denn überhaupt noch glauben? Daß sie mithelfen sollte, das Kurfürstentum Bayern der Krone Frankreich näherzubringen, war zu diesem Zeitpunkt für Adelaide noch von geringem Interesse.

Trotz ihres Unwillens beantwortete sie aber den ersten Brief des fernen Freiers mit höflich-liebevollen Zeilen. »Serenissimo Signore«, so nannte sie ihn am 15. September 1650 in ihrer steilen Jungmädchenschrift. Sie bekannte ihm ihre wachsende Verbundenheit und lebhafte Zuneigung und versicherte ihm, daß sie keinen wichtigeren Gedanken hege, als sich seiner Gnade würdig zu zeigen. Auch mit dem bayerischen Kurfürstenpaar wechselte sie liebenswürdige Briefe. Inzwischen mußte sogar diesem verwöhnten Kind klar geworden sein, welch gute Partie und erhebliche Rangerhöhung ihm bevorstand.[40]

Die Prokura-Hochzeit sollte noch vor Weihnachten 1650 in Turin stattfinden, da Maximilian I. sich der Braut versichern wollte und sein Sohn das 14. Lebensjahr vollendet hatte. Die bayerische Gesandtschaft wurde bereits Ende November in der piemontesischen Hauptstadt erwartet. So sah sich Adelaide in einen Strudel von Vorbereitungen und Ereignissen gestürzt, die sie mit Schauer und Freude erfüllten und ihr wenig Zeit zu trüben Gedanken ließen.

Herzogin Christine war entschlossen, ihrer jüngsten Tochter ein glanzvolles Hochzeitsfest auszurichten. Um die Mittel hierfür aufzubringen und die erste Rate der an Bayern versprochenen beachtlichen Mitgift zahlen zu können, mußten die Untertanen mit Sondersteuern belegt werden. In Turin begann ein fieberhaftes Leben und Treiben. Maurer und Zimmerleute, Tapezierer und Vergolder traten ans Werk, um für die Feierlichkeiten den nötigen majestätischen Rahmen zu schaffen. Der Palazzo San Giovanni mit den Gemächern der Braut wurde nach neuestem Geschmack ausgestattet.

Auf den Schultern Philipp Agliès ruhte die Organisation sämtlicher festlicher Aufführungen. Er plante ein großes öffentliches Reiterspiel mythologischen Inhalts auf der Piazza Castello, ein Ballett auf der herzoglichen Theaterbühne unter Mitwirkung der fürstlichen Geschwister und ein sogenanntes Kopfturnier mit einem riesenhaften hölzernen Sarazenen.

Für Adelaide bedeuteten die Hochzeitsvorbereitungen stundenlange Anproben festlicher Kleidungsstücke, Haltungsübungen und Einstudieren mimischer Tanzposen. Es waren anstrengende Wochen. Plötzlich stand sie im Mittelpunkt des gesamten höfischen Lebens und erhielt Ehrenbezeigungen wie nie zuvor. Mit wem sie bei der Prokura-Hochzeit vor den Altar treten sollte, war eine offene Frage. Man dachte zunächst an den Senior des Hauses Savoyen, den Prinzen Mauritius, einigte sich aber dann auf den sechzehnjährigen Karl Emanuel, der schließlich der Souverän war und dem Herzen Adelaides näherstand. Der Gedanke, mit diesem zwar kapriziösen, aber liebenswerten Bruder vor den Priester zu treten und seinen festen, jugendlichen Arm zu spüren, gab dem jungen Mädchen ein Vorgefühl der Sicherheit und Wärme.

Bei den »Sponsalien« wollte Bayern, wenn auch nicht durch den Bräutigam selbst, so doch durch eine glanzvolle Gesandtschaft vertreten sein. Kurfürst Maximilian betrachtete den Obersthofmeister Grafen Kurz, seinen höchsten Beamten, als den geeigneten Mann für diese ebenso schwierige wie ehrenvolle Aufgabe. Kurz war in allen Dingen des politischen wie höfischen Lebens, in Zeremonien- und Etikettefragen wohl bewandert und sprach überdies italienisch.

In einer Instruktion, die Maximilian I. am 28. Oktober 1650 unterzeichnete, erhielt Kurz genaue Anweisungen für seinen Aufenthalt in Turin, sein Auftreten bei Hof, das Überreichen von Geschenken, die Vorschläge und Zugeständnisse, die er für den Hofstaat der Prinzessin und ihre Heimführung nach Bayern machen sollte. Dem alten Kurfürsten lag am Herzen, daß die »pacta dotalia«, also die Vereinbarungen über die Mitgift, vor der kirchlichen Trauung unterschrieben sein mußten, daß Adelaide unbedingt die deutsche Sprache erlernen sollte, bevor sie nach Bayern kam, und daß Max Kurz ihr kein zu großes Gefolge aus welschen Personen bewilligte. Als Obersthofmeisterin für die Prinzessin habe man sich bereits einer Dame versichert, die der französischen Sprache mächtig sei. Adelaide dürfe höchstens vier Hoffräulein, eine Kammerfrau und zwei Kammerdiener mitbringen, an die sie gewohnt sei. Piemontesische Kavaliere kämen gar nicht in Frage, da ihr durch fremde Nationen »selbsten nichts als Klagen und Unglegenheiten« zuwüchsen. Ihren Beichtvater dürfe Kurz bewilligen, besonders wenn er ein Jesuit sei, auch einen verträglichen, wohlerfahrenen Arzt, der ein »Galant huomo« sein solle. Jedenfalls werde man Kurz den kurfürstlichen Leibarzt Maffei mitgeben, der sich über die Gesundheit der Prinzessin und ihre »regola di vivere« genau informieren müsse. Sollte sie Koch und Kellermeister mitbringen wollen, so dürfe man dies wohl nicht abschlagen.[41]

Es handelte sich hier um Wünsche des Turiner Hofes, die darauf hindeuten, daß Adelaide auch 1650 noch nach Diätvorschriften leben mußte. Ein größeres italienisches Gefolge der Prinzessin in München einziehen zu sehen, war aber durchaus nicht im Sinne des bayerischen Hofes. Man befürchtete Intrigen und Streitereien zwischen Deutschen und Welschen, wie man sie schon durch das häufige Engagement italienischer Musiker und anderer Künstler kannte. Es entsprach auch den Sitten der Zeit, daß eine fürstliche Braut nach Verlassen der Heimat mit ihrem früheren Leben abschloß.

Was die Übersiedelung Adelaides nach Bayern betraf, waren sich beide Höfe einig, noch etwas abzuwarten. Die Prinzessin sollte nicht in so jungen Jahren von der Mutter getrennt werden, auch hielt man ein baldiges Eheleben der 14jährigen Brautleute aus medizinischen Gründen für verfrüht. Außerdem war Ferdinand in einem Alter, in dem er sich auf Instruktionen und Studium konzentrieren sollte, ohne durch ständige Wünsche einer jungen Ehefrau abgelenkt zu werden. Man hatte die schöne Taube ja nun sicher in der Hand.

Am 29. Oktober 1650 begab sich der bayerische Obersthofmeister, »con decoro accompagniert« von einem Gefolge mit 80 Personen und 64 Pferden, auf die Reise über den Brennerpaß. Er selbst bezeichnete diese Fahrt in einem Tagebuch als seine erste savoyische Legations- und Werbungsreise.[42] Eine Schar bayerischer Kammerherren und anderer Kavaliere wie Tattenbach, Tauffkirchen, Portia, Metternich, Eisenreich waren in seiner Begleitung und sollten den Hof des Kurfürsten würdig vertreten. Unter diesen Herren befand sich auch ein Engländer namens Francis Roper of Teynham, der seit einigen Jahren den bayerischen Kammerherrnschlüssel trug und am Münchener Hof kurz als »Graf Ropert« bezeichnet wurde. Er war ein großer sportlicher Brite katholischer Religion, den der Bürgerkrieg Cromwells auf den Kontinent verschlagen hatte und der später mit Adelaide in eine böse Skandalgeschichte verwickelt werden sollte.

Über Mailand, wo sich die bayerische Gesandtschaft vier Tage lang aufhielt, erreichte sie schließlich nach einer Reise von einem Monat die piemontesische Grenze. Hier begann nun ein glanzvolles Programm anzulaufen, wie es sich keiner der bayerischen Herren in seinen kühnsten Träumen hätte ausmalen können. Sie stammten aus einem kargen Land, das durch dreißig Jahre Krieg verarmt und ausgelaugt war, und kamen von einem Hof, der zwar herrliche Kunstschätze sein eigen nannte, aber für seine strenge Sparsamkeit und sprichwörtliche Tugend in ganz Deutschland bekannt war. Was ihnen nun an Pracht und Lebenslust geboten werden sollte, überstieg ihre bisherige Vorstellungskraft.

Über die Turiner Hochzeitsfeierlichkeiten liegen zwei offizielle Berichte zeitgenössischer savoyischer Historiker vor, ebenso die Briefe, die Max Kurz in seinem präzis-ironischen Stil nach München schrieb. Aus diesen Quellen ergibt sich ein höchst farbenprächtiges Bild von den erlebnisreichen Tagen, die aus der jungen Adelaide von Savoyen eine »Principessa di Baviera« machten.[43]

Hochzeit ohne Bräutigam

Am 27. November 1650 traf der Abgesandte des bayerischen Kurfürsten mit seiner Begleitung an der Stadtgrenze von Turin ein und wurde dort vom Gouverneur der Hauptstadt mit allen Ehren empfangen. Man ließ ihn in eine majestätische Galakutsche einsteigen und fuhr ihn durch ein Spalier prächtig gekleideter Gardesoldaten, vorbei an den Einheiten der savoyischen Armee in ihren schimmernden Rüstungen, in die Stadt. An der Piazza Castello stieg Max Kurz vor dem Palais des Grafen Philipp Agliè ab, wo ihm ein prachtvolles Logis zugewiesen wurde.

In seinem ersten Bericht an den bayerischen Kurfürsten zeigte er sich von diesem Empfang und seinem Quartier geradezu überwältigt. Auch wenn ein römischer Kaiser eingezogen wäre, schwärmte er, hätte ihm nicht mehr Respekt erwiesen werden können. Seine Gemächer im Palazzo Agliè beschrieb er für die Daheimgebliebenen in allen Einzelheiten, besonders das pompöse Bett: »Daß Bett war gannz von grünem glatten sammet, yber und yber mit goldt gestickht unnd sehr hoch erhebt unnd ist nit allein der Krannz unnd der Himel, sonndern auch die Fürhenng, unnd zween bey dem Bett stehendte Sessel also gestickht gewest.« Ebenso lobte er die erlesenen niederländischen »Tapezereien«, die türkischen Teppiche und eine Galerie mit kostbaren Bildern. Er fühlte sich »königlich traktiert«.[44]

Da Herzogin Christine an einer Erkältung litt, ließ seine Antrittsaudienz einige Tage auf sich warten. Er hielt inzwischen die Augen in seiner neuen Umgebung offen und verfaßte Schilderungen über den Turiner Hof. Essen und Trinken gäbe es im Überfluß, teilte er der bayerischen Landesherrin mit, und man trage Kleidung von großer Pracht, doch sei alles auf Effekt und Äußerlichkeiten ausgerichtet. Am Hofe herrsche »ein grosse libertet« und es gäbe viele »Cavalieri und Damas«, unter denen eine ziemliche französische Verwegenheit regiere.

Daß es am Hof der Herzogin Christine nicht sehr tugendsam zuging und dort außerordentlicher Luxus getrieben wurde, war in Europa nicht unbekannt. Madama Reale hielt schließlich selbst ihren Witwenstand nicht ein und duldete in ihrem Hofstaat einen lockeren Ton zwischen den Geschlechtern. Sie förderte romantische Festlichkeiten, ließ

Mode- und Luxusartikel aus Frankreich kommen und hatte die steife spanische Etikette längst aus dem Herzogsschloß verbannt. Leichtlebigkeit, Toleranz und Vergnügungssucht beherrschten diesen Hof. Max Kurz sollte noch genug davon zu sehen bekommen.

Am Nachmittag des 30. November schritt er in festlicher Audienzkleidung über die Piazza Castello zum Stadtschloß der Madama Reale, vor ihm in zwei Reihen die Edelleute des bayerischen Hofes. Die Zugbrücke und der ganze Weg zu den Zimmern waren mit malerisch gewandeten herzoglichen Garden flankiert. Im ersten Stock empfing ihn an der Treppe der Oberste Hofmeister Christines, Philipp Agliè, und begleitete ihn in die »Camera di parata«, das glanzvolle Audienzzimmer des Schlosses. Dort saß die Herzogin allein in eleganter Witwentracht unter einem Baldachin aus schwarzem Samt. Bei seinem Eintritt erhob sie sich, ging lebhaft auf ihn zu und begrüßte ihn mit liebenswürdigen italienischen Worten. Dann nahm sie sein Beglaubigungsschreiben entgegen, unterhielt ihn eine Weile huldvoll und entließ ihn schließlich zu einer kurzen Audienz bei ihrem Sohn, die in einem herrlichen Saal mit Seidentapeten und Malereien stattfand. Anschließend wurde Max Kurz im Privatkabinett der Herzogin den drei Prinzessinnen vorgestellt und bedachte diese mit artigen Komplimenten.

Nun stand er also zum ersten Mal seiner künftigen Landesherrin gegenüber, überreichte ihr ein Briefchen des Bräutigams und hatte dabei Muße, ihre Gesichtszüge zu studieren. Sie schien ihm ein wenig verschreckt und er sah an ihren Augen, daß sie viel geweint hatte. Machte ihr die Trennung vom Elternhaus denn jetzt schon Kummer? Nun trat die Mutter hinzu und fragte den bayerischen Brautwerber, ob denn der Maler das übersandte Bild der Prinzessin auch ähnlich geschaffen habe. Kurz erwiderte in höfischer Manier, dieser habe nicht einmal den Schatten des Originals getroffen, und versicherte der Herzogin, ihre Tochter sei eine vollendete Schönheit. Über dieses Lob zeigte sich Christine so geschmeichelt, daß sie begann, mit Feuereifer über die Zuneigung ihrer Tochter für den Bräutigam zu sprechen, bis sie vor Husten kaum noch ein Wort hervorbrachte.

Kurz schilderte sie trotz ihrer 45 Jahre als eine außergewöhnlich schöne Frau, unglaublich subtil, gepflegt und wohl gefärbt. Nur den Mund dürfe sie nicht öffnen, denn da sähe man, daß sie »zanlukhet« sei. Von der kleinen Margherita hielt er dagegen wenig. Sie schien ihm zwar »wohl beredt«, sei aber ihrem Porträt nicht ähnlich und zeige so wenige Rundungen, daß sie »Maderatzl« nötig habe. Luisa, die Gemahlin des Prinzen Mauritius, schilderte er als freundlich, schön gefärbt, aber etwas von den Blattern verdorben. Außerdem habe sie ein »ziemlich großes Maul«, berichtete er der Kurfürstin Marianne. Diese Schilderungen bereiteten ihm sichtlich ein sarkastisches Vergnügen.

Bei Henriette Adelaide hatte er am folgenden Tag allein Audienz. Diesmal zeigte sie sich entschieden kecker als am Vortag und fragte nach Schlittenfahrten und sonstiger Kurzweil in München. Er blieb fast eine Viertelstunde bei ihr, erzählte ihr vom Leben am bayerischen Hof und konnte ein Bild von ihrer Persönlichkeit gewinnen. Ihre Durchlaucht Herzogin Adelheid sei schöner als ihr Konterfei, berichtete er, aber bei weitem noch nicht so »mannbar« wie geschildert. Sie habe kleinwinzige, aber sehr schöne und wohlproportionierte Fingerl und erscheine überhaupt »gar gratiosa«. Ihre Kleidung sei dekolletiert, aber mit einem Schleier bedeckt. Die ganze Familie spräche französisch und welsch. Wie Kurz in Erfahrung brachte, hatte Adelheid eine schöne Singstimme und schlug mehrere Saiteninstrumente. Die Erziehung der Prinzessin war pünktlich und scharf, mit Zucht und Respekt für die Mutter. Sie sprach auch spanisch und wurde in der Heiligen Schrift instruiert.

Dagegen gefielen ihm die Damen bei Hof wesentlich weniger. Sie waren zwar außerordentlich stattlich geputzt, aber ihre Gesichter, auf die sie »Pflasterl und Fliegen« klebten, erschienen ihm verstellt. Die französischen Modesitten, die man am Turiner Hof so getreulich nachahmte, wirkten auf den altväterischen Kurz ziemlich lächerlich. Jedenfalls versprach er der Kurfürstin Marianne, für die Maskerade bei der Fastnacht solche »Fleckerl« nach München mitzubringen.

Am Sonntag, den 4. Dezember, fand eine große Zeremonie für den Austausch der Heiratsbriefe statt. In diesen lateinischen Dokumenten war die Mitgift von Seiten Savoyens auf die stolze Summe von 200 000 Scudi festgesetzt. Bayern hatte einen Goldvogel gefangen! Für den feierlichen Akt begaben sich die Herzogin und ihr Sohn aus dem alten Castello in den Palazzo San Giovanni, wo die bayerische Gesandtschaft sie bereits stehend erwartete.

Von beiden Seiten erfolgte ein großer Aufmarsch an Persönlichkeiten, wie dies bei den theatralischen Hofzeremonien Christines der Brauch war. Man traf sich zunächst in den Gemächern Adelaides. Besonders beeindruckt waren die bayerischen Gäste von deren Privatkabinett, einem eleganten Raum, der gänzlich aus Gold und Spiegeln bestand. Von der Decke hing ein Kristalleuchter, der den märchenhaften Eindruck vervollständigte. Max Kurz verbrachte dort eine halbe Stunde in Gesprächen mit der Herzogsfamilie, dann begab man sich in einen anschließenden Saal, der ganz mit silbernem Stuck und gesticktem Blumenwerk ausgestattet war. Damen und Kavaliere füllten ihn bis zum Bersten. Der erste Staatssekretär San Tommaso verlas die vom Bräutigam und den Mitgliedern der Familie Wittelsbach bereits unterfertigte Pergamentschrift und legte sie der Madama Reale, der Braut, dem jungen Herzog und der Prinzessin Luisa zur Unterschrift vor. Alle vier zeichneten mit ihren Namen in französischer Form.

Für Adelaide brachte diese Auswechslung der Heiratspakte eine erhebliche Veränderung ihres Lebens bei Hof. War sie bisher nur die verwöhnte Jüngste der Familie gewesen, so mußte sie nun als Gemahlin des Kurerben von Bayern, des Sohnes eines mächtigen Reichsfürsten, betrachtet werden. Sie erhielt am Hof den Rang direkt nach ihrer Mutter, also vor den beiden Schwestern, ja sogar vor dem Herzog selbst. Mit Max Kurz wurde abgesprochen, daß sie bis zu ihrer Abreise nach München den offiziellen Titel »Principessa di Baviera« führen sollte.

Nach dieser Zeremonie stürzte sich der Turiner Hof in einen Taumel von Festlichkeiten und begann die Nacht zum Tage zu machen. Die bayerischen Herren, die von München ein streng geregeltes, ja spartanisches Hofleben gewöhnt waren, kamen nicht mehr zur normalen Zeit ins Bett. Man schlief bis weit in den Vormittag hinein, was bei Maximilian I. verpönt gewesen wäre, und die Turiner Hofbeamten erschienen erst um zwölf Uhr mittags wieder zum Dienst.

Max Kurz war in diesen Tagen vollbeschäftigt. Er tafelte mit der herzoglichen Familie, wurde zu abendlichen Konzerten im kleinen Kreise zugezogen, empfing die Aufwartung von Turiner Persönlichkeiten, besuchte die Landschlösser Moncalieri und Mirafiori und überreichte bei Hof die Geschenke des bayerischen Kurfürstenpaares, vor allem den kostbaren Hochzeitsring. Zu seiner Verwunderung begann Madama Reale, ihn völlig in ihr Vertrauen zu ziehen, so daß er sich bald wie ein Kind im Hause fühlte. Während einer abendlichen Musik sprach sie unablässig auf ihn ein und lamentierte über ihre Schwäger, die ihr das Leben sauer machten.

Eines Nachts, nach gewohnten Festlichkeiten, führte sie ihn im »Palazzo Madama« allein in ihr Privat-Oratorium, erzählte ihm, wie oft sie beichte, den Exerzitien beiwohne, zum Gottesdienst gehe und »dergleichen Frauen zimmer discurs mehr gewest«. Dann ging man weiter zu ihrem berühmt schönen Schlafzimmer, der »Camera dell'alcova«, und sie berichtete dem erstaunten Bayern, wie sie sich an- und auskleide, wer sie kämme, wie oft und schwer sie niedergekommen war und was für körperliche Zustände sie habe. All dies geschah im Tête-à-tête und in den späten Nachtstunden. Ob der bayerische Kavalier sich zu einem Abenteuer mit Madama Reale verlocken ließ oder wie er sich aus der Affäre zog, darüber schwieg er in aller Höflichkeit. Jedenfalls verwöhnte sie ihn in den kommenden Tagen über die Maßen und ließ »absunderlich« für ihn kochen. Bei allen Festen mußte er neben ihr sitzen, überall rief sie sofort nach ihm und wollte von ihm unterhalten sein.

Vor der Prokura-Trauung, die am 11. Dezember in der Turiner Kathedrale stattfinden sollte, waren hochoffizielle Feierlichkeiten angesetzt. So hielt Herzog Karl Emanuel im großen Ornat das Kapitel der Annunziaten-Ordensritter ab, wobei fünf Persönlichkeiten zu neuen Rittern geschlagen wurden. Der bayerische Gesandte, der nicht zugegen sein durfte, sah die glanzvolle Zeremonie zusammen mit Madama Reale und ihren Töchtern von einer »Gelosia«, einem heimlichen Fenster, mit an. Anschließend folgte mitten in der Nacht ein feierliches Tedeum im Dom. Das Heilige Grabtuch, die mystische Reliquie des Hauses Savoyen, bekamen die bayerischen Gäste in einer öffentlichen Feierlichkeit auf dem Domplatz zu sehen. Dabei strömte das Volk von Turin in Massen zusammen und sank vor dem Beweis des göttlichen Leidens in die Knie. Vor der Kathedrale war bereits eine hohe hölzerne Brücke aufgebaut, auf der die Braut am Hochzeitstag von ihren Gemächern im Palazzo San Giovanni zum Kirchenportal gelangen sollte, um von allem Volk gesehen zu werden.

Der lange erwartete Hochzeitsmorgen brach mit mildem, schönem Winterwetter an. Aus ganz Piemont und Savoyen, wie aus anderen Gegenden Italiens waren reichgekleidete Menschen eingetroffen, um der herzoglichen Familie und der jungen Braut an ihrem Festtag die Ehre zu geben. Karl Emanuel, der seine Mutter zur Trauung geleitete, war für diesen feierlichen Anlaß mit einem altertümlichen Kostüm bekleidet, um die Tradition des Hauses Savoyen zu dokumentieren. Er trug eine kurze spanische Melonenhose mit weißen Seidenstrümpfen, wie sie in der zweiten Hälfte des 16. Jahrhunderts in Mode war, ein kurzes enganliegendes Wams und den schwarzen spanischen Capot-Mantel mit reicher Bortenverzierung. Ein hochstehender Hemdkragen und weiße Puffärmel mit Krausen vervollständigten das elegante Gewand. Sein Hut aus schwarzem Samt war mit einem Diamantband und einer Reiherfeder geziert. Auf der Brust trug er den Annunziatenorden.[45]

Herzogin Christine erschien zur Hochzeitsfeier in schwarzer Witwentracht, wie es ihrem Stande zukam. Ein bis zum Boden reichendes schwarzes Samtkleid fiel enganliegend von ihrer hohen Gestalt und wurde durch einen weißen Halskragen und reichen Perlenschmuck belebt. Von den Schultern hing ihr der schwarze, hermelinbesetzte Königsmantel, der »manto royal« mit langer Schleppe, ein Symbol ihrer Würde als Königin von Zypern. Angeschnitten an den Mantel war der perlenbesetzte seidene Witwenschleier, der über der Stirn nach dem Brauch der Zeit eine Spitze bildete. Auf dem Haupt trug sie eine geschlossene Perlenkrone von unschätzbarem Wert.

Mutter und Sohn begaben sich gemeinsam zum alten Palais in die Gemächer der Braut, wo die drei Schwestern sie bereits erwarteten. Adelaide konnte nicht prachtvoller gekleidet sein. Sie trug ein langes, goldgesticktes Brautgewand mit spitz zulaufendem Mieder, bauschigem Rock, Puffärmeln und großen weißen Manschetten. Auch ihr hing der Königsmantel mit langer Schleppe von den Schultern, getragen von ihrer Hofmeisterin, der Gräfin Polonghera. Auffallend an ihrer Erscheinung waren vor allem die Halskrause nach alter spanischer Tradition und die geschlossene Krone mit einem herrlichen Diamanten. Mit diesen königlichen Symbolen wollte das Haus Savoyen an der jungen Braut seine hohe Abstammung und seine Zukunftserwartungen demonstrieren. Eine breite Diamantenkette unterhalb der Halskrause vervollständigte Adelaides ebenso majestätische wie liebreizende Erscheinung.

Nach der Sitte der Zeit waren die Festgewänder der beiden Schwestern vom gleichen Schnitt und Stoff wie das der Braut, nur in anderen Farben gehalten. Dagegen trugen sie auf ihren Lockenköpfen offene Diamantenkronen. Das offizielle Hochzeitsbild des Malers Filiberto Torret zeigt Madama Reale mit ihren vier Kindern im vollen Staat dieser beziehungsreichen Gewandung, deren jede ein in sich geschlossenes Kunstwerk darstellte. Um den Anspruch auf das Gottesgnadentum vor aller Öffentlichkeit zu unterstreichen, mußten sich die Mitglieder der Herrscherfamilie in der Kleidung einem strengen Zeremoniell unterwerfen. Doch blieb der modischen Phantasie ein gewisser Spielraum und der ideenreiche Philipp Agliè hatte bei der Zusammenstellung dieser prachtvollen Gewänder gewiß seine Hand im Spiel.

Aus der Zimmerflucht der Braut war eine Maueröffnung herausgebrochen worden, um Adelaide und ihren Hochzeitszug auf einer Holzbrücke unmittelbar den Gästen und dem Volk sichtbar zu machen. Bevor die Braut ihr Gemach verließ, wollte sie vor den Augen des Hofes den Gehorsam praktizieren, den sie ihrer Mutter stets erwiesen hatte. Sie kniete nieder und erbat deren Segen. In diesem Augenblick überkam das junge Mädchen die ganze Angst vor der Zukunft, der Kummer über die baldige Trennung von allen liebgewordenen Menschen, und es konnte die Tränen nicht zurückhalten.[46]

Die breite, mit Teppichen belegte Brücke führte vor das Hauptportal der Kirche. Als die Braut zwischen Mutter und Bruder erschien, begann ein frenetischer Jubel aufzubrausen. »Viva Baviera, Viva Savoia«, riefen die begeisterten Menschen auf dem Platz vor der Kathedrale und die Fürstlichkeiten blieben auf der Brücke stehen, um die Neugier des Volkes zu befriedigen. Max Kurz empfand diesen südländischen Jubel als ein schreckliches Geschrei und war froh, als er die stille Kirche betreten konnte. Vorbei an einem Spalier von Schweizergardisten wurde die Braut mit großem Gepränge durch das Kirchenschiff unter einen Baldachin am Altar geführt. Durch die zahlreichen Pagen in heraldischen Farben, die glänzende Kleidung der hohen Würdenträger und ihrer Damen, das goldene Festgewand der Geistlichkeit entstand ein farbenfrohes, unvergeßliches Bild.

Als Adelaide mit ihrem Prokura-Bräutigam vor den Altar trat, wo der Erzbischof von Turin sie erwartete, lag knisternde Spannung über der Versammlung. Der Herzog wies die Prokura des bayerischen Hofes und die päpstliche Dispens vor. Dann fragte der Erzbischof den jungen Souverän und die Braut nach ihrer Zustimmung. Da letztere nicht selbst antworten durfte, deutete sie mit ehrerbietiger Verneigung vor Madama Reale an, über ihren Willen zu verfügen. Statt eines Ringwechsels übergab Karl Emanuel dem Prälaten den kostbaren »Mähelring« Ferdinand Marias, erhielt ihn gesegnet zurück und streifte ihn seiner Schwester über den Finger. Kanonendonner, Trompeten und Trommeln zeigten den Vollzug der Trauung an. Nach der Brautmesse wurde Adelaide auf dem gleichen Weg in ihre Gemächer zurückgeführt und empfing anschließend im Spiegelkabinett des Palazzo San Giovanni die Komplimente der Familie, der auswärtigen Gesandten und des

Hofes. Angesichts so vieler strahlender Gesichter, so wohlgemeinter Gratulationen über diese glückliche Fürstenverbindung konnte auch die traurige junge Prinzessin endlich Stolz und Freude empfinden. Die Stunde des Abschieds schlug ja noch lange nicht.

Während des Hochzeitsbanketts, bei dem die Braut wieder zwischen Mutter und Bruder saß und ein ganzer Saal voller Damen und Kavaliere zur Bedienung der zehn Hauptpersonen bereitstand, bekam Max Kurz, der ein kunstsinniger Mann war, eine Tafelmusik der berühmten Turiner Hofkapelle zu hören.[47] Auch bei dem folgenden Dankgottesdienst der Jesuiten, den Kurz mit dem ganzen Hof besuchte, spielte italienische Musik eine Hauptrolle: der großartige Kirchenchor des Jesuitenkollegs sang den Dankhymnus für die von Gott gestiftete Vereinigung zweier großer europäischer Fürstenhäuser. Bei der Rückkehr zur Piazza Castello war die Winternacht bereits hereingebrochen, aber den bayerischen Gästen bot sich ein neues glanzvolles Schauspiel. Der ganze Platz war durch Freudenfeuer erleuchtet und alle Fenster der Paläste trugen eine doppelte Reihe von brennenden Wachsfackeln. Schließlich feierte der unermüdliche Turiner Hof noch den Ausklang des Hochzeitstages mit einem großen Ball, den der junge Herzog und Adelaide mit dem Brauttanz eröffneten.

Wenn Max Kurz gedacht hatte, sich nach der Trauung bald auf die Heimreise zu begeben, so hatte er sich verrechnet. Nun folgten öffentliche und private Feste in täglichem Rhythmus. Er war »mit hochzeitlichen Freudenfesten so okkupiert«, daß er kaum mehr Zeit zum Abfassen seiner Berichte nach München fand.[48]

Jetzt sollte er vor allem die Beweise von Philipp Agliès szenischen Künsten erleben. Der vielseitig gebildete Favorit der Herzogin, der sich mit dem Schriftstellernamen »Filindo Costante« schmückte, hatte aus Turin einen Mittelpunkt verfeinerter höfischer Festkultur gemacht. Das Ballett, ein Bühnentanzspiel mit Musik und Szenerie, war zur beliebten Selbstdarstellung der höfischen Gesellschaft geworden. Es entstammte dem französisch-italienischen Kulturkreis des 16. Jahrhunderts und glich dem heutigen Ballett nur wenig. Ein Prolog erklärte das Thema, dann folgten Pantomimen, heitere oder allegorische Darstellungen, die von den Fürstlichkeiten selbst, von Damen, Herren oder auch Kindern des Hofes dargestellt wurden. Die Tänze wechselten dabei mit Gesang und Deklamation. Am Schluß vereinigten sich alle Darsteller zum »Grand Ballet«, zur Apotheose der gefeierten Fürstlichkeit.

Das Entwerfen malerischer Kostüme für die Bühne war eine besondere Stärke Philipp Agliès, wie sie in den wunderschönen bunten Szenenbildern seiner Ballette zum Ausdruck kommt. Auch seine Turniere und Karusselle auf freien Plätzen fanden großen Anklang.

Zunächst wurde am 15. Dezember auf der Piazza Castello das Turnierspiel »Gli Ercoli domatori dei mostri ed Amore domatore degli Ercoli« aufgeführt. Die Grundtendenz dieses Reiterturniers von Agliè war der Sieg von Sitte und Kultur über die Barbarei. Dieses in aller Öffentlichkeit dargestellte Spiel sollte nicht nur den Hof erfreuen, sondern auch das Volk von Turin in die Festlichkeiten einbeziehen. Auf dem Schloßplatz war zu beiden Breitseiten eine romantische Szenerie mit Waldgebirgen und barocken Baulichkeiten errichtet, an der sich die Phantasie schon Tage vorher entzünden konnte.

In einer Loggia an der Front des Palazzo Madama sahen die weiblichen Mitglieder der Herzogsfamilie dem Schauspiel zu. Reiter und Pferde mit farbenfrohen Gewändern und Federbüschen, Soldaten und Wagen, Kamele und Attrappen von Ungeheuern füllten den Platz in ständigem Wechsel. Die Menschen hingen aus den Fenstern und besetzten sogar die Dächer, um sich nichts von dem großen Theater entgehen zu lassen. Es wurde mit südländischem Temperament geschossen und gestochen, galoppiert und gerannt. Der Applaus war überwältigend.[49]

Da die Maschinerie für die Bühnenszenen noch nicht fertig war, dauerte es zum Mißvergnügen von Max Kurz noch eine ganze Woche, bis das große Ballett endlich stattfinden konnte. Da er Zeichen von Ungeduld zeigte, schrieb ihm Adelaide ein Briefchen und bat ihn, noch zu bleiben, da sie selbst bei dem Ballett mitwirke. So erlebte er noch mehrere Privatbälle bei hohen Würdenträgern und sah mit einigem Befremden, wie man die vierzehnjährige Prinzessin, die er so streng erzogen wähnte, bis in die Nacht dort mit den Kavalieren tanzen ließ. Solche Unterhaltung würde sie in München vermissen!

Mit ihrer geistigen Bildung war er jedoch wohl zufrieden. Sie schien ihm überdurchschnittlich begabt und intelligent, verstand sich auf Latein und Kosmographie und war in der Heiligen Schrift bestens erfahren. Über ihre »capacitet und memory« mußte er sich bei jedem Gespräch hoch verwundern. Man versprach ihm, daß sie bald die deutsche Sprache erlernen werde. Vorbeugend schrieb er jedoch nach Hause, »daß der Herzog Ferdinand sich auf die französische Sprach befleiße, weil die Herzogin Adelheid schier lieber, auch besser französisch als welsch redet«.[50]

Kurz benützte die letzten Tage seines Aufenthaltes, um im Turiner Hofstaat die mitgebrachten Geschenke zu verteilen. Aber man hatte in München nicht mit einem so außerordentlichen Aufwand bei der Prokura-Hochzeit gerechnet. Der Zuschnitt des Turiner Hoflebens war in Bayern augenscheinlich nicht bekannt und man hatte mit eigenen Maßstäben gemessen. So brachte Kurz nicht die genügende Anzahl Geschenke mit, um alle Höflinge und Bedienten, die für die Hochzeit tätig waren, gebührend zu bedenken. Er mußte die Mitbringsel teilweise umdisponieren, wodurch wichtige Leute schlechter bedacht wurden, als vorgesehen war. Dies brachte Enttäuschungen und böses Gerede mit sich und sollte nach seiner Abreise unangenehme Folgen haben.

Am 22. Dezember spätabends versammelte sich endlich der Hof im Großen Saal des Palazzo San Giovanni, wo die Bühne für das Ballett aufgebaut war. Aber es wurde zwei Uhr nachts, ehe mit der »Introduction in musica« die lange erwartete Vorstellung begann. Ein mimisches Ballett in drei Akten »L'Educatione di Achille e delle Nereidi sue sorelle nell'Isola d'Oro«, das Philipp Agliè wahrscheinlich auf Grund von Ideen des Philosophen Tesauro konzipiert hatte, ging mit hinreißendem Schwung über die Bühne. 32 Kavaliere und 16 Damen, darunter die vier Geschwister Savoyen, tanzten in prachtvollen Kostümen bis zum Morgengrauen. Da auch zehn Gesangssolisten und ein Chor auftraten, ähnelte dieses Ballett bereits dem damals neu entstehenden Bühnenspiel der italienischen Oper.

Als schließlich der Tag anbrach, ließ Madama Reale eine ansehnliche »Collation« mit allerhand köstlichen Konfitüren reichen. Bei dieser Gelegenheit konnte »il Conte Curzio«, wie er am Turiner Hof allgemein genannt wurde, sich bei allen ihm bekannten Persönlichkeiten verabschieden. Er verließ das gastliche Turin noch am selben Tag und führte den vierten Teil der Mitgift Adelaides, nämlich bare 50 000 Scudi, mit sich nach Bayern.

Kaum hatte er die Stadt verlassen, da begannen die bösen Zungen, seinen Geiz zu kritisieren. Der Bayer habe die Gastfreundschaft Turins schlecht gelohnt, hieß es in den Vorzimmern und Salons, er habe einfache Goldketten anstatt Schmuckstücken oder höheren Geldsummen verteilt. In der Turiner Zeitung »I Successi del Mondo« standen geradezu beleidigende Worte über den bayerischen Gesandten. Dies erregte in München natürlich größtes Mißfallen und führte zu einer Verstimmung zwischen den beiden Höfen. Vor allem Kurz selbst zeigte sich enttäuscht und verärgert über den schlechten Nachruf, den ihm Turin bereitete. Für die Zukunft blieb ein Stachel in seinem Herzen zurück.[51]

Intermezzo

Auf die Heimreise nahm Maximilian Kurz zwei Erkenntnisse mit, die ihn besonders beschäftigten. Er fand seine künftige Landesherrin zwar noch nicht besonders entwickelt, aber bezüglich junger Männer mußte sie bereits einen ziemlich verwöhnten Geschmack haben. Auf den Turiner Bällen hatte er sie mit eleganten Höflingen tanzen sehen, die gewiß mit Komplimenten für die hübsche Braut nicht gespart hatten. Die jungen piemontesischen Herren waren dunkle, gutaussehende Südländer mit feurigen Augen und lockeren Reden. Wenn er sich daneben den Herzog Ferdinand vorstellte, sah er mit Zweifeln in die Zukunft.

Der Bräutigam wollte nämlich noch nicht viel wissen von der Pflege seiner äußeren Erscheinung, von gerader Haltung und gravitätischen Tanzschritten, ja er war überhaupt am weiblichen Geschlecht noch wenig interessiert. Auf der Rückreise schrieb Kurz an die Kurfürstin Maria Anna, der Herzog Ferdinand werde sich in Zukunft »besser hervorputzen müssen«. Wie solle er sonst der Wertschätzung gerecht werden, die sein Vater, der weise Salomon dieses Jahrhunderts, allerorten genieße? Schließlich sei die äußere Erscheinung für einen Kurprinzen »ein requisita sine qua non«. Den Auftrag, einen Tanzmeister für die Münchener Prinzen, Hofdamen und Pagen zu suchen, habe er ausgeführt und einen Savoyer aus Pinerolo gefunden. Es war der »Ballarino« Emanuele Somis, der im Juni 1651 in München eintraf und viele Jahre am bayerischen Hof seine eleganten Tanzschritte lehrte.[52]

Die zweite Erkenntnis von Max Kurz bezog sich auf die grundlegenden Unterschiede zwischen dem Münchener und Turiner Hofleben überhaupt. Wenn eine Prinzessin verwöhnt war, wunderte sich niemand, es lag in der Natur ihrer Herkunft. Aber Kurz wußte selbst, daß die Umgebung fürstlicher Personen sehr verschieden sein konnte. Adelaide entstammte einem Milieu des Überflusses. Sie hatte ihren Vater und Großvater nicht mehr gekannt, die soldatische, sparsame Naturen gewesen waren. An Herzogin Christines Hof war von diesen männlichen Tugenden nicht allzuviel die Rede, dafür umso mehr von neuester Mode, romantischer Galanterie und verfeinerter Bildung. Der Einfluß der Frauen, ihre »piacevolezza« und »liberalità«, beherrschten diesen Hof und die Kavaliere glichen sich an. Es war eine geistig regsame Gesellschaft, aber es fehlten ihr die höheren Ideale. Sie erschöpfte sich häufig in Äußerlichkeiten. In der Bevölkerung machte der verschwenderische Pomp und Luxus viel böses Blut.

Am Hof Maximilians I. dagegen herrschten in dessen letzten Lebensjahren umgekehrte Vorzeichen. Einfachheit und Sparsamkeit, eisernes Pflichtgefühl und strenge Sitten waren die Maximen, nach denen die beiden jungen Söhne aufwuchsen. Von Lebenslust und fröhlicher Geselligkeit war nur noch wenig zu spüren, grau und langweilig schleppte sich das Hofleben dahin. Der greise Kurfürst fühlte sich häufig schon so gebrechlich, daß er zum Gottesdienst getragen werden mußte.[53] Wenn nicht Max Kurz gelegentlich für eine Komödie, für festliche Abendessen und Musik gesorgt hätte, wäre des Gähnens kein Ende gewesen, besonders während der langen Wintermonate. Wie sollte sich eine junge, verwöhnte Südländerin mit dieser Atmosphäre abfinden? Während des Turiner Aufenthalts waren Gerüchte über die Enge und Zurückgezogenheit des Münchener Hofes an das Ohr von Max Kurz gedrungen, die ihn verärgert, aber gleichzeitig hellhörig gemacht hatten. In München mußte sich Verschiedenes ändern, mußte die italienische Kulturentwicklung der letzten Jahrzehnte in stärkerem Maße nachvollzogen werden. Der Hof sollte wieder geselliger Mittelpunkt des ganzen Landes sein, wie Kurz es in Turin gesehen hatte. Um festliche Aufführungen inszenieren zu können, brauchte München ein Opernhaus und ein Turnierhaus. Auch zusätzliche Musiker und Sänger wollte Kurz aus Italien kommen lassen.

Im Einvernehmen mit dem Kurfürstenpaar traf er sofort nach seiner Rückkehr in die bayerische Residenzstadt umfangreiche Vorbereitungen für ein »Freydenfest« anläßlich der glücklichen Heiratsverbindung, um Hof und Stadt an der Turiner »Allegrezza« teilhaben zu lassen. Er wollte es den bösen Zungen in Piemont schon zeigen, wie gut man in München Feste feiern konnte.

Am Nachmittag des 12. Februar 1651 ritt der junge Hochzeiter Ferdinand Maria in einer zitronenfarbenen, mit Gold und Silber bestickten Gewandung auf einem »Semelfalcken« aus der Residenz in den Liebfrauendom, um dort mit dem ganzen Hof und den Stadtgeschlechtern einem feierlichen Tedeum samt Vesper beizuwohnen, das der Bischof von Freising pontifizierte. Kurfürstin Maria Anna fuhr in einem gläsernen Wagen, bespannt mit sechs kastanienbraunen »Corsieri« aus dem kurbayerischen Gestüt, um von allem Volke gesehen zu werden. Zu

Beginn des Gottesdienstes hallte der Donner der 24 größten Geschütze über die Stadt. Abends waren alle Straßen festlich illuminiert und man bestaunte ein gewaltiges Feuerwerk, das über dem Hofgarten gezündet wurde. Bei einem deutschen Tanz im Rittersaal der Residenz, wo neben den Mitgliedern des Hofes »alles Stadtfrauenzimmer und Cavalieri« anwesend waren, zeigte auch Kurfürstin Maria Anna, wie munter sie sich noch auf der Tanzfläche bewegen konnte.[54]

Am folgenden Abend ließ Maximilian Kurz bei Hof die erste italienische Oper in der Geschichte Münchens aufführen, eine »Comoedia in musica«, die von den kurfürstlichen Hofmusikern repräsentiert wurde. Text und Komposition haben sich nicht erhalten, doch bewahrt das Geheime Hausarchiv München genaue Vorschriften für diese Oper »zu Ehren der churprinzlichen Durchlaucht aus Savoyen« in der Handschrift des Kurz'schen Sekretärs. Von den Turiner Aufführungen inspiriert, gab der bayerische Obersthofmeister darin seine neuesten Erkenntnisse auf dem Gebiet höfischer Kunstfestlichkeiten zu Papier.

Die musikalische Komödie dürfe nicht als »Historia« repräsentiert werden, wie dies Kardinal Barberini mehrmals versucht habe, führte er aus, sondern man müsse wie in Florenz bei Hochzeitsfesten eine »Fiktion« als Thema erwählen. Kurz erschien es wichtig, daß das Argument dieser Oper wie in Turin mit den Ritterspielen, Aufzügen und Feuerwerken korrespondieren und die dortigen Festlichkeiten anläßlich der Hochzeit ergänzen sollte. So schlug er, wahrscheinlich schon von der Heimreise aus, eine mythische Herkules-Oper vor, in deren drei Akten der Götterhimmel und die Welt der Heroen mit irdischen Begebenheiten der Familien Bayern und Savoyen verknüpft und am Ende das Porträt der Braut auf einem Triumphwagen den Zuschauern vorgestellt wurde. Die Musik hatte der Hofkapellmeister Jacob Porro wohl schon seit längerer Zeit vorbereitet.[55]

Von der festlichen Aufführung mit Verwandlungsbühne zeigte sich Kurz schließlich sehr befriedigt. »Die Szene hat sich bei dieser Comoedy viermal gar künstlich verändert, die Actores sind sehr köstlich gekleidet gewesen und haben ein jeder sehr wohl und solchergestalten agiert, daß sie den welschen dermalen in Schwung gehenden Comoedien nicht viel nachgeben werden«, schrieb er in seiner »Relation« über die Festlichkeiten. Durch die Gerüchte über den ungeselligen Münchener Hof erzürnt und vom Turiner Kunstleben in seiner Phantasie nachhaltig beflügelt, hatte er sich mit seiner ganzen Persönlichkeit für den

Erfolg dieser Comoedia eingesetzt. Die Kunstform der italienischen Oper sollte in der Folgezeit zum bevorzugten musikalischen Vergnügen der bayerischen Herrscher werden.[56]

Auch die Fastnacht, die eine Woche später im Kalender stand, ließen Maria Anna und der Obersthofmeister mit Tanz und Maskeraden feiern. Im Bewußtsein dieser Erfolge machte Kurz seinem Ärger über die Turiner Klatschmäuler in einem Brief an den Geheimen Staatsrat Marchese Pianezza Luft: Leute, die sich Hoffnungen gemacht hätten, mit Prinzessin Adelaide an den bayerischen Hof zu kommen, und dann das Gegenteil erfuhren, hätten finstere Gerüchte über das Münchener Hofleben ausgestreut. Der boshafte Herausgeber der Turiner Gazette verdiene, daß man ihm die Zunge herausreiße.[57]

So hatte auch München gezeigt, daß es sich nach dem langen, schrecklichen Krieg noch aufs Festefeiern verstand. Der kommende Sommer sollte für den greisen Kurfürsten der letzte werden und verging daher für seine Umgebung in den alten müden Geleisen. Aber Kurz begann die Erneuerung des Münchener Hoflebens auf lange Sicht zu planen.

Die energische und intelligente Kurfürstin Marianne suchte der Langeweile auf ihre Weise Herr zu werden. Sie nahm häufig an Prozessionen und Litaneien teil und bemühte sich, die Feste der Heiligen würdig zu feiern. Im Sommer fuhr sie zum Fischen und Jagen, besuchte die kurfürstlichen Landschlösser und sah gerne in der Meierei von Schleißheim nach dem Rechten. Dort kümmerte sie sich um die Schlachtvorschriften für ihr Vieh und war höchst eigenhändig an der Käsebereitung beteiligt. Sie galt als tüchtige und interessierte Hauswirtin.[58]

Die Erziehung ihrer Söhne lag ihr sehr am Herzen, da Maximilian I. bereits zu hinfällig war, um diese zu leiten. Seit 1646 hatte man in dem Geheimen Rat Johann Adolf Freiherrn von Wolff-Metternich einen konsequenten Erzieher und liebenswürdigen Hofmeister gefunden. Zu dessen Vorschriften gehörte vor allen anderen, die Prinzen zum unverbrüchlichen Festhalten an der überlieferten katholischen Religion und Marienverehrung zu erziehen. Schlechte Lektüre und gefährlicher Umgang waren völlig zu vermeiden. Neben den geistes- und naturwissenschaftlichen Fächern sollte der junge Kurprinz handwerkliche Tätigkeit, vor allem Drechseln, erlernen. Mit Latein scheint sich Ferdinand nicht gerne befaßt zu haben, dagegen interessierten ihn mathematische und feinmechanische Geräte. Nach alter Familientradition erhielten beide Prinzen Musikunterricht. So saß Ferdinand an der Orgel, am Spinett und an der Thiorbe, während Max Philipp sich mit Violine, Querpfeife und Horn befaßte. Zu ihrer sportlichen Erziehung gehörte Reiten, Schwimmen und Scheibenschießen sowie das damals häufig geübte »Pallonenspiel«, ein Ballspiel mit hölzernen Schlägern. Da die Jagd zu den beliebtesten Beschäftigungen des Münchener Hofes zählte, wurden beide Prinzen frühzeitig mit dem Waidwerk und seinen Regeln bekannt gemacht. Sie besaßen schon als Knaben eigene Hunde, Pirschrohre, Waidtaschen, Pistolen und Hirschfänger. Im August 1651 durften sie mit dem kurfürstlichen Hof zur »Hirschfaist« nach Fürstenfeld und Dachau, wo starke Hirsche zur Strecke gebracht wurden. Der schwerste, ein Zehn-Ender, wog 480 Pfund, wie Maximilian Kurz in sein Tagebuch notierte.[59]

Durch eine laufende Korrespondenz mit dem Marchese Pianezza wurde der Münchener Hof über das Befinden der neuen »Principessa di Baviera« unterrichtet. Adelaide erhielt 1651 Deutsch-Stunden von Herzogin Christines diplomatischem Unterhändler in Münster und St. Gallen, dem Grafen Lorenzo Nomis, der dem Turiner Hof hierzu als der Fähigste erschien. Ihr Gesundheitszustand ließ nach wie vor zu wünschen übrig, was der Hof durch Ausdrücke wie »leichte Indisposition« zu beschönigen suchte. Von Adelaide selbst hat sich aus dieser Zeit nur ein einziger Brief an den Bräutigam erhalten, der in wohlgesetzten Worten eine noch gänzlich leere Beziehung zwischen den beiden Brautleuten erkennen läßt.[60]

Die Persönlichkeit, die Adelaide nach München begleiten sollte, war im Frühjahr 1651 bereits ausersehen: der bewährte Maximilian Kurz hatte sich trotz seiner starken Ausdrücke gegen gewisse Turiner Kreise dazu bereit erklärt. Bayern eilte es nicht mit der Heimführung der Prinzessin, da man ein Eheleben für den jungen Ferdinand noch gar nicht wünschte. Als Vorwand für diesen Aufschub gab man im Sommer des Jahres an, die Braut solle nicht in der rauheren Jahreszeit in die neue Heimat kommen, da dies vielleicht eine Abneigung in ihr erwekken könne. Auch wolle der bayerische Kurfürst zuerst fünf Landsitze für den Sommeraufenthalt der neuen Schwiegertochter verschönern. Madama Reale witterte hinter dieser Verzögerung Rücktrittsabsichten des Münchener Hofes oder Schwierigkeiten in der körperlichen Veranlagung des Kurprinzen. Ihr Resident am Wiener Hof wußte sie jedoch zu beruhigen: sein Körper sei wohlgeformt, seine Konstitution stark und robust.

Zu Beginn des Herbstes trat jedoch ein Ereignis ein, das dem bayerischen Hof tatsächlich triftige Gründe gab, die Reise der Braut nach München aufzuschieben. Da der greise Kurfürst den Sommer gut überstanden hatte, entschloß er sich Mitte September zu einer Reise nach Ingolstadt mit seinen Söhnen, um diesen die Einrichtungen der Universität zeigen zu lassen. Dort erkrankte er schwer und starb am 27. September 1651 in den Armen seiner Familie. Zahlreiche Trauerfeiern, die Testamentseröffnung und die Übernahme der Vormundschaft durch Kurfürstin Marianne für ihre beiden Söhne ließen die Probleme mit Savoyen in den Hintergrund treten. Ein Administrationsrat unter dem Vorsitz des Herzogs Albrecht von Bayern, eines Vetters des Verstorbenen, übernahm die Regierung des Landes bis zur Volljährigkeit Ferdinand Marias im Jahre 1654. Dieser erhielt den Titel »Kurfürstliche Durchlaucht«, da er erst an seinem 18. Geburtstag Kurfürst werden konnte.

Eigentlich hätte Maria Anna nun am liebsten mit der Heimführung der Schwiegertochter gewartet, bis die Zeit ihrer Vormundschaft ein Ende hatte. Als Habsburgerin wünschte sie die alte Verbindung Bayerns mit Österreich und gleichzeitig auch mit Spanien aufrechtzuerhalten und konnte daher eine Schwiegertochter aus französisch gesinntem Hause nicht in ihrer Umgebung brauchen. Aber sie beschloß, auf ihre Autorität zu vertrauen.

Zur Benachrichtigung des Turiner Hofes über den Trauerfall wurde Freiherr Hans Jakob von Haunsperg zu Herzogin Christine geschickt.[61] Dieser meldete im November nach Hause, daß er bei Prinzessin Adelheid zur Feier ihres 15. Geburtstages als Gratulant vorgelassen worden sei, obwohl sie nach fiebriger Krankheit noch das Zimmer hüte. Als die erste Nachricht über den Tod ihres Schwiegervaters angekommen sei, habe sie so geweint, daß man gefürchtet habe, das Fieber würde wieder über sie kommen. War ihre geschwächte Konstitution an diesen Tränen schuld oder die Angst vor einem Scheitern ihrer Heirat? Oder bedauerte sie, den weisen Salomon, der sie zur Tochter begehrt hatte, nicht mehr persönlich kennenzulernen? Es scheint, daß ihre Phantasie sich viel mit diesem berühmten Schwiegervater beschäftigte, da sie ihm später in ihrer Galerie in der Münchener Residenz ein würdiges Denkmal setzte.

Kaum war Adelaide wieder völlig genesen, da schrieb Madama Reale, die neue Schwierigkeiten fürchtete, nach München, daß sie und ihre Tochter die Befehle zur Abreise erwarteten. Dort hatte man es auch an Vorbereitungen nicht fehlen lassen. Als erster erklärte König Philipp IV. von Spanien schriftlich sein Einverständnis, daß die Tochter der Herzogin von Savoyen mit ihrem Brautzug durch Mailänder Gebiet reisen dürfe. Die Feindseligkeiten zwischen Spanien und Frankreich in Oberitalien sollten während dieser Zeit durch einen befristeten Waffenstillstand unterbrochen werden. Als besondere Huldbezeigung des Königs empfand Kurfürstin Marianne, daß der spanische Habsburger die Unterbringung der Reisegesellschaft auf seine Kosten verfügte. Auch der Doge von Venedig, Francesco Molin, gab am 23. Dezember 1651 die erbetene Erlaubnis, wonach die savoyische Prinzessin die Gebiete der »Serenissima Repubblica« durchreisen durfte.[62]

Die Zusammenstellung des Gefolges, das im April 1652 mit dem Grafen Kurz nach Italien fahren sollte, nahm immer mehr Gestalt an. Zunächst ließ Kurfürstin Marianne die künftige Hofmeisterin ihrer Schwiegertochter mit einer sechsspännigen Kutsche aus Salzburg abholen. Gräfin Felizitas Wolkenstein, eine verwitwete Südtirolerin und Mutter von vier Kindern, kam Anfang Dezember in München an und wurde in der Residenz einquartiert. Sie war als eine der Hauptpersonen für die Reisebegleitung der Prinzessin vorgesehen und sollte im Leben Adelaides eine große Rolle spielen.[63] An alle Kavaliere, die für diese Reise nach Turin ausersehen waren, schickte Maria Anna bereits im Dezember den Befehl, sich für das kommende Frühjahr mit Kutschen, Reitpferden, Dienern und seidener Trauerkleidung bereitzuhalten. Zu dieser zweiten Reise wurden andere Mitglieder des bayerischen Adels ausgewählt, um auch ihnen eine Erweiterung ihres Gesichtskreises zu ermöglichen.

Die Befürchtungen Turins über eventuelle bayerische Rücktrittsabsichten waren also unbegründet. Im Januar 1652 teilte Maria Anna der Herzogin von Savoyen definitiv mit, daß die Ausreise im Frühjahr stattfinden solle und daß sie ihre vielgeliebte Tochter mit inniger Zuneigung empfangen werde. Ein piemontesischer Abgesandter, Graf Philibert Piosasque, brachte zu Neujahr für Ferdinand Maria als Geschenk der Braut eine Uhr, die man in München auf 450 Taler schätzte. Diesmal zeigte der bayerische Hof sich ausgesprochen nobel, entließ den Gesandten mit 1000 Talern Verehrung und gab ihm für die Prinzessin ein Schmuckstück in Form eines Adlers mit, das 1500 Taler gekostet hatte. Geiz wollte man sich nicht mehr nachsagen lassen.[64]

Da die Schwiegertochter im Juni eintreffen sollte, interessierte sich Maria Anna für deren bisherige Schlafgewohnheiten. Ein bayerischer Abgesandter berichtete aus Turin, was er in der Chambre de Parade von einem »wohlpraktizierten« Schweizerleutnant erfahren hatte: die Prinzessin schlafe allein in ihrem Bett, doch in ihrer Kammer schliefe nicht nur die Hofmeisterin, sondern auch stets eine bis zwei Kammerfrauen. Man ließ eine so kostbare Prinzessin also keine Sekunde ohne Aufsicht.[65] Auch Madama Reale versuchte noch Informationen zu erhaschen, bevor sie ihre Tochter in die Fremde ziehen ließ. Der Marchese Lullin di Geneva, der im März 1652 in München Savoyens offizielle Kondolenz überbrachte, lieferte ihr noch wertvolle Nachrichten für die Ratschläge, die sie der scheidenden Adelaide und ihren Begleitern für das Leben in München mitgeben wollte. Diese Unterweisungen, die Madama Reale zwar nicht selbst verfaßte, aber gewiß inspirierte, sind ein interessantes Dokument. Sie beweisen, daß die savoyische Diplomatie gut gearbeitet und Christine sich in ihrer langen Regierungszeit ein hohes Maß an Menschenkenntnis erworben hatte.[66]

Wonach sollte die Prinzessin in ihrem neuen Leben vor allem trachten, was mußte sie vermeiden? Das Wichtigste sei, so sagten die mütterlichen Ermahnungen, nach der Zuneigung und Liebe des Gemahls zu streben, wovon Ruhe und Glück ihres Lebens abhänge. Dies zu erreichen, sei nicht schwierig, da Schönheit und liebenswerte Eigenschaften ihr jedes Herz gefügig machen könnten. Sie müsse Wesen und Neigungen des Gatten studieren und ihr Leben nach ihm ausrichten.

Weiter solle Adelaide danach trachten, von der Schwiegermutter geliebt und geachtet zu werden. Jeder Eindruck sei zu vermeiden, der die Kurfürstinwitwe an Autoritätsverlust oder Regierungsänderung denken lasse. Dies sei unter Fürstlichkeiten eine besonders schwierige Angelegenheit und gerade eine Fremde müsse sich zurückhalten, um nicht Gegenmaßnahmen hervorzurufen. Für die regierenden Minister gelte dasselbe. Adelaide solle sich aber Kenntnis verschaffen über die Macht des Staates, seine Geldreserven, Einnahmen und Ausgaben, die Verwandtschaften und Verbindungen, die Fähigkeiten der Untertanen. Gegen Frankreich und Spanien müsse sie sich gleichgültig zeigen, dagegen stets für die Vorteile ihres Gemahls eintreten und Bayern in fester Verbindung zum väterlichen Hause Savoyen halten.

Da die Prinzessin in der Sittenfreiheit eines seit langem mit Frankreich verbündeten Hofes erzogen war, sollten ihre Ratgeber sie zu Geduld ermahnen, wenn die Zurückgezogenheit und das strenge Zeremoniell in München für sie schwer zu ertragen seien. Verachtung über die dortige Mode zu zeigen, wäre ein schwerer Fehler, der ihr nur den Haß des Hofes und der Großen im Lande einbringen würde. Sie solle in ihrer neuen Heimat die Freuden der Konversation, die Jagd und andere dort übliche Unterhaltungen genießen. Für besonders wichtig hielt Herzogin Christine das Studium der deutschen Sprache, da »Interpreten« häufig nicht verstünden oder den Sinn veränderten. Den Grafen Kurz als obersten Leiter aller Geschäfte müsse sie besonders liebenswürdig behandeln. Wenn er bei Adelaide wenig Neigung für seine Person verspüre, würden ihr schwere Ungelegenheiten erwachsen. Auch vor Streitereien zwischen dem piemontesischen Gefolge und dem deutschen Hofpersonal warnte die Herzogin ihre Tochter eindringlich, da sie das Gleichgewicht des Hofes empfindlich stören könnten.

Diese vorausblickenden Instruktionen wurden laut Überschrift an Adelaide selbst, nach dem Wortlaut aber auch an ihre Ratgeber, also vor allem an den Beichtvater und Leibmedikus gerichtet. In der gleichen Tonart waren sicher die mündlichen Ermahnungen gehalten, die Christine ihrer Tochter mit auf den Weg gab. Mit Kennerblick hatte sie die Hindernisse erkannt, über die Adelaide straucheln konnte. Sie durfte keinesfalls den Anschein erwecken, als ob sie die Machtfülle der Kurfürstin und ihres ersten Ratgebers schmälern wollte. Madama Reale wußte selbst nur zu gut, wie ungern eine lebenskluge Regentin die Macht im Staat an unreife Jugend abgab. Der junge Bräutigam war dem Vernehmen nach ein gefügiger Charakter wie Karl Emanuel und würde sich wohl auch nach Erreichung der Volljährigkeit von der Mutter leiten lassen. Adelaide dagegen hatte Ehrgeiz und ein hochfahrendes Wesen. Sie wollte sich nicht mehr als Kind behandeln lassen. In Situationen, die Vernunft und Zurückhaltung geboten, konnte sie sich oft nicht beherrschen. Sanftmut und Unterwürfigkeit zu spielen, zumindest bis zur Volljährigkeit des Kurprinzen, war also der weise Rat, den Herzogin Christine ihrer Tochter gab. Dabei sollte sie klug die Augen offenhalten und sich alle Kenntnisse aneignen, die ihr Vorteile bringen würden. Das wichtigste aber war und blieb für eine junge Frau, sich die Liebe des Gatten zu erringen und zu erhalten.

Das Gefolge, das Adelaide nach Bayern begleiten sollte, war in den

Heiratspakten festgelegt worden. Sie durfte vier Gespielinnen ihres Alters mitnehmen, junge Mädchen aus der Turiner Hofgesellschaft, die Herzogin Christine für die Umgebung ihrer Tochter geeignet erschienen. Man wählte die piemontesischen Gräfinnen Maria Caterina Broglia, Gieronima Osasco, Paola Cristina Gromis und Caterina Violante Asinari, fröhliche »damigelle«, die in München das Glück ihres Lebens zu machen hofften.

Als Beichtvater wurde auf Wunsch des bayerischen Hofes ein Jesuit ausersehen, Padre Luigi Montonaro aus Vercelli, den die Herzogin zwar schon von Staatsgeschäften kannte, der aber nicht an höfisches Leben mit einer jungen Prinzessin gewöhnt war. Madama Reale hatte mit ihm einen pflichteifrigen und sittenstrengen Herrn gewählt, dem seine Konfession und das Haus Savoyen über alles gingen. Auch brachte er Hang und Begabung zur Intrige mit. Von der Herzogin erhielt er den Auftrag, ihre Tochter in geistlichen und weltlichen Dingen wie ein Vater zu leiten und alles über ihr Verhalten nach Turin zu berichten. Er sollte nicht bei Hof, sondern im Münchener Jesuitenkolleg wohnen.

Als tüchtigen Leibarzt erhielt Adelaide den aus Nizza stammenden Medikus Stefano Simeoni, der in München auf eine Lebensstellung am Hof, auf Adelstitel, Vermögen und eine passende Ehefrau hoffte. Auch von ihm erwartete die sorgende Mutter laufende Nachrichten. Außerdem genehmigte der bayerische Hof einiges Kammerpersonal, an das Adelaide seit Jahren gewöhnt war, vor allem ihre langjährige Kinderfrau Angela Vernoni und deren Tochter Luisa, sowie die Amme Violante Dormiglia und einen Kammerportier. Dazu kamen verschiedene Personen, auf die der Turiner Hof aus gesundheitlichen Rücksichten für Adelaide nicht verzichten wollte, nämlich ein Chirurg, ein Apotheker, Koch und Kellermeister. Eine Aussteuer an Möbeln, Silber und Kleidung sollte dem Grafen Kurz mit nach München gegeben werden. So war man in Turin mit Reisevorbereitungen vollauf beschäftigt.[67]

Für Adelaide vergingen diese letzten Wochen viel zu schnell und sie sah mit Schrecken, wie der gefürchtete Tag der Abreise immer näher rückte. Die Trennung von Mutter und Geschwistern lag ihr wie ein Alpdruck auf der Seele. Sie empfand diese Heirat als ein außerordentliches Opfer, das die politischen Interessen des Hauses Savoyen ihr abverlangten. Mit 15 Jahren sollte sie Familie und gewohnte Umgebung für immer verlassen, einem jungen Mann angehören, der ihr vielleicht überhaupt nicht gefiel, einer Schwiegermutter gehorchen, die sie womöglich abstoßend fand. Würde sie nicht das Lachen verlernen in dieser kalten Stadt hinter den Bergen, im strengen Zeremoniell des Münchener Hofes? Die Tränen wollten nicht mehr versiegen. In der Familie und am Hof wußte man nicht mehr, wie man sie aufheitern sollte. Von einer so vorteilhaften Heirat zurückzutreten, kam Herzogin Christine natürlich nicht in den Sinn. Die Dinge waren ja auch schon viel zu weit gediehen.

Inzwischen näherte sich die bayerische Gesandtschaft über Mailand, Pavia und Asti und traf am 10. Mai 1652 in Turin ein, wo Kurz mit dem neuen bayerischen Hofmeister Adelaides, dem Grafen Maximilian Portia, und dem »kurfürstlichen Frauenzimmer« im Hause des Conte Torinetti logierte. Kurz wollte diesmal höchstens eine Woche in Turin bleiben und bat bei Fürstlichkeiten und Hofbeamten, den Aufbruch der Prinzessin zu beschleunigen. So wurde Adelaides märchenhafte Aussteuer, nämlich Tapezereien, Betten, Baldachine, Sessel, Kutschen, Sänften, Teppiche, Portieren, Eseldecken, Silbergeschirr, Kleinodien, Leinwand und Kleidung, insgesamt ein hohes Vermögen, an das bayerische Gefolge überantwortet. Diesmal streute Max Kurz mit vollen Händen »stattliche Verehrungen« unter dem Turiner Hofstaat aus. Daß das Gefolge Adelaides sich um einige Personen vermehrt hatte, glaubte er besser zu ignorieren. Er würde die Überzähligen schon nach Hause schicken, wenn sie ihm nicht paßten.

Am 16. Mai schlug endlich die Stunde des Aufbruchs, bei der viele »heiße Zähren« flossen. Die ganze Herzogsfamilie mit dem Hof begleitete die junge Fürstin bis Moncalieri, einem Witwensitz der Madama Reale, wo diese von ihrer Jüngsten Abschied nehmen wollte. Dem eiligen Maximilian Kurz vergingen diese letzten Stunden viel zu langsam. Zuerst tafelte man noch sehr lange, schrieb er an die Kurfürstinwitwe, wobei mehr Tränen vergossen als Wein getrunken wurde. »Die Scheidung ist hart hergangen«, stellte der Wartende ziemlich ungerührt fest. Nach dem Essen empfahl ihm Madama Reale weinenden Auges ihre Tochter und zog sich dann nochmals mit dieser und den fürstlichen Personen für eine gute Viertelstunde in ihr Kabinett zurück, wo alle zusammen »erschrecklich« weinten. Schließlich führte der junge Herzog seine Schwester von Madama Reale fort und brachte sie zur Kutsche, wo sich der Hofstaat unter Wehklagen von ihr verabschiedete. Adelaide selbst wußte sich überhaupt keinen Trost und schluchzte hemmungslos vor allen Menschen. Endlich fiel sie schwer in die Kutsche und die Pferde zogen an. Während Karl Emanuel nur noch zwei Meilen bis Madonna di Testona neben der Schwester einherritt, begleiteten und bedienten sie noch verschiedene Hofdamen unter der Führung von Philipp Agliè bis zur spanisch-mailändischen Grenze. Dann blieben auch sie zurück, weinten und winkten. Nun saß nur noch eine der fremden Damen bei ihr in der Kutsche, die bayerische Obersthofmeisterin Gräfin Wolkenstein.[68]

Eine Brautkutsche rollt nach Norden

Wenn im 17. Jahrhundert eine junge Prinzessin mit ihrem Brautzug durch die Lande fuhr, war dies ein Ereignis, das überall in Stadt und Land die ganze Bevölkerung auf die Beine brachte. Während sich die schwerfällige Kolonne der bayerischen Kutschen und Packwagen mit 336 Pferden und 350 Personen über die staubigen Straßen Oberitaliens wälzte und in kurzen Tagreisen von Stadt zu Stadt bewegte, zogen die Neugierigen viele Meilen Weges einher, um das seltene Schauspiel zu genießen und vielleicht einen kurzen Anblick der schönen Braut zu erhaschen. Alle Städte und Dörfer, die der Zug passierte, waren voll winkender und lachender Menschen. Kavallerie und Fußvolk säumten die Straßenseiten mit Fahnen und klingendem Spiel. Aber auch auf dem offenen Land waren die Durchfahrtsstraßen voll besetzt, vor allem mit Frauen, die das Schicksal der jungen Braut bewegte, da sie mit einem ihr gänzlich unbekannten deutschen Prinzen vermählt war.

Obwohl Max Kurz ein nüchterner Mann war, zeigte er sich von dieser Anteilnahme der italienischen Bevölkerung hoch erfreut. Zwar hatte man eine prunkvolle Brautfahrt gewünscht und geplant, um die Bedeutung der Staaten Bayern und Savoyen zu betonen, aber was den Reisenden an festlichem Gepränge, an Begeisterung und Jubelrufen geboten wurde, überstieg die kühnsten Erwartungen. Auch wenn eine römische Kaiserin durchzöge, schrieb Kurz von Brescia an Kurfürstin Marianne, könnten die Empfänge nicht prächtiger sein.[69]

Zunächst fuhr man durch spanisches Gebiet und zwar nördlich an Mailand vorbei über Alessandria, Pavia und Lodi, um den Kriegsschauplatz zu umgehen. Kurz hatte auf der Anreise mit dem spanischen Gouverneur Marques Caracena in Mailand unangenehme Erfahrungen gemacht und wollte dieses Gebiet schnell durchreisen. Aber damit hatte er sich verrechnet. Überall waren großartige Festlichkeiten vorbereitet und die Bayern, die eine so reiche und hübsche Prinzessin erworben hatten, fanden die gastlichste Aufnahme. Vor Alessandria empfing der dortige Gouverneur mit dem gesamten Stadtadel den Zug der Braut und geleitete ihn unter Kanonendonner durch die Straßen, wo alle Fenster und die lange steinerne Brücke mit unzähligen Lichtern erleuchtet waren. Am nächsten Tag, Pfingstsonntag, den 19. Mai, wurde Rast eingelegt, um eine spanische Komödie zu sehen, die der Gouverneur zu Ehren Adelaides aufführen ließ. Als sie soviel lachende und freudig bewegte Gesichter sah, so große Anteilnahme an ihrem Schicksal spürte, versiegten ihre Tränen, gab sie sich liebenswürdig und interessiert. Zwar übermannte sie jedesmal große Betrübnis, wenn sie nach Hause schrieb, zwar versicherte sie die Ihren des unendlichen Trennungsschmerzes, aber welches junge Mädchen hätte angesichts der königlichen Empfänge längs des Weges dauernd weinen können?[70] Felizitas Wolkenstein, die italienisch sprach, gab sich große Mühe, ihren Schützling zu unterhalten, während die Räder rollten.

Auf der Fahrt von Alessandria nach Pavia wurde der Fluß Bormio am 20. Mai auf einer Behelfsbrücke aus drei nebeneinander liegenden Schiffen in zeitraubendem Manöver überquert. Dann folgte die Begrüßung des Bischofs von Tortona, der sich den Reisenden auf einem Feld vor der Stadt mit prächtigem Gefolge präsentierte. Zu Adelaides großem Schmerz erkrankte ihr Hoffräulein Gieronima Osasco in der folgenden Nacht und mußte in Voghera zurückgelassen werden. Würde sie diese Freundin wiedersehen oder war es ein Abschied für immer? Jede Trennung von einem liebgewordenen Menschen bereitete ihr Kummer und Tränen.

In Pavia waren ihr zu Ehren die Gassen mit Tüchern belegt und die Fenster mit bunten Teppichen behängt. Während der Bürgermeister sie vom Tor in die Stadt geleitete, zog langanhaltender Kanonendonner über die Dächer. Von hier wurde der bayerische Kämmerer Graf Hermann Fürstenberg nach Turin zurückgeschickt, um Madama Reale über den Verlauf der Reise zu berichten. Adelaide schärfte ihm ein, ihr ein ganzes Paket mit Briefen von ihren Lieben mitzubringen, von denen sie noch kein Lebenszeichen erhalten hatte. Bei den Kapuzinerinnen von Pavia führte man sie zu einer Klosterfrau namens Maria Domitilla, die, wie man der jungen Prinzessin berichtete, die fünf Wundmale Christi am Leibe trug. Da Adelaide zwar große Einbildungskraft besaß und gern an Wunder glaubte, aber trotzdem mit eigenen Augen sehen wollte, versuchte sie der Nonne die Hand zu öffnen. Diese blieb jedoch fest verschlossen.

Über Lodi und Crema gelangte der bayerische Brautzug schließlich am 25. Mai an die venezianische Grenze. Dort verabschiedete man das spanische Ehrengeleit mit Geld und Geschenken und bereitete sich auf die nächste feierliche Begrüßung vor. Bei Parazolo wurde Adelaide im Namen der Serenissima Repubblica auf offenem Feld mit Kürassieren,

Kutschen und Trompeten vom venezianischen »Capitan Grande« von Verona und dem Adel der Stadt Brescia empfangen. Man trug sie im Triumph in einer Sänfte durch die Stadt und brachte sie im Hause des Kavaliers Pietro Durante unter, wo sie mit köstlichen Konfitüren und Zuckerwerk »überaus stattlich« bewirtet wurde. Während des Einfahrens in die Stadt brach unversehens zwischen den bayerischen und italienischen Kutschern ein böser Streit aus. Auf beiden Seiten griff man zu den Pistolen, wobei ein Pferd des bayerischen Hofstaates im Tumult erschossen wurde. Um keine diplomatischen Verwicklungen heraufzubeschwören, beruhigte Max Kurz den venezianischen Capitan Grande, der ihm jede Satisfaktion verschaffen wollte.

Im Palais dieses Herrn zu Brescia wurde die Prinzessin am 26. Mai besonders prachtvoll empfangen und königlich »traktiert«. Die Tafeln waren mit Speisen und Weinen, vor allem aber mit erlesenem Zuckerwerk überhäuft. Venedig ließ sich die Durchreise der bayerisch-savoyischen Fürstin einiges kosten. So bewohnte sie eine Flucht von fünf Zimmern, die mit rotem Damast ausgeschlagen waren und schlief in einem ganz neuen, kostbaren Himmelbett. Der Markusrepublik war sichtlich an guten Beziehungen zu den beiden mächtigen Herrscherhäusern gelegen, die sie im Kampf gegen die Türken unterstützen konnten.

Am nächsten Tag ging die Reise weiter nach Desenzano am Gardasee, wo die Reisegesellschaft zweimal im Hause des Grafen Lodron nächtigte. Dort empfing Adelaide den Generalfeldzeugmeister Graf Arco mit Gemahlin und den von Turin zurückkehrenden Hermann Fürstenberg, der ihr endlich liebevolle Nachrichten der Familie überbrachte. Am zweiten Nachmittag unterhielt sie sich köstlich bei einer Komödie, die italienische Kavaliere für sie aufführten und fuhr anschließend am Rand des Gardasees mit ihrem Hofstaat auf kleinen Schiffen spazieren. Während die Herren fischten, genossen die Damen bei Musikbegleitung die idyllische Landschaft.

Nun näherte man sich den Bergen und das Wetter wurde kühler. Als der Brautzug am 29. Mai in Bussolengo einfuhr, befand sich unter den Zuschauern der regierende Herzog von Mantua, Karl III. Gonzaga. Dieser hatte sich 1649 um eine Heirat mit der jüngsten Tochter der Herzogin Christine bemüht, um in den Besitz einiger oberitalienischer Gebiete zu gelangen. Nun war er neugierig zu sehen, wie der Fisch beschaffen sei, der ihm damals durch die Maschen seiner Netze geglitten war. In einer Inkognito-Verkleidung stand er unter der Menge und sah auch später bei der öffentlichen Tafel zu. Als er sich unerkannt wieder entfernte, äußerte er bei seiner Begleitung Worte des Bedauerns, daß nun ein anderer diese liebreizende Prinzessin sein eigen nannte. Wie Adelheids Beichtvater Montonaro an Herzogin Christine berichtete, sollte der Herzog gesagt haben: »Oh, Gott, sie ist wirklich schön!«[71]

Als Adelaide am nächsten Morgen, dem Himmelfahrtstag, zur Kirche fuhr, waren alle Gassen, Treppen, Fenster und Winkel des Ortes mit Menschen überfüllt, die sie jubelnd begrüßten. Vor der Mittagstafel empfing sie die Damen des Stadtadels von Verona in Audienz, die ihr anschließend bei Tisch mit den Speisen aufwarteten. Sie war nun von der vierzehntägigen Reise etwas erschöpft und ließ sich in der Sänfte zum nächsten Nachtquartier tragen. Eine »wohlregulierte« Schiffsbrücke, aus sechzehn Barken und bequemen Gliedern bestehend, führte die Reisegesellschaft über die Etsch nach Dolcè, wo man im Schloß des Grafen Galeotto Nogarola nächtigte. Hier lernte Adelaide das Haus einer kultivierten Familie kennen, aus der im 16. Jahrhundert die Humanistin Isotta Nogarola entsprossen war.[72] Ein weiteres Familienmitglied, Baiardino, sollte 15 Jahre später als Kammerherr an den Münchener Hof kommen.

Unter all diesen Menschen, die Adelaide täglich neu kennenlernte, bewegte sie sich mit natürlicher Majestät und Höflichkeit. Sie erschien stets in vollendeter Kleidung, und Max Kurz war von seiner künftigen Landesherrin ehrlich begeistert. Von Dolcè aus gab er Ferdinand Maria einen Bericht über die Empfänge, die dessen junger Braut bereitet wurden. Seine kurfürstliche Durchlaucht, welcher diese schöne Kreatur gehöre, schrieb er, werde durch deren Ankunft völlige Satisfaktion erhalten. Sie verdiene auch gewiß, daß ihr höfliches Betragen besonders gerühmt werde.[73]

Eine Stunde nach Dolcè begann das Gebiet des Erzhauses Österreich, und der Capitan Grande von Verona, der die Reisegesellschaft durch die venezianische Terraferma geleitet hatte, verabschiedete sich mit artigen Worten. Statt seiner erschien bei Ala der österreichische Graf von Spaur und übernahm mit seinen 60 Karabinern die Begleitung und den Schutz des Brautzuges. Nun lag Italien, das heimatliche Sprachgebiet, hinter der jungen Prinzessin und die wirkliche Fremde begann. Ach, warum hatte ihr die Mutter nicht wenigstens einen italienischen Fürsten zum Mann erkoren, nachdem sie schon nicht Königin von Frankreich werden konnte! Daß sie nun tq einem Land leben sollte, in dem das halbe Jahr Winterskälte herrschte, in dem man eine so schwierige, unharmonische Sprache sprach, wollte ihr gar nicht in den Sinn. Aber nun ging es unaufhaltsam nach Norden und Max Kurz hielt es für richtig, die junge Braut langsam auf die Hofgewohnheiten vorzubereiten, die sie in München erwarteten. Daß sie gelernt hatte, sich wie eine große Dame zu benehmen und mit Haltung zu repräsentieren, hatte sich während der Empfänge der letzten vierzehn Tage gezeigt. Aber der freie Umgang mit ihrem Gefolge gefiel ihm nicht. In zwei Jahren würde sie die bayerische Kurfürstin sein und mußte rechtzeitig lernen, jenen Abstand zu ihren Untergebenen zu wahren, den das Gottesgnadentum ihr auferlegte. Kurz hatte, wie auch Felizitas Wolkenstein, von der Kurfürstinwitwe bei der Abreise eine Instruktion erhalten, die ihm strenge Vorschriften erteilte, wie er die Gemahlin des bayerischen Kurprinzen bereits während der Reise auf ihre zukünftige Stellung vorzubereiten habe. Nicht nur, daß er mit entsprechender Strenge den Verkehr mit ihrem italienischen Anhang regeln sollte, er mußte der »Frau Tochter Liebden« auch von vornherein klarmachen, daß die Schwiegermutter von ihr ehrfuchtsvollen Gehorsam erwartete. Nachdem die Prinzessin schon von Turin her gewöhnt war, daß die Mutter das Regiment führte und nicht der Sohn, hoffte man, sie werde diese Gegebenheiten umso leichter verstehen.[74]

Während die mütterlichen Ermahnungen der Madama Reale für Adelaide und ihre Ratgeber nur Demut, Vernunft und Klugheit gepredigt hatten, sprachen die Instruktionen der bayerischen Kurfürstinwitwe eine scharfe und unmißverständliche Sprache. Sie allein würde in München herrschen, sie allein am Hof und in der Familie den Ton angeben. Das italienische Gefolge sollte bewußt zurückgedrängt werden.

Als Max Kurz der jungen Braut nach dem Verlassen venezianischen Gebiets eröffnete, daß ihr Gefolge nun laut bayerischem Hofzeremoniell nicht mehr die Freiheit habe, ihre Zimmer ohne vorherige Anmeldung der diensttuenden Hofbeamten zu betreten, stieß er auf Unverständnis und Entrüstung. Obwohl er ihr gleichzeitig mitteilte, daß sie selbstverständlich zu sich rufen könne, wen sie wolle, war sie schwer verletzt und befürchtete hinter dieser Maßnahme einen Versuch, sie von ihren treuen Piemontesen zu trennen. Da sie ohnehin große Angst vor den Ereignissen hatte, die in den folgenden Wochen auf sie zukamen, war düstere Laune die Folge.

Am 2. Juni näherte sich die Reisegesellschaft der Stadt Trient. Mit einer prächtigen Kavalkade geistlicher und weltlicher Herren kam der Bischof dem Zug entgegen und begleitete die Prinzessin, vor der Sänfte reitend, zu seiner Residenz, wo ihr eine stattliche Unterkunft bereitet war. Nachdem man die Sehenswürdigkeiten von Trient, vor allem den Schauplatz des Konzils besichtigt hatte, bat der Bischof, die Prinzessin auf seine Art mit einem Schauessen bewirten zu dürfen. So breiteten sich beim Mittagsmahl im Speisesaal der bischöflichen Residenz vor den Augen der Gäste die herrlichsten Leckerbissen auf den Tafeln aus, die das südliche Tirol zu bieten hatte. Man servierte den Bayern und Piemontesen, »Confect und Speisen / von Fischen und Fleisch / zu vier Trachten (= Gerichten) / und vil uber 100 Speisen / neben stattlichen Schauessen / die alle und meistenteils der churfürstlichen Prinzessin verehrt wurden.« Zur Begrüßung Adelaides auf Tiroler Gebiet hatte die bayerische Kurfürstinwitwe ihren Kämmerer, den englischen Grafen Roper, nach Trient entsandt, den Adelaide schon aus den Tagen der Turiner Prokurahochzeit kannte.

Dann ging die Reise bei anhaltender Hitze über Bozen und Brixen zum Brennerpaß, der am 9. Juni überquert wurde. Die Strapazen der langen Reise begannen sich bei allen Beteiligten fühlbar zu machen und man freute sich auf Innsbruck, wo eine Unterbrechung der Fahrt geplant war. Die zarte Prinzessin hatte zum Erstaunen ihres Turiner Gefolges bisher alle Mühseligkeiten tapfer durchgestanden. Aber nun kam große Müdigkeit über sie. In Matrei am Brenner schrieb sie melancholische Briefe voll Heimweh und Liebe an Herzogin Christine und ihre Schwester Luisa. Daß sie von der Mutter getrennt sei, bereite ihr größten Kummer und sie könne sich nur ein wenig trösten, wenn sie deren Porträt betrachte, das sie immer bei sich trage. In den fast vier Wochen seit ihrer Abreise von Turin hatte sie nur ein einziges Mal Nachrichten erhalten, als Graf Fürstenberg zurückgekehrt war. So fühlte sie sich von ihrer Familie wie abgeschnitten.

Aber die Trübsal wurde schon nach kurzer Zeit wieder von den schönsten Erlebnissen unterbrochen. Innsbruck war nahe, der Wohnsitz des Brüderpaares Ferdinand Karl und Franz Sigismund aus einer Seitenlinie des Hauses Habsburg. Der erstere war seit 1646 mit einer entfernten Verwandten Adelaides verheiratet, der schönen und kultivierten Tochter des Großherzogs Cosimo II. von Toskana, Anna dei Medici. Hier war ein pompöser Empfang zu erwarten und Adelaide mußte in entsprechender Kleidung erscheinen. So war keine Zeit mehr für traurige Gedanken.

Während an ihre Garderobe noch letzte Hand angelegt wurde, kam die Meldung, daß der jüngere der beiden Erzherzöge mit einigen Kavalieren vor der Türe stehe, um Adelaide als erster seine Reverenz zu erweisen und sie nach Innsbruck einzuladen. Diese empfing ihn für eine halbe Stunde und saß zum ersten Mal in ihrem Leben einem Habsburger gegenüber. Seit früher Kindheit war sie gewohnt, das Haus Habsburg als den Erzfeind ihrer Familie zu betrachten, und nun wurde sie durch ihre Heirat so stark in den Bannkreis dieses Geschlechts gezogen. Würde sie bittere Erfahrungen machen? Mit ihrem Besuch, der als jüngerer Sohn dem geistlichen Stand angehörte, tauschte sie artige Komplimente aus, dann ritt Franz Sigismund zurück und der schwerfällige Brautzug setzte sich Richtung Innsbruck in Bewegung. Als er von Schönberg herab auf die Ebene zurollte und sich dem Kloster Wilten näherte, rückte der Zug des Erzherzogs Ferdinand Karl vor, der dort schon gewartet hatte. Dieser bot ein besonders farbenprächtiges Bild. Die beiden Erzherzöge mit ihren Hofkavalieren und den hohen Offizieren der Grafschaft Tirol in malerischen Gewändern und Rüstungen näherten sich dem Brautzug zu Pferde. Ihnen folgten Pagen, Reitknechte und Gardesoldaten in rotem, gold- und silberbetreßtem Wams. Dann kamen die Damen in ihren sechsspännigen gläsernen Kutschen. Einen besonders prächtigen Anblick bot der Wagen der Erzherzogin Anna. Diese saß, kostbar gekleidet, »in einer grossen und weiten / auff die Spanische und Mayländische weiß gemachten Gutschen«, die außen mit vergoldeter Bildschnitzerarbeit, mit rotem Samt, goldenen Fransen und breiten Borten, innen mit seidenem Blumenwerk und goldenem Stuck geschmückt war. Die Pferde, die sie zogen, trugen rotsamtenes Geschirr mit vergoldetem Zeug und schönen, vielfarbigen Federbüschen. Diese Kutsche war ein außergewöhnliches barockes Kunstwerk und Max Kurz weidete sich an ihrem Anblick.[75]

Zum Empfang drückten die Erzherzöge der savoyischen Prinzessin die Hand und halfen ihr in die Kutsche, wo sie auf dem Ehrenplatz rechts von Anna dei Medici zu sitzen kam. Dann folgte ein triumphaler Einzug in die Stadt und gastliche Aufnahme in den schönen Gemächern der erzherzoglichen Residenz. Nach einer kleinen Ruhepause stellten sich sechs Kompanien Fußvolk unter Adelaides Fenstern auf dem Rennweg auf und schossen ohrenbetäubende Salven ab. In einer

Reihe standen »kleine Handtmörser, Cammerstücklein, Falconen, Falconetlein, Haubitzen«, auch große Stücke, aus denen mehr als hundert Salutschüsse für den hohen Gast abgegeben wurden. Der Innsbrucker Landesfürst Ferdinand Karl liebte laute und prächtige Schaustellungen.

Nun folgten mehrere Tage der Erholung und der Besichtigung von Sehenswürdigkeiten. Adelaide besuchte das Lustschloß Ambras vor den Toren Innsbrucks mit seinen fröhlichen Gärten, der Raritäten- und Rüstkammer. Sie sah den Sarkophag Kaiser Maximilians I. in der Hofkirche und eine stundenlange Vorführung auf der Rennbahn mit den schönen Pferden der Innsbrucker Reitschule. Bei den Jesuiten wurde ihr zu Ehren ein Kirchenkonzert mit anschließendem Bankett gegeben. Am liebsten aber war ihr die Gesellschaft der Erzherzogin Anna, mit der sie nach Herzenslust italienisch plaudern konnte und die in einer ähnlichen Atmosphäre aufgewachsen war wie sie selbst, nämlich an einem freizügigen, üppigen Hof Italiens. Die beiden Fürstinnen verstanden sich ausgezeichnet und dachten nur ungern ans Scheiden. Anna schenkte ihrem Gast ein entzückendes Bologneser Hündchen und spielte »Trucco« mit ihr, eine Art Billard, das Adelaide sehr liebte.

Am 14. Juni nahm Kurz von der Prinzessin Abschied und begab sich von Hall per Schiff auf dem Inn nach Wasserburg, um der Kurfürstinwitwe, wie er sagte, über die Reise Bericht zu erstatten. Adelaide fand dies merkwürdig. Warum verließ er sie plötzlich, ihr Reisemarschall, der nun wochenlang im Brautzug mit seiner starken Persönlichkeit dominiert hatte? Sie witterte ein Geheimnis. Man hatte ihr hinterbracht, daß sie wahrscheinlich in einer Stadt namens Rosenheim ihrem jungen Gemahl gegenübertreten sollte. Würde dies ohne Max Kurz geschehen? Adelaide beschloß, auf der Hut zu sein. Sie fuhr nach einer Mittagstafel mit den erzherzoglichen Personen in Hall und tränenreichem Abschied von Anna dei Medici unter der Obhut der Gräfin Wolkenstein weiter nach Rattenberg am Inn.

Inzwischen hatte Kurfürstin Maria Anna insgeheim ihre Vorbereitungen für eine Zusammenkunft der beiden Brautleute getroffen. Sie kannte ihren schüchternen Sohn und wünschte, daß Ferdinand Maria der jungen Braut zum ersten Mal an einem neutralen Ort ohne sie selbst und den ganzen Hofstaat, auch ohne den strengen Obersthofmeister begegnen sollte. So hatte sie Max Kurz zu sich nach Wasserburg beordert. Um ihrem Sohn weitere Sicherheit zu verleihen, wünschte sie, daß er die Braut zunächst unerkannt sehen sollte, bevor er ihr als Bräutigam vorgestellt wurde. Als Ort der Zusammenkunft war vor Überschreiten der bayerischen Grenze die Stadt Kufstein ausersehen, da Adelaide den Kurprinzen auf österreichischem Boden noch nicht erwarten würde. Die Kurfürstin arbeitete für Ferdinand Maria und dessen Hofmeister Metternich eine minutiöse Instruktion aus, wie sich beide bei dem ganzen Komplott zu verhalten hätten. Zunächst sollte Metternich die Prinzessin allein begrüßen und fragen, ob auch die bayerischen Kavaliere, die in seinem Gefolge mitgekommen seien, ihr den Rock küssen dürften. Unter diesen Herren sollte der Bräutigam in der Mitte gehen und sich nicht anmerken lassen, wer er sei. Würde ihn die Prinzessin von selbst nach dem Porträt erkennen, sollte er sich zu ihr setzen und die Komplimente vorbringen, die mit ihm bereits abgesprochen waren. Wenn sie aber das Inkognito nicht durchschaute, habe Ferdinand ein Briefchen zu überreichen, das seine Identität offenbarte.[76] Für den jungen Kurprinzen war dies zweifellos eine angenehme Regelung, für die Herren seiner Umgebung ein romantisches Spiel, aber was sollte die nervöse, heimwehkranke Braut dazu sagen? Auf ihre Gefühle nahmen die Pläne der Kurfürstinwitwe wenig Rücksicht. Eine Reihe von Zeitgenossen, darunter Maximilian Kurz, hat über die nun folgende Szene berichtet, aber nur zwei von diesen waren wirklich anwesend, nämlich Hofmeister Metternich und Adelaide selbst. Sie sollen daher in erster Linie zu Wort kommen.

Am 17. Juni vormittags erreichte Hans Adolf Metternich, wie er der Kurfürstinwitwe berichtete, mit dem Kurprinzen und den Hofkavalieren Audorf am Inn.[77] Von dort schickte er einen Kammerdiener voraus nach Kufstein, der für das ganze Gefolge in der Nähe des Quartiers der Prinzessin eine Absteige bestellen sollte, damit man nicht unnötig weit über die Gasse zu gehen habe und jeder mit den Fingern auf die kurfürstliche Durchlaucht zeigen könne.

Vor drei Uhr nachmittags ritt die Kavalkade schließlich in Kufstein ein. Dort wurde Metternich mitgeteilt, daß in Adelaides Gefolge das Gerücht herrschte, Ferdinand Maria werde sich in Kufstein einfinden, um sie zu sehen. Schnell entschlossen schickte er dem Brautzug einen Offizier entgegen. Dieser sollte die Gräfin Wolkenstein, die neben Adelaide in einer Sänfte saß, unterrichten, daß der Bräutigam erst am folgenden Tag an der bayerischen Grenze seine Aufwartung machen werde.

Um halb vier Uhr zog die Braut in der alten Innstadt ein. Als sie vor ihrem Quartier am Marktplatz ausstieg, stand der zukünftige Kurfürst und Gemahl am Fenster eines benachbarten Gasthofes. Mit starkem Herzklopfen mag er den ersten Blick auf sie geworfen haben. War sie wirklich so schön und liebenswert, wie man sie ihm geschildert hatte? Nach einer schicklichen Viertelstunde sandte Metternich seinen Schreiber in das Quartier der Prinzessin und meldete sich zur Audienz an. Dann trat er seiner künftigen Landesherrin gegenüber und versuchte der erhaltenen Instruktion gemäß, seine Komplimente anzubringen. Aber er hatte noch nicht halb ausgeredet, als ihn die impulsive Südländerin auch schon unterbrach und ihn auszuhorchen begann. Um nicht vorzeitig von ihr aufs Glatteis geführt zu werden, bat er ziemlich bald, seine mitgebrachten Kavaliere zu ihr führen zu dürfen, was sie lachend bewilligte. »Als nuhn der Hofmarschal und andere Cavalieri in der Ordnung herein gangen«, fährt Metternich seinen Bericht fort, »haben Ihre churfürstliche Durchlaucht die Princessin gleich meinen gnädigsten Herren ersehen und das aug nit abgewand, Jedoch in Eyl Ihre churfürstliche Durchlaucht nit erkant.« Sie habe das Schreiben des Bräutigams entgegengenommen, es aber so schnell öffnen wollen, daß sie es in Unordnung brachte und die Gräfin Wolkenstein es ihr richtig aufschneiden mußte.

Adelaide selbst erzählte ihrer Mutter am gleichen Abend in einem Brief, der ihre ganze Aufregung wiedergab, daß sie Ferdinand Maria sofort erkannt habe. Sie sei aber so rot geworden und habe so stark gezittert, daß sie den Brief nicht selbst öffnen konnte, den er ihr überreichte. Sie, die stolze junge Fürstin, die sich so sicher wähnte in der großen Welt ihres Jahrhunderts, die mit den Turiner Höflingen getanzt und gescherzt hatte, nun errötete und zitterte sie vor dem jungen Mann, dem sie bald gehören sollte. Ihre ganze Unerfahrenheit und mädchenhafte Zurückhaltung kam in dieser Szene zum Ausdruck.[78]

Die bayerischen Kavaliere und auch der Bräutigam hatten den Raum verlassen, als die Prinzessin den Brief zu lesen begann. Dann wurde Ferdinand Maria allein wieder zu ihr gerufen und hielt vor Adelaide und deren Gefolge zu aller Zufriedenheit den »langen Discurs« artiger Begrüßung, den seine Mutter ihm aufgetragen hatte. Die unerwartete Nervosität der Braut hatte ihm Sicherheit gegeben. »Dann kam er ganz allein in mein Zimmer«, erzählte Adelaide weiter, »es war mir unmöglich, die Tränen zurückzuhalten, er hat mich geküßt, aber ich zitterte so stark, daß ich fast nicht sprechen konnte. Noch nie befand ich mich in solcher Not.« Die erste Begegnung, vor der sie sich so geängstigt hatte, war vorüber. Sie schien keine Abneigung vor seinem Auftreten und seinen schüchternen Zärtlichkeiten zu empfinden, eher ein gewisses Wohlgefallen. »Er ist schöner, als sein Porträt«, fügte sie dem Brief an die Mutter hinzu, »doch hat es Ähnlichkeit mit ihm.«

Ferdinand Marias Gefolge, besonders sein treuer Hofmeister Metternich, war sehr erleichtert, daß diese Begegnung durch Schickung des Allerhöchsten so wohl abgegangen war, auch »das Küssen und andere Curialia«. Der Bräutigam hielt sich länger auf als vorgesehen und das Scheiden fiel ihm sichtlich schwer. Als er endlich zu Pferd stieg und über den Marktplatz ritt, machte er Adelaide, die ihm vom Fenster aus nachsah, noch mehrmals durch Winken und Schwenken des Hutes seine Reverenz. Auf dem Rückritt nach Audorf war er lustig und vergnügt, die Zukunft schien dem Fünfzehnjährigen in rosigen Farben zu leuchten. Es war eine romantische Brautfahrt gewesen.

Am folgenden Abend, dem 18. Juni, traf er in Wasserburg ein, um seiner Mutter über die Erlebnisse zu erzählen. Maria Anna hatte klug gehandelt, diese erste Zusammenkunft ohne sie selbst und ohne Graf Kurz zu arrangieren. Allein mit wenigen Vertrauten war Ferdinand Maria seiner Hemmungen leichter Herr geworden. Nun konnte er ihr die Braut, die er schon kannte, zuführen. Sein Selbstbewußtsein war gestärkt.

Der bayerische Hof hatte Wasserburg am Inn als Ort der Begrüßung für die junge Braut ausgewählt, da es eine der hübschesten alten Städte Bayerns war und in landschaftlich reizvoller Gegend lag. Außerdem war es höflich, der vornehmen Schwiegertochter eine Strecke entgegenzufahren und sie in die Residenzstadt zu geleiten. Das mittelalterliche Wasserburger Schloß war für die festliche Gelegenheit auf Hochglanz gebracht und mit herrlichen niederländischen Wirkteppichen geschmückt worden. Eine Stunde vor Wasserburg auf einer hochgelegenen Wiese fand die Begegnung des bayerischen Hofstaates mit Adelaides Brautzug statt. Da noch Hoftrauer herrschte, saß Maria Anna in einer mit schwarzem Samt ausgeschlagenen Kutsche. Ferdinand Maria holte die Braut an ihrer Sänfte ab, half ihr heraus und führte sie über die Wiese zum Wagen der Schwiegermutter, die ihr einige Schritte entgegenkam. Zum Zeichen ihrer Verehrung ging die Prinzessin tief in die Knie und deutete einen Handkuß an, wurde darauf von der Kurfürstin in die Höhe gehoben und mit den Zeichen liebevollster Zuneigung empfangen.

Adelaide stand einer majestätischen, respektgebietenden Erscheinung gegenüber. Der schwarze Witwenschleier umwallte ein breites, grobknochiges Gesicht mit der typischen Unterlippe der Familie Habsburg und scharfen, intelligenten Augen. Auf den ersten Blick konnte die Savoyerin erkennen, daß diese Frau zum Herrschen geboren war. Neben ihr verblaßten die männlichen Mitglieder des Hauses Wittelsbach, die nun zur Begrüßung vortraten: Herzog Albrecht von Leuchtenberg, Bischof Albrecht Sigismund von Freising und der junge Maximilian Philipp. Es folgte der Einzug ins Wasserburger Schloß, wo in Adelaides Gemächern ein Abendessen bereitet war.[79]

Zum Briefeschreiben an Mutter und Schwester war in den nächsten Tagen weder Zeit noch Gelegenheit. Der große, vereinte Brautzug rückte in zwei langsamen Tagesreisen nach München vor, wobei in den kurfürstlichen Schlössern Haag und Schwaben Nachtlager gehalten wurde. Beim Dorf Aschheim, kurz vor München, erwartete man den Empfangszug aus der Stadt. Zu Pferde und in Kutschen, geführt von kurfürstlicher Kavallerie, rückte der bayerische Adel, fast 200 Personen stark, zur Begrüßung der neuen Landesherrin an. Es sollte trotz der Hoftrauer ein triumphaler Einzug werden. Nun ritt, fuhr und marschierte das riesige Gefolge in Richtung München, während Adelaide links von der Kufürstinwitwe in der schwarzen Kutsche auf ihre neue Heimat zurollte. Obwohl die Sehnsucht nach Italien sie fast überwältigte, zeigte sie geistesgegenwärtig ihre Freude, als die Türme von München am Horizont erschienen. Von Osten kommend, erreichte man den Isarberg.

Da lag sie, von schweren Gewitterwolken umdüstert, die vielgelobte Stadt, die Gustav Adolf von Schweden zwanzig Jahre zuvor als einen »goldenen Sattel auf dürrer Mähre« bezeichnet hatte. Unversehrt war sie aus dem mörderischen Krieg hervorgegangen. Als die Kutschen zum Fluß hinunterfuhren, um die Brücke zu überqueren, wurde die Braut auf ein gegebenes Zeichen hin von allen Basteien und Türmen mit dem anhaltenden Donner von 170 großen Geschützen begrüßt. Gleichzeitig prasselte ein Gewitterregen los, der die Straßen in Seen verwandelte. Aber die Münchener Bevölkerung ließ sich nicht davon abhalten, zu beiden Straßenseiten hinter den aufgestellten Musketieren der savoyischen Prinzessin einen begeisterten Empfang zu bereiten.

Alle Fenster waren mit jubelnden und winkenden Menschen besetzt. Zum Erstaunen des italienischen Gefolges knieten viele Leute nieder und schlugen sich auf die Brust, als ob eine Gottheit vorüberführe.[80]

Zunächst begaben sich die Fürstlichkeiten samt Hofstaat und Ehrengästen in die Frauenkirche, wo die »Clerisei« vom Hauptportal bis zum Chor zu beiden Seiten aufgereiht stand. Als das Brautpaar beim Kirchenportal ankam, kniete es auf zwei goldüberzogenen Kissen nieder, küßte das Kreuz und empfing vom Propst des Chorherrnstiftes den Segen. Dann nahm der junge Landesherr sein »Gespons« bei der Hand, ließ ihr die rechte Seite und führte sie durch das Kirchenschiff unter einen goldenen Himmel. Hofstaat und bayerische Ritterschaft, Patriziat, Geistlichkeit und Garden füllten die Kirche bis zum letzten Platz. Vor den traditionellen Heiligtümern auf dem Hochaltar stimmte der Propst das Tedeum an, das feierlich mit Trompeten und Heerpauken durch die gotischen Gewölbe des Domes hallte.

Anschließend fuhr der ganze Hof mit großem Pomp zwischen vielen Tausenden in- und ausländischer Zuschauer zur kurfürstlichen Residenz. Die Portale waren außen mit den bayerischen und österreichischen Wappen geschmückt, während im Kaiserhof das neue Allianzwappen Bayern-Savoyen und die verschlungenen Initialen des Brautpaares prangten. Zunächst fuhr der Zug mit seinen Kutschen und Handpferden noch durch die schönen Höfe des Palastes, um der Braut ihr neues Domizil vorzuführen, wobei sich eine prächtige Trompetenmusik hören ließ. Adelaide wurde zum Empfang in der glanzvollsten Zimmerflucht der Residenz, den sogenannten Kaiserzimmern untergebracht, wohin die Schwiegermutter sie mit allen Ehren geleitete. Da die Einsegnung der Ehe erst in einigen Tagen in aller Stille stattfinden sollte, duldete Maria Anna den Bräutigam nicht unter einem Dach mit der Braut. Er mußte für die kommenden Nächte zu Herzog Albrecht nach Schloß Neudeck ziehen.

In den Tagen nach der Ankunft machte der Münchener Hof die junge »Herzogin Adelhaidt« auf festliche Weise mit ihrer neuen Heimat, der Residenz und der Stadt München bekannt. Die Mahlzeiten fanden in der kaiserlichen Tafelstube, im Hofgartensaal und im Antiquarium statt, um ihr stets neue Aspekte zu bieten. Man zeigte ihr die Gemäldegalerie, das Schatzgewölbe, die Paramenten und die schönsten Reliquien des Herrscherhauses. Auch Sankt Georg, der mit Gold und

Edelsteinen geschmückte Drachentöter aus dem Residenzschatz, wurde ihr zu Ehren ausgestellt. Zum Dank für die überstandene schwierige Reise wohnte das Brautpaar mit dem Hof verschiedenen Andachten und Lobämtern in den Münchener Kirchen bei. Man besuchte auch eines der beliebten musikalischen Jesuitendramen, die damals in Deutschland eine Vorstufe der Oper bildeten. Am 24. Juni ritt und fuhr die ganze Hofgesellschaft durch das Schwabingertor hinaus, umrundete die großartigen Mauern und Bastionen der neuen Festungswerke und genoß den Blick auf die türmereiche Stadt.[81]

Die junge Braut war von dem Empfang, den man ihr in München bereitet hatte, tief beeindruckt. So liebenswürdige Menschen, so viele schöne Dinge hatte sie gar nicht erwartet. Das kurfürstliche Palais sei das Herrlichste, was man sehen könne, schrieb sie nach Turin, und die Schwiegermutter behandle sie freundlich und liebevoll. Trotzdem fühle sie sich melancholisch, da sie getrennt von der Mutter nicht wirklich glücklich sein könne. Schon tauchte die erste Kritik, die erste Unzufriedenheit über die neuen Lebensverhältnisse auf, womit sich die verwöhnte junge Savoyerin die kommenden Jahre in München selbst erschweren und verbittern sollte. Die Ohrringe, die der Bräutigam ihr zur Ankunft geschenkt hatte, waren in ihren Augen zwar schön, aber schlecht gefaßt, und mit Maria Anna gab es eine Verstimmung, weil diese nicht gleich dem Wunsch der Schwiegertochter nachgab, die auf der Reise erkrankte Hofdame Gieronima Osasco nachkommen zu lassen. Das vierte Edelfräulein gehörte zu ihren verbrieften Rechten und sie beschloß, nicht darauf zu verzichten.[82]

Über das Datum des Ehevollzuges ließ die vorsichtige Kurfürstinwitwe ihren Hof zunächst im unklaren. Erstens war sie eine diskrete Frau und hielt nichts von der Sitte der Zeit, diese Dinge an die große Glocke zu hängen, zweitens wollte sie im Interesse ihres Sohnes keine voreiligen Entschlüsse fassen. Sie berief daher bald nach dem Eintreffen der Braut in aller Heimlichkeit ein Ärztekonsilium zusammen. Angesichts der Tugend, Schönheit und Lebhaftigkeit der jungen Prinzessin stimmten die Herren Doctores dafür, daß Herzog Ferdinand zum Ehevollzug zugelassen werden sollte, da ihm daraus kein bleibender gesundheitlicher Schaden erwachsen würde.[83]

Am 25. Juni nach festlichem Abendessen ließ Maria Anna den Hofstaat abtreten, nahm ihre Schwiegertochter allein zu sich aufs Zimmer und teilte ihr mit, daß nun der Zeitpunkt gekommen sei, die Ehe durch den Priester einzusegnen und das fürstliche Beilager abzuhalten. Dann wurde Adelheid, wie sie von jetzt ab hier genannt werden soll, von den Herren Kurz, Metternich, Portia und dem jungen Herzog Maximilian Philipp in das Oratorium der Residenz geführt, wo der Bräutigam und die Kurfürstinwitwe sie bereits erwarteten. Der Jesuitenpater Vervaux, Beichtvater der kurfürstlichen Familie, setzte das Allerheiligste aus und erinnerte das Brautpaar an die Eheversprechen, die es sich gegenseitig durch die Gesandtschaft in Turin geleistet hatte. Nun wurden die beiden jungen Menschen einander nochmals durch Ringwechsel vermählt. Nach Beendigung der Zeremonie verließ die Braut die Kaiserzimmer und bezog die ihr für das weitere Leben in der Münchener Residenz zugewiesenen Räume.

Endlich schlossen sich die Pforten hinter den fünfzehnjährigen Brautleuten, die nicht das Glück gehabt hatten, sich frei füreinander zu entscheiden und in einer längeren Verlobungszeit zueinander zu finden. Weil man ihre Verbindung nach standesgemäßer Herkunft, Alter und Konfession für richtig hielt, hatte man sie zusammengeführt. Würden sie nun auch zueinander passen, würden sie sich lieben lernen? Solche Gedanken mögen Maximilian Kurz bewegt haben, als er sich vor den Türen des Brautgemachs abwandte und am gleichen Abend in sein Tagebuch schrieb:

> »Und ist dise Nacht das Churfürstliche Beylager,
> welches Gott gnädigklich segnen wolle, beschehen«.[84]

Im goldenen Käfig

Wie alle seelischen Erregungen, so endete auch die Brautnacht für die junge Savoyerin in einer Flut von Tränen. Es war kein glücklicher Anfang. Was bedeutete ihr dieser schüchterne Knabe, den sie vor einer Woche das erste Mal gesehen hatte und mit dem sie nun die Lagerstatt teilen mußte? Seine unerfahrenen Liebesversuche waren nicht geeignet, ihre Fraulichkeit zu wecken. Die lebhafte junge Fürstin hätte einen Ehemann gebraucht, der sie mit Temperament und Takt in die neuen Erfahrungen ihres Standes eingeweiht hätte. Statt dessen hatte man sie mit einem gehemmten »ragazzo« verheiratet, der ihr unglaubliche Geduld abverlangte. Wie sollte sie zärtliche Worte mit ihm tauschen, da er sie gar nicht verstand, – wie konnte sie ihn lieben lernen, da er so wenig den jungen Kavalieren ähnelte, die sie von Turin gewöhnt war?

Daß Ferdinand einen gutmütigen Charakter hatte, erkannte sie bald, aber er benahm sich so gar nicht »alla moda«. Ihm fehlte die Schnelligkeit des Geistes, der bizarre Geschmack der piemontesischen Herren und deren elegante Art, mit den Damen zu verkehren. Die Eindrücke der ersten Begegnung hatten sie getäuscht. Sie fand ihn wortkarg und melancholisch und sparte nicht mit Kritik in ihren Briefen an die Mutter: »Es stimmt, daß der Kurfürst sehr groß ist«, schrieb sie, »aber er hält sich schlecht und trägt den Kopf gesenkt. Eine seiner Schultern ist größer als die andere und er schneidet eine unschöne Grimasse mit dem Mund. Diesen hält er ständig offen und, was das Schlimmste ist, er sieht nichts. Seine Augen haben eine fade Farbe.«

Von Verliebtheit und glücklichen Flitterwochen konnte demnach keine Rede sein. Im Gegenteil, Adelheid gab zu, daß sie nicht fähig war, ihn zu lieben. »Ich übe mich in Geduld«, fuhr sie fort, »und bete nur zu Gott, daß er mein Herz gnädig wandeln möge und daß ich meinen Gemahl lieben könnte. Das ist die ganze Schwierigkeit für mich, die mich noch trauriger macht.«[85]

Sicher hätte sie die Trennung von ihren Lieben, die Umstellung auf die anderen Lebensumstände wesentlich leichter ertragen, wenn der junge Ehemann mehr nach ihrem Geschmack gewesen wäre, wenn seine Persönlichkeit sie zu fesseln vermocht hätte. Er war so kurzsichtig, daß er niemanden erkannte, der sechs Schritte von ihm entfernt stand. Den ritterlichen Helden ihrer französichen Romane ähnelte er nicht im mindesten und die Stunden, die sie mit ihm verbringen mußte, langweilten sie tödlich. Wenn er nur mehr gesprochen hätte! Sie verstand sein langsames Deutsch bereits ganz gut, konnte ihre eigene Zunge aber gar nicht an diese schwierige Sprache gewöhnen. Dagegen wußte Ferdinand Maria ihrem schnellen Französisch oder Italienisch, in das sie in ihrer lebhaften Art ständig verfiel, kaum zu folgen. So bedeutete er für sie die eigentliche große Enttäuschung des neuen Lebens in München.

Der junge Bayernherzog war ein einsamer, verschlossener Mensch. Sein bisheriges Leben war unter dem Schatten eines außergewöhnlichen Vaters gestanden. Zu der gebieterischen Mutter, die ihn unaufhörlich gängelte, hatte er wenig innere Beziehung. Sie zog ihm den jüngeren Bruder Max Philipp vor, der ihm geistig und körperlich überlegen war. So hatte sich in ihm eine starke Verletzbarkeit, ein fast übertriebener Stolz herausgebildet. Als er die schöne Braut das erste Mal gesehen hatte, war sein scheues Herz ihr zugeflogen. Aber er mußte bald erkennen, daß er ihr nicht gefiel, daß sie von dem ihr aufgezwungenen Lebensgefährten enttäuscht war. Ihre unaufhörlichen Tränen in der Brautnacht, von denen Pater Montonaro nach Turin berichtete, hatten ihn zutiefst verwundet. So zog er sich hinter eine Mauer des Schweigens zurück.[86]

Mit Unbehagen beobachtete die Kurfürstinwitwe die Entwicklung dieser jungen Ehe. Was für eine eigenwillige, verwöhnte Schwiegertochter ihr ins Haus gekommen war, erkannte sie nur zu bald. Zunächst versuchte sie, der jungen Frau mit viel Unterhaltung den Einstand zu erleichtern und ihr den ersten Sommer in München nach Kräften zu verschönern. Man lud trotz der Hoftrauer die Innsbrucker Erzherzöge in die bayerische Residenzstadt, zeigte Adelheid die kurfürstlichen Lustschlösser Schleißheim und Dachau, fuhr mit ihr zur Hirschjagd in die Auen um München und wallfahrtete nach Altötting, dem Zentrum der bayerischen Marienverehrung.

Aber das Waidwerk empfand Adelheid als ein barbarisches Vergnügen und über den einfachen Stil der wittelsbachischen Sommerschlösser rümpfte sie das hochmütige Näschen. Was konnte man dieser Schwiegertochter überhaupt recht machen? Sie trug ihre königlich-savoyische Abstammung wie einen Heiligenschein um das Haupt und erklärte, sich an die bayerischen Hofsitten nicht gewöhnen zu können. Mit ihren piemontesischen Edelfräulein plauderte sie lustig und vergnügt im Turiner Dialekt, den die Kurfürstinwitwe nicht verstand, und machte sich dabei womöglich über die anderen Anwesenden lustig. Bei Maria Anna selbst und dem jungen Ehemann benahm sie sich dagegen mißmutig, launisch und unhöflich. Da sie noch kaum ein deutsches Wort hervorbrachte, bequemte sich die Regentin seufzend, in Adelheids Anwesenheit italienisch zu sprechen.

Dies war aber die einzige wirkliche Konzession, die sie der Schwiegertochter machte. Im übrigen mußte sich diese den Lebensgewohnheiten des bayerischen Hofes anpassen, ob sie wollte oder nicht. Während man in Turin gern in den Morgen hinein schlief, war es in München Sitte, daß die Mitglieder der Fürstenfamilie um sechs Uhr geweckt wurden und um neun Uhr abends zu Bett gingen. Von dekolletierter Kleidung nach französischer Mode konnte am klösterlichen Hof Maria Annas keine Rede sein. Dazu wäre in der Münchener Residenz, wo es im Sommer durch die Gänge zog und man im Winter mit Brennmaterial sparte, ohnehin nicht das richtige Klima gewesen. Auf Wunsch der Kurfürstinwitwe mußte Adelheid nach altväterischer Sitte eine Haube tragen. Während sie in Turin als »Principessa di Baviera« verschiedene Hofkavaliere für ihren persönlichen Dienst zur Verfügung hatte, gestattete ihr Maria Anna als einzigen männlichen Begleiter den Hofmeister Grafen Portia, im übrigen mußte sie sich mit Damen begnügen.

Sie fühlte sich nach kurzer Zeit wie in einem Serail gefangen. Oh, sie haßte diese Kreaturen der Schwiegermutter, die sie keine Minute aus den Augen ließen, die sie von ihrem treuen Gefolge zu trennen versuchten. Besonders die Hofmeisterin Felizitas Wolkenstein, die ihr auf der Reise so geschmeichelt hatte, entpuppte sich nun unter dem strengen Regiment Maria Annas als gebieterische Erzieherin. Da Adelheid in Turin offensichtlich zur Leichtlebigkeit angehalten worden war, mußte sie jetzt an der Kandare gehen. Man zeigte der jungen Savoyerin täglich, daß sie eigentlich noch nichts anderes war als ein Kind.

»Sie ist die überheblichste Kreatur unter der Sonne«, klagte Adelheid voll Zorn in ihren Briefen nach Turin über die dominierende Gräfin, »sie kommandiert mich völlig und noch dazu in einer so impertinenten Art, daß ich ihr manchmal gerne Beleidigungen sagen würde.«[87]

Da die Hofmeisterin für einen zweiten Eingang in Adelheids Kabinett den Schlüssel besaß und dieses Gemach damit betreten konnte, sooft sie wollte, fühlte sich die junge Fürstin in entwürdigender Weise beobachtet, ja geradezu bespitzelt. Am liebsten hätte sie der Aufpasserin den Schlüssel entrissen. Noch dazu hatte man zwischen das piemontesische Personal eine bayerische Kammerfrau namens Barbara Füll gesetzt, die Adelheid und ihre Umgebung als Spionin empfanden. Was hatte diese Person in ihren Gemächern zu suchen? Von Turin waren ihr doch genügend Bedienstete mitgegeben worden, mit denen sie sich in ihrer Heimatsprache verständigen konnte.

Als der junge Ehemann eines Tages mit fiebriger Erkältung zu Bett lag, erhob sich die Frage, wer statt seiner bei Adelheid schlafen sollte. Nachdem diese feststellte, daß für die verhaßte Frau Füll ein Paradebett und für die piemontesische Kammerfrau Vernoni auf dem Boden eine einfache Lagerstatt aufgeschlagen war, geriet sie in maßlosen Zorn. War diese alte Hexe denn ein Mitglied des Hauses Österreich, daß sie in einem solchen Bett bei ihr schlafen durfte?[88]

Die Anrede »Signora«, wie sie von Adelheids Gefolge analog zum französischen »Madame« gebraucht wurde, war der Kurfürstinwitwe zu familiär. Wer in Zukunft die junge Landesherrin nicht mit »Serenissima Signora« oder »Kurfürstliche Hoheit« ansprach, zog sich eine empfindliche Strafe zu.[89]

Neben dieser Art von Bevormundung und dem streng geregelten Tageslauf beklagte sich Adelheid voll Verachtung über den Geiz des bayerischen Hofes und über gewisse unmögliche Sitten, die in ihren Augen ganz und gar nicht in die pompöse Münchener Residenz paßten: »Sie sind sehr unzivilisiert, sogar die Fürstlichkeiten.«[90]

Mutter und Schwester sollten im fernen Turin nur spüren, wie es die Verbannte vor Kälte und Abscheu förmlich schüttelte. Aber als den Gipfel von Barbarei in Deutschland empfand sie eine Schauergeschichte über die Brüder der Gräfin Portia, Untertanen des Herzogs von Neuburg, die in tödlichen Streit geraten waren. Als der eine den anderen auf den Rücken gezwungen hatte, erstach er ihn trotz seiner flehentlichen Bitten mit dem Hirschfänger, riß ihm das Herz heraus und warf es ins Feuer. Unter was für Menschen war sie geraten!

Natürlich war es unklug von der jungen Fürstin, in so offenherziger und sicher auch übertreibender Weise über ihre neue Umgebung nach Hause zu berichten. Die Klatschmäuler in Turin bekamen dadurch wieder willkommene Nahrung und es konnte nicht ausbleiben, daß Maria Anna und Max Kurz, die ihre Ohren nach allen Seiten offenhielten, davon erfuhren. Auch Herzogin Christine waren die ständigen Klagen ihrer unzufriedenen Tochter nicht angenehm und sie begann, ihr brieflich Vorwürfe zu machen. Respektvolle Haltung gegenüber der Schwiegermutter und der Gräfin Wolkenstein sei ihre selbstverständliche Pflicht, gab sie der aufsässigen Adelheid zu verstehen.

Aber diese fühlte sich »von allen Seiten unterworfen« und als unmündiges Kind behandelt. Obwohl sie nach ihrer Meinung der Kurfürstin Marianne gehorchte, als ob diese ihre eigene Mutter wäre, erfuhr sie von ihr eine so verletzende Herrschsucht, daß ihr das Leben in den Mauern der Münchener Residenz schier unerträglich wurde. Auch mußte sie zusehen, wie man ihren jungen Gemahl in äußerster Abhängigkeit hielt. »Keinen Schritt darf er tun, ohne daß seine Mutter es weiß«, berichtete Adelheid nach Hause, »und er fürchtet sie wie das Feuer, den Grafen Kurz aber fast noch mehr. Er hat eine unvorstellbare Autorität.«[91]

Wenn man die Porträts von Maria Anna und Maximilian Kurz betrachtet, zweifelt man keinen Augenblick, daß diese beiden Persönlichkeiten ihre Umgebung aufs vollendetste beherrschten. Aus ihren Mienen spricht eine Überheblichkeit, ein Machtbewußtsein, das keine Nebenbuhler duldete, am wenigsten ein sechzehnjähriges Paar wie Ferdinand und Adelheid. Wohl liebäugelte die Witwe Maximilians I. mit dem Gedanken an neues Eheglück auf einem anderen europäischen Fürstenthron, doch glaubte sie ihre Machtstellung in München nicht in unerfahrene Hände geben zu dürfen. Auch mahnten Fettsucht und Herzbeschwerden sie immer wieder an das nahende Alter. Politik für das Haus Habsburg zu machen, war und blieb ihre vornehmste Lebensaufgabe und sie lehnte ihre Rolle im europäischen Kräftespiel eng an die Politik Kaiser Ferdinands III. an.

Doch wie paßte dieses hohe habsburgische Wertbewußtsein zu der merkwürdigen Lebensführung der Schwiegermutter, fragte sich die kritische Adelheid. Es war doch mit der barocken fürstlichen »Grandeur« nicht zu vereinbaren, daß Maria Anna sich in Schleißheim wie eine derbe, kleinbürgerliche Hausfrau benahm, die Küchenräume inspizierte, im Stall nach den Kühen sah und den Käse selbst bereitete. Solche Dinge waren einer Kaisertochter nicht würdig und hätten auf Madama Reales Sommerschlössern als unmöglich gegolten. Man sollte sie nur in die Küche kommandieren, dann würde sie schon unverblümt ihre Meinung sagen!

Als ihr eines Tages nahegelegt wurde, die Wirtschaftsräume zu besichtigen, rebellierte die junge Savoyerin mit scharfen Worten: »Ich sagte, wenn Madame es befehle, würde ich gehen, doch sei das keine

Tätigkeit für eine Fürstin«, berichtete sie nach Turin. »Die Gräfin Wolkenstein geriet in solchen Zorn über mich, als ob ich etwas ganz Skandalöses gesagt hätte.«[92]

Als besonders ärgerlich empfand die stolze Tochter der Madama Reale ihre armselige finanzielle Lage. Nach der Sitte des Hauses Savoyen hatte man sie daran gewöhnt, ihre Umgebung für Dienste stets reichlich zu entlohnen. Sie selbst war von Natur aus gutherzig und freigiebig und schenkte am liebsten mit vollen Händen. Um sie zu größerer Sparsamkeit zu erziehen, wurde sie unter Maria Annas Regentschaft absichtlich knapp gehalten, worüber sie sich in ihren Briefen bitter beklagte. »Es verdrießt mich stark, daß ich nichts geben kann, denn ich habe keinen Sou«, bekam Herzogin Christine von ihrer mißvergnügten Tochter zu hören, »ich bin tausendmal unterworfener als in Turin.«[93]

Als ärgster Stein des Anstoßes zwischen Adelheid und dem Münchener Hof galt jedoch das piemontesische Gefolge. Wie Maximilian Kurz nun einsehen mußte, war es eine Unvorsichtigkeit gewesen, der savoyischen Prinzessin eine so zahlreiche Begleitung zu genehmigen. Diese Leute bildeten einen ausgesprochenen Fremdkörper innerhalb des bayerischen Hofes, nörgelten über Essen, Unterkunft und Bezahlung, wollten aber trotzdem noch ihre ganzen Familien nachkommen lassen. Kurz hatte damit gerechnet, diese Piemontesen langsam aber sicher nach Turin zurückzukomplimentieren, wenn die junge Prinzessin sich an Sprache und Sitten des neuen Vaterlandes gewöhnt habe.

Weit gefehlt! Jeder einzelne war für Adelheid ein Stück ihrer geliebten Heimat, an den sie sich klammerte und für den sie sich mit der ganzen Kraft ihrer eigenwilligen Persönlichkeit einsetzte. Wegen des vierten Hoffräuleins Osasco, das auf der Reise nach München krank geworden war, schrieb sie so lange und eindringlich an Herzogin Christine, bis diese das junge Mädchen trotz der Weigerung des bayerischen Hofes nachschickte. Als Kurfürstin Marianne sich im September 1652 mit Maximilian Kurz in Prag bei ihrem kaiserlichen Bruder befand, traf die Langersehnte in München ein und wurde von dem gutmütigen Herzog Albrecht bei Hof aufgenommen. Dieser war über Maria Annas strengen Hofstil verärgert und schmolz wie Schnee an der Sonne, wenn er Adelheid einen Wunsch erfüllen konnte.[94]

Mit dem Kammerpersonal zeigte man sich jedoch nicht so großzügig. Hier hatte der Turiner Hof die von Bayern genehmigte Anzahl überschritten und Maximilian Kurz nahm jede Gelegenheit wahr, um den Piemontesen den Aufenthalt in München zu verleiden oder sie kurzerhand zu entlassen. Ein Fehltritt genügte, und der Schuldige wurde in die Heimat zurückgeschickt. Als Kurz den italienischen Barbier Adelheids entfernen wollte, den er für unnötig hielt, entzog er ihm schlichtweg die Mahlzeiten bei Hof.

Daß diese Behandlung ihres Gefolges die junge Fürstin verletzte, lag auf der Hand. Es konnte nicht lange dauern und ihr heißblütiges Temperament mußte überschäumen. Zunächst versuchte sie in solchen Fällen, den jungen Ehemann oder ihren Beichtvater als Vermittler einzuschalten und sich selbst zurückzuhalten. Aber als Maria Anna einen der italienischen Lakaien, die überzählig mit nach München gekommen waren, wegen einer Lappalie einsperren ließ, war Adelheids Geduld zu Ende. So ließ sie ihre Leute nicht behandeln, ohne daß man sie selbst davon verständigte.

Sie beschloß, blind vor Ärger, die Schwiegermutter im Angesicht des Hofes zu stellen und ihr die Ungerechtigkeit ihres Tuns vor Augen zu halten. Es kam zu einem bösen Auftritt zwischen den beiden Frauen, der Adelheids Ansehen bei Hof außerordentlich schadete. Während Maria Anna mit strenger Würde ihren Standpunkt vertrat und die Angreiferin voll Autorität ins Unrecht setzte, verlor Adelheid bereits nach kurzem Wortwechsel die Fassung und ließ sich weinend zu Ausdrükken hinreißen, die sie besser vermieden hätte. Wie eine Sklavin würde sie an diesem Hofe gehalten, schleuderte sie der Kurfürstinwitwe ins Gesicht, die ihrerseits mit schneidender Schärfe tadelte, daß die junge Fürstin sich für einen Lakaien in Tränen auflöse.[95]

Gewiß überschritt Adelheid mit einem solchen Auftritt die Grenzen des Respekts gegenüber der Schwiegermutter und Regentin. Diese machte aber ihrerseits den Fehler zu glauben, daß sie das deutsche Element am Hof vor der eigenwilligen Welschen und ihrem verwöhnten Anhang schützen müsse. Auch schuf sie Adelheid gegenüber eine unangenehme Atmosphäre der Härte und des Mißtrauens, die das Zusammenleben vergiftete. Eine gewisse Erziehung hatte die junge Savoyerin zweifellos nötig, damit ihre Gefallsucht und Koketterie nicht in Leichtsinn, ihre Freigebigkeit nicht in Verschwendungssucht ausarteten, aber die Kurfürstinwitwe hätte gleichzeitig die reichen Geistesgaben, die in der jungen Fürstin schlummerten, in stärkerem Maße wecken sollen.

Der lebhaften Prinzessin, die von Turin an so viel Zerstreuung und

Aufenthalt im Freien, an ein so reiches Hofleben gewöhnt war, blieb wenig zu tun. Besonders in den langen dunklen Wintermonaten, die auf den ersten bayerischen Sommer folgten, fühlte sie sich wie in einem Käfig, aus dem es kein Entrinnen mehr gab. Was nützte ihr die schöne kurfürstliche Residenz, wenn sie selbst allein in den engen Kinderzimmern sitzen mußte, wenn man ihr italienisches Gefolge geflissentlich von ihr fernhielt? In manchen Stunden kannte das Heimweh nach den sonnigen Hügeln Piemonts keine Grenzen. Schon im September fand sie die Münchener Herbsteskälte »zum Sterben« und malte sich aus, wie ihre Schwestern zu dieser Jahreszeit noch täglich in einem »rondo«, einem runden Schwimmbecken, baden konnten.[96]

Zum Glück schickte die ferne Familie ihr viel Lesestoff, französische Romane, Komödien und Gazetten, die sie so fesselten, daß sie oft ganze Tage mit Lektüre verbrachte. Von ihrer Schwester Luisa erbat sie sich im Vertrauen Ovids Metamorphosen, wovon Madama Reale jedoch nichts wissen sollte. Aber auch die Philothea des Franz von Sales, die »Anleitung zum frommen Leben«, die der savoyische Bischof vierzig Jahre zuvor für die Damen seiner Kreise geschrieben hatte, fand Adelheid unter den Buchsendungen aus Turin. Diese bewegenden und trostreichen Ratschläge halfen ihr häufig über schwermütige Stunden hinweg und bestimmten sie in vielen Situationen, ihre schnelle Zunge im Zaum zu halten. Ja, sie befolgte die frommen Hinweise mit solchem Feuereifer, daß Padre Luigi Montonaro, ihr geistlicher Führer, Mühe hatte, die religiösen Übungen seines Beichtkindes zu zügeln.[97]

Eine große Trösterin war auch die Musik. Da Adelheid ihre geliebte Harfe nicht mitgebracht hatte, ließ die Regentin ihr vom Münchener Hofkistler aus Ebenholz ein kostbares neues Instrument arbeiten, dessen Saiten der italienische Hofkaplan und Harfenvirtuose Giovanni Battista Maccioni aufzog. Dieser wurde auch ihr Lehrer für Saiteninstrumente und studierte mit ihr die Musikwerke ein, die sie später bei festlichen Anlässen vortrug. »Ich liebe die Musik außerordentlich«, schrieb sie ihrer Schwester, die ihr Gesangsstücke geschickt hatte. Als die Regentin Marianne kurze Zeit später nach zwei Aderlässen das Bett hüten mußte, brachten ihr die kurfürstlichen »Kinder« zur Erheiterung ein Ständchen: Ferdinand Maria und sein Bruder spielten die Instrumente und Adelheid sang dazu die Lieder, die sie aus Turin erhalten hatte.[98]

Ihr häufigster Zeitvertreib, ihre wirkliche Leidenschaft aber war und blieb die Korrespondenz. Adelheid von Savoyen muß in ihrer Münchener Zeit Tausende von Briefen geschrieben haben. Ein großer Teil, heute noch wohlerhalten, ging an die »chère et bonne Maman« und an die geliebte Schwester Luisa nach Turin und war in einem Französisch geschrieben, das im großen Zeitalter der französischen Literatur nicht gerade als klassisch bezeichnet werden konnte. Orthographie schien sie nie gelernt zu haben, denn sie schrieb die Worte in großzügigster Weise nur nach deren Klang. In der frühen Münchener Zeit ließ auch die Syntax zu wünschen übrig, aber der Inhalt dieser Briefe war meist von solcher Lebhaftigkeit und Unterhaltungskraft, daß er die starke Persönlichkeit der jungen Fürstin in aller Melancholie und Heiterkeit erkennen läßt. Die vielen Menschen hohen und niedrigen Standes, die in der Münchener Residenz und auf den Reisen durch das Land ihren Lebensweg kreuzten, wurden mit interessiertem Blick und rascher Feder beschrieben.

Auch als kulturhistorische Quelle sind diese Briefe von großem Wert: sie berichten von Festlichkeiten und Jagden, Städten und Schlössern, Künstlern, Mode und höfischer Sitte. Am fesselndsten sind Adelheids Schilderungen aber dort, wo sie auf die Politik der Epoche, auf die Wechselbeziehungen der großen europäischen Mächte und ihren eigenen Anteil an diesen erregenden Geschehnissen anspielen.

Außer mit ihrer engsten Familie stand die junge Savoyerin in den fünfziger Jahren in Briefwechsel mit verschiedenen Politikern des Turiner Hofes und ihrem vertrauten Arzt Ettore Rocca, der sie nicht nach München begleitet hatte, mit Madame de Courtenay, einer früheren Hofdame ihrer Mutter, und vor allem als weitaus interessantester Persönlichkeit mit der »Grande Mademoiselle«, Anne Marie Louise d'Orléans, Herzogin von Montpensier.[99]

Diese war als Tochter des Herzogs Gaston d'Orléans, eines Bruders der Madama Reale, Adelheids Cousine ersten Grades und in gleicher Weise mit Ludwig XIV. verwandt. Neun Jahre älter als die Bayernherzogin, hatte auch sie eine Zeitlang als Favoritin für die Hand des jungen französischen Königs gegolten, da man das große Vermögen, das sie von ihrer Mutter geerbt hatte, nicht aus der Familie Bourbon lassen wollte. Als Ludwig XIV. in heiratsfähiges Alter kam, war sie aber bereits ein blatternarbiges ältliches Mädchen mit turbulenter politischer Vergangenheit, das an der Fronde gegen den Hof teilgenommen hatte und als Königin von Frankreich nicht mehr in Frage kam. In der Zeit ihrer Korrespondenz mit der jungen bayerischen Kurfürstin lebte sie vom Hof verbannt auf ihren Besitzungen und schrieb ausführliche Memoiren, die als Zeitdokument heute noch von Interesse sind.[100]

Obwohl die beiden Cousinen sich in ihrem Leben nie sahen, waren sie sich herzlich zugetan und führten über Jahre eine romantische Korrespondenz miteinander, wobei sie viele gleiche Interessen und Charakterzüge feststellten. Von diesem Briefwechsel hat sich nicht ein einziges Blatt erhalten, doch berichtete die Grande Mademoiselle, die 1649 auch als Braut für Ferdinand Maria im Gespräch gewesen war, in ihren Memoiren über die große Freundschaft, die Adelheid einst für sie gezeigt hatte:

»Sie schrieb mir oft und ich an sie; sie schickte mir Geschenke und ich ihr noch schönere; sie sandte mir auch die Textbücher aller Ballette, die sie tanzte und deren Verse sie gedichtet hatte; denn sie hatte ein etwas romantisches Gemüt. Der Hof von Savoyen lebte ja stark in diesem Geist und die geringe Höflichkeit, die sie am bayerischen Hof gefunden hatte, und die dortigen Sitten, die den spanischen ähnelten, bestärkten sie darin; denn sie tat nichts anderes, als sämtliche Romane aller Sprachen und viele Verse zu lesen. Sie schrieb mir sehr höflich, was dem Vernehmen nach in Deutschland nicht allgemein ist.«[101] Dem Marschall von Gramont, der Adelheid kannte und von ihr erzählte, teilte die Grande Mademoiselle mit, daß sie sich geradezu »ohne Anfang und Ende« geschrieben hätten. Sogar Ferdinand Maria, der ein Verwandter ihrer Mutter war, habe mit ihr korrespondiert.

In der zweiten Hälfte der fünfziger Jahre, als die bayerische Kurfürstin bereits mitten in den eigenwilligsten politischen Intrigen steckte, korrespondierte sie mit frankophilen deutschen Fürsten, mit Mazarin und Ludwig XIV. selbst.

Was wäre ihr Leben gewesen ohne diesen ständigen Gedankenaustausch mit Menschen, die ihr nahestanden? Aber auch dieser Zeitvertreib erwies sich als nicht ungefährlich. Da Max Kurz bald aus der piemontesischen Hauptstadt Wind bekam, daß über das Münchener Hofleben die ärgsten Gerüchte kursierten, begann er die Korrespondenz der jungen Savoyerin und ihres Anhangs unter die Lupe zu nehmen. 1654 wurde ihre Geheimkorrespondenz mit dem savoyischen Reichstagsgesandten in Regensburg, Conte Biglior, aufgedeckt.[102] Ein besonders wachsames Auge schien Kurz bei Adelheids Beichtvater Padre Montonaro vonnöten, den er für einen schwatzhaften welschen

Intriganten hielt. Da in der Kanzlei des Obersthofmeisters alle ankommende und abgehende Post zusammenlief, war es für diesen Experten ein leichtes, sich über den Inhalt Kenntnis zu verschaffen, was er anscheinend auch gerne ausnützte. Aber er fand in dem Jesuiten, der fleißig an Madama Reale berichtete, keinen ungeübten Gegner. Dieser verstand zwar erstaunlich wenig von der Psyche einer jungen Prinzessin, aber auf die Praktiken des bayerischen Obersthofmeisters fiel er nicht so schnell herein. Zunächst behalf er sich mit Schlüsselworten, dann suchte und fand er mit Hilfe seiner Ordensgenossen unbeobachtete Briefwege, wenn es um delikate Nachrichten ging.[103]

Jene Kunde, die für beide Höfe am wichtigsten gewesen wäre, konnte er jedoch nicht nach Turin berichten: von Hoffnung auf Nachkommenschaft war vorläufig keine Rede. Ja, als Montonaro bei der jungen Fürstin im Herbst 1652 durch listige Umschweife erkunden wollte, ob sie ihm ein süßes Geheimnis anzuvertrauen hätte, lachte sie ihn aus und verriet ihm, daß »diese Gefahr noch weit entfernt sei«. Der Gedanke an eine Schwangerschaft flößte ihr im ersten Herbst ihrer Ehe geradezu Unbehagen ein. Dazu hatte sie noch lange Zeit! Widerwillig teilte sie Tisch und Bett mit dem ungeliebten Knaben, der sie so mittelmäßig wie nur möglich dünkte. Sie, die starker Empfindungen fähig gewesen wäre, konnte ihr Wesen nicht ausleben. »Ach, wenn ich es wagte, würde ich gerne meiner Schwester Margherita sagen, daß sie sich niemals vermählen soll«, schrieb sie ihrer Vertrauten Luisa voll Verzweiflung. Wenn man so verheiratet sei, wie sie selbst, müsse man den Schritt in die Ehe millionenfach bereuen.[104]

Tatsache war, daß der junge Ehemann von seiner Mutter in so starker Abhängigkeit gehalten wurde, daß er sich gar nicht zu einer selbstbewußten, männlichen Persönlichkeit entwickeln konnte. Er blieb linkisch, schüchtern und schweigsam. Der Kurfürst habe nicht die Blumen der Zärtlichkeit auf der Zunge, die ein Liebender sonst für die Geliebte fände, meinte der gute Jesuitenpater in seiner barocken Ausdrucksweise. Aber auch Adelheid half ihm in ihrer Enttäuschung wenig, seine Hemmungen zu überwinden. Für den Bruder Ferdinand Marias, den vierzehnjährigen Herzog Max Philipp, zeigte die junge Savoyerin dagegen mehr Sympathien. Wieviel Witz er besaß und wie schön er sich zu Pferde hielt! Sie konnte ihn in ihren Briefen nach Turin gar nicht genug loben, während sie für den jungen Gemahl kaum ein gutes Wort fand.

Dieses Leben in der Rolle einer unbefriedigten Ehefrau hatte auf den Charakter Adelheids wenig günstige Auswirkungen. Es kam soweit, daß sie häufig die Beherrschung verlor und jeder Laune, jedem Mißvergnügen nachgab. »Wenn ich in den Garten gehen möchte, wollen sie, daß ich in der Karosse ausfahre, wenn ich sage, daß ich zu schreiben hätte, soll ich ausgehen, auch wenn es regnet, und bei schönem Wetter soll ich um drei Uhr nachmittags ausgehen, wenn es am heißesten ist. Es ist ein Wunder, daß ich gesund bleibe.«[105]

Ihr Ärger über solche Behandlung machte sich nur allzu gern gegenüber dem jungen Gatten Luft. Im Spätherbst 1652 konnte Ferdinand Maria diese Spannungen nicht mehr ertragen und verlor die Geduld. Ein rasches Gewitter entlud sich am grauen Ehehimmel und machte Adelheid plötzlich klar, daß dieser unbeholfene Knabe ihr wahrhafte Liebe entgegenbrachte, ja, daß er ihr einziger wirklicher Freund am bayerischen Hofe war. Sie fühlte sich durch diese Entdeckung getröstet. Wenn sie ihn auch nicht wiederlieben konnte, so begann sie doch, ihn freundlicher zu behandeln und in ihm einen Verbündeten zu sehen. In zwei Jahren war die Vormundschaft zu Ende und es würde nützlich sein, eine gewisse Macht über ihn zu gewinnen.

1 Herzogin Christine von Savoyen

2 Kurfürstin Henriette Adelheid von Bayern

3 Herzog Karl Emanuel II. von Savoyen in Turnierkleidung mit dem Annunziatenorden am Harnisch

4 Ballett und Essen in Schloß Rivoli bei Turin 1645.
Links in der Loge die Herzogin zwischen ihren beiden jüngeren Töchtern, im Hintergrund die savoyische Staatsfestung Montmélian

5 Reiterballett auf dem Turiner Schloßplatz anläßlich der Prokura-Hochzeit 1650. Rechts der Palazzo Madama mit Herzogin Christine und ihren Töchtern unter einem Baldachin

6 Kurfürst Maximilian I. von Bayern mit dem jungen Ferdinand Maria

Licht und Schatten

Das Gebiet um die Residenzstadt, das Adelheid zunächst bei den Jagden und auf der Fahrt zu den Sommerschlössern Schleißheim und Dachau zu sehen bekam, empfand sie als unwirtlich und wenig fruchtbar. Wenn Bayern keine schöneren Landstriche zu bieten hatte, würde sie sich ihr ganzes Leben vor Heimweh nach den lachenden Hügeln Piemonts verzehren. Öde und langweilig dehnten sich Felder und Wälder nach Norden, und das Land schien der jungen Savoyerin beinahe entvölkert. Auch als der Hof im August 1652 ins Innviertel reiste, um sich auf dem kurfürstlichen Landgut Mattighofen an der »Hirschfeist« zu ergötzen, blieb sie teilnahmslos. »Meine Melancholie ist noch gewachsen, seit ich in Niederbayern bin«, schrieb sie voll Sehnsucht an die geliebte Mutter, von der sie sich durch diese Reise nur noch weiter entfernte.

Erst als man auf der Rückfahrt in Landshut übernachtete, kam Leben und Bewegung in ihre brieflichen Schilderungen und sie fühlte sich fast ins heimatliche Piemont versetzt. Während man sonst in Landshut für durchreisende Fürstlichkeiten lieber den bequemen Renaissancebau in der Stadt als Logis bereitete, wohnte der Hof diesmal auf der Burg Trausnitz, um die Prinzessin den malerischen Blick über Stadt und Land genießen zu lassen und ihr die architektonischen Schönheiten des alten Schlosses zu zeigen. Der Eindruck war überwältigend. »Wir sind in der schönsten Stadt, die man in Deutschland sehen kann«, berichtete sie an Madama Reale, »und das Schloß ist für meine Phantasie das hübscheste, das ich bis jetzt gesehen habe. Es ist sehr groß und erinnert von ferne ein wenig an Rivoli; außerdem gibt es einen Saal, der dem Salon von Moncalieri ähnelt.«[106]

Auch das Donaugebiet bei Straubing gefiel der jungen Südländerin wesentlich besser als die trostlose Ebene nördlich Münchens. Als der bayerische Hof in den letzten sonnigen Oktobertagen des gleichen Jahres der Kurfürstinwitwe entgegenreiste, die von ihrem Kaiserbesuch in Prag zurückkehrte, zeigte sich Adelheid entzückt von dem majestätischen Fluß und den blauen Bergen des Bayerischen Waldes. Dies war ein Land nach ihrem Geschmack und ähnelte dem geliebten Piemont. Während Ferdinand Maria seiner Mutter über den Strom hinüber entgegenfuhr, rückte sie selbst mit ihrem Gefolge bis zur Mitte der Donaubrücke vor, um die Regentin zu erwarten, und hatte Muße, das schöne Land im Herbstesglanz zu bewundern. Abends speiste die fürstliche Familie im Saal des Straubinger Schlosses in Anwesenheit so vieler Honoratioren, daß man sich nach Adelheids Worten kaum rühren konnte.

»In dieser Gegend sind die Orte viel stärker bevölkert als in München und das Land ist auch sehr viel fruchtbarer«, erzählte die junge Fürstin. Zwar waren allenthalben noch die von den Schweden verursachten Brandschäden des großen Krieges zu sehen, aber man konnte auch zu dieser Jahreszeit erkennen, daß der Boden wieder kultiviert und nutzbar gemacht wurde.

Auf der Rückfahrt über Landshut wollte Kurfürstin Maria Anna der Schwiegertochter eine Erholungspause »all'italiana« vergönnen und führte sie in einen der dortigen Weinberge, die damals noch mit Eifer gepflegt wurden und den sogenannten »Bayerwein« lieferten. Mit Messern bewaffnet half der ganze Hofstaat den Bauern unter fröhlichen Reden bei der Weinlese.

In den folgenden Sommern lernte Adelheid auch die Gegenden südlich von München kennen, wo sie auf dem Starnbergersee »das größte Vergnügen der Welt« erlebte, zum Heiligen Berg Andechs wallfahrtete und auf dem Tegernsee mit dem Barockschiff des Abtes spazierenfuhr. Im Sommer konnte sich sogar eine italienische Prinzessin in Bayern wohlfühlen.[107]

An der Jagd, dem Hauptvergnügen der bayerischen Herrscherfamilie, fand die zartbesaitete junge Fürstin zunächst gar keinen Gefallen. Wenn sie zusehen mußte, wie man die stärksten Hirsche zusammentrieb, damit sie von den Damen und Herren des Hofes mit Armbrüsten abgeschossen wurden, empfand sie nur Abscheu und Mitgefühl mit der wehrlosen Kreatur. »Wir waren viel auf der Hirschjagd«, erzählte sie am 10. Oktober 1652 ihrer Schwester Luisa, »aber bis jetzt habe ich nie die Armbrust spannen wollen. Das heißt nicht, daß ich Angst hätte, aber es gefällt mir nicht sehr. Die Jagd ist hier sehr verschieden von der in Piemont und ich muß gestehen, daß ich Mitleid fühle, denn das Wild wird hier ziemlich grausam behandelt.«

Tatsächlich herrschte damals ein solcher Reichtum an Rotwild in Bayern, daß es in ganzen Herden auf der waldigen Ebene nördlich von München weidete. Um den Schaden für die Landwirtschaft kümmerten sich die großen Herren dieser Zeit wenig, ihnen kam es auf das Vergnügen und das Wildbret für die Küche an. So wurden bei solchen Jagden stets große Mengen an Rotwild erlegt.

Wesentlich besser gefiel Adelheid die bei Hof sehr beliebte Wildschweinjagd. Hier traten andere Gegner auf den Plan als die friedlichen Hirsche, mit diesen hatte sie kein Mitgefühl. Das Treiben des Schwarzwildes durch den spätherbstlichen Wald mit der erregten Meute, das Stellen des verfolgten Tieres und dessen Kampf gegen Jäger und Hunde entsprach viel eher ihrer jagdlichen Passion. Damit begann auch bei der jungen Savoyerin die Freude am Waidwerk und sie beschloß, mit ihren Damen das Schießen zu üben, den Bogen und die Armbrust zu spannen, um mit der Schwiegermutter konkurrieren zu können, die eine überlegene Jägerin war. Ein besserer Zeitvertreib schien an diesem Hof doch nicht zu erwarten. Bei der sommerlichen Hirschfeist des Jahres 1653 war fliehendes Rotwild vor der jungen Diana nicht mehr sicher. Im Herbst folgten dann auf den leeren Feldern die Jagden auf die Singvögel, bei denen Hunderte von Lerchen und Meisen erlegt wurden. Bei einer Gamsjagd in den hochsommerlichen Bergen von Ettal fühlte sich die junge Fürstin mit großer Freude an das ferne Savoyen ihrer Kindheit erinnert.[108]

Trotz all dieser körperlichen Strapazen befand sich Adelheid bei bester Gesundheit. Das bayerische Klima bekam ihr erstaunlicherweise sehr viel besser, als man in Turin befürchtet hatte. Mit Leichtigkeit gewöhnte sie sich an die rauhere Luft des Nordens und an die fremdartigen Speisen, ja es schien, als ob die neue Lebensweise diese zarte Pflanze erst richtig zum Blühen brächte. Nur ihre häufigen Zahnschmerzen ließen sie fast verzweifeln.

Für diese Leiden gab es am Münchener Hof keinen Spezialisten und die Kurfürstinwitwe mußte 1653 aus Regensburg eine französische Zahnbrecherin kommen lassen, die von den dortigen kaiserlichen Ärzten als besonders geschickt empfohlen worden war. Im folgenden Jahr wurde ein ähnlicher Scharlatan aus Judenburg in der Steiermark nach München zitiert, bei dessen »Künsten« die geplagte junge Fürstin aber völlig die Nerven verlor. Sie schrie so laut, wie sie selbst nach Turin berichtete, daß man es in der ganzen Münchener Residenz hören konnte.[109]

An Weihnachten 1652 nahm endlich die Hoftrauer für den verstorbenen Kurfürsten ein Ende und die jungen Piemontesinnen durften auf Schlittenfahrten und einen vergnüglichen Karneval hoffen. Die erste Schlittenfahrt des jungen fürstlichen Paares durch München fand am 29. Dezember statt. Zu Adelheids Erstaunen warf sich der Hof in große Galakleidung, als ob man zu einem festlichen Ball führe. Im Gegensatz zu den Ausfahrten der Turiner Hofgesellschaft trug man aber weder Kopfbedeckungen noch die dort vorgeschriebenen Gesichtsmasken, was die junge Savoyerin sehr fremdartig und unschicklich dünkte. Ferdinand Maria kutschierte seine Gemahlin in elegantem Stil durch die ganze Stadt, gefolgt von den sechzehn Schlitten der Hofgesellschaft. Sein prachtvolles Gefährt hatte die Form eines Löwen, war außen vergoldet und innen mit rotem Samt ausgeschlagen. Neben dem Zug, der mit fröhlichem Schellengeläute durch die verschneiten Straßen Münchens glitt, liefen zahlreiche Lakaien und Reitknechte, welche die Neugierigen in Schranken hielten.[110]

Für den kommenden Fasching plante der Hof eine ganze Reihe festlicher Aufführungen und Maskeraden. Endlich kam Leben nach Turiner Art in die kalten Mauern dieses Palastes, in die steifen Menschen, die sich wie Marionetten nach dem Willen der Kurfürstinwitwe bewegten, und in der Erfüllung des spanischen Zeremoniells ihre Lebensaufgabe sahen. Die sechzehnjährige Adelheid, die sich schon seidene Stoffe und modisches Zubehör aus Turin hatte schicken lassen, begann mit ihren Piemontesinnen ein geschäftiges Treiben. Sie wollte schon dafür sorgen, daß die Hofdamen Maria Annas nicht mit ihrem eigenen eleganten Gefolge konkurrieren konnten! Ihre ganze künstlerische Phantasie fand in den Kostümen dieses höfischen Karnevals lebhaften Ausdruck.

Die Festlichkeiten begannen mit der Hochzeit des Fräuleins von Frauenhofen, einer Ehrendame Maria Annas, wo sich die tanzlustige junge Savoyerin endlich wieder ausgiebig vergnügen konnte. Zu fortgeschrittener Stunde verfiel sie in ausgelassenes Benehmen. »Stellen Sie sich vor«, schrieb sie ihrer Schwester Luisa in einem vergnügten Brief, »ich habe mit den Trompetern und Tambouren getanzt und mit den sechs Kavalieren, die Fackeln vor mir hertrugen. Wir machten keine Tanzschritte, sondern liefen nur so schnell wie möglich. Ich dachte vor Lachen zu sterben!«

Was mochten die gestrengen Erzieherinnen von diesem Ausbruch südlichen Temperaments gehalten haben?

Im Lauf des Februar folgte eine vielbejubelte italienische Oper der Münchener Hofkapelle, in der Bacchus mit tanzenden Bacchantinnen auftrat, und zwei Ballettaufführungen, die bereits nach Turiner Beispiel von den Herren und Damen der Hofgesellschaft getanzt wurden und als Vorübung für die geplanten Festlichkeiten anläßlich des Kaiserbesuches im kommenden Sommer galten.[111]

Der eigentliche Maskenball des Münchener Hofes, die traditionelle »Wirtschaft«, fand wie jedes Jahr in der Residenz statt. Der Ballsaal war in eine Gastwirtschaft mit rustikalen Tischen umgewandelt, wo ein durch Los bestimmtes Wirtsehepaar die erlauchten Gäste bei Bier und ländlichen Speisen empfing. Adelheid hatte für dieses ungewohnte Milieu, das wohl nur die »Bavaresi« erfinden konnten, zunächst hochmütige Worte, sollte aber in späteren Jahren bei dieser ungezwungenen Unterhaltung großes Vergnügen erleben. Wie sie befriedigt feststellte, waren die Edelfräulein der Kurfürstinwitwe allesamt mit abscheulichem Geschmack als langweilige Schäferinnen ausstaffiert, während jede ihrer vier piemontesischen Damen ein elegantes Phantasiekostüm nach französischer Mode trug. Sie selbst erschien in wunderschöner Maskerade aus feuerroter Gaze und war die Königin des Abends.

In den folgenden Monaten bemühte sich die junge Fürstin, Mode- und Luxusartikel aus Turin zu erhalten, um für den Kaiserbesuch gerüstet zu sein. War doch die dritte Frau Kaiser Ferdinands, Eleonora die Jüngere, die dieser 1650 geheiratet hatte, eine der in Turin verhaßten Gonzagas aus Mantua, die es in jeder Beziehung auszustechen galt. So bat sie bei der Mutter um weitere Stoffe, Spitzen und Bänder, um Parfüms, Fächer, Handschuhe und Manschetten, die zur Zufriedenheit der gefallsüchtigen Savoyerin in München nicht aufgetrieben werden konnten. Als sie aus Turin die reizendsten modischen Dinge erhielt, erfuhr sie die Genugtuung, daß sogar die brummige Schwiegermutter Gefallen zeigte und bei Madama Reale Bestellungen aufgab. Besonderen Geschmack fand die Kurfürstinwitwe jedoch an der Turiner Schokolade und den piemontesischen Weinen und schickte als Gegengabe Trompeten für Karl Emanuel an den savoyischen Hof. Eine passende Brille aus Turin enthob Ferdinand Maria vieler Schwierigkeiten.[112]

Dem Besuch der kaiserlichen Familie, die im Sommer 1653 in den Reichsstädten Augsburg und Regensburg weilte, sah Adelheid mit gespannten Erwartungen entgegen. Sie hatte sehr gehofft, mit dem bayerischen Hof in großer Gala nach Augsburg zu fahren, um an der Krönung des ältesten Kaisersohnes Erzherzog Ferdinand zum römischen König teilzunehmen. Durch eine längere Krankheit Maria Annas war ihr die Erfüllung dieses Wunsches jedoch versagt geblieben. Nun reiste Anfang Juli 1653 die Kaiserinwitwe Eleonora Gonzaga die Ältere durch bayerisches Gebiet und übernachtete in der Landshuter Residenz, was die Kurfürstinwitwe zum Anlaß nahm, ihr dort mit dem ganzen Münchener Hof einen Besuch abzustatten.

Adelheid erwartete dieses Zusammentreffen mit gemischten Gefühlen. Was für ein Gesicht würde ihr die alte Kaiserin zeigen, ihr, die eine Tochter der Herzogin von Savoyen war? Die Gebietsstreitigkeiten mit der Familie Gonzaga um das Herzogtum Montferrat waren doch keineswegs bereinigt. Sie beschloß, sich gegenüber der Kaiserinwitwe eine kleine Provokation zu leisten und das Miniaturporträt ihrer Mutter auf der Brust zu tragen. Aber Eleonora Gonzaga erwies sich als wahre Kaiserin, als eine immer noch schöne, liebenswürdige und majestätische Frau, der Adelheids Herz sofort entgegenschlug. »Sie bezeugte den großen Wunsch, daß die Häuser Mantua und Savoyen sich einigen sollten«, schrieb sie sehr beeindruckt an Madama Reale, »und sagte mir, daß sie stets die Gerechtigkeit geliebt habe. Ich drückte ihr meine Hoffnung aus, daß meinem Bruder Recht geschehen werde.«[113]

Die alte Kaiserin fuhr anschließend nach Regensburg, wo inzwischen ihre Schwiegertochter Eleonora die Jüngere mit einer kleinen Erzherzogin niedergekommen war. Nach Beendigung des Wochenbetts erfolgte dort Anfang August deren Krönung zur Kaiserin und schließlich die Reise in das Kurfürstentum Bayern, um die Bande mit dem verwandten Münchener Hof zu festigen. Hatte Maria Anna bisher ein Zusammentreffen der beiden Familien während ihrer Regentschaft zu vermeiden gewußt, um den schwierigen Fragen des Zeremoniells aus dem Wege zu gehen, so mußte sie nun Farbe bekennen. Wie gestaltete man die Empfänge und Gastmähler, wo placierte man den unmündigen jungen Kurfürsten und seine Gemahlin?

Das kaiserliche Protokoll verlangte, daß der bayerische Hof von Dachau aus den hohen Gästen eine Strecke Weges entgegenfuhr und bezeichnete die Ordnung, nach welcher die fürstlichen Karossen schließlich gemeinsam weiterzufahren hatten. In der ersten Kutsche sollten die Herzöge Albrecht und Max Philipp fahren, in der zweiten der Kaiser und die Kaiserin, der neu gekrönte König der Römer und die Kurfürstinwitwe, in der dritten schließlich das junge kurfürstliche Paar. Mit dieser Anordnung war zunächst jedermann zufrieden, aber während des erwartungsvollen Aufenthalts in Dachau wurde der junge Max Philipp unglückseligerweise krank und Maria Anna bestimmte, daß Ferdinand Maria im Wagen des Herzogs Albrecht Platz nehmen sollte, während Adelheid sich mit der Obersthofmeisterin zu begnügen hatte.

Als die stolze Savoyerin von dieser Änderung hörte, glaubte sie vor Schmach in den Erdboden zu versinken. Sie war wohl gerade gut genug, in diesem erlauchten Ehrenzug die Karosse mit einer Bediensteten zu teilen. Ihr leidenschaftliches Wesen bäumte sich gegen diese ungerechte Behandlung der Schwiegermutter auf, und sie zwang den unentschlossenen Gemahl, mit ihr gemeinsam gegen die gefürchtete Maria Anna Front zu machen. Entweder fuhr sie mit Ferdinand oder sie blieb zu Hause! Mit eiserner Hartnäckigkeit, von Schluchzen und heißen Tränen geschüttelt, blieb sie bei diesem einen Satz – und siegte. Jeder wußte, daß sie im kommenden Jahr nach Reichsrecht die Gemahlin des regierenden Kurfürsten sein würde, keiner wagte, ihr die Schande wirklich anzutun.

Strahlend in ihrem Triumph fuhr sie mit Ferdinand Maria dem Kaiserpaar entgegen, willig nahm sie die strengen Regeln der habsburgischen Etikette auf sich: »Dem Kaiser küßt man die Hände und den Mantel, aber er ließ sich von uns nicht küssen, und der Kaiserin die Hand und den Rock, und dem König wie dem Kaiser«, erzählte sie Madama Reale am 20. August 1653 in einem ebenso empörten wie erleichterten Brief. »Der Kaiser sieht gut aus, er ähnelt der Kurfürstin sehr«, fuhr sie fort, »aber von der Kaiserin würde man niemals denken, daß sie eine Fürstin sei. Sie ist außerordentlich hochmütig und falsch und ganz besonders häßlich. Ich hatte nicht erwartet, daß sie so häßlich und so ohne Haltung wäre. Der König ist blaß und rothaarig und hat vollendet schöne Hände, aber für sein Alter ist er sehr klein. Sie führen sehr viele Kavaliere und wenig Damen mit sich.«[114]

Am Abend der Ankunft wurde im festlich geschmückten und hell erleuchteten Dachauer Schloß eine glänzende Hoftafel gehalten, dann fuhren am nächsten Morgen die Galakutschen mit den kaiserlichen Besuchern und dem bayerischen Hof nach München, wo sie vom Donner der Geschütze auf den Stadtwällen empfangen wurden. Nun folgten festliche Tage, die der Jagd, der Repräsentation und der Konversation mit den Habsburgern gewidmet waren. Adelheid verdankte den unermüdlichen Zielübungen des Frühjahrs, daß sie auf den Hirschjagden dieses Fürstentreffens als geübte Jägerin erschien und täglich fünf bis acht Hirsche erlegte. Auch die junge Kaiserin gefiel sich als eifrige Diana und spannte die Armbrust, – »aber sie taugte nichts«, wie die eifersüchtige Savoyerin mit Schadenfreude feststellte.[115]

Im Grunde gönnte sie »dieser Gonzaga« das kaiserliche Diadem und die turmhohe Stellung nicht. Wie kam diese häßliche Frau, die sich so ungraziös bewegte, so wenig anziehend lachte, zu dieser außerordentlichen Heirat? Als Kaiserin Eleonora jedoch begann, der jungen Savoyerin mit Zärtlichkeit zu begegnen, ihr Komplimente über den herzoglichen Bruder machte und sie um Turiner Modevorschläge bat, schmolz das Eis und Adelheid ließ sich herbei, vor den Majestäten Harfe und Gitarre zu spielen, ja sogar Proben ihrer Sangeskunst hören zu lassen.

Besonderen Eindruck machte ihre lebhafte, spielerisch-anmutige Persönlichkeit auf den jugendlichen König der Römer, der noch unvermählt war. Am Tag seiner Ankunft tat er nichts anderes, als seine Augen wie gebannt auf ihre schöne Erscheinung zu heften. Als der Kaiser ihn fragte, weshalb er sie so unentwegt betrachte, gab er melancholisch zur Antwort: »Ich sehe, daß der Kurfürst jünger ist als ich und bereits eine schöne Frau hat. Ich dagegen habe keine und werde auch keine ähnliche bekommen.«[116]

Dem Kaiser selbst, der Adelheid durch seine Güte und hohe Würde beeindruckte, begegnete sie mit großem Freimut und legte ihm die Interessen ihres Bruders ans Herz, dem durch die Westfälischen Friedenspakte das Reichslehen Montferrat zustand. Der fernen Schwester schilderte sie den Kaiser als guten Fürsten, der seine Gemahlin zärtlich liebe. Eleonora selbst scheine ihn jedoch wie das Feuer zu fürchten und er habe auch einen so herrischen Blick, daß er jedermann Angst einjagen könne.

Als der Besuch des Kaiserpaares angekündigt worden war, hatte der Münchener Hof den Harfenlehrer Adelheids, Giovanni Battista Maccioni, der schon mehrere Proben seiner Dichtkunst und seines musikalischen Könnens abgelegt hatte, mit der Schaffung einer dramatischen Kantate zu Ehren des Kaisers beauftragt. Diese kam nun in Beisein der Majestäten als weiteres italienisches Musikdrama in der Geschichte der Münchener Opernbühne zur Aufführung. »Die jubelnde Harfe« (L'Arpa festante), von der sich erstmals Teile der Partitur und des Textbuches erhielten, war mit Instrumentalmusik, Solo-Arien, zweistimmigen Gesängen und Schlußchor bereits ein eindrucksvolles Werk der neuen Musikgattung und fand bei den Zuhörern begeisterte Aufnahme. Maccioni sandte an Ferdinand III. ein gekürztes Widmungsexemplar, das sich in der Schlafzimmerbibliothek des musikalischen Kaisers Leopold I. erhalten hat. Da Adelheid mit ihrer Harfe innig verbunden war und ihren Lehrer Maccioni später stets mit Ideen für seine Musikaufführungen versorgte, wird sie vermutlich am Entstehen dieser Oper bereits lebhaften Anteil genommen haben.[117]

Über Landshut und Altötting kehrte die kaiserliche Familie schließlich in der ersten Septemberwoche nach Regensburg zurück. Für Ferdinand Marias geistige Entwicklung war dieser Habsburger Besuch von günstiger Wirkung. Hatte der Sechzehnjährige bisher geringes Interesse für Studien und Bücher gezeigt und sich am liebsten mit feinmechanischen Geräten und Drechseln von Elfenbein beschäftigt, so wurde er sich bei den Gesprächen mit den beiden Habsburgern bewußt, daß seine geschichtlichen und politischen Kenntnisse der Stellung eines Kurfürsten noch keineswegs entsprachen. Was die herbe Persönlichkeit der Mutter in den letzten Jahren verfehlt hatte, förderten Kaiser und König durch geschickte Unterhaltung in wenigen Tagen: sie regten Ferdinands Ehrgeiz und Geschichtsbewußtsein an und zogen seinen noch wenig beeinflußten Geist wie selbstverständlich in habsburgisches Fahrwasser. Kurze Zeit später vermittelte Maximilian Kurz, um auch seinerseits ein Gegengewicht zu Adelheids savoyisch-französischen Interessen zu schaffen, dem jungen Bayernherzog eine Korrespondenz mit seinem sympathischen Namensvetter, dem römischen König. Niemand konnte in diesem friedlichen Sommer 1653 ahnen, wie bald das Kaiserhaus auf die Treue des bayerischen Kurfürsten angewiesen sein sollte.[118]

Nachdem die Harfenoper ein so beglückendes Echo gefunden hatte, begannen sich Ferdinand Maria und Adelheid in den folgenden Wintermonaten ernsthaft mit der künstlerischen Gestaltung von Festaufführungen zu befassen, die im kommenden Karneval am Münchener Hof geplant waren. Adelheids Durst nach glänzender Repräsentation, geistiger Anregung und Verfeinerung der Sitten wollte endlich Befriedigung finden. Es waren Maria Anna und Maximilian Kurz, die damals den politischen Ehrgeiz der Savoyerin zu fürchten begannen und ihr mit dem Theater ein neues Feld der Tätigkeit eröffneten.

Da man in München für den Karneval 1654 auf einen weiteren Abstecher des Kaiserpaares oder wenigstens auf einen Besuch des römischen Königs hoffte, wurden Hoffestlichkeiten ins Auge gefaßt, die in Europa Aufsehen erregen sollten. Noch zu Lebzeiten Maximilians I. hatte der bayerische Hof mit dem Bau eines Opernhauses nahe der gotischen Salvatorkirche begonnen, der jetzt vor seiner Vollendung stand. Als erste Aufführung sollte im Februar 1654 eine italienische Oper großen Stiles mit der Hofkapelle und ihren Sängern über die Bühne gehen. Ein sogenanntes »Fußturnier« mit den beiden jungen Bayernherzögen Ferdinand Maria und Max Philipp samt ihren Hofkavalieren war im Brunnenhof der Residenz geplant. Die Erfindung und selbständige Durchführung eines Balletts nach Turiner Mode wurde der jungen Savoyerin anvertraut. Mit Staunen stellte Adelheids Beichtvater fest, wie stark der bayerische Obersthofmeister doch von dem süßen Leben der piemontesischen Hauptstadt angesteckt worden sei, wie kräftig er aus dem Born der dortigen Daseinsfreude getrunken hätte. Um unter den Künstlern der Hofkapelle keine Eifersucht aufkommen zu lassen, wurden diesmal die Musiker Pietro Zambonini und Carlo Macchiati für die musikalische Gestaltung der Aufführungen herangezogen.

Zunächst feierte man am 10. Februar 1654 die »Wirtschaft« mit wunderschönen Maskeraden, wobei das junge kurfürstliche Paar als Wirt und Wirtin auftrat. Diesmal empfand Adelheid den Maskenball als »das hübscheste Fest der Welt« und erzählte ihrer Mutter, daß sie bis zwei Uhr nachts getanzt habe. Zwei Tage später folgte im neu eröffneten Opernhaus die italienische »Comedia in musica«, ein Pastoralstück mit dem Titel »Die spröde Nymphe« (La ninfa ritrosa), das in venezianischem Geschmack dekoriert mit acht Kulissenpaaren zur Aufführung kam und von dem Hofmusikus Pietro Zambonini komponiert war. Das Thema der widerspenstigen Nymphe, die sich nach langem Sträuben in einen jungen Schäfer verliebt, entstammte so eindeutig dem Kreis der Romanliteratur Adelheids, daß wohl in erster Linie sie selbst für die Idee zu diesem Bühnenstück in Frage kommt. Hatte sie doch mit dem größten Vergnügen den Nymphen-Roman »Asträa« des französischen Dichters Honoré d'Urfé gelesen, der einige Jahre am Turiner Hof ihres Großvaters Karl Emanuel I. gelebt und gewirkt hatte. Die Welt der Nymphen beflügelte stets ihre Phantasie. Wiederum schrieb der Harfenist Maccioni in seiner feinen künstlerischen Schrift die Verse des Textbuches für die Nachwelt nieder. Mit Gott Amor und der Allegorie des Friedens in den Lüften spielte die Schlußapotheose auf die Harmonie des jungen kurfürstlichen Paares an, dessen Liebe den Fortbestand des Hauses Wittelsbach sichern sollte.

Am 15. Februar, dem Fastnachtssonntag, ging man zu einem männlicheren Thema über. Zum ersten Mal wurde in München die Literaturgattung des italienischen Turniers aufgeführt, ein pompöses theatralisches Spiel allegorischen Inhalts, das den jungen Kurfürsten als tapferen Kriegsherrn inmitten seiner jungen Helden feierte. Der architektonisch geeignete Brunnenhof der Residenz war mit Hilfe eines Holzgerüstes in einen halb überdeckten Turnier- und Zuschauerraum verwandelt worden, der durch zahlreiche Kerzenleuchter eine strahlend-festliche Atmosphäre erhielt. Zwei Fürsten mit stattlichem Gefolge, dargestellt durch die beiden jungen Wittelsbacher in den heraldischen Farben Bayerns und Savoyens, zogen in den Kampfplatz ein und lieferten sich eine wohleinstudierte Schlacht, die den Zuschauerraum mit knisternder Spannung erfüllte. Mit Lanzen und Degen kämpfte die Blüte des bayerischen Adels bei kriegerischer Musik, bis Göttervater Zeus, eine Allegorie auf den jungen Kaisersohn Ferdinand, aus den Wolken heraus Waffenstillstand gebot. Italienische Soli und Chöre gaben auch dieser Aufführung einen opernartigen Charakter. Die Preisverteilung fand am nächsten Abend im Herkulessaal statt. Dabei trugen die Kavaliere nochmals ihre martialischen Kostüme, die Damen dagegen phantasievolle Maskeraden, die Adelheid ihnen auf Turiner Art hatte schneidern lassen. Sie selbst und die Tochter des Barons Haunsperg waren als Spanierinnen kostümiert und tanzten unter großem Beifall eine temperamentvolle Sarabande.

Als Krönung der Karnevalszeit und ihrer außergewöhnlichen Feste, aber auch als besondere Huldigung für die junge Gemahlin Ferdinand Marias war das Turiner Ballett gedacht, das am Faschingsdienstag im Herkulessaal der Residenz aufgeführt wurde. Es trug den Titel »Le Pompe di Cipro« und war von Carlo Macchiati komponiert. In allegorischen Gewändern zeigten die Hofdamen Maria Annas als Perserinnen und Ägypterinnen im Gefolge der Göttinnen Fama und Fortuna ihre Tanzkunst, wurden aber von fünf Bewohnerinnen der Insel Zypern, dem Königreich des glanzvollen Hauses Savoyen, im Gefolge des Gottes Amor durch Liebreiz und Sangeskunst besiegt. Diese letzteren waren selbstverständlich durch die junge Fürstin und ihre vier piemontesischen Edelfräulein dargestellt, ihnen galt der Siegespreis höchster Tugend. Aus den Briefen nach Turin ist zu schließen, daß Adelheid Inhalt und Aussage der einzelnen Szenen ihres Balletts festlegte, die sich ja um ein typisch savoyisches Thema drehten. Die choreographische Einstudierung oblag dem piemontesischen Tanzmeister des Münchener Hofes, Emanuele Somis.

In diesen Festtagen, die leider nicht durch einen kaiserlichen Besuch gekrönt wurden, bewies die junge Savoyerin, daß sie befähigt war, einen Hof zum repräsentativen Mittelpunkt des Landes zu machen. Ihr künstlerisches Talent, ihre übersprudelnde Lebensfreude rissen die übrigen Darsteller mit und nötigten sogar dem bärbeißigen Grafen Kurz Bewunderung ab. Mit ihrer »allegrezza« versetze sie wahrhaftig die ganze Hofgesellschaft in Jubel, versicherte er der Herzogin von Savoyen im Februar 1654.[119]

Daß man in diesem Karneval das junge kurfürstliche Paar in den Mittelpunkt der Festaufführungen rückte, lag in dem baldigen Ende der Regentschaft Maria Annas begründet. Am 31. Oktober 1654, dem 18. Geburtstag Ferdinand Marias, sollte sich die vormundschaftliche Regierung auflösen. Seine junge Gemahlin fieberte diesem Zeitpunkt entgegen. Würde man dem neuen Kurfürsten die Zügel der Herrschaft überlassen oder war Maria Anna nicht bereit, die Macht aus der Hand zu geben? Adelheid kannte von Turin her die Situation eines jungen Souveräns, der von seiner ebenso staatsklugen wie herrschbegierigen Mutter nicht in die Geschäfte eingeweiht wurde, sondern tatenlos beiseite stand. Würde sie den ungelenken, entschlußlosen Gemahl so weit beeinflussen können, daß er Anteil an der Regierung verlangte? Sie zweifelte an seinem Willen, sich gegen die Mutter durchzusetzen.

Auch für Kurfürstin Marianne und Maximilian Kurz wurde die Frage immer drängender, auf welche Art die Geschäfte nach Beendigung der Vormundschaft geführt werden sollten. Sie beschlossen, sich in den Regensburger Reichstagskreisen umzuhören, was für ein Urteil die dortigen Experten über Maria Annas Regentschaft und den Charakter des zukünftigen Kurfürsten abzugeben hätten. So beauftragte man den bayerischen Reichstagsgesandten Dr. Johann Georg Oexl, einen eifrigen Parteigänger des Grafen Kurz, ohne jede Schmeichelei einen offenen Bericht über das Regensburger Meinungsklima zu übersenden. Oexl, ein Bayer voll Saft und Kraft, benützte mit Wonne die Gelegenheit, seiner Feder freien Lauf zu lassen und der Münchener Regierung sämtliche Sticheleien zu servieren, die auf dem Regensburger Parkett an sein Ohr gedrungen waren.

Die Kurfürstinwitwe, so begann er seine drastische Relation vom 9. Dezember 1653 über die »discurs und judicia« in den Gesandtenkreisen, halte man ohne alle »Flaterie« für eine hochverständige, kluge und fähige Dame, die in den Landsachen wohl regiere und auch in den

Reichshändeln große Kenntnis und Urteilskraft an den Tag lege. Bei ihrem kaiserlichen Bruder genieße sie ausgesprochene Gunst. Dagegen urteile man über den jungen Herrn, daß er mehr zum Müßiggang als zu den Geschäften neige und nach Übernahme der Regierung sich eher mit Vergnügungen als mit ernsthaften Dingen beschäftigen werde, zumal er als melancholisch und launenhaft gelte. Er werde wohl die Geschäfte den Räten anvertrauen und ein »halb Inspruggisches Regiment« führen. Der Jesuitenpater Vervaux habe ihn zwar zum Christentum, nicht aber zum Kurfürstentum erzogen. In Regensburg, so fuhr Oexl sarkastisch fort, zweifelten die einen an den Fähigkeiten des jungen Bayernherzogs, die anderen glaubten, daß er absichtlich nicht in die Geschäfte eingeweiht wurde, damit die regierungssüchtige Frau Mutter desto länger an der Macht bliebe. Einesteils behandle man ihn wie ein Kind und tadle den ganzen Tag die geringfügigsten Fehler an ihm, andererseits habe man ihn zu früh zum Eheleben zugelassen. Die Durchlaucht Adelheid sei nach dem Urteil vieler Leute für diesen jungen, frommen Herrn zu temperamentvoll und bestehe zu rigoros auf der Ausübung der ehelichen Pflichten, so daß er sie »bis zur Magerkeit befriedigen« müsse. Andere glaubten dagegen, daß er sich gar nichts aus ihr mache und lange Gespräche mit den Kammerdienern suche, um spät zu Bett zu gehen. Ja, man zweifle, ob zwischen beiden eine »rechte eiferige affection« herrsche. Daß noch keine Nachkommenschaft in Sicht sei, schöbe der eine auf Zauberei, der andere auf Unfruchtbarkeit, der dritte auf die Tatsache, daß die junge Fürstin aus einer Zwillingsgeburt stamme, da ja Zwillinge kaum jemals Nachwuchs hervorbrächten. Dies habe der König von Frankreich gewußt und »dem Heürath nicht nachgesetzt«. Besonders Kurpfalz sei daran interessiert, daß bis jetzt noch keine Hoffnung auf Nachkommenschaft bestanden habe.[120]

Dieser derb-freimütige Bericht überschritt zwar die Absichten der Auftraggeber, legte aber eindeutig klar, daß man in Gesandtenkreisen nicht viel von Ferdinand Marias Regierungsfähigkeit hielt. Außerdem konnte die Kurfürstinwitwe selbst erkennen, daß ihr Sohn immer stärker unter den Einfluß seiner jungen Gemahlin geriet. Was immer die Schwiegertochter wünschen mochte, Ferdinand versuchte bis zur Aufgabe seiner Selbstachtung, ihre Forderungen zu befriedigen. So würde die Savoyerin die eigentliche Herrscherin über Bayern werden, wenn man dem jungen Kurfürsten die Regierungsgewalt überließ.

In einem Geheimen Konferenzprotokoll vom 15. Juli 1654 wurden die Bedenken der zuständigen bayerischen Beamten zur Regierungsübernahme Ferdinand Marias zu Papier gebracht. Es sei gefährlich, hieß es hier, dem gleichgültigen jungen Kurfürsten die volle Verfügungsgewalt einzuräumen, da er den Hauptschlüssel verlegen und alles seiner jungen Gemahlin anvertrauen würde. Da er nun die Schriftstükke allein unterschreiben müsse, sie aber sicher nicht durchläse, wäre es ratsam, vorher die Kurfürstinwitwe damit zu befassen. Man hielt es überhaupt für zweckmäßig, ein reiferes Alter abzuwarten.[121]

Im Sommer 1654 trat ein Ereignis ein, das Maria Annas Befürchtungen auf den Höhepunkt brachte. Ihr Neffe Ferdinand, der gewählte König der Römer, der nach dem Tod seines Vaters den Kaiserthron besteigen sollte, wurde im Juli 1654 von den Blattern dahingerafft. Sein jüngerer Bruder Leopold war ein vierzehnjähriger Knabe. Sollte Kaiser Ferdinand III. vor dessen Volljährigkeit aus dem Leben scheiden, so war das Haus Habsburg in Gefahr, seine jahrhundertelange Vormachtstellung in Europa zu verlieren. Unter solchen Auspizien durfte sie die Macht im Kurfürstentum Bayern noch weniger aus den Händen geben.

Adelheid sah diese Entwicklung mit wachen Augen auf sich zukommen. »Sie fürchten, daß er regieren will«, schrieb sie über Ferdinand Maria nach Turin, »und daß er mich auch etwas tun läßt.« Wann würde sie endlich Herrin werden? Der ersehnte Zeitpunkt verstrich auch tatsächlich, ohne daß wesentliche Änderungen eintraten. Zwar wurden die Mitglieder des Vormundschaftsrates reich beschenkt entlassen, aber Maria Anna fuhr fort, mit Hilfe des Grafen Kurz die Geschäfte zu führen, als habe sie den Volljährigkeitstermin ihres Sohnes gar nicht wahrgenommen. Ganz Europa schickte Glückwünsche zur Regierungsübernahme des jungen Kurfürsten, aber Adelheid, nunmehr die rechtmäßige Herrin am Münchener Hof, wurde immer noch beiseitegeschoben. »Alle Welt erkennt den Kurfürsten als Herren an. Daß ich mich so unwürdig behandeln lassen muß, geht einer Prinzessin des Hauses Savoyen gegen die Ehre!«[122]

Es war kein Wunder, daß sie wieder in ihre alte Übellaunigkeit verfiel, hinter dem Rücken der Schwiegermutter intrigierte und schließlich versuchte, sich am Münchener Hof einen eigenen Anhang zu verschaffen, der ihr im Laufe der Zeit zu größerem Einfluß verhelfen sollte. Die anhaltende Unfruchtbarkeit drückte schwer auf ihr Gemüt. Wie oft hatte sie schon gehofft und sich doch geirrt, wie viele Novenen mit ihren Hoffräulein um Kindersegen gebetet! Es waren zermürbende Jahre.

Schließlich erging es der jungen Kurfürstin, wie es schon ihrer Mutter an der Seite eines ungeliebten Ehemannes ergangen war: Sie begann, sich für die Hofkavaliere zu interessieren. Amouröse Leichtfertigkeit lag ihr eigentlich nicht im Blut. Hätte ihr das Schicksal einen geeigneten Lebensgefährten geschenkt, wäre sie auch in München eine glückliche Frau geworden.

Unbefriedigt, wie sie war, unterhielt sie sich zunächst mit den koketten Abenteuern ihrer piemontesischen Hofdamen, die keine Anstrengung scheuten, um sich im bayerischen Adel geeignete Ehemänner zu fangen. Die junge Gräfin Osasco, deren langes Ausbleiben Adelheid so sehr beklagt hatte, war schließlich nur deshalb nach München nachgekommen, weil sie sich in den schönen bayerischen Hofkavalier Grafen Tattenbach verliebt hatte, der im Gefolge von Max Kurz in Turin gewesen war. Aber die Eheverhandlungen, von Tattenbachs Schwester Isabella geführt, blieben ohne Ergebnis. Ebenso erging es der leichtlebigen Caterina Violante Asinari, Adelheids Favoritin unter den Hofdamen, deren immer neue Versuche, bei den bayerischen Kammerherren zum Ziel zu kommen, die Heiterkeit der jungen Fürstin erregten.[123]

Als Adelheid im Winter 1654/55 mit bitterer Enttäuschung erkennen mußte, daß ihr Gemahl der Mutter weiterhin die Regierung überließ, begann sie sich selbst nach koketter Unterhaltung umzusehen. Am Turiner Hof war es so selbstverständlich, daß auch verheiratete Frauen sich kleine Liebeleien leisteten. So warf sie ihr Netz nach dem großen blonden Briten, The Honorable Francis Roper, der unter Maximilian I. den bayerischen Kammerherrenschlüssel erhalten hatte. Dieser war ein liebenswürdiger, frommer, sportlicher Mann und genoß am Münchener Hof allgemeine Achtung. In Adelheids erstem bayerischen Frühjahr hatte er das Unglück gehabt, Ferdinand Maria beim Ballspiel ins Auge zu treffen, war aber trotzdem in seiner Stellung verblieben. Als er in einem Ballett mittanzte, das man am bayerischen Hof zu Ehren des Kaiserbesuches einstudierte, wäre Adelheid über seine ungeschickten Bewegungen am liebsten in lautes Lachen ausgebrochen. »Stellen Sie sich diesen netten Menschen vor, wenn er Ballett tanzt«, schrieb sie ihrer Schwester, die ihn von der Prokurahochzeit her kannte. »Ich käme am liebsten nach Turin, um ihn nachzuahmen und Sie damit zum Lachen zu bringen.« Obwohl er als jüngerer Sohn nicht den Titel seiner Familie beanspruchen konnte, führte der Engländer in München den Namen »Francis Roper Graf von Teynham« oder kurz »Graf Ropert«.[124]

Die koketten Avancen der jungen Kurfürstin riefen bei ihm, der während Cromwells Bürgerkrieg sein Land verlassen und in München eine neue Heimat gefunden hatte, tiefe Bestürzung hervor. Einen Favoriten zu haben, konnte sich eine Fürstin zwar in Turin leisten, aber nicht am sittenstrengen Münchener Hof. So brachte ihn die Furcht, sich einerseits ihre Ungnade zuzuziehen, andererseits eine Verbannung vom Hof zu riskieren, in schweren Konflikt. Der Obersthofmeister hatte seine Augen überall. Er würde keine Gnade kennen, wenn er eine Liebelei der jungen Savoyerin witterte, auch wenn kein eigentlicher Ehebruch damit verbunden war. Schließlich stellte Adelheids Gefolge aber doch fest, daß die junge Kurfürstin sich während eines Schleißheimer Frühlingsaufenthaltes im Wald verirrt hatte, ja man munkelte sogar, Roper sei eines Abends allein in ihren Gemächern gewesen.

Es dauerte nicht lange und der junge Brite wurde in geheimer Mission zum Statthalter der Niederlande nach Flandern geschickt. Auf der Reise erhielt der Überraschte die Nachricht, daß ihm die Rückkehr nach Bayern verwehrt sei. Auch die junge Gräfin Asinari, an der Adelheid mit großer Freundschaft hing, mußte den Münchener Hof verlassen, da man sie als Mitwisserin verdächtigte. Maximilian Kurz hatte blitzschnell zugeschlagen und kein Pardon gegeben.

Aber auch er mußte bei der Roper-Affäre einige Federn lassen. Der italienische Hofbassist Baldassare Pistorini aus Bologna, der seit Jahren zum treuen Anhang des Obersthofmeisters gehörte und dem Engländer Gesangsstunden gegeben hatte, beging auf einer Fahrt nach Schleißheim die Unvorsichtigkeit, den mitreisenden Musikern die Gründe für Ropers Entlassung anzuvertrauen, die ihm an der Tafel von Maximilian Kurz zugeflüstert worden waren. Ja, er wagte sogar die Vermutung, daß die nächsten Liebhaber der jungen Kurfürstin die Herren Metternich, Tattenbach und andere sein würden. Wenn die Savoyerin ihr Leben nicht ändere, würde man sie einsperren oder nach Turin zurückschicken. Er hätte den freundlichen Engländer am liebsten gewarnt, da er den Skandal schon seit längerem kommen sah.

Pistorinis Mitreisende konnten sich ebenfalls nicht beherrschen und vertrauten die Neuigkeiten der Tochter des Leibarztes Maffei an, welche sofort bei Adelheid vorstellig wurde. Bevor es zu weiterem Hofgeschwätz kam, mußte die achtzehnjährige Kurfürstin handeln. Sie hatte nach ihrer Meinung ein fröhliches, unschuldiges Spiel getrieben und wollte den Verdächtigungen, daß Roper ihr Geliebter gewesen sei, sofort die Stirne bieten. Von Kurz und seinen Kreaturen ließ sie sich nicht verleumden. Sie verlangte und erreichte von Ferdinand Maria Anklage gegen Pistorini wegen übler Nachrede und ein Zeugenverhör der schwatzhaften Musiker, die bereits versucht hatten, sich der Rechenschaft durch die Flucht zu entziehen.

Ein formelles Gericht Ende Mai 1655, in dem der junge Kurfürst das Protokoll führte, verurteilte Pistorini zum Widerruf seiner Verleumdungen und schickte ihn in Urlaub. Er, der sechzehn Jahre in der Münchener Hofkapelle gesungen und eine Beschreibung der Schönheiten der Münchener Residenz verfaßt hatte, schüttelte hochmütig den Staub dieses undankbaren Hofes von seinen Füßen und reiste nach Wien.

Über den Verlust ihres Edelfräuleins war Adelheid untröstlich, aber sie wagte nicht, sich dagegen aufzulehnen, sondern begnügte sich mit dem Erfolg des Prozesses. Sie hatte begriffen, wo ihr eigentlicher Feind am Münchener Hof saß. »Dies war eine Affäre, die Graf Kurz seit langem angezettelt hat«, beteuerte sie ihrer Mutter voll Empörung. »Verzeihen Sie, wenn ich zu sagen wage, daß er mein Feind ist, da Sie ihn schätzen, aber er erklärt offen, daß er gegen mich ist.« Durch den Prozeß hatte aber auch Kurz erkannt, daß die junge Kurfürstin für ihn eine nicht zu unterschätzende Gegnerin darstellte. In den folgenden Jahren sollte er genügend Gelegenheit haben, mit ihr die Klinge zu kreuzen.[125]

Ferdinand Maria war durch Adelheids Leichtfertigkeit tief getroffen. Wenn er sich auch schützend vor den Ruf seiner jungen Frau gestellt und alles zu ihrer Rehabilitierung getan hatte, so waren Liebe und Vertrauen doch erschüttert. Die Enthüllungen des Prozesses halfen ihm, sich von seiner sklavischen Abhängigkeit zu lösen. In den politischen Wechselfällen der kommenden Jahre fand er die Kraft, vor Adelheid über seine Ziele zu schweigen.

Der Traum von der Kaiserkrone

Von der markanten Persönlichkeit ihrer Mutter hatte die junge Savoyerin ein starkes Interesse an der Politik geerbt. Sie hatte am Turiner Hof erlebt, wie selbständig eine Frau auch in der damaligen Zeit die Geschäfte des Staates nach innen und außen führen konnte. Politische Betätigung, ständige Information über die Machtmittel und die diplomatischen Bestrebungen ihres neuen Heimatlandes waren ihr vor der Abreise nach Bayern von Madama Reale zur Pflicht gemacht worden. Eine Landesfürstin sollte neben ihrem Gemahl nicht nur repräsentieren, sie mußte Wissen und Verständnis für staatliche Aufgaben zeigen und ihm mit Rat und Tat zur Seite stehen. Eine bestimmte Lebensrichtung war ihr durch die savoyisch-bourbonische Abstammung bereits vorgezeichnet: anerzogene Abneigung gegen das Haus Habsburg und lebenslange Sympathie für Deutschlands westlichen Nachbarn und seinen großen König, Ludwig XIV. Adelheid von Savoyen kam also bereits mit dem Anspruch auf gezielte politische Betätigung nach Bayern.

Die ersten Briefe der Fünfzehnjährigen zeigten ein lebhaftes, aber noch kindliches Interesse für die kriegerischen Auseinandersetzungen zwischen Habsburg und Bourbon in Norditalien, aber bald begann sie sich auch mit den deutschen Verhältnissen zu beschäftigen. Da gab es unendlich viele neue Namen von geistlichen und weltlichen Fürsten zu lernen, ihre Familienverbindungen und politischen Interessen zu studieren. Lebhaft bedauerte sie, daß der Plan des bayerischen Hofes, zum Regensburger Reichstag zu fahren, im Jahre 1652 mehrmals fallen gelassen wurde, da das dortige internationale Parkett ihre politischen Kenntnisse erweitert haben würde.

Für diese Enttäuschungen wurde sie aber durch zahlreiche Audienzen entschädigt, die sie während der Krankheitszustände ihrer Schwiegermutter an auswärtige Fürsten und Gesandte zu geben hatte. So lernte sie in den Jahren 1652/53 die drei geistlichen Kurfürsten von Mainz, Köln und Trier, sowie den spanischen Gesandten Conte de Gramont kennen. Ihre anfängliche Scheu, sich mit diesen gewandten Politikern allein unterhalten zu müssen, überwand sie mit natürlichem Charme. Da Madama Reale ihr eingeschärft hatte, immer und überall an die Interessen des Hauses Savoyen zu denken, empfahl Adelheid in ihrer Unerfahrenheit den rheinischen Kurfürsten, im Konflikt um das Reichslehen Montferrat für ihren Bruder zu wirken. Der Kölner Kurfürst Maximilian Heinrich, ein Wittelsbacher Prinz, nahm an den Wünschen der neuen bayerischen Landesherrin lebhaften Anteil. »Er ist der beste Fürst, den man sich denken kann«, schrieb sie hocherfreut nach Turin. »Ich habe ihm die Interessen meines Bruders empfohlen, die er wie die seinen wahrnehmen will.« Dagegen erfuhr sie beim Mainzer Kurfürsten Johann Philipp von Schönborn nur kühle Reserve. Als er ihr bedeutet hatte, daß man die Interessen des Hauses Mantua genauso bedenken müsse wie die savoyischen, geriet die heißblütige junge Fürstin in gewaltige innere Erregung, die sie kaum beherrschen konnte. »Ich wurde blaß wie der Tod und rot wie das Feuer,« gestand sie ihrer Mutter in einem gekränkten Brief und beruhigte sich erst wieder, als auch der Trierer Erzbischof Karl Kaspar von der Leyen sie seiner wohlgeneigten Dienste versicherte.[126]

Aber bald mußte sie bemerken, daß der bayerische Hof die Audienzen dieser Art wieder einschränkte, da er ihre selbständige Art, sich mit den Besuchern zu unterhalten, nicht schätzte. Liebenswürdige, aber unverbindliche Worte wurden bei solchen Audienzen von der jungen Landesfürstin erwartet, nicht unabhängige Politik oder geradezu gefährliche Schwatzhaftigkeit. Adelheid fühlte, wie man die Geschäfte vor ihr geheimhielt, damit sie keine allzu eifrige Tätigkeit entfalten und ihre Mutter nicht informieren konnte. Wenn sie bei fremden Gästen harmlose Äußerungen fallen ließ, mußte sie sofort gewärtig sein, einen Tadel der Schwiegermutter einzustecken. »Es ist wohl wahr, daß man mich über nichts informiert«, klagte sie, »nicht einmal über kleine Neuigkeiten. Nur durch Zufall kann ich manchmal etwas erfahren.«[127]

Je stärker ihre Anteilnahme an den politischen Gegebenheiten Europas wuchs, desto mehr bedauerte sie, davon ferngehalten zu werden. Natürlich war dies ihre eigene Schuld. Die Kurfürstinwitwe segelte als Schwester des Kaisers im habsburgischen Fahrwasser und konnte sich nicht leisten, daß Informationen über die bayerische Politik nach Turin und damit auch nach Frankreich gelangten. Während Mitteleuropa nach Beendigung des mörderischen Dreißigjährigen Krieges auf dauerhaften Frieden hoffen durfte, schwelte der Konflikt zwischen Spanien und Frankreich noch über ein Jahrzehnt lang fort und sollte erst im Pyrenäenfrieden von 1659 seine Lösung finden.

So war die frankophile Schwiegertochter für Maria Anna ein unangenehmes Hindernis, ja eine ausgesprochene Gefahr, die es auszuschalten galt. Man mußte ihr jeden Geltungsbereich auf politischem Gebiet versagen, mußte Ferdinand Maria von vornherein auf die habsburgische Seite ziehen, bevor er ihrem Einfluß unterlag. Diesem Ziel diente zunächst der Besuch des Kaiserpaares im August 1653, der sich auch als voller Erfolg erwies. Aber Adelheid erhielt noch im gleichen Jahr die erste Probe der Perfidie habsburgischer Politik, die sie unweigerlich in ein anderes Lager treiben mußte.

In den Westfälischen Friedenspakten war Savoyen vom Kaiser die Investitur mit dem Reichslehen Montferrat zugesagt worden, das die Mantuaner Herzöge seitdem zu Unrecht in Händen hielten. Unablässig war Herzogin Christine bemüht, ihrem Sohn am Kaiserhof durch diplomatische Schritte zu diesem Besitz zu verhelfen, der Piemont nach Osten abrunden sollte. Auch Adelheid hatte die Sache Karl Emanuels zu der ihren gemacht und lag dem Münchener Hof und seinen hohen Besuchern mit dem Montferrat'schen Konflikt ohne Unterlaß in den Ohren. Aber der Einfluß der beiden Kaiserinnen aus dem Hause Gonzaga schien den Vollzug der Investitur zu verzögern. Trotz der Versicherungen, die Kaiser Ferdinand seiner neuen Verwandten in München gegeben hatte, rührte er keinen Finger für die Rechte des Hauses Savoyen. Ganz im Gegenteil! Die spanische Linie des Hauses Habsburg schien dem Erlöschen nahe und das Kaiserhaus konnte mit dem baldigen Erbe der lombardischen Ländereien in Oberitalien rechnen. So war man in Wien an einer Stärkung der savoyischen Macht ohnehin nicht interessiert. Den Ausschlag gaben jedoch die »beiden Eleonoren«, besonders nach dem Tod der Kaiserinwitwe im Jahre 1655 die jüngere Eleonora, die am Wiener Hof starken politischen Einfluß besaß und wußte, was sie dem Haus Gonzaga schuldig war.

Als Adelheid im Herbst nach dem Kaiserbesuch aus Regensburg Nachricht zukam, daß man Savoyen tatsächlich nur mit Versprechungen hinhielt, in Wirklichkeit aber auf Mantuas Seite stand, war sie bitter enttäuscht. Auf das Haus Habsburg würde sie sich in ihrem Leben nicht mehr verlassen. Sie mußte nach anderen Stützen suchen, um ihrem Bruder zu seinem verbrieften Recht zu verhelfen.[128]

Savoyen war nicht das einzige Reichsfürstentum, das sich um die Mitte des 17. Jahrhunderts von der habsburgischen Macht erdrückt oder im Stich gelassen fühlte. Gegen den Wortlaut des Westfälischen Friedens unterstützte Kaiser Ferdinand seinen spanischen Vetter im Kampf gegen Frankreich und brachte damit vor allem die Fürsten am

Rhein, die an einem guten Verhältnis zum westlichen Nachbarn interessiert waren, gegen sich auf. Warum sollten in Europa der habsburgischen Hauspolitik zuliebe erneut die Gegensätze aufflammen?

Als Ferdinand III. im Juli 1654 seinen bereits gewählten Sohn und Erben verlor, begann man sich unter den deutschen Fürsten ernstlich zu fragen, ob dieses an Spanien gekettete Kaiserhaus nicht nach 300 Jahren von einer anderen Herrscherfamilie abgelöst werden sollte. Besaß aber einer der übrigen deutschen Fürsten Macht und Einfluß genug, um sich bei den Wählern durchzusetzen und die Kaiserkrone würdig zu repräsentieren?

Diese Frage stellte sich vor allem auch der Leiter der französischen Politik, Kardinal Mazarin, der endlich für sein Land die Gelegenheit gekommen sah, sich aus der habsburgischen Umklammerung zu befreien und dem Erbkaisertum dieser Familie ein Ende zu machen. Bald nach dem Tod des jungen deutschen Königs eröffnete er einen diplomatischen Feldzug, um dem Haus Habsburg das Kaisertum zu entreißen. Als Kandidaten erhoffte er sich in erster Linie den jüngst der Vormundschaft entwachsenen bayerischen Kurfürsten, den mächtigsten Katholiken des Reiches nach dem Kaiser. Er war gespannt, ob seine Idee, Ferdinand Maria mit einer im französischen Geist erzogenen Prinzessin zu verheiraten, nun Früchte tragen würde.[129]

Die junge Savoyerin auf dem bayerischen Thron besaß genau die Eigenschaften, die Mazarin erwartete. Sie hatte nicht nur genügend Ehrgeiz und Phantasie, um das kaiserliche Diadem und die damit verbundene Machterhöhung der Häuser Bayern und Savoyen mit allen Fasern ihres Daseins zu ersehnen, sondern war auch eifersüchtig genug, um Eleonora Gonzaga mit Vergnügen aus ihrer hohen Stellung stürzen zu sehen. Adelheid hatte nicht erst Mazarin gebraucht, um von der Kaiserkrone für Ferdinand Maria zu träumen. Nach dieser höchsten Würde zu streben, entsprach zutiefst ihrem Wesen.

Als im Jahre 1653 das Gerücht umging, der junge Kaisersohn Ferdinand werde nach Spanien ziehen, um eine Infantin zu heiraten und in Madrid den Thron zu besteigen, spielte Adelheid bereits mit dem Gedanken an die Kaiserkrone. Den Tod des sympathischen jungen Königs der Römer bedauerte sie zwar aus vollem Herzen, konnte sich aber nicht verhehlen, daß dadurch ein bedeutendes Hindernis auf der Straße ihrer Hoffnungen geschwunden war. In einem Brief nach Turin sprach sie von dem großen Verlust, den das plötzliche Ableben Ferdinands für die

Christenheit bedeutete, da er ein Fürst von großer Güte gewesen sei. »Ich hoffe, daß dieser Tod keinen Krieg verursachen wird, denn die Lutheraner sind sehr mächtig und wollen einen Kaiser ihrer Religion, was Gott verhüten möge.« Dann folgte der Satz, der Madama Reale die hochfliegenden Pläne ihrer Tochter offenbarte: »Wolle Gott, daß sie einen zum Kaiser machten, den ich meinen würde und der Eurer Kgl. Hoheit sicher nicht unangenehm wäre, denn er ist dasselbe wie ich.«[130]

Auch die Kurfürstinwitwe und Maximilian Kurz gaben sich keiner Täuschung hin, daß durch diese neue Konstellation im Reich bedeutende Probleme auf sie zukamen. Zwar begann das Haus Habsburg unmittelbar nach dem schweren Verlust die Wahlkampagne für Kaiser Ferdinands jüngeren Sohn Leopold, aber dieser wurde erst in vier Jahren volljährig und man konnte somit nicht mit einer baldigen Königswahl rechnen. Da sowohl Maria Anna als auch Graf Kurz streng österreichisch gesinnt waren, kam für beide eine Kandidatur Ferdinand Marias überhaupt nicht in Frage. Sie wußten jedoch, daß es in der deutschen Fürstenwelt schon vor zwei Jahren Stimmen gegeben hatte, die eine solche Kandidatur befürworteten. Wie würde man sich aus der Affäre ziehen, falls die Mehrzahl der deutschen Kurfürsten auf der Wahl des jungen Bayern bestehen sollte?

Die Jahre 1655/56 brachten für den Münchener Hof auch tatsächlich eine wahre Überschwemmung mit Gesandtenbesuchen der verschiedensten Mächte. Den Reigen eröffnete im März 1655, von Mazarin angeregt, der schwedische Gesandte Graf Schlippenbach, der das bayerische Terrain als erster sondieren sollte. Er stieß jedoch auf solch abweisende Reserve, daß er es vorzog, auf dem Absatz kehrt zu machen. Auch der frankreichfreundliche Obersthofmeister von Kurköln, Franz Egon Graf Fürstenberg, und ein weiterer Abgesandter der Pariser Regierung, Landgraf Georg Christian von Hessen-Homburg, erhielten in München keinerlei Zusage, daß Bayern mit Mazarin wegen einer Kandidatur Ferdinand Marias zusammenarbeiten wolle. Schließlich schickte Kaiser Ferdinand im Juli 1655 den Bruder des bayerischen Obersthofmeisters, den Reichsvizekanzler Ferdinand Sigmund Grafen Kurz, persönlich nach München, um festzustellen, ob der junge Kurfürst die schmeichelhaften Vorschläge des französischen Kardinals abgelehnt habe. Dieser konnte zwar mit beruhigenden Versicherungen nach Wien zurückkehren, erhielt aber noch keine bindenden Zusagen für die nächste Wahl.[131]

In diesem Stadium der Entwicklung gab sich Mazarin noch keineswegs geschlagen und fuhr stärkere Geschütze auf. Sein nächster Abgesandter, der im Oktober 1655 in München eintraf, war der wittelsbachische Pfalzgraf Philipp Wilhelm von Neuburg, der als Landesherr der rheinischen Fürstentümer Jülich und Berg in Düsseldorf residierte und mit Frankreich im besten Einvernehmen stand. Seine Gemahlin Elisabeth Amalie von Hessen-Darmstadt, eine Schwester des obengenannten Landgrafen, hatte er mitgebracht, um in unauffälliger Weise bei der jungen Kurfürstin die Möglichkeiten einer engeren brieflichen Verbindung zu erkunden. Während der Neuburger Vetter am bayerischen Hof von dem festen Entschluß der Franzosen und Schweden sprach, die Wahl eines habsburgischen Kaisers nicht mehr zuzulassen, wurde seine Gemahlin in aller Heimlichkeit mit Adelheid einig, auf welchen Wegen diese eine Korrespondenz mit Paris riskieren könne, ohne daß die Schwiegermutter und der bayerische Obersthofmeister davon Wind bekämen. Die ehrgeizige junge Kurfürstin, bar allen Einflusses auf die Geschäfte, abgeschnitten von den politischen Verhandlungen, die sie so brennend interessiert hätten, begann in diesem Augenblick, Politik hinter den Kulissen zu treiben und ihr Ziel auf Umwegen anzusteuern.[132]

Als kurz nach der Abreise des neuburgischen Herzogspaares ein österreichischer Kurier in München erschien und die Kurfürstinwitwe für die Weihnachtstage 1655 nach Wien einlud, erfuhr Adelheid zu ihrer großen Enttäuschung, daß Maria Anna ihren Sohn in die Kaiserstadt mitnahm und die Schwiegertochter zu Hause ließ. Ihr ganzer Stolz bäumte sich gegen die brüske Zurücksetzung auf, aber diesmal behielt sie ihren kühlen Kopf und sagte sich mit aller Vernunft, deren sie trotz ihres heißblütigen Temperaments fähig war, daß sie wohl nicht allein wegen zeremonieller Schwierigkeiten zu Hause bleiben mußte, sondern daß hinter dieser Reise hochpolitische Gründe steckten. Sie beschloß, die Neuigkeit sofort über den kürzlich eröffneten Briefweg nach Paris weiterzuleiten. Am vergangenen Freitag, so schrieb sie der Herzogin von Neuburg, habe ein Kurier aus Wien die Kurfürstinwitwe zu Weihnachten in die Kaiserstadt gebeten. Niemand wisse den Grund dieser Reise, nur daß es sich um Angelegenheiten des Hauses Österreich handle. Aber nichts sei so geheim, daß die Zeit es nicht aufdecke. Wenn der Landgraf von Hessen während der Abwesenheit ihrer Schwiegermutter nach München käme, fände er für seine Pläne weniger Hindernisse.[133]

Dieser Brief an die Herzogin Elisabeth Amalie wurde dem Landgrafen, der in Diensten Frankreichs als fürstlicher Diplomat von Hof zu Hof reiste, durch den Düsseldorfer Herzog auszugsweise zugestellt und gelangte auf diesem Weg nach Paris, wo er heute noch als Kronzeuge für Adelheids eigenmächtige Politik zwischen den Akten liegt. Er beweist, was für eine tiefe Kluft sich in der bayerischen Fürstenfamilie aufgetan hatte. Auf der einen Seite stand die beharrliche Maria Anna, die dem Hause Habsburg die Kaiserkrone erhalten und das kleine Bayern vor einem möglicherweise erdrückenden Abenteuer bewahren wollte. Sie hatte den unselbständigen jungen Kurfürsten auf ihre Seite gezogen, indem sie ihn erinnerte, daß schon sein vorsichtiger Vater im Jahre 1617 der Versuchung widerstanden hatte, nach der Kaiserkrone zu streben, da Bayern für diese Last ein zu schwaches Land sei. Hinter sich wußte sie Maximilian Kurz, der ihre Politik mit allem Nachdruck bestärkte, und die gesamte habsburgische Hausmacht. Auf der anderen Seite des Grabens stand die neunzehnjährige Kurfürstin, ohne Kenntnis der politischen und finanziellen Realitäten, geblendet von der Aussicht auf die höchste der weltlichen Kronen. Sie hatte ihrerseits den Leiter der französischen Politik und eine Reihe deutscher Fürsten hinter sich, die nur das eine Ziel vor Augen hatten, Habsburgs Macht zu schwächen. Mit aller List und Phantasie, deren sie fähig war, begann Adelheid nun ein langes ehrgeiziges Spiel um die Kaiserwürde und durchlebte dabei alle Höhen und Tiefen maßloser Hoffnung und verzweifelter Enttäuschung.[134]

Tatsächlich nützte Mazarin die günstige Stunde und sandte den hessischen Landgrafen noch vor der Rückkehr Maria Annas ein zweites Mal nach München. Er überbrachte Adelheid das schönste Geschenk, das sie sich zu dieser Stunde wünschen konnte: den ersten Brief des jungen französischen Souveräns an sie selbst. Alle Träume, alle vergeblichen Hoffnungen ihrer Jungmädchenzeit kehrten aus der Erinnerung zurück, als sie das Schreiben Ludwigs XIV. in den Händen hielt. Wie konnte sie ihm da noch nachtragen, daß er damals nicht um sie geworben hatte? Nun bat er sie um ihre Unterstützung und sie war bereit, ihm mit all ihren Kräften Dienste zu leisten. Schließlich floß in seinen Adern das gleiche Blut Heinrichs IV. und daher war sie entschlossen, ihre Interessen mit denen Ludwigs zu verbinden. Gleichzeitig brachte Georg Christian von Hessen-Homburg ihr einen Code zur Chiffrierung für den Fall, daß sie ihn und den Herzog von Neuburg über den

Stand der Wahlangelegenheit unterrichten wollte. Ihre Briefe sollten jeweils nach Frankreich weitergeleitet werden. Homburg war ein stattlicher, gutaussehender Prinz von dreißig Jahren, den Adelheid als klugen Kopf und vollendeten Kavalier empfand, wie sie ihrer Mutter am 8. März 1656 nach Turin berichtete.

Als die Kurfürstinwitwe kurz darauf mit Ferdinand Maria aus Wien zurückkehrte, hatte sie ihren Sohn offensichtlich instruiert, über die dortigen Verhandlungen nichts verlauten zu lassen, die sich um die Chancen des zweiten Kaisersohnes Leopold für die Wahl zum Römischen König drehten. Dies war ein Fehler, der Adelheid nur noch weiter ins gegnerische Lager trieb, da sie sich nun gänzlich ausgeschlossen fühlte. Auch die falsche Liebenswürdigkeit Maria Annas, die Geschenke, mit denen sie die Schwiegertochter überhäufte, waren kein Ersatz für politische Information und eine Reise nach Wien. So wurde das gegenseitige Versteckspiel in verstärktem Maße fortgesetzt.

Im Frühsommer 1656 begann Mazarin, die bayerische Festung in direktem Angiff zu berennen. Er wollte und mußte nun wissen, ob der junge Kurfürst den Mut zum Wagnis besaß, nach der Kaiserkrone zu streben, oder ob er sich in Wien etwa nach der anderen Seite gebunden hatte. Diesmal sandte er zusammen mit dem Landgrafen von Homburg einen ebenso ehrgeizigen wie gewandten Diplomaten nach München, der in Adelheids Leben noch eine bedeutende Rolle spielen sollte. Robert de Gravel war ein Mann von bestechender Intelligenz und wurde in den sechziger Jahren der Hauptträger der französischen Politik in Deutschland. Die beiden Gesandten brachten ein Schreiben Ludwigs XIV. an den bayerischen Kurfürsten, das ihn seiner herzlichen Zuneigung und seines großen Interesses versicherte. Gleichzeitig schlugen sie dem Münchener Hof ein Bündnis mit dem mächtigen westlichen Nachbarn und volle Unterstützung bei einer Kandidatur um die Kaiserkrone vor. Aber auch Gravel erreichte nichs als Ausreden und unverbindliche Liebenswürdigkeiten. Man fand in München die angesprochenen Probleme nicht brennend und die Notwendigkeit eines Bündnisses nicht gegeben.[135]

Nach dieser ziemlich deutlichen Abfuhr zog sich Mazarin eine Weile von Bayern zurück und hoffte, daß der junge Kurfürst im Laufe der Zeit zu größerer Selbständigkeit gelangen würde. Der Herzog von Neuburg war zum Beispiel ein Kandidat für die Kaiserkrone, der seinen Vetter Ferdinand Maria, wenn auch nicht an Macht, so doch an Intelligenz und Energie überragte. Auch den Bruder des Kaisers, Erzherzog Leopold Wilhelm, bezog Mazarin in seine Kalkulationen ein, da dieser als verhältnismäßig unabhängig von Spanien galt. Ganz im Hintergrund aber erwog er sogar eine Kandidatur seines eigenen königlichen Herrn, der er als Realpolitiker zwar keine große Chance gab, die ihm aber letztlich doch möglich und wünschenswert erschien. Auch im fernen Paris war man vom Glanz dieser Krone geblendet.[136]

Zu Ende des Jahres 1656 trat ein Ereignis ein, das die Frage der Kaiserwahl plötzlich wieder in den Mittelpunkt der europäischen Politik rückte. Nachdem Kaiser Ferdinand III. eine schwere gesundheitliche Störung erlitten hatte, verbreitete sich bereits die Nachricht von seinem Tod. Da seine Nachfolge nicht geregelt war, schien ein Interregnum bevorzustehen. Zwar erwies sich die Nachricht als falsch, aber Herzogin Christine im fernen Piemont schrieb irritiert an die Tochter, es sei höchste Zeit, an ihre Interessen zu denken. Damit stach sie bei Adelheid in ein Wespennest, denn diese selbst dachte täglich und stündlich an die Problematik der Nachfolge. Aber ihr Gemahl, der am meisten daran hätte denken sollen, überließ die Dinge seinem ersten Ratgeber, der in dieser Frage mit der Position des Hauses Habsburg voll übereinstimmte. Max Kurz hatte die Zügel der bayerischen Politik in Händen, er war der eigentliche Souverän und beherrschte den jungen Kurfürsten völlig. Von Seiten Adelheids verbat er sich jegliche Einmischung.

Was blieb ihr anderes übrig, als diese eigentlich unwürdige und lächerliche Damenpolitik im Hintergrund, wenn man ihr keinerlei Einfluß gönnte? Zumindest konnte sie über ihre Geheimkanäle in Paris den Eindruck erwecken, als ob Ferdinand und sie selbst ein Herz und eine Seele seien und dieser im Grunde ganz auf Seiten Frankreichs stünde. Um Zeit zu gewinnen, mußte sie dort vortäuschen, daß der junge Kurfürst zwar noch gänzlich von seinen Räten abhing, in Wirklichkeit aber bereits anderen Sinnes sei.

Durch ein Gerücht, Ferdinand Maria habe dem Kaiser für Aktionen in Italien Geld geliehen, war am französischen Hof Mißstimmung gegen Bayern entstanden. Daher beteuerte Adelheid dem Prinzen von Homburg in einem Brief vom 2. Februar 1657, daß ihr Gemahl nicht das Geringste getan habe, um Ludwig XIV. zu mißfallen. Im Gegenteil wünsche er sich nichts sehnlicher, als Blut und Leben zu opfern, um den König zufriedenzustellen. Von einer vorgestreckten Geldsumme könne keine Rede sein, nur Übelwollende würden solche Gerüchte ausstreuen, damit das Kurfürstenpaar die Gunst des französischen Herrschers verlöre. Auch dieser Brief gelangte nach Paris und verfehlte seine Wirkung nicht. Für Mazarin war der bayerische Kurfürst eine so wichtige Schachfigur im Spiel um die Ausschaltung des Hauses Habsburg, daß er Adelheids Beteuerungen nur allzu gerne in seine Kalkulationen aufnahm.[137]

Die Tage Kaiser Ferdinands waren tatsächlich gezählt. Unerwartet früh, im Alter von 48 Jahren, ereilte ihn am Ostersonntag 1657 nach schwerer Krankheit der Tod. Alle Leidenschaften, die bis zu diesem Zeitpunkt nur untergründig geschwelt hatten, traten nun offen ans Tageslicht. Adelheid zeigte an diesen Ereignissen höchstes Interesse und befürchtete kriegerische Verwicklungen. Die Kaiserwahlfrage war zu einem Kampf zwischen Habsburg und Frankreich geworden.

Für Bayern bedeutete der Tod des Kaisers zunächst eine Stärkung der Macht, da ihm gemeinsam mit Sachsen das Reichsvikariat zustand. Während der Zeit des Interregnums erwartete die junge Kurfürstin eine Lösung des Konfliktes um Montferrat. Immer stärker wuchs aber nun auch ihre Hoffnung auf die höchste Würde des Reiches, nach der Ferdinand Maria ja nur die Hand auszustrecken brauchte.

Mit Hilfe ihrer Mutter und des savoyischen Gesandten in Frankfurt, Conte Biglior, hielt Adelheid in den Monaten nach dem Tod des Kaisers die Verbindungen mit Paris weiterhin aufrecht. Mittelsmann zu Frankfurt war der rührige Pater Montonaro, Adelheids Beichtvater, auf dessen unermüdliche Feder sich Madama Reale jederzeit verlassen konnte. Aber diese Geheimkorrespondenz blieb Maximilian Kurz nicht lange verborgen. »Dieser Idiot«, schrieb er über Montonaro an seinen Freund Oexl nach Frankfurt, »bringt unter der Hand Sachen, die ihm der Gf. Bigliori kommuniciert, an die regierende Kurfürstin, die an Vermessenheit der englischen Elisabeth gleicht, welche der Pfalzgraf Friedrich geheirathet; Gott bewahr uns vor dergleichen Ausgang.« Aber obwohl Oexl dem savoyischen Gesandten zu verstehen gab, daß diese Verbindung dem Münchener Hof nicht genehm sei, wurde sie unbedenklich weitergeführt. Auch über Madame de Courtenay, ihre langjährige Brieffreundin, unterhielt Adelheid damals eine Verbindung zu Mazarin.[138]

Als daher im Oktober 1657 eine Gruppe von harmlosen französischen Reisenden nach München kam und am Hof um Audienz bei dem jungen Kurfürstenpaar bat, wurden die Kavaliere zu ihrem Erstaunen tagelang mit fadenscheinigen Erklärungen hingehalten. Einer von ihnen, Monsieur de Coulanges, der sich in seinen Memoiren über das merkwürdige Gehabe des bayerischen Hofes wunderte, hätte gar zu gerne die junge Kurfürstin gesehen, über deren Liebreiz so viel gesprochen wurde. Sie schien wohl in einem Kloster zu leben, da man ihn und seine Freunde nicht bei ihr vorließ. Durch den Kölner Gesandten Grafen Fürstenberg, der zur gleichen Zeit in München weilte, erfuhren die französischen Herren, daß Graf Kurz sie möglichst bald wieder aus der Stadt haben wolle, da sie Franzosen seien und Frankreich kein anderes Interesse habe, als Österreich auszuschalten und Bayern die Kaiserkrone zuzuschieben. Schließlich sah Coulanges die junge Savoyerin wenigstens während des Gottesdienstes in der Karmeliterkirche, wo sie ihm durch Zeichen zu verstehen gab, daß die Ablehnung der Audienz nicht ihre Schuld sei. Entzückt von dieser lebhaften Geste, begrub der französische Kavalier allen Ärger und setzte ihr in seinen Memoiren ein besonders liebenswürdiges Denkmal:

»Sie ist eine der schönsten und vollendetsten Fürstinnen der Welt, aber gleichzeitig wohl eine der unglücklichsten. Sie lebt unter ständigem Zwang und hat nicht die geringste Freiheit. Graf Kurz hat ihrem Gemahl die Eifersucht in den Kopf gesetzt, um ihn zu beschäftigen, so daß dieser arme Fürst in ständigem Argwohn lebt und seine Frau keinen Schritt verläßt. Inzwischen beherrscht der Graf alles, er ist der Herr und Meister und verteilt die Gnaden nach seinem Willen.« Nachdem er die klösterlich strengen Lebensgewohnheiten am Münchener Hof beschrieben hatte, schloß Coulanges seine Erinnerungen an die bayerische Residenzstadt mit den Worten: »So also verbringt die schöne Adelaide ihr Leben, was sehr schmerzhaft für sie sein muß, nachdem sie am Hof von Savoyen, dem angenehmsten und unterhaltendsten aller Höfe, erzogen wurde.«[139]

Daß Maximilian Kurz versuchte, das junge Kurfürstenpaar vor französischen Reisenden abzuschirmen, hatte seine volle Berechtigung. Um dieselbe Zeit traf, aus Frankfurt kommend, der nächste Abgesandte Mazarins in aller Heimlichkeit in München ein.

In den österreichischen Stammlanden war die Herrschaft auf den knapp siebzehnjährigen Kaisersohn Leopold übergegangen, der bereits zum König von Ungarn gekrönt worden war. Auch dieser verspürte zunächst keine große Lust zum Regieren, sondern überließ die Macht in der Hofburg seinem Onkel Leopold Wilhelm, einem Staatsmann von Format und früheren Statthalter der Niederlande. Sollten die Kurfürsten nun den jungen Habsburger zum Kaiser wählen und damit das Reich wieder dieser übermächtigen Familie ausliefern, der auch noch das spanische Erbe winkte?

Als Mazarin seinen diplomatischen Feldzug gegen Habsburg fortsetzte und den Marschall de Gramont, einen ergrauten Grandseigneur, sowie den Marquis de Lionne als Wahlgesandtschaft nach Deutschland schickte, fand er bei den rheinischen Kurfürsten Gehör. In den Monaten Mai und Juni 1657 stellten diese in München wiederholt die Frage, ob Ferdinand Maria bereit sei, die Kaiserkrone anzunehmen, erhielten aber wieder nur vorsichtig ausweichende Antworten. Der Widerstand der Kurfürstinwitwe war wohl zu groß, der Einfluß der frankophilen jungen Savoyerin zu gering. Daher gaben die geistlichen Kurfürsten schließlich den Gedanken an eine bayerische Kandidatur auf und sahen sich nach anderen Persönlichkeiten um. Nicht jedoch Frankreich! So schnell warf der ideenreiche Mazarin die Flinte nicht ins Korn. Zunächst ließ er den jungen König am 1. September 1657 einen wahrhaft inhaltsreichen Brief von großer Überredungskunst an seine Cousine Adelheid nach München schreiben.[140]

»Ma Sœur«, lautete die einschmeichelnde Anrede, mit der Ludwig XIV. die junge Kurfürstin bedachte, die ihm einst beinahe zur Frau bestimmt worden wäre. »Da mein Bruder, der Herzog von Bayern, auf Ratschläge, die ihm nunmehr verdächtig sein müßten, die schönste Gelegenheit verstreichen läßt, die sich vielleicht in Jahrhunderten bietet, um sein Haus auf die höchste Stufe des Ruhmes zu erheben, so habe ich beschlossen, noch diesen Weg zu versuchen. Ich hoffe, daß er den heilsamen Ratschlägen von Ihrer Seite mehr Glauben schenken wird, als den nichtigen Gegenwirkungen derer, die unter dem Vorwand, sein Bestes und seine Erhaltung zu wollen, nur darauf ausgehen, seinen Vorteil dem des Hauses Österreich zu opfern.«

Durch Adelheids Vermittlung wolle er den jungen Kurfürsten wissen lassen, fuhr der König fort, welche Zuneigung er schon immer für das Haus Bayern hegte und nun ganz besonders, seitdem Adelheid in diese Familie eintrat. Er habe daher seine Gesandten in Frankfurt beauftragt, die Wahl des bayerischen Kurfürsten vor allen anderen zu begünstigen. Nur von Ferdinand Maria hänge es ab, sich dieses glorreichen Planes zu bedienen. Geheimhaltung sei jedoch notwendig, damit er nicht von gewissen Personen durchkreuzt würde. Zuletzt gab Ludwig sein Ehren- und Königswort, daß er den jungen Kurfürsten mit seiner ganzen Person und allen seinen Kräften unterstützen werde.

Diesen Brief gab Mazarin nicht etwa einem jener offiziellen Gesandten mit, die von Kurz empfangen wurden und zu Adelheid womöglich gar nicht durchdrangen. Wenn er wirklich seinen damaligen Wahlspruch durchsetzen wollte, daß der Friede in Deutschland und das Wohl der Christenheit mit dem Verbleib des Kaisertums beim Hause Österreich unvereinbar seien, mußte er schlauer vorgehen.

Als unverdächtiger Boten bediente man sich damals gerne der Künstler, die an den Höfen beliebt waren und leicht zu hochgestellten Persönlichkeiten Zutritt erhielten. Am französischen Hof war damals ein Kastrat mit schöner Sopranstimme tätig, der gleichzeitig ein gewandtes Auftreten besaß und bei der Verwandtschaft des Kardinals wohlgelitten war: der italienische Sänger Atto Melani. Dieser wurde zur Übernahme einer geheimen Mission am bayerischen Hof überredet und traf im Oktober 1657, angeblich aus Italien kommend, in München ein. In Wirklichkeit hatte er in Frankfurt vom Herzog von Gramont weitere Weisungen empfangen. Es sprach für seine Intelligenz, daß er die Wachsamkeit des Grafen Kurz überspielte und als welscher Musikus bei dem jungen Kurfürstenpaar Zutritt fand. Seine außergewöhnlich hohe, weiche Stimme war ein Phänomen und gefiel Ferdinand Maria über die Maßen. Zur damaligen Zeit wurden ja Frauenrollen in den Opern von Kastraten gesungen.

Als Melani sich schließlich als französischer Geheimagent entpuppte und dem jungen Souverän den eigenhändigen, inhaltsschweren Brief Ludwigs XIV. an Adelheid vorwies, ließ Ferdinand Maria sich überreden, die französischen Argumente anzuhören, ohne sofort seine ersten Ratgeber zu verständigen. Atto erwies sich als geschickter Vertreter seiner Sache. Von Adelheid unterstützt, schilderte er dem jungen Kurfürsten die Vorteile der Kaiserwürde für das Haus Bayern, die geschichtliche Bedeutung eines solchen Entschlusses für seine eigene Persönlichkeit, die warme Freundschaft des französischen Königs, der nur darauf warte, mit ihm gemeinsame Politik zu treiben, ihn gegen jedermann zu verteidigen und für die ersten Jahre seines Kaisertums mit den nötigen Geldsummen zu unterstützen.[141]

Aber Ferdinand Maria war auf der Hut. Zwar verschloß er sich den französischen Argumenten nicht und ließ sich mehrmals zu geheimen

Besprechungen überreden, aber er drückte sich zu Adelheids Enttäuschung nur in zögernden, unbestimmten Worten aus und war zu keinem Entschluß zu bewegen.

Adelheid selbst hätte am liebsten die ganze Welt umarmt, als sie den Brief des französischen Königs in Händen hielt. Sie fühlte sich plötzlich als Mittelpunkt der europäischen Politik, als Zünglein an der Waage zwischen den großen Mächten. Sie, Adelheid von Savoyen, war von Frankreichs Souverän als Mittlerin ausersehen, ihrem Gemahl zur höchsten Würde der Christenheit zu verhelfen. Ferdinands Zögern war ihr ein Rätsel. Warum wollte er sich nicht mit diesem mächtigen, aufstrebenden Königtum verbinden, das sie selbst als ein Symbol politischer Kraft, als einen Hort menschlicher Kultur empfand?

Sie ahnte nicht, daß der Kurfürst ihr das Wesentlichste verschwieg, daß ihm nämlich Hände und Zunge gebunden waren. Die ständige Ausrichtung seiner politischen Erziehung auf das Haus Habsburg, der Aufenthalt in Wien und der Druck der starken Persönlichkeit von Maximilian Kurz hatten bewirkt, daß Ferdinand Maria sich bereits im Sommer 1657 für eine eindeutig habsburgfreundliche Politik entschieden hatte. In aller Heimlichkeit hatte er am 24. August 1657 auf Veranlassung von Maria Anna und Graf Kurz aus Schleißheim nach Wien geschrieben, daß er bei der kommenden Kaiserwahl das Haus Habsburg unterstützen würde. Der Einfluß der beiden mächtigen Ratgeber auf die Seele des zaghaften Kurfürsten war stärker gewesen als die innere Bindung an die junge Gemahlin. Dazu kam bei Ferdinand Maria eine angeborene Vorsicht, eine Abneigung gegenüber Experimenten und gefährlichen Abenteuern, die ihn stets im Leben den bequemeren Weg wählen ließen. Politischer Ehrgeiz war ihm fremd. Nach einer vom Waffenlärm erfüllten Kindheit verlangte er für sich und sein Land in erster Linie Ruhe und Sicherheit.[142]

Die Verhandlungen des jungen Kurfürstenpaares mit dem französischen Geheimagenten blieben dem Leiter der bayerischen Politik natürlich nicht verborgen. Er hielt Adelheids Verhalten für ein vermessenes Spiel, ließ sie jedoch absichtlich gewähren. Er wußte, daß er am längeren Hebel saß. Jetzt ließ man also sogar einen Kapaunen aufmarschieren! Schon erhielt Adelheid eine mütterliche Warnung aus Turin, sich mit dem Sänger nicht leichtfertig einzulassen, da sie nur wieder ihren Ruf untergrabe. Es war also offensichtlich, daß Max Kurz die Gelegenheit benützen würde, ihr eine Liebelei mit diesem Kastraten anzudichten.

Aber Adelheid fühlte sich so nahe am Ziel ihrer Wünsche, so beseligt durch die Verbindung zum französischen Königshof, daß sie unbeirrt auf dem eingeschlagenen Weg weiterschritt. Schließlich war sie die Kurfürstin, sie hatte ein Recht auf politische Mitsprache. Ihr Brief vom 6. November 1657 an den König von Frankreich zeigte deutlich, wie durchdrungen sie von der Bedeutung ihrer eigenen politischen Sendung war. In wohlgesetzten Worten dankte sie Ludwig XIV. für sein Vertrauen und für die Begünstigung ihres Gemahls bei der kommenden Kaiserwahl, doch müsse man ihm für solch wichtige Entscheidungen noch Zeit lassen, bis er sich mit mehr Gewinn und Sicherheit für die gute Sache erklären könne.

Ferdinand Marias schriftliche Antwort auf Melanis Sendung konnte der französische Hof sogar als halbe Zustimmung werten, da der junge Kurfürst die Kaiserkrone keineswegs zurückwies, sondern sich eine gewisse Bedenkzeit erbat. Schließlich fand der Aufenthalt des Sängers jedoch durch ein dringendes Billett Adelheids ein vorschnelles Ende. Er solle unverzüglich nach Frankfurt zurückkehren, drängte sie ihn, da man wegen seiner Audienzen mißtrauisch geworden und der Wiener Hof bereits von seiner Anwesenheit informiert sei.[143]

Aus Frankfurt gab Atto Melani einen seitenlangen italienischen Bericht über seine Münchener Eindrücke an Mazarin. »Wenn wir diese Fürstin nicht hätten, die den König und Eure Eminenz anbetet!« schrieb er seinem Herrn und Meister am 27. November. Der junge Kurfürst sei so schwach und habe so wenig Erfahrung, daß der grobe Kurz ohne weiteres seine Machenschaften fortsetzen werde. Er müsse alle Briefe abgefangen haben, da er mit solcher Wut auf seine Abreise drängte. Unter all diesen Barbaren sei die junge Savoyerin allein, werde schlecht informiert und brauche dringend Mazarins Rat. Wenn sie den Grafen Kurz wirklich ruinieren wolle, müsse sie bei der ersten Gelegenheit mit ihm brechen und ihn als Verräter bezeichnen. Zweifellos sei der Kurfürst in höchstem Maße in sie verliebt, aber sie hege die Befürchtung, daß Kurz sie vergiften wolle. Er sei ihr größter Feind. Beim Abschied habe ihm Ferdinand Maria gesagt, daß er unbedingt Kaiser werden wolle, wenn dies möglich sei. Falls er ihn habe betrügen wollen, müsse er schon sehr geschickt im Heucheln sein.[144]

Der Erfolg dieser Reise Melanis in die bayerische Residenzstadt dürfte Mazarin wenig befriedigt haben. Ja, er mußte den Eindruck gewinnen, daß der Sänger den Münchener Hof in größte Beunruhigung versetzt und der Sache Frankreichs einen schlechten Dienst erwiesen habe.

Der österreichfreundliche Minister schien die Lage eben doch vollendet zu beherrschen. Nun sah der enttäuschte Kardinal nur noch eine einzige Möglichkeit, die Situation zu retten und Informationen aus erster Hand zu erhalten. Er führte sein bestes Pferd aus dem Stall: Der Leiter der französischen Wahlgesandtschaft in Frankfurt, Herzog Antoine de Gramont, erhielt den Auftrag, nach München zu reisen und dort mit allem Nachdruck die bayerische Kandidatur zu fordern. Frankreich werde nicht nur für die nötige Stimmenzahl sorgen, sondern dem neuen Kaiser mit pekuniärer Beisteuer und 80 000 Soldaten zur Seite stehen.

Sofort nach Weihnachten, am 26. Dezember 1657, traf der Marschall von Frankreich mit stattlichem Gefolge in München ein, von der jungen Kurfürstin mit höchster Spannung erwartet.[145] Der Mission dieses Mannes mußte gelingen, was ihr selbst versagt geblieben war. Wenn er in seiner Audienz bei Ferdinand Maria die richtige Beredsamkeit fand, wenn er ihn wahrhaft überzeugen konnte, war alles gewonnen. Sie ahnte, was in der schwankenden Seele des jungen Kurfürsten vorging, wie sehr auch ihn die höchste Würde der Christenheit faszinierte, was für Eindrücke die Erlebnisse der letzten Monate in ihm hinterlassen hatten. Obwohl er sich der Grenzen seiner Persönlichkeit bewußt war, liebte er Würde und hohes Ansehen. Wie oft war Adelheid ihrer Sache schon sicher gewesen, aber dann hatte Graf Kurz mit ihm gesprochen und durch seinen starken Willen ihre Überredungskünste wieder zunichte gemacht. Würde Gramont den Obersthofmeister besiegen?

Der Marschall kannte den Münchener Hof bereits aus der Zeit des großen Krieges, als er in Bayern in Gefangenschaft geraten und von Kurfürst Maximilian empfangen worden war. Er war ein stolzer Soldat und die Mission nach München gefiel ihm wenig. Wenn dieser junge Kurfürst nicht Kaiser werden wollte, warum unterstützte man dann nicht einen anderen? Frankreichs Ansehen mußte unter diesen ständigen Bittgängen nach München leiden. Er wollte sein Äußerstes versuchen, erwartete jedoch eine Abweisung und war entschlossen, sie mit Hochmut zu quittieren.

In seinen Memoiren beschränkte sich Gramont bezüglich der Audienz bei dem jungen Kurfürsten auf eine lebhafte Personenbeschreibung: »Der Kurfürst war groß, hatte aber eine äußerst steife Haltung.

Sein Gesicht wirkte nicht gerade unangenehm, war aber auch keineswegs liebenswürdig. Es drückte Widerwillen gegenüber seiner Tätigkeit aus und in seinem Wesen lag die Schroffheit der deutschen Nation. Er sprach sehr gut italienisch und führte eine zusammenhängende Unterhaltung, die sich nicht vom gesunden Menschenverstand entfernte.« Für die üblichen Interessen junger Menschen zeige er wenig Verständnis, so urteilte der Marschall weiter, und sei gänzlich dem Willen seiner Minister ergeben. »Im übrigen ist er so fromm und gottesfürchtig wie irgend möglich und sehr davon überzeugt, daß er so wenig irren kann wie der Papst, wenn er nur der Haltung seiner Ratgeber folgt.«

Es bestand für Gramont nach dieser Audienz wohl kein Zweifel, daß Mazarin sich über den Einfluß der jungen Kurfürstin getäuscht hatte und der bayerische Souverän sich letztlich an die Wünsche des Grafen Kurz halten würde. Obwohl er bei beiden seine ganze Beredsamkeit aufwandte und die Vorteile für Bayern in den leuchtendsten Farben schilderte, sah er nicht einmal einen Silberstreifen am Horizont. Schließlich machte Kurz der Komödie ein wahrhaft brüskes Ende, indem er dem prominenten Besucher gegen alle Spielregeln der Diplomatie den Stuhl vor die Türe setzte. Niemals hätte er seinem Souverän geraten, die Kaiserkrone anzunehmen, und würde es ihm auch nie raten. Damit sei die Angelegenheit wohl erledigt, teilte er dem Franzosen mit. Als der Marschall seine Erwartungen bestätigt sah, setzte er ein eisiges Lächeln auf, bedankte sich für die liebenswürdige Offenheit und verließ München ohne weiteren Aufenthalt.[146]

Aber er nahm eine sehr charmante Erinnerung mit auf die Reise. Man hatte dem hohen Besucher nicht versagen können, die junge Landesherrin kennenzulernen und so gewann er am ungastlichen Münchener Hof doch einen liebenswerten Eindruck, der ihn ein Leben lang begleiten sollte. »Sie war eine der schönsten Fürstinnen, die man sehen konnte«, schrieb auch er in seinen Memoiren, »und besaß alle Anmut und Kraft des Esprits. Sie sang und spielte vollendet auf der Laute und interessierte sich lebhaft für alles, was den Ruhm des Königs und Frankreichs betraf.« Indem er sie kennenlernte, habe er mehr als eine Schlacht gewonnen. Auch in seiner offiziellen Korrespondenz zeichnete Gramont das Bild der bayerischen Kurfürstin mit bewundernden Worten und rühmte ihre körperlichen und geistigen Vorzüge. Während einer längeren Audienz sagte er ihr, daß Ludwig XIV., der sie nicht zur Königin von Frankreich hatte machen können, ihr nun zur

Kaiserkrone verhelfen wollte. Da antwortete sie ihm mit vollendeter Anmut: »Wenn ich Ehrgeiz nach dieser Krone hätte, dann nur, um sie Seiner Majestät zu Füßen zu legen.«

Als er ein Jahr später mit Adelheids Schwester Margherita in Lyon zusammentraf, war er noch ganz erfüllt vom Charme und von den Verdiensten der jungen Savoyerin. Über Ferdinand Maria fällte er dagegen ein sarkastisches Urteil: »Ich glaube nicht, daß der bayerische Kurfürst sich wegen maßlosen Ehrgeizes die Verdammnis zuzieht oder daß ihm der überstürzte Eifer, auf den Thron der Caesaren zu gelangen, den Hals brechen wird.«[147]

Adelheids Enttäuschung über den Mißerfolg dieses Besuches war grenzenlos. Alle glänzenden Hoffnungen brachen auf einen Schlag wie Kartenhäuser zusammen und sie mußte resigniert erkennen, daß sie an einen Ehemann gebunden war, der sich scheinbar selbst die Hindernisse zu seinem Glück in den Weg legte. Trotz aller weiblichen List hatte Maximilian Kurz gesiegt. »Dies ist das Ende einer so wichtigen Angelegenheit«, schrieb sie ihrer Mutter am 2. Januar 1658 voll Verzweiflung. Aber Kurz würde nicht ewig leben und auch ihre Stunde würde einmal schlagen.

Als Mazarin den Bericht Gramonts über die bayerische Absage erhielt, ging er beherrscht zur Tagesordnung über. Man könne sich noch so viel Mühe geben, den Sand zu kultivieren, er trage doch keine Früchte, war sein lakonischer Kommentar. Nun kannte man also die Bestrebungen des Kurfürsten und seiner Ratgeber und konnte die Politik Frankreichs danach ausrichten. Lebhaftes Interesse nahm der alternde Kardinal jedoch an Gramonts Beschreibung der jungen Savoyerin, mit deren Mutter er schon manchen Strauß ausgefochten hatte. »Es wäre nicht unmöglich, daß besagte Fürstin einen Wechsel im Gemüt ihres Gemahls zuwege brächte«, schrieb er am 6. Februar 1658 seherisch an Gramont. »Sie schuldet Ihnen Dank, weil Sie sie so schön, so geistreich, so leidenschaftlich eingenommen für die Krone Frankreich geschildert haben, – aber auch so dem Schmerz und den Tränen hingegeben, nachdem sie sich außerstande sah, dem König zu dienen. Nun schlagen alle Herzen für sie und ich möchte mich nicht dafür verbürgen, daß das Ihre nicht völlig von ihr erobert ist.«

Es bereitete dem Lenker des französischen Staatswesens, der Zeit seines Lebens ein galanter Mann war, also sichtliches Vergnügen, daß Gramont bei dieser fruchtlosen Mission wenigstens sein Herz verloren hatte.[148]

Nach Auffassung der Zeitgenossen hätte Ferdinand Maria den Kaiserthron besteigen können, wenn er sich wirklich ernsthaft darum bemüht hätte. Die Stimmung unter den deutschen Fürsten war dem Hause Bayern günstig und pekuniäre Nachhilfe von Seiten Frankreichs hätte wohl die nötige Stimmenzahl erbracht. Aber gegen den Willen des jungen Kurfürsten konnte sich keiner der Wähler für dessen Kandidatur erwärmen. Daß Ferdinand Maria eigentlich ein Leben lang bedauerte, die Krone abgelehnt zu haben, bestätigte später sein ehrgeiziger Sohn Max Emanuel, als er im französischen Exil auf die Rückkehr in seine Stammlande wartete. Die Ratgeber des Vaters hätten damals versagt. »Man gabe grosse schuldt dem Graffen Kurtzen«, schrieb er 1712 seinem Bruder, dem Kurfürsten von Köln, »wie auch unserer anfrauen, die das interesse ihres Hauses ihren aignen Kindern vorgezogen.«[149] Jedenfalls hat Ferdinand Maria sein Land vor einem großen Risiko bewahrt.

Bald nachdem der bayerische Kurfürst das Angebot des französischen Kardinals abgewiesen hatte, wurde ein Ereignis bekannt, das die Wahlangelegenheit in einem völlig neuen Licht erscheinen ließ. Dem König von Spanien, Philipp IV., war ein männlicher Erbe geboren worden. Damit erlosch die Furcht der Reichsfürsten, die Macht der deutschen Linie des Hauses Habsburg könne erdrückende Dimensionen erreichen, und man begann sich mit dem Gedanken einer Wahl des jungen Königs von Ungarn anzufreunden. Die Wiener Hofburg half mit enormen Bestechungsgeldern nach. So wurde der phlegmatische junge Habsburger, der an der Kunst weit mehr als an der Politik interessiert war, schließlich im Juli 1658, einen Monat nach Vollendung seines 18. Lebensjahres, in Frankfurt zum Kaiser gewählt.

Nach dem für Wien so glücklichen Ausgang der langen Verhandlungen soll auch Maximilian Kurz die runde Summe von 20 000 Gulden für seine außerordentlichen Verdienste erhalten haben. Er hatte im Juli 1657 in zweiter Ehe eine junge Hofdame der Kurfürstinwitwe, Maria Susanna von Haunsperg, geheiratet und führte ein großes Haus in nächster Nähe der Residenz.[150]

Gleich nach der Wahl schickte der bayerische Kurfürst einen Sondergesandten nach Frankfurt, der Kaiser Leopold I. die Glückwünsche des Hauses Wittelsbach und eine Einladung überbrachte, auf der Rückreise nach Wien eine Woche am Münchener Hof zu verbringen. Die enttäuschte Adelheid empfand keine Freude über die folgenden Festesvorbereitungen und verharrte auch in ihrer Apathie, als der junge Kaiser mit seinem Onkel Leopold Wilhelm und 1500 Personen Gefolge am 26. August in München eintraf. Wie großartig hätte sie diese Feste mitgestaltet, wenn sie selbst, mit Ferdinand Maria von Frankfurt kommend, als Kaiserin in München eingezogen wäre! Nun blieb ihr nichts als Bitterkeit und Melancholie.

Während man Leopold I. mit festlichen Essen, Jagden, Ritterspielen und Komödien feierte, versuchte sie dennoch, ihm eine verbindliche Zusage über die leidige Investitur des Herzogtums Montferrat zu entlocken. Aber der junge Kaiser fertigte sie mit halben Versprechungen ab. Ebenso enttäuschten die hochmütigen österreichischen Minister während des Münchener Besuches die bayerischen Beamten bei mehreren Verhandlungen, obwohl sie allen Grund gehabt hätten, Bayern dankbar zu sein. Maximilian Kurz konnte weder Subsidiengelder für bayerische Truppen noch Zollerleichterungen oder gar eine Lösung des Montferrat'schen Problems erreichen. So blieb in München beim Scheiden des kaiserlichen Zuges eine Verärgerung zurück, die das Ende der österreichfreundlichen Periode in Ferdinand Marias Regierungszeit einleitete. In den folgenden Jahren drängten neue Kräfte nach oben und verhalfen auch der jungen Savoyerin zu Spielraum und Aktivität.[151]

Die jahrelangen Verhandlungen über Bayerns Kandidatur hatten den europäischen Mächten gezeigt, daß in München eine junge Frau an der Seite des Kurfürsten stand, mit deren Energie man in Zukunft würde rechnen müssen. In den Relationen der venezianischen Gesandten wurde sie als eine Fürstin dargestellt, die dem entschlußlosen Ferdinand Maria keine Ruhe ließ, um Gehör für ihre Wünsche zu finden.[152]

Der geschmeidige Mazarin zog aus seinen Mißerfolgen in München die richtigen Lehren und schuf durch die Gründung der Rheinischen Liga und entsprechende Einflußnahme auf die Frankfurter Wahlkapitulation neue Vorteile für seinen König. Auch er erwartete, daß Adelheids Einfluß am bayerischen Hof sich mit den Jahren verstärken würde. Es wäre möglich, schrieb er dem Herzog von Gramont, daß Ferdinand Maria, der gern den Ratschlägen anderer folgte und seine Gemahlin sehr liebe, eines Tages durch deren Schönheit und Tränen dazu geführt würde, die ihren zu befolgen. »In diesem Falle«, schloß er seine Prophezeihung, »könnte sich Frankreich große Vorteile erhoffen.«[153]

Gläubigkeit, Gebete, Gnadenstätten

Auf die bewegten Jahre politischen Machtstrebens folgte für die junge Savoyerin eine Zeit der Besinnung. Nachdem ihr in der Politik kein Spielraum gegönnt wurde, richtete sie ihren Blick auf das religiöse Leben in Bayern. Der Frömmigkeitsstil des Münchener Hofes war seit langen Jahrzehnten vom Jesuitenorden und den religiösen Übungen des sittenstrengen Kurfürsten Maximilian geprägt. Auf dessen Wunsch hatte man 1652 auch Adelheid einen piemontesischen Jesuiten als geistlichen Führer mit nach München gegeben. Aber die kühle, intellektuelle Strenge in der Denkweise dieses Ordens lag der jungen Fürstin wenig. Sie sehnte sich nach jener religiösen Betreuung, die sie aus ihren Turiner Mädchenjahren gewohnt war, nach der geheimnisvoll-innigen Frömmigkeit ihrer Kindheit. Nur die bayerische Marienverehrung und vor allem das dunkle Madonnenbild in der Altöttinger Gnadenkapelle entsprachen wirklich zutiefst ihrem Wesen.

Adelheid war im Bannkreis der Lehre des Franz von Sales aufgewachsen. Der 1622 verstorbene savoyische Bischof, der am Turiner Hof große Verehrung genoß, war wenige Jahre vor seinem Tod noch als Vermittler für die Eheschließung von Adelheids Eltern aufgetreten und hatte für Herzog Viktor Amadeus starke Sympathien bewiesen. Seine Schriften fanden am piemontesischen Hof solchen Widerhall, daß Herzogin Christine sich 1638 entschloß, den Orden der Salesianerinnen, den der Bischof zusammen mit seiner Schülerin Jeanne de Rabutin-Chantal gegründet hatte, in Turin einzuführen.[154]

Auch Adelheids erste religiöse Schulung im Kloster der Annunziatinnen zu Chambéry stand mit dem großen Bischof von Genf in engem Zusammenhang, da dessen mystische Abhandlungen aus dem Werk der Katharina von Genua schöpften, die ihrerseits als geistige Mutter der Annunziatinnen galt. Das religiöse Gefühl seiner Zeit neu zu wekken und eine Wiedergeburt selbstloser und unbedingter Gottesliebe zu bewirken, war François de Sales glühendes Streben. Nicht mit eifernder Härte wollte er dieses Ziel bei seinen Schülern erreichen, sondern mit einfühlendem Verständnis und liebevollem Beispiel. Abkehr von der Welt und strenge Askese lehnte er ab und empfahl tätige Nächstenliebe und Verinnerlichung im Gebet.[155]

Seine Lehre fand von Savoyen aus starke Verbreitung im französischen Sprachraum. Obwohl Herzogin Christine sich jahrelang von dem hochgebildeten Jesuiten Emanuele Tesauro als Beichtvater führen ließ, stand sie den Schriften des Genfer Bischofs sehr nahe und verbreitete sie auch in Piemont. Dies waren religiöse Vorstellungen, die dem Lebensgefühl der savoyischen Herzogin entsprachen: nicht reine Engel wollte Franz von Sales erziehen, sondern gute Menschen, die den Korintherbrief des heiligen Paulus befolgten und die Liebe im Himmel und auf Erden als zentrale Kraft ihres Daseins empfanden. Menschliche Güte vorzuleben und bei anderen zu wecken war das Ideal, das die gewiß nicht asketische Madama Reale ihrer Umgebung vorschrieb. Auch ihre Kinder wollte sie in diesem Geist erzogen wissen. Sie sollten durch Frömmigkeit und Nächstenliebe ein Beispiel für die Völker sein, über die sie einst zu herrschen hatten.

So wurde der jungen Adelheid in Turin der häufige Besuch der Gottesdienste, Versenkung ins Gebet und eine gewisse beispielhafte Zurschaustellung ihrer Frömmigkeit zur Pflicht gemacht. Ihre Vorbereitung auf das Sakrament der Firmung vertraute man dem Theatinerorden des seligen Kajetan an, der damals bereits am Turiner Hof Fuß gefaßt hatte und mit der Lehre des Franz von Sales in innerer Beziehung stand. Bei diesen frommen Patres, die für die höfische Betreuung besonders geeignet erschienen, entwickelte die junge Prinzessin die eifrigste Religiosität unter ihren Mitschwestern. Mit großem Einfühlungsvermögen stand ihr Don Stefano Pepe, ein als Kanzelredner begabter Theatiner aus Messina, zur Seite und führte sie zu verinnerlichter Frömmigkeit. Durch ihn lernte sie die Wundertaten Kajetans von Thiene, des Ordensgründers der Theatiner, kennen und erwählte sich ihn schon als junges Mädchen zum besonderen Schutzpatron. In der Familie Savoyen kam auch dem Marienkult der »Annunziata« sowie der Verehrung der Wundmale Christi und des Heiligen Grabtuches besondere Bedeutung zu.[156]

Als die Verlobung Adelheids mit dem bayerischen Kurprinzen und ihre Übersiedelung nach München feststanden, begann man sie in Turin mit jesuitischen Lehrern zu umgeben, da man über den Frömmigkeitsstil des bayerischen Hofes unterrichtet war. Auch die Jesuiten hatten damals in der savoyischen Hauptstadt ein bedeutendes Ordenshaus und spielten ihre traditionelle Rolle für die Bevölkerung. Als Graf Kurz sich in Turin über Adelheids religiöse Erziehung unterrichten wollte, machte man ihn mit Mitgliedern dieses Ordens bekannt. Schließlich wurde der jungen Prinzessin mit Padre Luigi Montonaro ein kultivierter und gutherziger, aber besonders sittenstrenger und wenig einfühlender Beichtvater zur Begleitung gegeben, der am bayerischen Hof keine Sympathien zu gewinnen wußte.

Adelheid ertrug ihn jahrelang, da sie keinen anderen Ratgeber und Fürsprecher besaß, mit einer gewissen schnippischen Geduld und sehnte sich im Grunde ihres Herzens nach den verständnisvollen Theatinern zurück. Bei Maximilian Kurz und seiner Umgebung dagegen galt der ränkeschmiedende Pater, der seine offenherzigen Berichte über den Münchner Hof mit Geschick an Herzogin Christine durchzuschmuggeln wußte und sich mit Vergnügen in die hohe Politik mischte, als ausgesprochen »antipathisch«. Man wartete nur auf den geeigneten Moment, ihn loszuwerden.[157]

Mit der Frömmigkeit der jungen Kurfürstin zeigte sich der bayerische Hof indessen durchaus zufrieden. Ihr religiöses Gebaren wirkte beispielhaft auf die umgebenden Höflinge und sogar die ewig nörgelnde Schwiegermutter mußte die Ernsthaftigkeit anerkennen, mit der die sonst so lebensfrohe, spöttisch veranlagte Savoyerin an den anstrengenden religiösen Zeremonien teilnahm. Ob die fürstliche Familie eine Wallfahrt unternahm oder Klöster besuchte, ob sie der Fronleichnamsprozession oder einem Gebetszug an die Münchener Mariensäule beiwohnte, ob man schließlich zu verschiedenen Reliquienverehrungen fuhr oder in der Heiligen Nacht drei Messen hintereinander hörte, stets war die junge Landesfürstin anwesend, um nach Sitte der Zeit ihre Gläubigkeit zu manifestieren und den Umgang mit dem bayerischen Klerus zu pflegen.

Aber in Wirklichkeit war Adelheid viel zu jung, als daß sie den strengen Wittelsbacher Andachtsstil nicht als eine Bürde empfunden hätte. Am Münchener Hof war die Frömmigkeit allgegenwärtig! Trotz ihrer tief religiösen Veranlagung konnte sie nicht verstehen, warum die Menschen ihrer neuen Umgebung in der Fastenzeit die Sünden bis zum Überdruß bereuten, warum der Hof im Advent ganze Tage nur in den Kirchen zubrachte. »In der Adventszeit ist man so sehr mit Andacht beschäftigt, daß kaum Zeit bleibt für andere Dinge«, schrieb sie gelangweilt an ihre Mutter; »morgens um sieben Uhr muß man zur Kirche gehen und bleibt dort fast den ganzen Tag.«[158] Dazu kamen die häufigen langen Prozessionen durch die Stadt, die der lebensvollen Piemontesin schier unaufhörlich dünkten. Die Bayern waren wirklich standhafte Christen. Aber sie wußte, was sie ihrer Erziehung und hohen

Stellung schuldete: wenn sie sich allgemeines Ansehen in Adel, Volk und Klerus verschaffen wollte, mußte sie ausharren. Schritt für Schritt erarbeitete sie sich Anerkennung, ja eine gewisse Machtstellung im kirchlichen Bereich, die sie später auf andere Gebiete auszudehnen hoffte.

Große Hilfe im religiösen Ausharren brachte ihr die »Philothea« des Franz von Sales, die ihr Herzogin Christine 1652 nach München nachschickte. Diese »Anleitung zum gottseligen Leben«, die den Gläubigen empfahl, auf dem ihnen von der göttlichen Allmacht zugewiesenen Platz freudig und liebenswürdig ihre Pflicht zu erfüllen, richtete sich in erster Linie an den gebildeten, weltlichen Menschen. In vollendetem Französisch entwickelte der Genfer Bischof eine Lehre, die dem Menschen die Freuden der Welt vergönnte und gleichzeitig die Werke der Frömmigkeit anziehend machte. Im Gegensatz zur strengen Geisteshaltung der Jesuiten lehrte er in warmen, zu Herzen gehenden Worten die freie Entwicklung der Seele, aber auch die Hilfsbereitschaft, Demut und Achtung vor dem Nächsten.

Als die junge Savoyerin diese sympathischen, 1608 veröffentlichten Zeilen las, war ein furchtbarer Religionskrieg darüber hinweggerauscht, aber sie hatten für die gutgesinnte Menschheit, an die sie gerichtet waren, nichts von ihrer Aussagekraft verloren. Ihr daseinsbejahender Sinn, gepaart mit inniger Religiosität, entsprach Adelheids Charakter in so starkem Maße, daß sie im späteren Leben ihren ganzen Einfluß aufbieten wollte, dieser Lehre weite Verbreitung zu verschaffen.[159]

Da Ferdinand Maria ein besonders fromm veranlagter Fürst war, fanden die beiden jungen Ehegatten zuerst auf dem Gebiet der Religiosität zu wirklicher Harmonie. Unzählige Male fuhren sie zusammen nach Altötting, dem Heiligtum der großen Fürbitterin im Himmel, flehten gemeinsam um Kindersegen und legten Weihegaben zu Füßen des uralten Madonnenbildes nieder. Gleich beim ersten Besuch der Gnadenstätte im August 1652 faßte die junge Savoyerin eine solche Zuneigung zu der einfachen Muttergottes im mystisch-dunklen Kapellchen, daß sie aus dem schweren Goldbrokat ihres Brautrocks ein Meßgewand und zwei »Gnadenröckl« fertigen ließ, um sie der Madonna zu weihen. Aber nicht nur um Nachkommenschaft zu erflehen, fand sich das bayerische Herrscherpaar bei der himmlischen Fürsprecherin ein. Auch vor schweren Entscheidungen, zur geistigen Einkehr und Selbstprüfung knieten die Ehegatten vor dem Gnadenbild nieder und holten sich Trost und Rat.

Wie die alten Schatzverzeichnisse der Liebfrauenkapelle ausweisen, statteten sie das Heiligtum mit prächtigen Geschenken und Votivgaben aus. So spendete Adelheid 1656 »ein guldenes geschmölztes creiz« mit reicher Edelsteinverzierung für den Kleinodienschatz zu Ehren der Muttergottes und 1673 eine doppelte goldene Prunkkette mit einem heute noch vorhandenen rubinbesetzten Goldherzen, dem sie als Widmung die lateinischen Worte einprägen ließ: »Mariae Oettinganae. thesauro suo. cor suum. H. M. Adelais electrix Bav.« Die bayerische Kurfürstin weihte also der Muttergottes zu Altötting und dem Kapellenschatz ihr eigenes Herz in Form eines Kleinods, zum Zeichen ihrer innigen Verehrung.

Durch die an Luxus gewöhnte Savoyerin kam ein neuartiger Hauch von Eleganz in die Altöttinger Votivsammlung. Während man sich bisher in der bayerischen Herrscherfamilie mit der Schenkung von Wachsporträts begnügt hatte, wurden während der Regierungszeit Ferdinand Marias Statuetten aus schwerem Silber gespendet, die hauptsächlich den kurfürstlichen Kindern nachgebildet waren.[160]

Das bedeutendste Zeugnis für Adelheids Religiosität legten ihre Altöttinger Blutweiheschriften ab. Nach dem Vorbild ihres großen Schwiegervaters Maximilian und ihres Gemahls verschrieb sie sich in zwei handschriftlichen italienischen Urkunden, deren eine das Datum des 2. Dezember 1658 trägt, der Altöttinger Muttergottes, mit ihrem Blut unterzeichnet, zu völligem Eigen. Dieser barocke Brauch der kurfürstlichen Familie, sich unter Aufopferung des eigenen Blutes in persönliche Abhängigkeit der Himmelskönigin zu begeben, entsprach dem marianischen Eifer und den mystischen Vorstellungen des Jahrhunderts. Die junge Kurfürstin tritt dem Leser dieser Dokumente als gereifte Persönlichkeit entgegen. In klarer, literarisch-schöner Sprache offenbarte sie der Mutter des Herrn ihre vertrauensvolle Liebe. Wenn sie auch tausendmal gesündigt habe, hoffe sie doch bei ihr Zuflucht zu finden und gebe sich der Königin des Paradieses für alle Ewigkeit zu Eigen.

Adelheid nahm in diese Weihebriefe bereits die geistigen Grundlagen ihrer tiefen Marienverehrung auf, die sie fünf Jahre später zur Gründung ihrer heute noch blühenden Vereinigung, den »Dienerinnen Mariens«, führen sollte. In einem flachen Holzkästchen werden diese Briefe, gemeinsam mit den Widmungen Maximilians I. und Ferdinand

Marias, im Tabernakel des Gnadenbildaltars bis zur Gegenwart bewahrt.[161]

Am Wallfahrtsort erschien das Kurfürstenpaar stets mit glanzvollem Gefolge und festlichem Gepränge und bot den anwesenden Pilgerscharen ein Bild beispielhafter fürstlicher Frömmigkeit. Solche Wallfahrten machte sich der bayerische Hof durchaus nicht leicht. Man reiste zwar in sechsspännigen Kutschen von München ab, ging aber auf der mehrtägigen Reise nach Altötting meist beachtliche Strecken zu Fuß, um den Charakter der Pilgerfahrt zu betonen. Zu diesem Zweck mußten die Landgerichte die entsprechenden »Gangsteige« in guten Stand bringen. Im September 1657 setzte sich das kurfürstliche Geleit aus 102 Personen und 118 Pferden zusammen und 1659 kostete eine Altöttinger Wallfahrt 2523 Gulden.[162]

Andere Gnadenstätten in Bayern, die von der Herrscherfamilie zur Verehrung Gottes und der Madonna besucht wurden, waren die Klosterkirchen Ettal, Polling und Andechs, die Wallfahrtsorte Tuntenhausen, Ebersberg und Maria Brünndl in Berg ob Landshut, wo das Kurfürstenpaar stets um dauerhaften Frieden für die Christenheit und um gesunde Kinder zur Vermehrung seines Hauses flehte. Von dem wundertätigen Ettaler Gnadenbild, zu dem die Kurfürstinwitwe Maria Anna besondere Vorliebe zeigte, ließ sich auch Adelheid wiederholt Kopien anfertigen. Überall spendete die Herrschaft reiche Weihegaben und mehrte so die Tradition und allgemeine Verehrung der bayerischen Gnadenstätten.[163]

Auch für die Klöster, die jahrhundertealten Mittelpunkte von Religiosität und Kultur, bewiesen Ferdinand Maria und Adelheid lebhaftes Interesse. Auf ihren Reisen durch das Land wählten sie gerne die reichen Benediktinerabteien als Nachtquartier und pflegten mit den kultivierten Prälaten, die über weite Landstriche herrschten und häufig zu Staatsanleihen herangezogen wurden, ausgedehnte Gespräche zu religiösen und politischen Fragen. Vor allem mit Kloster Tegernsee, dessen Abt Ulrich Schwaiger viele Jahre als Ehrenkaplan und Geheimer Rat am Münchener Hof tätig war, bestand eine fortgesetzte Verbindung. Zur Verschönerung des Kults in diesen Klöstern trug die bayerische Kurfürstin durch reichgestickte Ornate bei, die sie für hohe Summen bei ihren Seidenstickern fertigen ließ und an die sie nach Sitte der Zeit sogar selbst Hand anlegte. Als sie einen kostbaren weißen Priesterrock nach Tegernsee schicken ließ, drückte sie die Hoffnung aus, er möge »für ein Zaichen zuhalten sein, in was beständtiger gnedigister consideration Wür das liebe Gottshauß Tegernsee haben.«[164]

Als Adelheid nach Bayern kam, lernte sie zum ersten Mal die Probleme der konfessionellen Spaltung kennen, die Deutschland und Mitteleuropa in so viel Not und Elend gestürzt hatten. Daß es Menschen gab, die das Abendmahl unter beiderlei Gestalt einnahmen, daß Priester sich mit Ehefrauen und Kindern umgaben, erschien ihr als Häresie, die nur mit Höllenqualen enden konnte. Als im August 1653 zwei junge protestantische Sachsenprinzen, Friedrich und Bernhard, auf einer Kavaliersreise den bayerischen Hof besuchten und in Schleißheim empfangen wurden, gab sie eine lebhafte Beschreibung dieser ersten »Hugenotten«, denen sie in ihrem Leben gegenüberstand. Sie empfand die beiden jungen Männer die 15 und 13 Jahre alt waren, als besonders schön und vornehm. Sie waren weißhäutig, blond, hatten Esprit und die höflichsten Manieren, die man sich nur denken konnte. Aber leider hingen sie einem häretischen Glauben an und eines Tages würde sie natürlich der Teufel holen! Der Gedanke, daß das Heilige Römische Reich einmal von einem Kaiser der protestantischen Konfession regiert werden könnte, verursachte ihr Unbehagen, ja Abscheu. Ein solches politisches Malheur mußte unter allen Umständen verhindert werden, denn dieser Glaube, dem bereits halb Deutschland anhing, war in ihren Augen eine Seuche gleich der Pest.[165]

Schon in den ersten Ehejahren, als ihr häufig die Zeit in der düsteren Münchener Residenz zu lange wurde, machte Adelheid den Versuch, am bayerischen Hof eine italienische Gebetesammlung einzuführen oder zumindest das eigene Gefolge mit den Gebeten ihres religiösen Stils vertraut zu machen. Sie sammelte aus verschiedenen geistlichen Büchern, die im Lauf der Zeit in ihre Hände gelangten, italienische und lateinische Gebete, Andachtsübungen, Psalmen und Litaneien. Diese waren von höfischer und klösterlicher Bildung geprägt und richteten sich an einen verständnisvollen, liebenden Gott, an Maria und die Heiligen. Im Jahre 1656 erschien diese Sammlung Adelheids unter dem Titel »Orationi Divote« im Druck und erlebte mehrere Auflagen in München und Turin. Sie enthielt Gebete verschiedener Heiliger, wie Franz von Assisi, Bonaventura und Franz Xaver, aber auch eine lateinische »Praedicatio Rhitmica« des Erzbischofs Thomas von Canterbury, und ist bezeichnend für die vielfältige Bildung und die reichen Interessen der jungen bayerischen Kurfürstin. Auch die Kapuzinerin Maria Domitilla in Pavia, deren

Wundmale sie auf der Brautfahrt so gerne gesehen hätte, hatte ihr Gebetssammlungen zugeschickt. Den Schluß bildete ein Hymnus an die Königin des Himmels, der die kurfürstliche Beterin eine Krone aus Rosen darreichte. Bei der Auswahl dieser Andachtsübungen wurde sie wahrscheinlich von ihrem Harfenlehrer, dem Hofkaplan Giovanni Battista Maccioni, unterstützt, der ihr in der zweiten Auflage eine barocke »Canzone« widmete und darin ihre Frömmigkeit pries.[166]

Mit dem religiösen Leben des 17. Jahrhunderts war ein Wunderglaube verbunden, der in heiligen Personen und Gegenständen geheime Mächte, ja Zauberkräfte vermutete. Er entstammte dem Glücksverlangen einer von Seuchen und Gebresten geplagten Menschheit, einem Wunschdenken, das allen irdischen Realismus überspielte und sein Heil in den verborgenen Kräften zwischen Himmel und Erde suchte. Als Südländerin war Adelheid stark in solchen Vostellungen befangen. So schrieb sie einem Brief des Theatinerordensgründers Kajetan, den ihr alter Lehrer Don Stefano Pepe ihr nach München geschickt hatte, wunderbare Heilkraft zu. Nicht nur in der kurfürstlichen Familie und bei Hof wurde dieser Brief mit augenscheinlichem Erfolg bei kranken Personen angewandt, die gutherzige Adelheid trennte sich sogar von ihrem Talisman, um ihn einer einfachen Tagwerkerin auflegen zu lassen, die daraufhin mit Leichtigkeit gebären konnte. Auch das Öl und die Blumen aus der Kapelle des Heiligen bewiesen der jungen Kurfürstin immer wieder ihre heilenden Kräfte. Mit diesem Vertrauen auf himmliche Gnaden ging jedoch auch krasser Aberglaube einher. So fürchtete sie die Bosheit fremder Personen, die ihr und der kurfürstlichen Familie mit Hexenkünsten Schaden zufügen wollten. Als einige ihrer geliebten Hunde starben, glaubte sie an Verhexung und ließ die übrigen segnen. Sie war ein Kind ihres Zeitalters und durchlebte es mit starker Phantasie.[167]

Auf kirchenpolitischem Gebiet Einfluß zu gewinnen, war eine der Hauptbestrebungen der jungen Kurfürstin. Dazu gehörte in erster Linie, die Heiligsprechung des Kajetan von Thiene und des Franz von Sales zu fördern. Der selige Kajetan war als Gründer des Theatinerordens einer ihrer bevorzugten Fürsprecher im Himmel und sie wandte sich 1654, als der Wunsch nach Kindern in ihr wach wurde, mit einer Novene an ihn. Der 1480 in Vicenza geborene und 1629 seliggesprochene Ordensstifter war ihr seit den Turiner Kinderjahren ein vertrauter Nothelfer. Seinen Orden in München einzuführen und ihm eine bleibende Stätte der Anbetung zu sichern, wurde für die junge Savoyerin ein besonderes Anliegen. Unter ihrem Einfluß begann sich nach einigen Ehejahren im Herzen Ferdinand Marias ein Wandel zu Ungunsten der Jesuiten zu vollziehen.

Im Sommer 1655 gingen die ersten Schreiben des kurfürstlichen Paares nach Rom und Wien, in denen Kajetan von Thiene als Ordensgründer von beträchtlichen Verdiensten geschildert wurde, der viele berühmte Wunder gewirkt und die Kanonisierung verdient habe. Schließlich fand die bayerische Kurfürstin in dem italienischen Literaten Bernardo Bianchi einen geeigneten Mann, der ihre Wünsche zum Heiligen Stuhl vermitteln sollte. Eine über viele Jahre dauernde, liebenswürdige Korrespondenz, die spätestens 1658 ihren Anfang nahm, verband Adelheid mit diesem römischen Verwaltungsbeamten. Er verhandelte für sie bereits im Winter 1658/59 mit dem Theatinergeneral in Rom, wahrscheinlich wegen eines neuen Beichtvaters und der Einführung des Ordens in München.[168]

Adelheid war durch das Scheitern ihres hochfliegenden Strebens nach der Kaiserwürde zu innerer Einkehr gelangt und sehnte sich nach ihrem früheren väterlichen Freund in Turin, Don Stefano Pepe, mit dem sie ebenfalls in Briefwechsel stand. Diesen als Beichtvater an den Münchener Hof zu ziehen, war ihr sehnlicher Wunsch. Von dem immer grämlicher werdenden Padre Montonaro, der ihr jede Lebensfreude verbieten wollte, erwartete sie kein Veständnis mehr. Sie war nun 21 Jahre alt und verbat sich seine Einmischung in weltlichen Dingen.

Der Pater möge sich um die Angelegenheiten kümmern, die ihm zustünden, schrieb sie ihrer Mutter am 1. Mai 1658, denn sonst unterscheide er sich in nichts von den anderen Jesuiten, die sich in alles einmengten. »Er maßt sich eine Herrschaft über mich an, die mich das Vertrauen verlieren läßt, das man in einen Beichtvater setzen soll«, fuhr die selbstbewußte junge Fürstin fort. »Er will nicht, daß ich irgendwelche Ausgaben tätige und Geschenke gebe, und wenn ich zuviel beim Spiel verliere, dann schilt er mich. Ständig predigt er mir Sparsamkeit, was mir für eine Prinzessin nicht allzu nötig erscheint, besonders für eine aus dem Hause Savoyen, die stets mit Freigiebigkeit und Großmut ausgeteilt haben.« Sie denke gar nicht daran, fuhr sie fort, den Pater um Rat zu fragen, wenn sie Geld auszugeben wünsche. »Er will nicht, daß ich ein Ballett verfasse oder mir irgendeine Art von Zeitvertreib suche, und er sagt, es sei für eine Fürstin nicht schicklich, zu tanzen.« Dabei war doch Madama Reale selbst eine der glänzendsten höfischen Tänzerinnen ihrer Zeit gewesen. Nicht einmal singen oder ein Instrument erlernen sollte die junge Savoyerin nach der Meinung des sittenstrengen Paters, weil dies ihrem Ruf schade.[169]

Sie hatte diesen ewigen Moralprediger gründlich satt. Wenn er sich ärgerte, daß die Damen beim Reiten ihre Beinkleider vergessen hätten, konnte sie nur lachen. Es war an der Zeit, daß sie einen geeigneteren geistlichen Führer fand, der für die höfische Welt mehr Verständnis kannte. Vor allem aber sehnte sie sich nach einer Erneuerung ihres eigenen religiösen Lebens. Auch hatte Montonaro mit seinen ungeschminkten Berichten nach Turin die geliebte Mutter gegen sie eingenommen, von der sie nun ständig Vorwürfe zu lesen bekam.

Ihr Verdruß über den Jesuitenpater traf beim Münchener Hof auf freudiges Verständnis. Zwar spielte ein Bruder des bayerischen Obersthofmeisters, Pater Albrecht Kurz, im Jesuitenorden und am österreichischen Hof als Beichtvater und Prediger eine große Rolle, aber so weit ging der Einfluß des Ordens in München nun doch nicht, daß sich Padre Montonaro am bayerischen Hof halten konnte, wenn Adelheid ihm ihre Gunst entzog. Allzu häufig hatte er mit seinen politischen Quertreibereien die Pläne des Grafen Kurz gestört. Als er schließlich im Herbst 1659 die Heimreise nach Piemont antrat, machte er für den Theatinerorden den Weg nach München frei, löste aber auch die junge Kurfürstin aus den Fesseln Madama Reales, die ihre Tochter jahrelang durch den Pater beherrscht hatte.

In diese Zeit fiel das Gelübde des Kurfürstenpaares, dem seligen Kajetan in München eine Kirche zu bauen, wenn er den Himmel dazu bewege, die Kurfürstin fruchtbar zu machen und dem Bayerland zu einem Thronerben zu verhelfen. Ein zweites Gelübde, von der Savoyerin allein, aber mit Wissen des Kurfürsten abgelegt, versprach dem himmlischen Fürbitter die Einführung seiner Klostergemeinschaft in der bayerischen Residenzstadt. Mit Feuereifer ging Adelheid daran, dem Ordensstifter bei Hof, in München und auf dem Land einen günstigen Boden zu bereiten. Don Stefano Pepe hatte sich inzwischen als Prediger und Schriftsteller des Theatinerordens in ganz Italien einen Namen gemacht und die Lebensgeschichte Kajetans und seine dreihundert Wundertaten veröffentlicht. Diese Schriften ließ Adelheid ins Deutsche übersetzen und in Stadt und Land verteilen. Von Kajetans Bildnis wurden große Mengen an Kupferstichen verfertigt, die in allen

Häusern zur Verehrung des wundertätigen Ordensgründers aufgehängt werden sollten. Adelheid selbst ließ in der Antoniuskapelle der Münchener Franziskanerkirche sein Bildnis anbringen und empfahl es der ganzen Bevölkerung zum Gebet.[170]

Im folgenden Jahr bemühte sich das Kurfürstenpaar gemeinsam, Don Pepe für die italienischen Fastenpredigten des Jahres 1661 am Münchener Hof zu gewinnen, was schließlich auch gelang. Dieser war eine wundergläubige, schwärmerische Natur. Er vertrat innerhalb seines Ordens eine Art romantischer Gottesverehrung, die er dem Münchener Hof während der Fastenzeit 1661 in der Residenzkapelle mit glühender Beredsamkeit nahebrachte. Er blieb bis zum Sommer des gleichen Jahres und brachte Adelheid jenes taktvolle Verständnis entgegen, das sie bei Montonaro so schmerzlich vermißt hatte. Sie wünschte, er solle wiederkehren, ihre Religiosität vertiefen, ihren Charakter läutern und sie zu einem heiteren Menschen machen.

Im April 1661 schrieb sie unter seiner Anleitung an Papst Alexander VII., sie habe sich Kajetan als besonderen Schutzpatron auserkoren, und bat um die Gnade, sich zur Vermehrung ihrer Frömmigkeit eine eigene Kapelle mit seinem Bild errichten zu dürfen. Als Pepe dann im Juni nach Rom entlassen wurde, nahm er bereits konkrete Vorschläge des Kurfürstenpaares für die Ordensgründung in München an den Theatinergeneral Agostino Bozomo mit. Am bayerischen Hof war der Stern der Jesuiten im Sinken. Die junge Kurfürstin hatte mit ihrer starken Frömmigkeit erreicht, daß man ihr Einfluß auf kirchenpolitischem Gebiet vergönnte. Sie strebte nach einer geistigen Reform des bayerischen Klerus, der sich in den festgefahrenen Geleisen der Gegenreformation bewegte, die theologischen Studien vernachlässigte und sich nach den Lasten des jahrzehntelangen Krieges allzusehr auf profane Dinge konzentrierte. Mit Hilfe des Theatinerordens, in dessen Mitgliedern das Feuer der religiösen Erneuerung brannte, hoffte sie ihre Ziele zu erreichen.[171]

Kindersegen in der Residenz

Alle Wallfahrten und Opfergaben, alle Gebete zu den Heiligen waren bisher umsonst gewesen. Der Himmel schien seinen Segen versagen zu wollen. Seit Jahren sehnte sich die bayerische Herrscherfamilie nach der »Sukzession«, aber die junge Savoyerin blieb unfruchtbar. In Turin schob man das Ausbleiben der Nachkommenschaft auf einen physischen Defekt Ferdinand Marias, am Münchener Hof dagegen brachte man immer wieder die Zwillingsgeburt ins Gespräch, aus der Adelheid stammte. Auch Elisabeth von Lothringen, die erste Gemahlin des Kurfürsten Maximilian, war ein Zwilling gewesen und hatte ein Leben lang vergeblich auf Kinder gewartet. Da die Erhaltung des Hauses Wittelsbach auf dem Spiel stand, mußten weitere Ehepläne geschmiedet werden.

Dafür kam in erster Linie Maximilian Philipp, der jüngere Bruder des Kurfürsten, in Frage, da die beiden Söhne des alten Herzogs Albrecht in den geistlichen Stand getreten waren. Maximilian Heinrich, der Kurfürst von Köln, wollte und mußte diese hohe Würde, die einer bayerischen Sekundogenitur gleichkam, selbstverständlich auch behalten. Dagegen zeigte sein jüngerer Bruder Albrecht Sigmund, seit 1651 Bischof von Freising, große Neigung, den geistlichen Stand aufzugeben und für die Fortpflanzung des Hauses Bayern eine geeignete Ehe zu schließen.

Die Seele dieser Heiratspläne wurde Maximilian Kurz. Er war entschlossen, auf diese Weise eine oder sogar zwei deutschsprachige Prinzessinnen an den Münchener Hof zu bringen, die der Piemontesin mit ihrem arroganten Gefolge die Stirn bieten sollten. Wie lange die Kurfürstinwitwe, die häufig bettlägerig war, noch das deutsche Element am Hof vertreten konnte, war ohnehin fraglich. So verwandte der bayerische Obersthofmeister seine ganze Energie auf die Brautwerbung für den jüngeren Bruder des Kurfürsten und für den Freisinger Bischof, dem er einen päpstlichen Dispens zu erwirken hoffte. Zur Ehe mit Max Philipp nahm er die Tochter des Herzogs August von Braunschweig-Wolfenbüttel, Maria Elisabeth, in Aussicht. Diese war zwar protestantisch, aber lieber hätte man in München einen »friedliebenden Priester« der anderen Konfession gesehen, als den welschen Jesuiten Adelheids, der so viel Ärger verursachte. Mit der Brautwerbung beauftragte Kurz 1657 seinen Intimus Dr. Oexl, der damals als bayerischer

Gesandter bei der Vorbereitung der Kaiserwahl in Frankfurt tätig war und dort mit dem braunschweigischen Vertreter Dr. Haylandt konferieren konnte.

Die beiden Herren waren sich einig, daß die katholischen Fürstenhäuser Deutschlands bei Brautwerbungen nicht mit Verachtung auf die protestantischen herabblicken, sondern sich der auswärtigen Heiraten enthalten sollten. Mit solchen Damen kämen nur »fremde Ministri, mores, consilia und interesse« ins Reich, die große Ungelegenheiten verursachten. Als Beispiele wurden die spanische und die italienische Heirat des verstorbenen Kaisers Ferdinand III. angeführt. Die Münchener Regierung sollte Augen und Ohren offenhalten, daß sich nicht ähnliche Dinge einschlichen wie in Wien. Eine jugendfrische deutsche Prinzessin, mit dem in sportlichen Übungen bestens bewährten Max Philipp vermählt, würde das erlöschende Herrscherhaus wieder zum Blühen bringen.

Warum dieser Plan, der die bayerische Regierung über ein Jahr beschäftigte, nicht zur Ausführung kam, läßt sich nur vermuten. Das junge Kurfürstenpaar, das eine Konkurrenz-Ehe nicht wünschen konnte, besaß wohl damals schon Einfluß genug, um diese Hochzeit an der Religionsfrage scheitern zu lassen.[172]

Ähnlich erging es dem heiratslustigen Bischof von Freising. Um diesem eine Frau zu verschaffen, entschied sich Maximilian Kurz, einem Vorschlag des Kölner Hofes zu folgen und um Henrika Franziska, die Tochter der Fürstin Elisabeth von Zollern, anzuhalten, die in der brabantischen Stadt Bergen-op-Zoom lebte. Diese Brautwerbung führte schließlich bis zu einer Auswechslung der Heiratspakte im Juli 1659. Der Freisinger Bischof vertauschte den geistlichen mit dem weltlichen Stand und erhielt in den finanziellen Verhandlungen mit dem Münchener Hof eine jährliche Beihilfe von 18 000 Gulden zugesichert. Nach dem Tod seines Vaters sollte er in dessen Rechte als Herzog von Leuchtenberg eintreten.

Doch das Schicksal entschied gegen diesen Bayernprinzen, der dem geistlichen Beruf keinen Geschmack abgewinnen konnte. Ferdinand Maria erfuhr aus Kreisen des Kölner Hofes, daß die Brautmutter einst ein sittenloses Leben geführt und neben Henrika Franziska auch ein uneheliches Kind zur Welt gebracht habe. Diese Nachricht mag ihm eine willkommene Gelegenheit gewesen sein, auf die neue Verwandtschaft zu verzichten und die Brautwerbung im letzten Augenblick scheitern zu lassen, zumal ihm die Ärzte 1659 versicherten, seine Gemahlin könne sehr wohl mit Nachkommenschaft rechnen. Herzog Albrecht Sigmund, der alle Hoffnungen schwinden sah, nahm mißvergnügt die bischöflichen Pflichten auf dem Freisinger Domberg wieder auf und blieb dem Fürstenpaar Zeit seines Lebens gram. Eine Rivalin für Adelheid war also zunächst am Münchener Hof nicht zu befürchten.[173]

Ferdinand Maria gewann in diesen Jahren an Männlichkeit und Tatkraft und begann sich an die Regierung zu gewöhnen. Seiner in sich gekehrten Natur lag das Entscheiden und Befehlen nicht, aber ererbtes Pflichtgefühl und ein tiefverwurzelter Glaube an das Gottesgnadentum ließen ihn die schwere Last seines Amtes mit Würde tragen. Noch lebte Maximilian Kurz mit seiner alles beherrschenden Energie. Er hatte die Kurfürstinwitwe, die nur noch in der Residenz als Hausherrin schaltete, aus ihrer politischen Stellung verdrängt. Aber es wuchsen bereits neue intelligente Köpfe in der Beamtenschaft des Hofes nach und der junge Kurfürst begann, sich eine gewisse Entscheidungsfreiheit vorzubehalten. Seine hervorstechenden Charakterzüge waren Bedächtigkeit und Vernunft, aber auch eine gewisse geistige Trägheit, die ihn nie lange bei den Geschäften ausharren ließ. Angeborenes Mißtrauen hinderte ihn jedoch in späteren Jahren, seinen Beamten zuviel Macht zu gewähren.[174]

Trotz aller charakterlichen Gegensätze empfand er Adelheid als die Sonne seines Daseins, um die seine Lebensbahn unaufhörlich kreiste. Er liebte seine temperamentvolle, geistig und künstlerisch interessierte Frau mit aller Wärme, deren er fähig war, und hielt ihr unverbrüchlich die Treue, wenn ihre Launen auch häufig wie das Aprilwetter wechselten. Die verfrühte Heirat hatte ihnen beiden große Schwierigkeiten seelischer und körperlicher Natur auferlegt, die sie nur langsam überwanden.

Obwohl die junge Südländerin in dem melancholischen Wittelsbacher zunächst nur wenig kongeniale Charakterzüge fand, konnte sie sich auf die Dauer seiner Bewunderung und herzlichen Zuneigung nicht entziehen. »Wenn ich anfangs etwas unfreundlich mit ihm war«, schrieb sie im Oktober 1657 nach Turin, »so entschuldigten mich wohl meine Jugend und das fremde Land, wo die Sitten und Charaktere von den unseren so verschieden sind.«[175]

Zunächst hatte sie geglaubt, den gefügigen Ehemann nach ihren Wünschen beherrschen zu können, doch belehrten sie die Erfahrungen bei ihrem Kampf um die Kaiserkrone eines Besseren. Mit Sanftmut und Klugheit war er leichter zu leiten als mit Widerspruch und zornigen Tränen. Wie oft war sie in den ersten Jahren ihrer Ehe gegen den Strom geschwommen, zur Untätigkeit verurteilt und vom Heimweh verzehrt. Ihre Quertreibereien gegen die Politik des bayerischen Hofes lasteten immer noch als schwere Hypothek auf ihrem Verhältnis zu Maximilian Kurz und der Kurfürstinwitwe. Immer noch saßen zwei junge Männer im Gefängnis, die vom Obersthofmeister als Landesverräter bezeichnet wurden und den Ruf der Savoyerin in Frage stellten. Da die Regierung um diese Vorgänge eine Mauer des Schweigens errichtete, kann man nur aus Adelheids Briefen schließen, daß es sich wohl um Piemontesen handelte, die den Sänger Atto in die Residenz gebracht hatten. Daß Madama Reale den Gefangenen die Freiheit erwirken sollte, bestärkt die Vermutung.[176]

Für Adelheid bildete diese Situation eine schwere seelische Belastung, die durch das zermürbende Warten auf Nachkommenschaft und die Ehepläne der Familie Wittelsbach noch verstärkt wurde. In der bayerischen Hofgesellschaft blühte der Klatsch über die junge Kurfürstin. Sie hatte bisher durch ihre überhebliche Art nicht verstanden, sich beliebt zu machen und konnte am Münchener Hof wenig Sympathien erwarten, solange sie kinderlos blieb und Maximilian Kurz mit allen Mitteln gegen sie arbeitete.

In den ersten Monaten des Jahres 1659 brachte eine langanhaltende, schwere Erkrankung, die mit Fieberdelirien und einer Gemütskrise einherging, die junge Kurfürstin an den Rand des Todes. Während die Ärzte immer wieder versuchten, der Krankheit durch Aderlässe Herr zu werden, mußte man ihr zweimal die Sterbesakramente reichen. Aus ihren Fieberphantasien erkannte Ferdinand Maria, daß sie sich keiner Schuld bewußt und tief unglücklich war. Da ihre Depressionen nach Ansicht der Ärzte letzten Endes von der Kinderlosigkeit herrührten, beschleunigte man die Ausführung eines bereits seit längerer Zeit gehegten Planes, wonach die Kurfürstin sich im Sommer einer Badekur im Wildbad von Heilbrunn bei Tölz unterziehen sollte.

Dieses Bad, das dem Kloster Benediktbeuern gehörte, war schon im 16. Jahrhundert von der bayerischen Herzogin Jacobäa mit Erfolg benützt worden. Diese hatte sich allerdings in dem primitiven oberbayerischen Ort mit Stube und Kämmerlein begnügen müssen. Eine solche Unterkunft wollte Ferdinand Maria seiner verwöhnten Gemahlin nicht zumuten. Am 4. Januar 1659 hatte er bereits dem Abt Philipp von Benediktbeuern geschrieben, daß dieser den Bau eines steinernen Badhauses in Angriff nehmen solle. Dazu benötigte man einen Wandelgang, Stallungen und Wagenremise, denn die Kurfürstin beabsichtigte mit einem größeren Hofstaat zu kommen.

In Heilbrunn begann eine fieberhafte Tätigkeit, da die Zeit knapp bemessen war. 125 Klosteruntertanen wurden aufgeboten, um das nötige Bauholz zu schlagen. So entstand im Frühjahr 1659 ein quadratisches Steingebäude mit Innenhof, in dessen Erdgeschoß sich die Baderäume befanden, während im Oberstock die Wohnstuben und Schlafkammern lagen. Das heilbringende Wasser des »Salz- und Schweißbades«, das man zum Trinken und Sitzen benützte, wurde durch eine neue Leitung von der Quelle in die Badestuben geführt.[177]

Am 4. Juni brach Adelheid, die ihre schwere Krankheit überstanden hatte, mit Ferdinand Maria und einem großen Gefolge von München auf. Tapezereien, Möbel und Lebensmittel waren bereits vorausgefahren worden, aber trotzdem standen während der Übernachtung in Wolfratshausen 350 Pferde des Hofstaats im Ort. Nun kamen für das kleine Heilbad im Voralpenland die lebhaftesten und prächtigsten Wochen seiner Geschichte, und die ganze Umgebung profitierte von den Bedürfnissen des Hofes. Am 5. Juni abends langte der stattliche Zug in dem neuen Badhaus an, das Adelheid nun fünf Wochen bewohnen sollte. Der junge Kurfürst verließ sie auf Wunsch der Ärzte bereits am nächsten Tag und kehrte auf Isarflößen nach München zurück.

Ihrem Temperament entsprechend brauchte die junge Savoyerin aber neben der Kur auch Leben und Unterhaltung und erbat sich daher den Abt von Tegernsee, einen gebildeten und lebhaften Prälaten, zur Gesellschaft. Für ihn wurde zu Beginn von Adelheids Badekur ein geeignetes Bett vom Kloster Benediktbeuern nach Heilbrunn geschafft.

Aber auch ein ausgesprochener Schwertransport wälzte sich in diesen Tagen von Starnberg nach Süden, um der Kurfürstin die nötige Kurzweil zu verschaffen. Ferdinand Maria ließ für seine Gemahlin das »Silberschiff« vom Starnberger See mit acht Pferden über die Landstraßen zum sogenannten Lettensee bringen, der sich zwischen den Wiesen bei Heilbrunn mit schönster Aussicht auf die Benediktenwand erstreckte. Dort konnte sie an sonnigen Tagen auf Fischfang gehen, wozu ihr der Prälat des Klosters Beuerberg sein »Rechzeug« übersandte. Bereits am 8. Juni stattete sie dem Herrn des Heilbades, Abt Philipp von Benediktbeuern, ihren Antrittsbesuch ab und betete in der Abteikirche zur heiligen Anastasia, der heilbringenden Wundertäterin und Patronin des Klosters. Am 13. Juni kehrte Ferdinand Maria für einige Tage zu seiner jungen Frau zurück. Dabei waren zwischen beiden solche Beweise zärtlichster Zuneigung und Harmonie zu sehen, daß das getreue piemontesische Gefolge »jubilierte«, wie Leibarzt Simeoni an Herzogin Christine berichtete.[178]

Für Adelheids Gefolge, das aus etwa 150 bis 200 Personen bestand, mußten in der Umgebung verschiedene Gehöfte zur Unterkunft requiriert werden. Eine eigene Metzgerei und ein Geflügelhaus wurden eingerichtet, um der Verköstigung so vieler Menschen gerecht zu werden. Butter, Eier und andere »Failschafft« sollten von den umliegenden Bauersleuten zu einem bestimmten Platz gebracht werden, wo das Hofküchenpersonal sie entgegennahm. Ende Mai hatte Ferdinand Maria bereits nach Benediktbeuern schreiben lassen, daß das Kloster täglich 400 Stück Brot, »halb Semel und halb Roggen« zu backen und nach Heilbrunn zu liefern habe, beginnend am Vormittag des 6. Juni. Das Gemüse erhielt man aus dem Garten der fleißigen Franziskanerbrüder zu Tölz, denen die Kurfürstin am Johannistag »zur Vesper« einen Besuch abstattete. Auch Wild und Fische kamen von den Klöstern der Umgebung.[179]

So vergingen die schönen Sommerwochen wie im Flug. Nachdem das Kurfürstenpaar am 3. und 4. Juli noch das Kloster Tegernsee, das ihm besonders am Herzen lag, besucht hatte, trat Adelheid eine Woche später wieder die Heimreise nach München an. »Nun fragst Du, oh Leser, mit welchem Erfolg?«, schrieb der bekannte Historiker von Benediktbeuern, Pater Karl Meichelbeck, 100 Jahre später in seiner lateinischen Klosterchronik.[180] Es sollte noch lange, bange Monate dauern, bis diese Kur die ersehnten Früchte trug, und die Depressionen der Kurfürstin begannen im Winter von neuem. Starke Kopfschmerzen und »Herzpalpitationen« beunruhigten ihren Leibarzt. Sie konnte weder essen noch schlafen, magerte ab und wollte sich nur noch ihrer Schwermut überlassen. Aber endlich im Frühjahr 1660 mehrten sich die Anzeichen, daß das, »was man so sehr ersehnte«, eingetroffen war, und Simeoni teilte der Herzogin von Savoyen in mehreren Briefen voll rührender Anhänglichkeit seine medizinischen Beobachtungen mit. Das lange, schon fast hoffnungslose Warten war zu Ende. Zwischen dem jungen Paar sei wahrer Seelenfrieden und dazu die größte Fröhlichkeit eingekehrt, schrieb er am 19. Mai an Madama Reale. Gleichzeitig gingen die offiziellen Ankündigungen Ferdinand Marias an die Fürstenhöfe Europas. Sein größter Wunsch war erfüllt, er konnte noch im gleichen Jahr auf einen Thronfolger hoffen.[181]

Jubelnde Freude war das Echo bei der gesamten Familie Savoyen, besonders bei Herzogin Christine, die sich sofort, da sie zum ersten Mal Großmutterpflichten entgegensah, für den reibungslosen Ablauf der Schwangerschaft und Geburt verantwortlich fühlte. Nachdem die ferne Adelheid jahrelang das Ziel ihrer bitteren Vorwürfe gewesen war, wurde sie nun zu ihrer liebsten Vertrauten. Endlich konnte die Herzogin ihre Sorgen um diese eigenwillige Tochter begraben, die sich am Münchener Hof so unbeliebt gemacht hatte.

Inzwischen war auch die letzte unverheiratete Savoyerin, Adelheids Schwester Margherita, im April 1660 in den Hafen der Ehe eingelaufen, wenn auch nicht unter so günstigen Umständen wie Madama Reales Jüngste. Noch im Sommer 1659 hatte sich die Familie Savoyen in der berechtigten Hoffnung gewiegt, daß der französische König sich ernsthaft um Margheritas Hand bemühe. Da es nach wie vor nur wenige katholische Prinzessinnen in Europa gab, die für Ludwig XIV. in Frage kamen, beschloß Mazarin, mit dem Souverän und dem französischen Hof nach Lyon zu reisen, um dort die in Aussicht genommene Braut zu treffen. Nachdem man von den früheren körperlichen Fehlern der savoyischen Prinzessin gehört hatte, wollte der König sie selbst in Augenschein nehmen, bevor er sich band. Aber Margheritas leichtes Hinken hatte sich nicht verloren und ihr großer persönlicher Charme konnte nicht verdecken, daß sie einfach keine Schönheit war. Wie die Herzogin von Montpensier über diese Zusammenkunft im Juli 1659 berichtete, ertrug Margherita die Gleichgültigkeit des jungen Königs mit stolzer Beherrschung, die ihr alle Herzen gewann, während Madama Reale ihre Enttäuschung nicht zu verbergen vermochte. Schließlich machte die Ankunft eines spanischen Gesandten, der dem König die Hand der Infantin Maria Teresa und Mazarin den Frieden zwischen Frankreich und Spanien anbot, den Erwartungen des savoyischen Hofes ein rasches Ende. Gegenüber einer solchen Partie, die Mazarin lange vergeblich angestrebt hatte, mußte die kleine Prinzessin aus Turin völlig verblassen. So war Madama Reale verbittert nach Piemont zurückgekehrt und hatte ihre Tochter einem wenig bedeutenden italienischen Fürsten zur Ehe gegeben, dem Herzog Ranuccio II. Farnese von

Parma. Er stammte zwar aus angesehener Familie, galt aber, wie die Herzogin von Montpensier erzählte, als ein unkultivierter Mensch, der sich nur um die Hufeisen seiner Pferde kümmerte.[182]

Kaum war nun bei Adelheid häusliche Zufriedenheit und Freude eingekehrt, so begann Margherita aus Parma die Mutter mit Klagen über den ungeliebten Ehemann zu plagen. Auch mit ihrem Sohn Karl Emanuel, der keine Anstalten machte, sich zu verehelichen und an legitime Nachkommenschaft zu denken, war Herzogin Christine unzufrieden. So konzentrierte sie ihre ganze Mutterliebe auf die ferne Tochter in Bayern und überschüttete diese mit guten Ratschlägen. Vor allem sollte Adelheid eine erstklassige französische Hebamme bekommen. Da Madama Reale in Lyon von einer solchen gehört hatte, beschloß sie, diese nach München zu schicken.

Am bayerischen Hof begegnete man dem Plan jedoch mit ziemlicher Kälte, wie Adelheid ihrer Mutter am 23. Juni 1660 berichtete. Eine bayerische Hebamme wollte die Kurfürstin unter keinen Umständen, das würde sie in Wahrheit töten, da man in Bayern die Gebärenden »wie Hunde« behandle. Sie brauche jedenfalls eine weise Frau, deren Sprache sie verstehe, und damit sei der Münchener Hof auch einverstanden. Aber die Mutter lasse ihr besser eine Hebamme aus Turin kommen, da eine Abneigung gegen Französinnen bestehe. »Man bildet sich ein, es kämen dann so viele Leute hierher, daß ich einen Hofstaat aus dieser Nation formieren wollte.« Besonders die Kurfürstinwitwe, die ihrerseits an der Schwangerschaft der Schwiegertochter größtes Interesse nahm, verspürte gar keine Lust, eine Französin in das Wehenzimmer zuzulassen, wenn es um den Fortbestand der bayerischen Dynastie ging. Schließlich einigte man sich auf eine Frau aus Turin, die im September von Herzogin Christine mit Sohn, Diener und neun Pferden auf die Reise geschickt wurde.[183]

Bei der Anstellung einer »Säugamme« bestand der Münchener Hof auf einer ehrlichen Person aus bayerischen Landen, und Adelheid gab nach, obwohl sie insgeheim bezweifelte, daß eine solche zu finden sei. »Nirgends gibt es Ammen«, schrieb sie spöttisch an ihre Mutter, »denn sie haben hier gar keine Milch, und wenn sie welche haben, dauert es nicht lange und sie geben die Milch gar nicht gerne.« Was für ein Unterschied zu den Frauen ihres Heimatlandes!

Adelheid hatte recht, es erwies sich tatsächlich als schwierig, im Bayern der damaligen Zeit eine Amme zu finden. Die Freude an der

Schwangerschaft konnte ihr schier vergehen. So schrieb sie am 8. August 1660 aus Schleißheim an die drei Vitztume von Landshut, Straubing und Burghausen und verlangte von jedem dieser Herren ein Verzeichnis von Frauen, die als Säugammen zu gebrauchen wären und bereits im Kindbett lägen.

Aus Landshut antwortete ihr der Vitztum Carl Graf Fugger, es gäbe durch den langjährigen »Feindtsruin« nur wenige Leute mit genügendem Lebensunterhalt und die Bevölkerung verspüre noch stark die Kriegsfolgen. Dadurch sei die Auswahl gering und er könne nur zwei Frauen vorschlagen, die bereits vor sieben Wochen entbunden hätten.

Der Vitztum Maximilian Graf Preysing aus Burghausen nannte zwar nur eine einzige Frau, die 21-jährige Maria Christina Schmalzgruberin, Eheweib eines Regimentsadvokaten, aber diese erwies sich als geeignet. Nachdem der Ehemann sich einverstanden erklärt hatte, wurde die junge Frau, die »von ehrlichen Eltern in Zucht und Ordnung erzogen« war, eine gesunde Hautfarbe und einen »retiraten« guten Humor besaß, in Adelheids Dienste überschickt.[184]

Eine Leiterin für den kleinen Hofstaat des kurfürstlichen Kindes war bereits in Maria Elisabeth Freiin von Closen gefunden, und der Hofkistler Marx Schinnagl hatte für die Kinderstube in der Residenz eine Wiege und das übrige Mobiliar gefertigt. Ein goldenes »Kläpperl« wurde als Spielzeug bestellt. Nun harrte man der Geburt, die von der ungeduldigen jungen Kurfürstin in ihrer nervösen Reizbarkeit viel zu früh erwartet wurde. Dabei hatte sie große Angst vor dem Tod – wie häufig mußten Erstgebärende ihr Leben lassen!

Mitte Oktober verbrannte sie alle Briefe ihrer Mutter, die Vorwürfe enthielten, damit diese nach ihrem Ableben nicht in falsche Hände gelangen konnten, ließ eine Novene für die glückliche Entbindung zelebrieren und bat alle Menschen um Verzeihung, denen sie Unrecht getan zu haben glaubte. Sogar die »alte Hexe« Barbara Füll, die Adelheid in den ersten Monaten ihres Münchener Aufenthalts als Spionin empfunden und mit ihrem Zorn verfolgt hatte, wurde mit einer Kutsche aus Schwaz an den Hof geholt, um bei der Geburt zu helfen. Adelheids Räume atmeten für einige Wochen Versöhnlichkeit und Eintracht zwischen Deutschen und Welschen. Im November traf in München ein Kammeradjunkt der Herzogin von Savoyen ein, brachte Adelheid Windeln und andere nützliche Dinge neuester Mode aus Paris sowie einen Brief von Philipp Agliè, dem Paladin ihrer Kindheit und Jugend, der ihr »mehr als jeder andere« Glück für die Niederkunft wünschte.[185]

Am 17. November 1660 begannen in der Morgenfrühe die Wehen und dauerten zwölf Stunden. Dann wurde die Kurfürstin zwischen fünf und sechs Uhr Nachmittags »ihrer Leibesbürde entbunden« und man legte ihr, wie der Arzt Simeoni nach Turin verkündete, eine »bellissima principessa« in die Wiege. Mit großem Mut und unglaublicher Geduld habe sie alle Schmerzen ertragen und sei trotz des langen Geburtsvorganges keinen Augenblick in Lebensgefahr gewesen.

Wenn sich das Kurfürstenpaar auch glühend einen Sohn gewünscht hatte, so nahm es dieses kleine Mädchen, das nach seinen beiden Großmüttern die Namen Maria Anna Christine tragen sollte, doch mit unendlichem Glücksgefühl in seine Mitte. Endlich hatte der Himmel seinen Segen zur bayerisch-savoyischen Verbindung gegeben und würde auch den ersehnten Kurprinzen gewähren, wenn das ganze Volk darum flehte. Mit der Benachrichtigung der bayerischen Geistlichkeit von der glücklichen Geburt war die Aufforderung verbunden, für einen baldigen Kurerben zu beten. Adelheid war in ihrem felsenfesten Glauben an die wundertätige Hilfe der Heiligen ohnehin überzeugt, daß sie dieses Kind der Muttergottes und ihrem Schutzpatron Kajetan verdankte.

Sofort begann der überglückliche Vater die freudige Nachricht zu verbreiten. Der Kaiserhof zu Wien und die Verwandtschaft in Turin, die deutschen Fürsten katholischer und protestantischer Religion, die italienischen Kardinäle und weltlichen Potentaten, die verwandten Häuser Lothringen und Toskana, die erzherzogliche Familie zu Innsbruck, die bayerische Landschaft sowie deutsche Bischöfe, Äbte und Äbtissinnen erhielten nach Sitte der Fürstenhöfe geziemende Nachricht und beeilten sich, ihre Glückwünsche zu senden. Wie die Gratulanten feststellten, hatte die bayerische Dynastie alle Aussicht, ihre ruhmreiche Tradition fortzusetzen. Besonders erfreut war Adelheid, daß auch der französische König aus Fontainebleau seine Glückwünsche sandte und Bayerns Weigerung anläßlich der Kaiserwahl anscheinend nicht länger verübelte. Ja, mit der Hoffnung, bald einen Sohn sein eigen zu nennen, spielte Ludwig XIV. in seinem Brief wohl auf eine mögliche Eheverbindung der Zukunft an.[186]

Für die feierliche Taufe wurden die Kaiserinwitwe Eleonora Gonzaga, die spanische Königin und die Herzogin von Savoyen »zu Gevatter gebeten« und von Kurfürstinwitwe Maria Anna vertreten. Erzbischof

Guidobald Graf Thun von Salzburg nahm in eigener Person die Taufzeremonie vor. Dann folgten vierzehntägige Festlichkeiten, zu denen der Hof den gesamten bayerischen Adel nach München berief. Das Kurhaus Bayern wollte damit vor den ständischen Vertretern seiner Lande die jahrhundertealte Macht und Tradition der Familie dokumentieren. Die üblichen allegorischen Aufführungen wie Oper, Ballett, Turnierspiele, Feuerwerk, auch Jagd und Tierhatz, boten den Zuschauern eine außerordentliche Repräsentation barocker Fürstenherrlichkeit. Im Zeichen der Versöhnung mit der Vergangenheit hatte man sogar Baldassare Pistorini, den ehemaligen Hofbassisten und Gesangslehrer des Engländers Roper, zur schriftlichen Mithilfe an den Festlichkeiten bewogen. Eine goldene Medaille mit dem Doppelporträt des Kurfürstenpaares, vom Münchener Goldschmied Paul Zeggin geschnitten, erinnert noch heute an dieses glückliche Ereignis und bildet ein Schmuckstück der Wittelsbacher Münzsammlung.[187]

Nach der Geburt ihres ersten Kindes begann die junge Kurfürstin an eine bessere Zukunft zu glauben. Sie fühlte selbst, daß ihr neues Leben als Mutter sie glücklich machen würde und daß ihr reizbarer Charakter, der sie in den vergangenen Jahren nie hatte innere Ruhe finden lassen, aus den vielen Schwierigkeiten geläutert hervorgegangen war. »Ich habe selbst erfahren, daß aller Anfang schwer ist«, schrieb sie ihrer Mutter in bezug auf die unglückliche Margherita in Parma, »aber nach und nach regeln sich alle Dinge.« Die beständige und unbeirrte Zuneigung Ferdinand Marias half ihr, sich selbst zu bezwingen und zu innerer Harmonie zu gelangen.[188]

Als die schwächliche kleine Marianne Christine im folgenden Mai 1661 schwer krank wurde, leitete sie selbst die Pflege und trug mit Energie und Seelenstärke zur Genesung ihres Kindes bei. Obwohl neuerdings in anderen Umständen, wollte Adelheid einen Monat später im Wagen an der Fronleichnamsprozession teilnehmen. Ein armer Bettler, der ihr bei dieser Gelegenheit eine Bittschrift zu überreichen suchte, stolperte und fiel unter die Räder der Kutsche. Er stand zwar unverletzt wieder auf, aber dieser Vorfall hatte die Kurfürstin dermaßen erschreckt, daß sie ohnmächtig wurde und nach einigen Tagen eine Fehlgeburt erlitt. Krankhafte Zustände waren die Folge, da man sie nach ihrer Ansicht falsch behandelt hatte. Nachdem sie jahrelang unter ihrer Sterilität gelitten hatte, begann mit diesem Ereignis eine krankhafte Neigung zu Fehlgeburten, die sie ihr weiteres Leben nicht mehr verlassen sollte.[189]

Im Spätherbst 1661 war bereits eine erneute Schwangerschaft zu erkennen, doch der schlechte Gesundheitszustand der Kurfürstin gab zu ernsten Besorgnissen Anlaß und die Ärzte befürchteten neue Komplikationen. Als Adelheid im November von der Geburt des Grand Dauphin Ludwig hörte, war sie felsenfest entschlossen, das Kind unter ihrem Herzen auszutragen. Diesmal setzte sie ein solches Vertrauen in ihren Schutzpatron und Seelentröster Kajetan, daß die innere Ruhe ihr über alle körperlichen Schwächen hinweghalf. Am 11. Juli 1662 gebar sie zur unendlichen Freude der Familie und des ganzen Landes den so lange ersehnten Thronerben. Dieser war ein kräftiges Kind und sollte nach dem berühmten Großvater und Adelheids Bruder auf die Namen Maximilian Emanuel getauft werden. Bei der Geburt trug die Kurfürstin den wundertätigen Gürtel der Madonna des Klosters Andechs, der nach der Legende glückliche Entbindung verhieß. Ferdinand Maria verehrte ihr als Kindbettschenkung für die Geburt des Kurprinzen, die er als »gnadenreiche Schickung Gottes« empfand, die Summe von 12000 Gulden in bar.[190]

Mit der aufsehenerregenden Nachricht der bayerischen Thronfolge wurde eine ganze Reihe von Hofbeamten an die verwandten Fürsten Europas geschickt. So reiste Hans Christoph Preysing nach Wien, Hans Hector Schadt in einem »Paßritt« nach Turin, Max Friedrich Haslang zum Kurfürsten von Köln, Hans Ludwig Hörwart nach Parma, Johann Franz Neuhauß nach Salzburg und Christoph Benno Eisenreich zum Bischof nach Freising. Da die hochgestellten Patinnen der erstgeborenen Prinzessin sich wenig aufmerksam gezeigt hatten, beschloß Ferdinand Maria, diesmal nur die engere Familie, nämlich den Kurfürsten von Köln von der bayerischen und Adelheids Bruder Karl Emanuel von der savoyischen Seite zu bitten. Es sollte eine Taufe mit besonderem Gepränge gefeiert werden, die man auf den Herbst verschob, um der Wöchnerin Erholung zu gönnen und den Künstlern und Handwerkern Zeit für die Vorbereitung zu lassen. Vor allem war ruhiges und sonniges Herbstwetter vonnöten.[191]

Am 21. September 1662 formierte sich gegen Abend im Kaiserhof der Residenz ein prunkvoller Festzug, der den Täufling zur Frauenkirche geleitete. Nach den Lakaien, Kammerportiers und Truchsessen folgten zu Fuß die Kämmerer des bayerischen Hofes und der geladenen Fürstlichkeiten. Hinter ihnen ritten auf »wohlgezierten« Pferden die beiden vergeblichen Freier vergangener Jahre, Herzog Maximilian

Philipp und Bischof Albrecht Sigmund von Freising, denen nicht beschieden war, das Haus Wittelsbach fortzupflanzen. Dann folgten drei prächtige Reiter: links Kurfürst Ferdinand Maria auf einem Falben, in der Mitte der Salzburger Erzbischof Guidobald, der wiederum die Taufe vornahm, und rechts neben ihm Herzog Philipp Wilhelm von Pfalz-Neuburg, den der Münchener Hof von seinen Bemühungen für ein bayerisches Kaisertum kannte und dessen Anwesenheit auf die Vorbereitung neuer politischer Beziehungen hinwies. Hinter ihnen trugen zwei hohe Hofbeamte den bayerischen Kurhut und das Taufzeug des Neugeborenen auf rotsamtenen Kissen.

Nun folgte ein reichgeschmückter, vergoldeter Tragsessel, der in erster Linie die Aufmerksamkeit des wartenden Volkes beanspruchte: auf dem Schoß der einst so geschmähten Gräfin Wolkenstein, die nun Adelheids ganzes Vertrauen genoß, lag die Hoffnung des Kurhauses Bayern, der Thronerbe Max Emanuel. Über ihn war eine »köstliche« Decke gebreitet, die der Oberstkämmerer Georg Christoph Haslang zu halten hatte. In einer schwarz ausgeschlagenen Sänfte wurde die Kurfürstinwitwe Maria Anna zur Kirche getragen. Dann folgte das Gefährt, an dem sich die Phantasie der Zuschauer besonders entzünden konnte, die savoyische Leibkutsche der regierenden Kurfürstin. Sechs reichgezierte »Semmelfalcken« zogen diesen goldverbrämten Prachtwagen, auf dessen Bock die Kutscher in rotgoldenen Röcken und federgeschmückten Hüten prangten. Im Inneren saß die stolze Mutter mit der kleinen Prinzessin und der Herzogin Elisabeth Amalie von Neuburg. Hundert kurfürstliche Trabanten, Ferdinand Marias Leibgarde, begleiteten den Zug auf beiden Seiten. Am Schluß folgten zwanzig sechsspännige Kutschen mit dem »hochadeligen Frauenzimmer«.[192]

Nur einer, Adelheids größter Widersacher, fehlte bei dieser Feierlichkeit: Maximilian Kurz zu Senftenau, Graf von Valley, bayerischer Oberstlandhofmeister und Vorsitzender des Geheimen Rats, hatte im Sommer dieses Jahres 1662, einen Tag vor Max Emanuels Geburt, die Augen geschlossen.

Der Zug bewegte sich durch die Schwabinger- und Dienergasse zum Marktplatz, zog an der Mariensäule vorbei in die Kaufingergasse und bog dann rechts durch das Küchlbäckergäßchen zum Frauenfriedhof ein. Am Hauptportal der Kirche stieg man ab und ging durch das Mittelschiff zum Chor hinauf, wo die Taufzeremonie, von Trompeten und Heerpauken begleitet, abgehalten wurde. Auf dem Rückweg war die

Stadt aufs schönste illuminiert. Besonders gefiel das Haus der bayerischen Landschaft am Marktplatz, das die »zierlichsten« Lichter trug. Ein gewaltiger Kanonendonner von den Wällen und den beiden Türmen der Frauenkirche beschloß die Feier.

Die folgenden Prunkaufführungen der Münchener Hofbühne wurden zu einem Höhepunkt barocker Festkultur in Europa. Sie übertrafen die Ballettszenen Philipp Agliès aus Adelheids Jugendzeit an Pracht und künstlerischer Vielfältigkeit und gingen den großen Festen Ludwigs XIV. in Versailles und denen des Wiener Hofes, wo Kaiser Leopold noch unvermählt war, zeitlich voraus. Ehrgeiz und künstlerische Phantasie einer jungen Fürstin, die damals selbst auf einem Höhepunkt ihres Lebens stand, bewirkten, daß die europäischen Fürstenhöfe und die gebildete Welt mit Staunen auf die Residenzstadt eines verhältnismäßig kleinen Landes blickten, in der eine großartige Entfaltung absolutistischen Fürstenstils stattgefunden hatte, ja in der ein wahrer Musenhof im Entstehen war.

Das »Churfürstlich Bayrische Frewdenfest« brachte eine Trilogie von Festaufführungen, nämlich am 24. September die italienische Oper »Die gekrönte Phädra« (Fedra incoronata) im Opernhaus am Salvatorplatz und am 26. September das Ritterspiel »Die gerechtfertigte Antiope« (Antiopa giustificata) im neuen großen Turnierhaus am Schwabingertor. Beide Aufführungen waren von dem Dichter Pietro Paolo Bissari aus Vicenza geschrieben und vom kurfürstlichen Hofkapellmeister Johann Kaspar Kerll, der seit 1656 in München wirkte, komponiert. Dieselben Künstler inszenierten auch am 1. Oktober die Schluß-Apotheose der Festlichkeiten, eine Feuerwerks-Oper mit Seegefechten auf der Isar, die unterhalb der Stadtmühle in respektvoller Entfernung von den Wohngebieten auf einer teilbaren Floßbühne aufgeführt und von der Bevölkerung an den Ufern miterlebt wurde. Für die Münchener gab es auch ein richtiges Volksfest vor der Residenz, wo der Wein aus eigens aufgestellten Brunnen floß, und die Hofleute Münzen unter die Menge warfen.[193]

Auch das Neuburger Herzogspaar, das mit drei seiner Kinder nach München gekommen war, hatte mit großer Befriedigung an den Festlichkeiten teilgenommen. Über die siebenjährige Prinzessin Eleonora, die spätere Gemahlin Kaiser Leopolds, schrieb Adelheid entzückt nach Turin, daß sie nicht nur ein Engel an Schönheit und Tugend, sondern auch ein kleines Wunderkind sei. Sie spreche Französisch und Latein und disputiere mit allen Theologen, die sie zu Gesicht bekäme.[194] Auch von ihrer eigenen kleinen Tochter wußte die Kurfürstin bald zu berichten, daß sie zweisprachig aufwachse und bereits »ein wenig Deutsch, ein wenig Italienisch, alles zusammen« mit den Eltern spreche.

Adelheid und Ferdinand Maria hingen mit abgöttischer Liebe an diesem ersten Kind, das ein besonders gutherziges Wesen an den Tag legte, und kümmerten sich selbst um die Erziehung, was an den Fürstenhöfen der damaligen Zeit durchaus nicht allgemein üblich war. Wenn Adelheid sich auf Reisen befand, zitterte sie um das Wohl ihrer Kinder. So konnte sie sich nicht entschließen, den anderthalbjährigen Kurprinzen in München zu lassen, als sie im Dezember 1663 mit Ferdinand Maria zum Reichstag nach Regensburg fuhr. Sie kam auf die Idee, ihn in der Landshuter Stadtresidenz einzuquartieren, um stets schnelle Nachrichten über sein Befinden zu erhalten. Einmal blieb die Kurfürstin eine ganze Nacht auf den Beinen, um den kleinen Max Emanuel an eine neue Amme zu gewöhnen. Auch wenn sie sich auf Jagden oder Wallfahrten befand, schickte sie häufig Boten in die Münchener Residenz. Maria Elisabeth von Closen hatte als Hofmeisterin der kurfürstlichen Kinder kein leichtes Brot, sondern mußte von der leidenschaftlich engagierten jungen Mutter manchen Tadel einstecken. Dafür genoß Adelheid auch bald besondere Anhänglichkeit von Seiten der Kleinen. Als sie einmal zur Ader gelassen werden mußte und Max Emanuel das Blut seiner Mutter sah, zog er seinen kleinen Degen und wollte denjenigen töten, der das Blut seiner geliebten »Maman« vergossen hatte.[195]

Während Adelheid ihr drittes Kind erwartete, starb Margherita von Parma, mit der sie ihre ganze Kindheit und Jugend verbrachte hatte, an einer Fehlgeburt. Madama Reale schwebte daher in großer Angst, daß ihrer jüngeren Tochter ein ähnliches Unglück zustoßen könnte, und schlug vor, ihr einen Chirurgen zu schicken, der solche Fälle sachgemäß behandeln könne. Für Geburten und Fehlgeburten waren aber damals in Bayern nur die Hebammen zuständig und man hätte es als äußerst anstößig empfunden, männliche Personen zuzuziehen. Die Kurfürstinwitwe, der Adelheid den Vorschlag ihrer Mutter unterbreitete, fand den Gedanken geradezu skandalös und bei ihrem Ehemann ging es der jungen Savoyerin nicht besser. »Er duldet nicht, daß ich davon spreche, mich eines Mannes zu bedienen, falls ich eine schlechte Niederkunft habe«, schrieb sie an Madama Reale, »und bei der verleumderischen Art, die hier üblich ist, würde man auf schauerliche Weise über mich sprechen. Die Frau Kurfürstin wäre die erste, die merkwürdige Reden führen würde, als ob es in Frankreich und Piemont keine Tugend gäbe.«[196]

Doch diese Reaktion des bayerischen Hofes ließ die fortschrittliche Herzogin Christine kalt. Sie hatte eine Tochter verloren und wollte die zweite so weit wie möglich außer Gefahr wissen. Der Chirurg traf zu Adelheids Zufriedenheit tatsächlich im August in München ein und gab ihr Ruhe und Sicherheit. Am 17. September 1663 brachte sie ihr drittes Kind, ein kleines Mädchen, zur Welt, das nach ihren beiden Schwestern die Namen Ludovica Margherita erhielt.[197]

Der Kindersegen in der Residenz erforderte die Einlösung des Gelübdes, das Ferdinand Maria und Adelheid ihrem Schutzpatron abgelegt hatten, nämlich für ihn in München eine neue Kirche zu errichten und den Theatinerorden in Bayern einzuführen. Nach Max Emanuels Geburt nahm sich die Kurfürstin mit ihrem lebhaften Temperament der endgültigen Durchführung dieser Pläne an und erhielt von Ferdinand Maria jede nur mögliche Unterstützung. Darüber hinaus erfüllte der Kurfürst im Sommer 1663 der Mutter seiner Kinder einen langgehegten Wunsch. Sie sollte nun endlich ihre eigene italienische Villa vor den Toren der Stadt erhalten, die sie sich schon lange wünschte. Ihr selbständiger Bauwille durfte sich entfalten.

7 Kurfürstin Maria Anna von Bayern

8 Kurfürst Ferdinand Maria von Bayern

9 Kurfürstin Henriette Adelheid von Bayern

10 Graf Maximilian Kurz zu Senftenau, bayerischer Obersthofmeister

Politik in vorderster Linie

In der Kaiserwahl von 1658 fand die österreichfreundliche Politik des bayerischen Hofes ihren Höhepunkt. Kaum war aber damals das Reich wieder sicher in Habsburgs Händen, so mußte Maximilian Kurz verspüren, daß man in Wien für den Steigbügelhalter Bayern wenig Erkenntlichkeit zeigte, sondern Münchens politische und wirtschaftliche Wünsche unter den Tisch fegte und die bayerischen Gesandtschaften mit Achselzucken entließ. Mit dem Tod seines Bruders, des Reichsvizekanzlers, verlor Kurz 1659 die vertraute Verbindung zum Kaiserhof. Diese wurde zwar von Kurfürstin Maria Anna Zeit ihres Lebens mit Diplomatie und Zähigkeit aufrecht erhalten, trug aber für Bayern nicht die erhofften Früchte.

Einer der aufstrebenden Männer am Münchener Hof, der spätere Geheime Ratskanzler Caspar von Schmid bekam die gleichgültige Haltung der Wiener Regierung in vollem Maß zu spüren, als er 1659/60 fünf Monate in politischer Mission am Kaiserhof verbrachte. Die Enttäuschung des jungen Kurfürsten über Österreichs Undank sollte damals zur Grundlage für ein neues politisches System werden, das auf Abkehr von den kaiserlichen Interessen, Einführung des Neutralitätsprinzips in europäischen Fragen und eine gewisse Anlehnung an das mächtige französische Königtum zielte.

Durch den Tod von Maximilian Kurz verlor der bayerische Hof 1662 einen bedeutenden Politiker. Mit eiserner Energie hatte er an der Treue zu Habsburg festgehalten und französische Einflüsse ausgeschaltet. Um Bayern den Frieden zu erhalten, war er ein Gegner der Kaiserwahl Ferdinand Marias gewesen, hatte das Land aber schließlich in politische Isolierung manövriert. Als er die Augen schloß, lösten sich für das junge Kurfürstenpaar die Fesseln einer langjährigen Führung und Bevormundung. Gleichzeitig stärkte die Geburt Max Emanuels das Machtbewußtsein und den Glauben an die Zukunft des bayerischen Herrscherhauses. Zunächst ließ Ferdinand Maria, der sich nicht binden wollte, das Amt des Obersthofmeisters jahrelang unbesetzt, doch teilten sich bald zwei ehrgeizige Männer, denen er sein Vertrauen schenkte, in die bayerischen Hof- und Staatsgeschäfte. Der eine war der Obersthofmarschall Hermann Egon Graf Fürstenberg, der andere der Vizekanzler der Geheimen Rats, Caspar von Schmid.[198]

Fürstenberg entstammte dem bekannten schwäbischen Grafengeschlecht, das Güter nördlich des Bodensees besaß, und war ein Bruder der geistlichen Herren am Kölner Hof, Franz Egon und Wilhelm Egon, die sich in der Reichspolitik des späteren 17. Jahrhunderts als Franzosendiener einen vielgeschmähten Namen machten. Als Adelheid 1652 nach München reiste, befand sich der sprachgewandte Hermann Egon bereits als Kämmerer und Geheimer Rat in bayerischen Hofdiensten und im Gefolge des Grafen Kurz. Er hatte an der Universität Löwen Rechts- und Staatswissenschaften studiert und seine Sprachkenntnisse auf Kavalierstouren nach Frankreich und Italien erweitert. Als Besitzer des Schlosses Heiligenberg am Bodensee hätte er das beschauliche Leben eines Landedelmannes führen können. Er besaß jedoch ausgeprägten politischen Ehrgeiz und verschrieb sich wie Vater und Brüder dem Fürstendienst. Als Maximilian Kurz starb, war er 35 Jahre alt. 1664 wurde er mit seinen Brüdern in den Reichsfürstenstand erhoben, doch unterließ er es, am bayerischen Hof seinen neuen Titel zu führen. Er besaß nicht die hohe Intelligenz seiner beiden geistlichen Brüder, von denen er sich in europäischen Belangen weitgehend leiten ließ, verstand sich aber bei Ferdinand Maria unentbehrlich zu machen.[199]

Eine bedeutendere Persönlichkeit war sein Amtskollege Caspar von Schmid, mit dem er sich viele Jahre zu fruchtbarem Zusammenwirken verstand. Dieser stammte aus einer Oberpfälzer Beamtenfamilie und war durch fundierte juristische Kenntnisse in die Hoflaufbahn gelangt. 1656 wurde er zum Geheimen Rat ernannt und zwei Jahre später geadelt. Sein Äußeres prädestinierte ihn nicht zum Höfling, doch gelang ihm durch Fähigkeiten und ausgeprägten Charakter, den jungen Fürsten und die höfische Umgebung zu beeindrucken.

Die dritte Persönlichkeit, die nach dem Tod von Maximilian Kurz Einfluß auf die bayerische Politik gewann, war die Kurfürstin selbst. In Münchener Regierungskreisen kannte man ihre Ziele: Zusammenarbeit mit Frankreich, Rangerhöhung des Hauses Wittelsbach und Förderung der savoyischen Investitur mit dem Herzogtum Montferrat. Diese Interessen entsprachen ihrem Familiensinn, ihrer Erziehung und Lebensrichtung. Ferdinand Maria war verständnisvoll genug, ihre Wünsche zu berücksichtigen und der Mutter seines Kurerben auf außenpolitischem Gebiet sogar selbständigen Spielraum zu gönnen. Wo es ihm und seinen Ratgebern nützlich erschien, bediente man sich ihrer ausgezeichneten Familienbeziehungen als Bindeglied.

Adelheid selbst hatte durch das Erlebnis der Kaiserwahl gelernt, ihre hochfliegende Phantasie zu zügeln und sich auf einen kleineren Wirkungskreis zu beschränken. Sie war jedoch entschlossen, diesen nach Kräften zu nützen, um nach allen Seiten an der Gestaltung ihrer Epoche mitzuarbeiten und zu einer gewissen europäischen Geltung zu gelangen.

Die politische Konstellation in Europa, der sich das junge Kurfürstenpaar zu Beginn der sechziger Jahre gegenübersah, war geprägt durch die aus dem vergangenen Jahrhundert und dem Dreißigjährigen Krieg weiterwirkenden Spannungen zwischen Habsburg und Frankreich, die schon mehreren Generationen Blut und Tränen gekostet hatten. Zwar war Mazarin 1659 mit Madrid einig geworden, aber der Gegensatz zum Wiener Kaiserhof blieb bestehen.

Der letztere sah sich seinerseits einem innerlich gefestigten Bourbonenstaat gegenüber, der die spanische Vormachtstellung geschwächt hatte und selbst nach der Hegemonie in Europa strebte. Das Heilige Römische Reich stellte ein erschlafftes Gebilde aus immer selbständiger werdenden Einzelgliedern dar. Wiederholt mußten die deutschen Fürsten beobachten, daß der Kaiser das Wohl seines spanischen Vetters den Reichsinteressen vorzog. So war es nur eine natürliche Entwicklung, daß die Fürstenwelt nach Bindungen strebte, die den Interessen ihrer eigenen Territorien entsprachen, und daß sie dem Reich den Rükken wandte. Besonders die westlichen Kleinstaaten wurden von der aufsteigenden Sonne des französischen Hofes magnetisch angezogen.

Im Osten wuchs seit dem Frühjahr 1660 der türkische Vormarsch zu einer bedenklichen Gefahr für die kaiserlichen Erblande heran. Ein wuchtiges, übermächtiges Heer mit einer Vorhut verwegener Reiterscharen suchte sich vom Balkan her seinen Weg nach Ungarn und begann Mitteleuropa und damit auch Bayern bedrohlich zu werden. Diese Gefahr sah der streng religiöse Ferdinand Maria nicht nur von der politisch-militärischen Warte, sondern auch als Bedrohung der gesamten Christenheit, ihrer Religion und Kultur. Als daher Kaiser Leopold bei den Reichsständen um Türkenhilfe bat und im Januar 1661 den Grafen Waldstein nach München schickte, war der bayerische Kurfürst sofort bereit, dem Ansuchen des Wiener Hofes zu entsprechen. Doch wollte er nicht die gewünschte Geldhilfe, sondern »Volkshilfe« leisten und Kriegsvolk im eigenen Land anwerben, was in den folgenden Monaten geschah. Daß Wien ihn lange warten ließ, bis es diese Soldaten abrief, war Ferdinand Marias Sympathien für die kaiserliche Regierung nicht förderlich.[200]

Adelheid begann sich in ihren Briefen nach Turin bereits im Juni 1660 mit der Türkengefahr zu beschäftigen, die sie im ersten Stadium nur als eine Angelegenheit des Reiches, später jedoch als schwere persönliche Bedrohung empfand. Die phlegmatische Haltung des jungen Kaisers, der sich jahrelang weigerte, mit Hilfe des Reichstages eine wirkungsvolle Verteidigung gegen die Muselmanen aufzubauen und nach Adelheids Worten die kostbare Zeit mit Festen verbrachte, war ihr unverständlich. Als Bundesgenosse konnte sich ein so tatenloser Souverän nicht empfehlen.[201] Auch im Kurfürstentum Köln war man über die »schlechten Anstalten« empört, die Kaiser Leopold zur »Reichskonservation« traf.

Im europäischen Westen dagegen übernahm nach dem Tod Mazarins ein junger König die Regierung, der aus völlig anderem Holz geschnitzt war als der schwächliche Kaiser. Ludwig XIV., ein Mann von unermüdlicher Arbeitskraft, setzte sich 1661 an die Spitze seiner Minister und begann durch seine kraftvolle Persönlichkeit das absolute Königtum zu verwirklichen, das ihm die beiden energischen Kardinäle in den vorhergehenden Jahrzehnten aufgebaut hatten. So wandten sich die Augen der europäischen Fürsten in dieser Epoche von Wien ab und richteten sich mit wachsender Bewunderung auf einen jungen Herrscher, der sie alle an Macht und glanzvollem Auftreten übertraf.

Die bayerische Kurfürstin beobachtete diese Entwicklung mit großer Genugtuung. Endlich würde man auch am bayerischen Hof erkennen müssen, was für ein geeigneter Bundesgenosse das aufstrebende Frankreich war und und welch mächtige Rückendeckung der junge König gerade im Falle eines weiteren Vormarsches der Türken bieten konnte. Er besaß eine geschulte Armee, geschickte Diplomaten und einen wachsenden Staatsschatz. Bayern sollte nach Adelheids Meinung keine Zeit verlieren, sondern sich von dem schwachen Kaiser lösen und dem mächtigen Nachbarn im Westen die Hand zum Bündnis reichen.

Der geeignete Schritt hierzu wäre in ihren Augen der Beitritt zur Rheinischen Liga gewesen, in der sich die frankreichfreundlichen deutschen Fürsten nach der Kaiserwahl zusammengefunden hatten. Um diese Allianz zu erweitern, die im Reich ein Gegengewicht gegen das allmächtige Habsburg bilden sollte, versuchte Ludwig XIV. seinerseits im Spätherbst des Jahres 1661 auf dem Weg über die Damen des Hauses Savoyen, das Kurfürstentum Bayern zum Anschluß an den Rheinbund zu bewegen. Er setzte damit Mazarins Politik fort, die frankreichfreundliche Gesinnung der jungen bayerischen Kurfürstin zu nutzen. So bat der französische König seine Tante Christine von Savoyen, an Adelheid zu schreiben, sie möge ihrem Gemahl den Eintritt in die Liga, der bereits die Rheinischen Kurfürstentümer, der Neuburger Pfalzgraf in Düsseldorf und andere deutsche Fürsten angehörten, schmackhaft machen. Herzogin Christine gab diesen Wunsch ihres Neffen am 2. Dezember 1661 nach München weiter. Gegen Eingriffe des Kaisers in bayerische Rechte könne Ferdinand Maria sich durch kein besseres Mittel schützen als durch den Eintritt in den Rheinbund, der zur Bewahrung des Friedens in Deutschland geschaffen sei, so versicherte sie ihrer Tochter.[202]

Der Zeitpunkt für eine solche Démarche war jedoch Ende 1661 noch zu früh gewählt, da Maximilian Kurz das Steuer der bayerischen Politik noch in Händen hielt. Solange er lebte, verharrte Bayern in seiner österreichfreundlichen Isolierung und schenkte den Sirenengesängen Madama Reales kein Ohr. Zu ihrer großen Enttäuschung mußte Adelheid der Mutter am 23. Dezember 1661 eine offizielle Absage erteilen, mit der Begründung, daß ihr Gemahl keine Notwendigkeit sähe, der Liga beizutreten. In einem persönlichen Schreiben bekundete sie anschließend ihre Verstimmung über den geringen Einfluß, den man ihr gönnte, und über die Engstirnigkeit der bayerischen Regierung. Ferdinand Maria hatte von dem Umweg über Turin, den der französische König einschlug, anscheinend wenig gehalten. »Ich habe nicht genug Kredit, um ihn überzeugen zu können«, schrieb Adelheid sehr ungehalten an Madama Reale. »So kann ich nur tun, was man mir befiehlt, und es würde mich sehr verärgern, wenn dies die Entfremdung, die Frankreich bereits für das Haus Bayern zeigt, noch vermehren würde.«[203]

Trotz dieser bitteren Klagen waren ihre Aktivität und ihr Einfluß auf den Hof ständig im Wachsen. Da sie ihren Schriftverkehr nicht mehr allein bewältigen konnte, bewilligte ihr Ferdinand Maria im Sommer 1661 einen welschen Sekretär, den savoyischen Grafen Antonio Lanteri, dessen schöne Schriftzüge in französischer und italienischer Sprache für ihre weitere Korrespondenz kennzeichnend wurden.[204]

Nach dem Tod von Max Kurz und der Geburt des Kurprinzen sah sie sich plötzlich einer neuen, freieren Situation gegenüber und beschloß, diese sofort zu nützen. Zwar weigerte sich Ferdinand Maria, die Geburt Max Emanuels am französischen Hof anzuzeigen, da auch er von der Geburt des Grand Dauphin im vergangenen Jahr keine offizielle Nachricht erhalten hatte. Aber er schlug seiner Gemahlin die Bitte nicht ab, zur feierlichen Taufe des Thronfolgers im September 1662 den wittelsbachischen Verwandten, Herzog Philipp Wilhelm von Pfalz-Neuburg aus Düsseldorf, mit dessen ganzer Familie einzuladen.

Dieser hatte bereits in den Jahren vor der Kaiserwahl die Verbindung Adelheids zum französischen Hof gepflegt und war inzwischen ein prominenter Vertreter der Rheinischen Liga geworden. So mußte die Einladung an ihn für die europäischen Höfe und besonders für Paris bereits fast wie ein Programm erscheinen. Die Kurfürstin benützte seine Anwesenheit, um ihn von der starken Verstimmung zu unterrichten, die am bayerischen Hof entstanden war, weil Frankreich entgegen aller Gepflogenheiten weder den Abschluß des Pyrenäenfriedens noch die Geburt des Kronprinzen in München angezeigt hatte. Als das Herzogspaar Neuburg wieder abreiste, nahm es zwar die Erkenntnis mit, daß man Bayern, das eine so lange Grenze gegen Österreich besaß, die offene Parteinahme für den Herrscher jenseits des Rheins nicht zumuten konnte, daß Kurfürstin Adelheid aber auf eine Aussöhnung mit dem französischen Hof drängte. Da ein Beitritt zum Rheinbund zunächst nicht zu erwarten war, mußte Frankreich behutsam vorgehen, wenn es das mächtige Kurfürstentum auf seine Seite ziehen wollte. Es bestand aber kein Zweifel, daß der Zeitpunkt für eine Annäherung Frankreichs am bayerischen Hof günstig war. Der Unwille gegenüber dem Kaiser hatte sich gesteigert, da dieser für die Forderung Savoyens nach der Montferrat'schen Investitur seit Jahren nur taube Ohren zeigte und angesichts der Türkengefahr eine Vogel-Strauß-Politik trieb.

Inzwischen stand dem französischen König für die Auswärtigen Angelegenheiten ein Staatsmann zur Seite, der sich würdig an die Persönlichkeiten der großen Kardinäle anschloß: der Marquis Hugues de Lionne. Für Adelheid war er kein Unbekannter, da er als französischer Gesandter in Turin tätig gewesen war. Als die Nachrichten des Neuburger Herzogs in Paris eintrafen, bestimmte Ludwig XIV., daß Lionne durch einen persönlich gehaltenen Brief an die Kurfürstin die Fäden zum bayerischen Hof von neuem knüpfen sollte. Dabei wollte man Ferdinand Maria vor allem die Politik seines großen Vaters ins Gedächtnis rufen.

Es war ein ebenso diplomatisches wie hochpolitisches Schreiben, das der französische König durch seinen Staatssekretär des Auswärtigen an die ferne Cousine richtete und das Adelheid wieder mit einem Schlag in den Mittelpunkt der europäischen Machtkämpfe rückte.[205] Seit seiner Rückkehr von Frankfurt, so schrieb Lionne am 8. Dezember 1662, habe er die Verehrung für ihre Person im Herzen bewahren müssen und nicht einmal gewagt, ihr seinen Namen in Erinnerung zu bringen, als sie dem Hause Bayern einen Thronfolger schenkte. Nun aber breche er auf Befehl des Königs sein Schweigen.

Der bayerische Kurfürst beklage sich häufig, wie man aus guter Quelle wisse, daß er weder über den Abschluß des Pyrenäenfriedens noch über die Geburt des Dauphin eine offizielle Benachrichtigung erhalten habe. Solche Klagen müßten aber viel eher von Paris ausgehen. Seit Ferdinand Maria die Regierung übernommen habe, sei seine Politik der Haltung des großen Maximilian I. gerade entgegengesetzt gewesen. Obwohl dieser durch die Zeitumstände gezwungen war, einer anderen Partei anzugehören, habe er bis zum letzten Atemzug mit Frankreich eine direkte Verbindung gepflogen. Daß er im Besitz der Kurwürde und der Oberpfalz bestätigt worden sei, danke er Frankreich und Schweden, die dem Westfälischen Frieden Gesetzeskraft verliehen.

Dann erinnerte Lionne die Kurfürstin an die Gesandtschaften, die der König in der Kaiserwahlfrage nach München geschickt, und an den unhöflichen Empfang, den Graf Kurz ihnen bereitet hatte. Sein Schreiben solle kein Vorwurf sein, doch lasse der König sie wissen, daß der bayerische Kurfürst sich gerechterweise nur über sich selbst beklagen könne, wenn er bei den genannten Gelegenheiten keine Nachricht erhalten habe. Falls der Kurfürst aber ernstlich geneigt sei, die Krone Frankreich mit den gleichen Augen anzusehen wie sein Vater und die Freundschaft des Königs zu wünschen, so werde nichts diesen abhalten, ihm stets sein besonderes Wohlwollen zu zeigen. Die Hochachtung für die Kurfürstin sei allein schon Motiv genug, dem König solche Gefühle einzuflößen.

Dieses so zuvorkommende und vielsagende, fein mit Pfeffer gewürzte Schreiben Lionnes bildete einen Markstein in den Beziehungen zwischen Frankreich und Bayern und leitete eine gewisse Wende in der wechselvollen deutschen Geschichte des 17. Jahrhunderts ein. Mit großem Geschick wurde Ferdinand Maria an die Politik seines Vaters erinnert, wurde ihm nahegelegt, diese nur fortzusetzen, um ebensolche Erfolge zu erringen. Mit gleicher Berechnung ging man auf die Empfindlichkeit ein, die der auf seine Würde bedachte junge Kurfürst über die Zurücksetzung gezeigt hatte, überließ aber letztlich ihm die Initiative, dem stolzen Frankreich neu entgegenzukommen. Über eine politisch höchst interessierte junge Fürstin richtete der französische König also dieses bedeutsame Schreiben an einen deutschen Souverän, den er für sich zu gewinnen hoffte.

Lionnes Brief eröffnete der Münchener Politik so wesentliche Perspektiven, daß er seine Wirkung nicht verfehlen konnte. Mit den Erklärungen über sein Schweigen hatte Ludwig XIV. beim bayerischen Kurfürsten eine Wunde geschlossen. Die ausgestreckte Hand dieser Großmacht auch diesmal brüsk zurückzuweisen, wäre ein Fehler gewesen, der Bayern womöglich für Jahre in tiefe Isolierung gestoßen hätte. Doch wünschte Ferdinand Maria äußerste Diskretion, um Österreich über seine Schritte in Unwissenheit zu lassen. Madama Reale sollte nicht das Geringste erfahren und ihre Tochter hielt sich auch tatsächlich zurück, um die neue Verbindung nicht zu gefährden.

Am 16. Januar 1663 durfte sie in aller Heimlichkeit erwidern, daß die Abkühlung der Beziehungen zwischen Bayern und Frankreich auf die Unklugheit eines Ministers zurückzuführen sei und daß Ferdinand Maria den König bitte, ihm seine Zuneigung und Freundschaft zu gewähren. Sie selbst bekannte sich in diesem Schreiben stolz zu ihrer französischen Abstammung. Da sie die Ehre habe, zu des Königs Verwandtschaft zu zählen »und einer Mutter des königlichen Blutes von Bourbon entsprossen zu sein«, sei sie ebenso wie ihr Gemahl empfindlich getroffen durch das Unrecht, das man dem bayerischen Hof durch mangelnde Aufmerksamkeit angetan habe. Adelheid schloß das Schreiben mit dem Ausdruck ihrer großen Bewunderung für Ludwig XIV., die Idealgestalt eines absoluten Herrschers. Lionne möge dem König erklären, so schrieb sie, daß sie den denkbar größten Ehrgeiz besäße, die Ehre seiner Befehle entgegenzunehmen.[206]

Die Wärme, die Adelheid in dieses Schreiben legte, dürfte wohl über die Absichten des bayerischen Kurfürsten hinausgegangen sein, doch kannte man ihren temperamentvollen Stil in Paris ja schon und legte ihren Übertreibungen keine nennenswerte Bedeutung bei. Jedenfalls sorgten beide Seiten im Laufe des Jahres 1663 mit Eifer dafür, daß die neugewonnene Verbindung nicht mehr abriß. Ein italienischer Brief Adelheids an den Herzog von Neuburg vom 17. Mai 1663, der sich im Original in den Akten des Pariser Außenministeriums befindet, läßt erkennen, daß man die Korrespondenz mit Lionne zur Tarnung über den Wittelsbacher in Düsseldorf führte und daß die neuen Ratgeber Ferdinand Marias wohl zu diesem Zeitpunkt noch nicht davon unterrichtet waren. Adelheid bat Herzog Philipp Wilhelm im Namen ihres Gemahls um Vermittlung, falls weitere Schreiben aus Frankreich ausbleiben sollten.[207]

Aber die bayerische Kurfürstin brauchte sich deshalb keine Sorgen zu machen. In einem Brief, den Lionne am 22. Juni 1663 an sie richtete, ließ er dem Kurfürsten bereits konkrete Vorschläge für die Weiterführung der vertraulichen Korrespondenz unterbreiten. Ebenso wie Maximilian I. bei den Westfälischen Friedensverhandlungen stets eine Verständigung mit dem französischen Bevollmächtigten hatte pflegen lassen, so solle Ferdinand Maria nun auf dem neu einberufenen Regensburger Reichstag einen vertrauenswürdigen Minister beauftragen, mit dem dortigen Gesandten Gravel eine geheime Verbindung aufzunehmen. Herr Oexl dürfte davon jedoch nichts wissen, da Wien sonst von allem eher Nachricht habe als München. Der französische König werde sich in allen Reichssachen nur der Erhaltung des Westfälischen Friedens und der Ruhe im Reich annehmen.[208]

Auf Grund dieser bemerkenswerten Vorschläge hielt Ferdinand Maria den Augenblick für gekommen, aus dem Schatten zu treten, seine Ratgeber ins Vertrauen zu ziehen und den weiteren Briefwechsel mit dem französischen König selbst zu führen. Schon aus seinem ersten Schreiben an Ludwig XIV. war deutlich zu ersehen, daß Adelheid bei ihm keine großen Widerstände zu überwinden hatte, sondern daß Ferdinand Maria die Hand, die sich ihm über die Grenzen entgegenstreckte, mit Befriedigung ergriff.

Als die junge Kurfürstin sah, mit wieviel Erfolg sie diese wachsende Entente eingeleitet hatte, zog sie sich klug zurück und überließ die weitere Durchführung den Staatsmännern. Obwohl Ludwig XIV. im Oktober 1663 bei Robert de Gravel den Wunsch äußerte, die bayerische Kurfürstin möge auch in Zukunft die ganze Leitung dieser Verbindung innehaben, beobachtete sie in den folgenden Monaten nur aus dem Hintergrund die weitere Entwicklung der Dinge. Sie kannte inzwischen Ferdinand Marias empfindliche Stellen und wußte, daß er der Herr im Hause bleiben wollte. Daß die Weiterführung der »correspondance secrète« ihr außerordentliche Freude bereitete, verhehlte sie weder dem König noch Lionne, mit denen sie in den kommenden Jahren in ständiger brieflicher Verbindung stand. Geschickt und unermüdlich schürte sie immer von neuem die Glut, regte Ferdinand Maria zur Aufrechterhaltung des Briefwechsels an, empfing Gravel, schickte Gesandte, gab Empfehlungen und versicherte den französischen Monarchen, dem sie sich nicht nur blutsverwandt, sondern auch wesensähnlich fühlte, wieder und wieder ihrer Dienste.

Wenn sie auch den Männern die Verhandlungen überließ, so war und blieb sie doch die Seele dieser interessanten Wechselbeziehung. Sie hatte den Weg bereitet und ihren Gemahl dazu bestimmt. Als Frau trieb sie Politik nicht nur mit Verstand und Ehrgeiz, sondern auch mit dem Herzen. Die Verehrung für den Ritter ihrer Jungmädchenträume, der einem ganzen Zeitalter den Namen geben sollte, führte sie nun im reiferen Alter zu einer herzlichen Beziehung, in der politische Erwägungen eine wesentliche Rolle spielten. Deren folgerichtige Weiterentwicklung sollte schließlich in eine Familienverbindung münden.

Einen besonderen Freund gewann die Kurfürstin an Robert de Gravel, dem gewiegten französischen Diplomaten, der 1663 mit der Einberufung des Reichstages seinen Posten in Regensburg bezog, um dort die Interessen Frankreichs mit großem Geschick wahrzunehmen. Seit dem Westfälischen Frieden hatte die westliche Großmacht das Recht, einen Beobachter an den Sitz des Reichstages zu entsenden, da sie die Einhaltung der Friedenspakte mitgarantierte.

Unter der Ära Kurz war als wichtigster bayerischer Gesandter am Reichstag wie bei der Frankfurter Wahlversammlung dessen Intimus Dr. Johann Georg Oexl aufgetreten, der ebenso wie sein Herr als streng österreichisch gesinnt galt. Diesen hätte Frankreich nach dem Tod des bayerischen Obersthofmeisters gern aus Regensburg scheiden sehen, um seine Berichte an den Wiener Hof auszuschalten. Als Verbindungsmann zu Gravel in der Donaustadt empfahl sich der Geheime Rat Franz von Mayr, der bereits unter Maximilian I. nach Paris und Oberitalien gereist war und fließend französisch sprach. Um Österreich nicht vor den Kopf zu stoßen, behielt man Oexl einstweilen bei, entsandte jedoch im September 1663 auch Mayr dorthin. Ferdinand Marias Instruktionen schärften ihm größte Zurückhaltung ein: er dürfe sich nicht im Geringsten engagieren, verlangte der Kurfürst, sondern »den Gravel« nur anhören und alles gänzlich geheimhalten.[209]

Dem jungen Bayernfürsten war im vergangenen Jahrzehnt so viel Mißtrauen gegenüber Frankreich eingeimpft worden, daß er bei der praktischen Durchführung seiner neuen Pläne große Vorsicht walten ließ. Zwar zeigte Frankreich das Gesicht eines uneigennützigen Garanten des Friedensvertrages von Münster und eines Beschützers der »Reichssecurität«, aber Bayern wollte lieber seine Neutralität bewahren, als von der westlichen Großmacht am Gängelband geführt zu werden. Doch auch die beiden ersten Ratgeber des Kurfürsten, Hermann Egon Fürstenberg und Caspar Schmid, die den Geheimen Rat, das höchste kurfürstliche Beamtengremium, beherrschten, sprachen sich für eine Verbindung zu Frankreich aus. Die Nachrichten vom türkischen Kriegsschauplatz lauteten im Herbst 1663 so bedenklich, daß das Kurfürstentum sich unbedingt eine gewisse Rückendeckung schaffen mußte.

Ein weiterer Grund für die Annäherung an Frankreich war der Montferrat'sche Investiturstreit, der nicht nur Adelheid, sondern auch die Münchener Regierung seit mehr als zehn Jahren über Gebühr beschäftigte. Bayern hatte sich die Lösung dieser Streitfrage zu einer wahren Ehrenpflicht gemacht und wollte damit nicht nur dem verwandten Turiner Hof, sondern auch der Gerechtigkeit im Reich dienen. Die kostspieligen Gesandtschaften der Madama Reale nach Wien, die vielen Mahnungen des Münchener Hofes waren bisher ohne Resultat geblieben, da die kaiserliche Familie mit Mantua eng verwandt war und diesem Haus die strittigen Gebiete von Montferrat nicht entziehen wollte. So führte Wien die Bestimmungen des Westfälischen Friedens über dieses Reichslehen nicht durch. Mit Versprechungen und Rückziehern, Perfidie und leeren Worten verärgerten der Kaiser und seine Ratgeber das Haus Savoyen und dessen unermüdlichen Anwalt, den bayerischen Hof.

Im September 1661 informierte der venezianische Gesandte in Wien, Alvise Molin, in seiner Finalrelation die Serenissima über Ferdinand Marias Verbitterung mit den Worten: »Bayern, dessen Haus immer von Österreich abhängig war und das bei der letzten Wahl so stark für den Kaiser arbeitete, daß es die Krone ablehnte, um sie S. Majestät aufzusetzen, ist heute nicht zufrieden und hegt keine aufrichtige Zuneigung für S. Majestät«. Auf der Rückreise von Frankfurt habe der Kaiser in München das Versprechen gegeben, dem Herzog von Savoyen die Investitur über die festen Plätze des Montferrat zu erteilen, doch seien die Autorität der Kaiserin Eleonora und die Zuneigung, die der junge Kaiser ihr entgegenbringe, groß genug, um zu neuen Vorwänden und Ausflüchten zu führen. Schließlich schilderte der Venezianer die junge bayerische Kurfürstin als eine energische Reiterin, die ihr Roß, den eigenen Gemahl, ständig anfeuere und in Trab bringe. Adelheids politischer Einfluß begann also bereits bei den europäischen Mächten bekannt zu werden.[210]

Zu Beginn des Jahres 1662 scheint die Kurfürstin von Ferdinand Maria und der bayerischen Regierung die Erlaubnis erhalten zu haben, mit Kaiser Leopold selbst über die Montferrat'sche Frage zu verhandeln. Sie schrieb ihm Briefe und schickte ihm Botschaften, kam in der Sache aber keinen Schritt weiter.[211] So versteiften sich schließlich die Fronten. Als der Kaiser 1663 die Einberufung eines Reichstages in Regensburg beschloß, ließ Ferdinand Maria ihn wissen, daß die Kurfürsten bei dieser Gelegenheit eine Entscheidung über das Montferrat erzwingen könnten. Aber man würdigte ihn nicht einmal einer Antwort. So erreichte Adelheid, nachdem Ferdinand Maria die Einladung zur Teilnahme am Reichstag erhalten hatte, trotz der heftigen Vorwürfe Maria Annas vom Kurfürsten die Zusage, nach Regensburg mitreisen zu dürfen. Ihre Aktivität und ihr persönliches Gewicht, so hoffte sie, würden den Gatten bestimmen, das Kurfürstenkollegium in der Streitfrage um das Montferrat zu einem gemeinsamen Entschluß zu gewinnen.

Obwohl im November ein äußerst kalter und heftiger Wintereinbruch erfolgte, und Adelheid sich vor der Abreise von neuem Mutter fühlte, war sie von ihrem Vorhaben nicht abzubringen. Mit der ihr eigenen Zähigkeit traf sie die Vorbereitungen für eine monatelange Abwesenheit und ließ in der Landshuter Residenz alle Öfen heizen, da sie den kleinen Max Emanuel dort mit einem eigenen Hofstaat einzuquartieren gedachte. In München herrschten die Blattern, und so mußte ihr kostbarstes Kind in Sicherheit gebracht werden. Im Notfall konnte ihn die besorgte Mutter sogar selbst in einer Tagereise erreichen. An Gravel schrieb sie am 28. Dezember 1663, daß sie mit ihrem »tres-cher mary« nach Regensburg komme und sich freue, dort die Freundschaft mit ihm fortzusetzen.[212]

Obwohl Kaiser Leopold dem Kurfürsten nahegelegt hatte, nur mit kleinem Gefolge zu erscheinen, ging am 30. Dezember ein stattlicher Zug von Reitern, Kutschen, Sänften und Gepäckwagen aus der Münchener Residenz auf die Reise. Er konnte sich nur in kleinen Tagesetappen fortbewegen, da die Kurfürstin sich bald in schlechter gesundheitlicher Verfassung befand und im Bett über die Straßen getragen werden mußte. In Landshut lag sie mehrere Tage krank darnieder. Zu ihren körperlichen Beschwerden kam eine tiefe Sorge um die geliebte Mutter in Turin, von der sie schlechte Nachrichten hatte. Madama Reale schien auf dem Sterbebett zu liegen. Nach beschwerlicher Reise kam der bayerische Hof in den Nachmittagsstunden des 9. Januar 1664 vor den Toren der Reichsstadt Regensburg an.

Dort herrschte bereits ein außerordentliches Leben und Treiben. Die Stadt war auf eine der üblichen Reichsversammlungen eingerichtet, die sich nach alter Gewohnheit über viele Monate hinzogen. Niemand ahnte, daß sich in diesen Tagen die Eröffnung des »Immerwährenden Reichstages« vollzog, daß Regensburg nun für fast 150 Jahre der Gesandtentreffpunkt aller deutschen Reichsstände bleiben sollte. Die Stadt war durch ihre Lage an der Donau, durch die vielen Kirchen und mittelalterlichen Geschlechtertürme, die sie beherrschten, eine der schönsten im Heiligen Römischen Reich. Auf dem letzten Reichstag 1653/54 hatte sie den Besuchern außerordentliche Festlichkeiten geboten. Den Abgesandten der deutschen Fürsten standen erstklassige Gasthöfe mit schönen Sälen für abendliche Vergnügungen, wie Theater, Spiel und Tanz, zur Verfügung. Tagungsort der einzelnen Gremien des Kongresses war das alte Rathaus inmitten der Stadt.[213]

Wie sein Vater Ferdinand III. zehn Jahre früher, so hatte sich auch Kaiser Leopold persönlich nach Regensburg begeben, um die Wünsche seiner Minister durch das Gewicht der eigenen Anwesenheit durchzusetzen. Auch andere deutsche Fürsten, geistliche und weltliche, reisten trotz der Winterkälte zum Jahresbeginn in die Donaustadt, so die Kurfürsten von Mainz, Trier und Sachsen, die Herzöge von Württemberg und Lothringen, der Erzbischof von Salzburg, der Bischof von Straßburg, der Markgraf von Baden und andere mehr. Man versprach sich interessante Unterredungen und allerlei Amüsement.

Der Einzug der einzelnen Fürsten ging in Regensburg jeweils mit großem Gepränge vonstatten und wurde von den fremden Besuchern und der gesamten Bevölkerung als besondere Attraktion betrachtet. Da man von dem mächtigen bayerischen Kurfürsten und seiner eleganten Gemahlin eine souveräne und festliche Gestaltung des Einzuges erwartete, war am 9. Januar die ganze Stadt auf den Beinen. Der prächtige Zug passierte das Jakobertor und bewegte sich am Rathaus vorbei über den neuen Pfarrplatz zur Dompropstei, wo das Kurfürstenpaar Quartier nahm. Die Zeit verlangte diese glanzvolle Art der Repräsentation, diese Zurschaustellung des Gottesgnadentums vor dem Volk wie vor den Ständen. Sie entsprach dem barocken Lebensgefühl, dem Verlangen nach malerischen Festlichkeiten, nach Daseinsfreude und Gepränge.[214]

Unter den Zuschauern befand sich auch ein junger Schriftsteller namens Johann Joseph Bekh aus Straßburg, Kandidat beider Rechte, der sich inspiriert fühlte, den Einzug des bayerischen Kurfürstenpaares mit wohlgesetzten Alexandrinern und mythologischen Anspielungen zu preisen. Er fand alle seine Erwartungen übertroffen. Dies war der Einzug des triumphierenden Gottes Apoll! Alles Volk lag in den Fenstern, »die Stücke donnerten und blitzten«, als der bayerische Hof durch die Straßen zog. Der gebildete junge Bekh, Verfasser mehrerer Prosadramen, beschrieb die reichgeschmückten Pferde, die festlich gewandeten Bedienten und Garden, die Beamten der Hofkanzlei, die Kavaliere von Geblüt in Gold und Seide und schließlich die Säule des Reiches, den Kurfürsten selbst, wie eine Schar von tapferen antiken Helden, eine Augenweide für die Zuschauer.

Aber was bedeuteten sie alle im Vergleich zu der wahren Göttin Diana, die nach ihnen in der alten Reichsstadt ihren Einzug nahm. In einer goldverzierten Sänfte, die von zwei sacht im Schritt gehenden Pferden getragen wurde, saß »die beflamte Kertz des Bayerlandes«, die schöne junge Kurfürstin. Sie trug ein perlen- und edelsteinbesetztes Kleid und zeigte ein liebliches Lächeln. Nicht einmal die schöne Helena von Troja halte den Vergleich mit dieser göttlichen Erscheinung aus, versicherte der Augenzeuge Bekh in barockem Überschwang. Die Haartracht der Kurfürstin beflügelte ihn zu folgenden Versen:

> »Gleich wie die Najades, die schöne Nymfen Schar /
> den edlen Donau-strom mit lust zu Wellen schlagen /
> so sag ich war das Haar nach Wellen arth getragen.
> Der sanffte Zephyrus, der hatte sein Gespiel /
> so daß es Wirbelweis an Ihre Wangen fiehl.«

Prachtvoll waren auch ihre Trabanten und Lakaien gekleidet, die geschürzte Hosen aus Taft, schwarze Tuchröcke mit Flügeln, weiß-blaue Schnüre aus Samt und Barette mit weiß-blauen Federn trugen. Bewaffnet waren sie mit »Partesanen«, langen und ungemein dekorativ wirkenden Spießen. Anschließend folgte eine »schöne Suit« von sechsspännigen Hofkutschen mit »Frauenzimmer« und Kavalieren, die sich durch große Kleiderpracht auszeichneten, elf vierspännige Landkutschen und zwei große Kastenwagen.[215]

So zog das bayerische Kurfürstenpaar in die alte Reichsstadt an der Donau ein, um mit Kaiser und Fürsten Politik zu treiben. Beide ahnten nicht, was für Unbilden und Schicksalsschläge sie darin erwarteten.

Schon 1653 hatte die junge Savoyerin sich danach gesehnt, den Regensburger Reichstag mitzuerleben, Politik aus erster Hand zu erfahren und eine Reihe anregender Menschen zu treffen. Damals hatten Sparsamkeit und Fragen des Zeremoniells die Kurfürstinwitwe abgehalten, mit Adelheid und den unmündigen Söhnen den Regensburger Kongreß zu besuchen. Diesmal war es der Kurfürstin zwar gelungen, einen Reichstag und damit die Zentralverhandlungen über die gemeinsamen Interessen der deutschen Fürstenwelt aus der Nähe zu verfolgen, aber es sollte ihr nicht vergönnt sein, den Aufenthalt zu genießen. Madama Reale, seit längerer Zeit schon krank und hinfällig, hatte bereits in der Nacht zum 28. Dezember 1663 in Turin die Augen geschlossen. Am Morgen des 14. Januar, als Adelheid soeben die Messe verließ, brachte man ihr die Todesnachricht in einem schwarzversiegelten Brief des Herzogs von Savoyen. Der Verlust der Mutter, ihrer engsten Vertrauten und Ratgeberin, bedeutete einen schweren Schlag für Adelheid und brachte sie an den Rand des Zusammenbruchs. Herzanfälle und Weinkrämpfe warfen sie aufs Krankenbett und ließen für das ungeborene Kind das Schlimmste befürchten.

Trotzdem ergriff sie bereits am folgenden Tag die Feder und schrieb ihrem Bruder, der mit dreißig Jahren endlich die Regierungsgewalt übernahm, daß er nun für seine Schwester der Trost und Halt sein müsse, den ihr bisher die Mutter gegeben hatte.[216] Sie wußte in diesem Augenblick noch nicht, daß der fröhliche, ritterliche, lässige Herzog, der bisher aus seinem Leben eine lange Reihe guter Tage gemacht hatte, gleichzeitig Witwer geworden war. Seine junge Frau, Françoise d'Orléans, mit der er sich erst vor kurzem vermählt hatte, war am 14. Januar plötzlich aus dem Leben geschieden. So kam es, daß Karl Emanuel sich nach diesen familiären Verlusten eng an die ferne Schwester in Bayern anschloß und viele Jahre eine liebevoll-verwandtschaftliche, aber auch politisch bedeutsame Verbindung mit ihr pflegte.

Im bayerischen Hofstaat zog nach Madama Reale's Tod die Trauer ein und die malerische Kleiderpracht, mit der man Regensburg betreten hatte, mußte in den Koffern verschwinden. Alle Festlichkeiten wurden abgesagt.

»Die welche vormahls seind mit schöner Farb gekleid /
die tragen jetzo schon die schwarze Traurigkeit«,

dichtete Bekh als Fortsetzung zu seinen Einzugsversen.

Trotz ihres schlechten Gesundheitszustandes begann sich die bayerische Kurfürstin nach der Eröffnung des Reichstages mit Politik und Audienzen zu befassen. Sie empfing eine ganze Reihe deutscher Fürsten und Damen des Wiener Hofes und schließlich am 28. Januar den jungen Kaiser, der im Regensburger Bischofshof residierte, zu Besuch in ihrem Quartier, wobei die Einzelheiten des Zeremoniells eine außerordentliche Rolle spielten. Während Ferdinand Maria im Rathaus mit den anwesenden Kurfürsten und den kurfürstlichen Abgesandten verhandelte oder mit Kaiser Leopold auf die Beizjagd ritt und »al drucco« spielte, war sie selbst unermüdlich tätig, ihre Besucher für die Interessen der Familie Savoyen zu gewinnen. Wie sie ihrem Bruder mitteilte, befand sich damals in Regensburg bereits eine sehr geschickte Persönlichkeit mit Empfehlungsschreiben der Kaiserin Eleonora, die den Herzog von Mantua vertrat, während Savoyen noch keinen Bevollmächtigten entsandt hatte. Es war also keine Zeit zu verlieren, wenn Karl Emanuel seine Rechte auf das Montferrat wahren wollte.[217]

Die österreichischen Minister waren natürlich nicht geneigt, dem Savoyer Gerechtigkeit widerfahren zu lassen, auch der Kurfürst von Mainz verhielt sich abwartend und kühl, doch der Vertreter des französischen Königs hatte ihr jede nur denkbare Hilfe für die Interessen ihres Bruders zugesagt. Auch Ferdinand Maria selbst war auf diesem Reichstag mit seinen beiden Ratgebern Fürstenberg und Schmid energisch für Savoyen tätig und konnte das Kurfürstenkollegium tatsächlich davon überzeugen, daß man in Wien seinem Schwager Unrecht antat. In einer Audienz überreichten die Vertreter dieses Kollegiums dem Kaiser schließlich am 10. März ein Memorial, das die Rechte des Herzogs auf die Investitur nachwies. Mehr war während des Aufenthalts in Regensburg für Savoyen nicht zu erreichen. Da der Westfälische Friedensvertrag für die Erteilung der Investitur an den Herzog eine Entschädigungssumme von 494 000 Ecus zugunsten Mantuas vorsah, die Frankreich vorher für Savoyen zu entrichten hatte, bot Ludwig XIV. zu wiederholten Malen die Zahlung dieser Summe an, die Mantua bereits mehrmals abgelehnt hatte.[218]

Obwohl die Kurfürstin, die sich inmitten der zeremoniellen Verpflichtungen des Reichstages zu wenig Schonung gegönnt hatte, schließlich in Regensburg eine Fehlgeburt erlitt und in Lebensgefahr schwebte, nahm sie anschließend auch auf dem Krankenlager noch Anteil an der Politik. In einem Brief vom 25. März dankte sie dem französischen König mit lebhaften Worten für seine Großzügigkeit in den Angelegenheiten ihres Bruders und erhielt von ihm zur Antwort, daß er alles getan habe, was bei der Kürze der Zeit in seiner Macht stand. Sie solle wissen, daß er gern auf ihre Bitten eingehe. Gleichzeitig teilte ihr Lionne jedoch seine Befürchtungen mit, daß das finanzielle Angebot des Königs wohl nicht genügen werde, um den Wiener Hof zur Vernunft zu bringen. Das wahre Hindernis in dieser Angelegenheit sei nach wie vor das Ansehen der Kaiserin. Vielleicht könne man diese bei ihrem Privatinteresse packen, nachdem sie ihre Mitgift noch nicht erhalten habe. Da der König etwa 500 000 Ecus anböte, müsse man sie wissen lassen, daß sie über den größten Teil dieses Geldes werde verfügen können. Vielleicht würde sie dann ihren Bruder, den Herzog von Mantua, zur Annahme der Summe bewegen.[219]

Nachdem Adelheid im April 1664, noch keineswegs gesundet, nach München zurückgekehrt war, begann sie von neuem, ihre politischen Netze zu spinnen. Man hatte, als der Kaiser und die Fürsten die gastliche Donaustadt verließen, im gegenseitigen Einverständnis beschlossen, dort zur weiteren Abwicklung der Geschäfte einen Gesandtenkongreß zu belassen, aus dem schließlich der »Immerwährende Reichstag« erwuchs. So blieb auch Robert de Gravel in Regensburg und es gelang ihm bereits nach kurzer Zeit, einen gesellschaftlichen Mittelpunkt zu bilden und die Gesandten der unsteten deutschen Fürstenwelt um sich zu sammeln.

Nicht nur aus kühlen politischen Erwägungen, sondern auch aus wahrer gegenseitiger Bewunderung und Sympathie führte die bayerische Kurfürstin mit diesem Meister der Diplomatie einen jahrelangen, erfolgreichen Briefwechsel. Als im Sommer 1664 auch ein ständiger Vertreter Savoyens, Carlo Felice Malletto, in Regensburg eintraf, begann sie mit Zustimmung des Kurfürsten, dessen gesamte Korrespondenz mit dem Turiner Hof aus Sicherheitsgründen unter ihrem Siegel über München zu leiten. So hielt sie wichtige Fäden in der Hand, um die Familie Savoyen auf deren jahrhundertelangem Weg zur Vergrößerung ihres Territoriums und zum Königtum weiterzuführen. Als es darum ging, ihrem Bruder bei Kaiser und Reich die Anerkennung des Titels »Königliche Hoheit« zu verschaffen, schrieb sie persönlich an den Kurfürsten von Mainz und bat ihn, daß man das Gutachten zugunsten Herzog Karl Emanuels dem Kaiser überbringen möge. Ihr französischer Briefwechsel mit dem Bevollmächtigten Malletto, der zusammen mit der ganzen Turiner Reichstagskorrespondenz dieser Jahre in die Münchener Archivbestände gelangte, erweist die formvollendete Liebenswürdigkeit der Kurfürstin im Bereich des diplomatischen Verkehrs.[220]

Der Kaiser hatte in den vergangenen Jahren eine ungeschickte Politik getrieben, indem er sich das bayerische Kurfürstenpaar in der Montferrat'schen Frage zum Feind machte. Noch unwürdiger als dieses Verhalten empfand Adelheid seine Politik gegenüber den Türken, mit denen er im Sommer 1664 den Verzichtfrieden zu Eisenburg schloß, ohne sich vorher mit den Reichsfürsten ins Benehmen zu setzen, die seinen Krieg mitfinanzierten. In einem Brief an Herzog Karl Emanuel vom 16. Oktober 1664 trat ihre Empörung über den jungen Kaiser zutage. »Ich denke, Sie wissen schon von dem Frieden, den man sehr zum Schaden der Christenheit mit den Türken schloß, ohne jemand davon Nachricht zu geben. Die Kurfürsten sind darüber sehr verärgert und das ganze Reich fühlt sich verletzt.« Dieser Groll trieb Bayern direkt in die Arme Frankreichs, und Kaiser Leopold sollte in den kommenden Jahren das ganze politische Gewicht der bayerisch-savoyischen Ehe zu spüren bekommen, die sich nun langsam aber sicher gegen ihn wandte.[221]

Zwar machte Ferdinand Maria auch 1664 keine Anstalten, dem Wunsche Frankreichs wegen der Rheinischen Liga entgegenzukommen, aber er schloß ein Defensivbündnis mit dem Kurfürsten von Mainz, einem wichtigen Mitglied dieser Vereinigung, und stand mit Köln ohnehin in enger Fühlungnahme. Verschiedene bayerische Städte, vor allem Braunau, begann er mit »Defensionsanstalten« zu versehen. Er zeigte Österreich die kalte Schulter und gewöhnte sich an die Interessengemeinschaft mit dem französischen Hof, der unter der Herrschaft eines glänzenden jungen Königs den absolutistischen Zeitgeist immer beispielhafter verwirklichte.

Wie selbstverständlich ging er auf Adelheids Anregung ein, anläßlich der Geburt ihres zweiten Sohnes am 6. April 1665 den französischen König zum Paten zu bitten. Dieser nahm die erste familiäre Bindung zum bayerischen Hof mit Freuden an und beehrte den Täufling Ludwig Kajetan mit einem kostbaren Kleinod. Er konnte in München auf eine Bundesgenossin zählen, die eine »grande respectueuse passion« für ihn hegte.[222]

In den sechziger Jahren befanden sich beide Linien des Hauses Habsburg wegen der männlichen Nachfolge in echtem Dilemma und der Stern der Casa d'Austria schien zu verglühen. Als der spanische König Philipp IV. im September 1665 verschied, hinterließ er einen vierjährigen Sohn, der so schwächlich war, daß man ihn kaum für lebensfähig hielt. Der deutschen Linie ging es nicht viel besser. Drei Söhne Kaiser Ferdinands III. starben in den Jahren 1654, 1658 und 1664, sein Bruder Leopold Wilhelm, der kunstsinnige Hoch- und Deutschmeister, verschied 1662 und im gleichen Jahr der Herr von Innsbruck und Gemahl der Anna dei Medici, Erzherzog Ferdinand Karl. Männliche Nachkommenschaft besaß keiner von ihnen.

Als nun im Juni 1665 auch der letzte Erbe der Innsbrucker Linie, Sigismund Franz, den Adelheid auf der Brautfahrt in Matrei kennengelernt hatte, im Alter von 35 Jahren starb, ruhte der Name Habsburg auch in Österreich nur noch auf zwei Augen: der unvermählte, stets kränkelnde Kaiser Leopold war die letzte Hoffnung seines Geschlechts. Wenn ihm etwas zustieß, drohte im Reich ein Interregnum, wenn beide Linien gleichzeitig ausstarben, blieben gewaltige Ländermassen ohne Herrn. Es war vorauszusehen, daß Europa sich zerfleischen würde.[223]

So begann man in der Fürstenwelt die Frage nach den Ansprüchen auf legitime Nachfolge zu erheben. »Das Haus Österreich steht auf sehr schwachen Fundamenten«, schrieb Adelheid schon im November 1663 an ihren Bruder. Sie sah von neuem das kaiserliche Diadem in erreichbarer Nähe, da der bayerische Kurfürst als Enkel Kaiser Ferdinands II. nicht nur günstige Aussichten auf die nächste römische Königswahl, sondern auch auf die Länder des Erzhauses besaß. Daher erkundigte sie sich im Juli 1665 in Regensburg beim savoyischen Vertreter Malletto, ob man bereits von der nächsten Wahl eines Königs der Römer spreche. Die Zeichen schienen ihr günstig.[224]

Das traurige Schicksal des Hauses Habsburg verdüsterte die letzten Lebensjahre der Kurfürstinwitwe Maria Anna. Sie, die sich mit aller Kraft für die Größe ihrer Familie eingesetzt hatte, mußte nun zusehen, wie eine Hoffnung nach der anderen erlosch. Ihr Verhältnis zur

Schwiegertochter hatte sich nach der Geburt Max Emanuels und mit dem Nachlassen ihres eigenen politischen Einflusses gebessert, doch waren Sticheleien und Kränkungen immer noch an der Tagesordnung. Trotzdem betrachtete Adelheid mit ihrem oft zwiespältigen Herzen die Kurfürstinwitwe als Mutter und weinte heiße Tränen, als diese schließlich am 25. September 1665 die Augen schloß. »Ich war anwesend, als sie verschied«, schrieb sie ihrem Bruder, »und ich glaubte selbst vor Schmerz zu sterben.«[225]

So grundverschieden diese beiden Frauen dem oberflächlichen Beobachter erscheinen mochten, sie hatten doch manches gemeinsam. Beide waren lebendige, an vielen Dingen interessierte Naturen, denen die Würde ihrer hohen Abkunft, der Glanz des Gottesgnadentums über alles ging. Beide hatten viel Familiensinn und huldigten einer tiefen Marienverehrung, beiden lag die Politik im Blut. Aber gerade die Politik war es, die letztlich eine unüberbrückbare Kluft zwischen der Habsburgerin und der Bourbonen-Enkelin aufwarf, eine Kluft, die niemals dauernden Frieden zwischen ihnen zuließ.

Ein kurfürstlicher Naturfreund

Ferdinand Maria war von Jugend an kurzsichtig und saß ungern am Schreibtisch. Die vielen amtlichen Schriftstücke seiner Regierungsvertreter und Gesandten zu lesen, empfand er als ausgesprochene Mühsal. Weitschweifige Gesandtenberichte ließ er sich meistens in Auszügen vorlegen. Nur sein starkes Pflichtbewußtsein band ihn an die majestätischen Räume der Münchener Residenz, an Sitzungen, Audienzen und Repräsentation.

Viel lieber ritt er durch die Wälder und Auen seines schönen Landes, besuchte die alten Städte, die Jagdschlösser und Klöster, inspizierte die Festungen und wallfahrtete zu den frommen Stätten der Marienverehrung. Bewegung in freier Natur, Reiten und Jagen, Fischen und Schwimmen waren ihm die liebsten Beschäftigungen.

Seine Reisen wurden stets durch Boten mit schriftlichen Anweisungen vorbereitet, damit sich die Straßen in gutem Zustand befanden. Da er eine Vorliebe für das nasse Element besaß, ließ er sich »aufs Wasser setzen«, wo immer sich die Möglichkeit dazu ergab. Fuhr er mit seinem Gefolge auf Flößen die Isar hinab, so mußten vorher die Brücken abgetragen und die Fahrtrinne freigehalten werden. Ging die Reise ins bayerische Oberland, etwa nach Ettal oder Hohenschwangau, so unterbrach er den Ritt in Starnberg und ließ sich über den See bis zur Südspitze rudern, um die Fahrt auf dem Wasser zu genießen. Die herrliche Natur des Voralpenlandes mit ihren zahlreichen, fast unberührten Seen, ihren klaren Flüssen und Bächen trug das ihre bei, um diese Vorliebe zu steigern.[226]

Auch die Festung Braunau am Inn erreichte Ferdinand Maria am liebsten auf dem Wasserweg. Da die Isar für tiefer gehende Schiffe nicht zu benützen war, empfahl sich Wasserburg am Inn als nächstgelegener Hafen für die bayerische Hauptstadt. So hatte Kurfürst Maximilian I. schon 1635 auf seiner Brautfahrt nach Wien in Wasserburg mit einer größeren Flottille die Anker gelichtet und dort für seine Fahrten nach Altötting ein Leibschiff unterhalten. Ferdinand Maria setzte diese Tradition fort. Gewöhnlich übernachtete er nach dem Ritt von München im Wasserburger Schloß, bestieg am nächsten Morgen mit seiner Begleitung die wartenden Schiffe und ließ sich auf den grünschäumenden Wassern des Inn bis Braunau treiben, wo er den Fortschritt seiner

Befestigungsanlagen inspizierte. Nach Altötting war es von hier nur eine kurze Wegstrecke.

Auch auf dem Starnberger See unterhielten die bayerischen Herzöge bereits im 16. Jahrhundert eine reizvolle kleine Renaissanceflotte, aber die Schweden verbrannten im Dreißigjährigen Krieg die vorhandenen kurfürstlichen Schiffe. Dann war für größeren Luxus kein Geld mehr vorhanden.

In den ersten Jahren nach Adelheids Ankunft in Bayern wurde auf dem Starnberger See mit einfacheren Schiffen gefahren. Erst ein gutes Jahrzehnt nach dem Westfälischen Frieden waren die kurbayerischen Kassen wieder soweit gefüllt, daß man an Bau und Erhaltung einer größeren Lustflotte denken konnte. Um Adelheid und den Gästen des bayerischen Hofes ein besonders repräsentatives Vergnügen bereiten zu können, beschloß Ferdinand Maria nach der Geburt seines Kurprinzen, auf dem See eine Nachahmung des venezianischen »Bucintoro« zu schaffen, der in Bauart und luxuriöser Ausstattung diesem Prunkschiff der Dogen nicht nachstehen sollte. Starnberg war damals ein hübsches kurfürstliches Renaissanceschloß auf einer Anhöhe inmitten grüner Wiesen, die sich, terrassenartig mit Büschen bepflanzt, bis an den See erstreckten. Im Süden reichte der Blick weit an die Alpen bis zum felsigen Absturz der Zugspitze. Adelheid liebte dieses Schloß, wenn es auch den Bedürfnissen des vergrößerten Hofes kaum noch entsprach. Aber die Besucher aus allen Teilen des Reiches wie der Kurfürst von Köln, der Erzbischof von Salzburg, der Herzog von Lothringen, waren vom Reiz dieser Landschaft entzückt.

Im Jahre 1662 ließ Ferdinand Maria mit Francesco Santurini einen Ingenieur und Theaterarchitekten aus Venedig kommen, der zunächst anläßlich der Tauffestlichkeiten für den Kurprinzen die Szenerie zu den großen Theateraufführungen schuf. Nach deren Abschluß erhielt er den Auftrag, auf dem Starnberger See ein großes kurfürstliches Leibschiff nach der berühmten Galeere des Dogen zu bauen. Die Idee zu einem solchen Prachtschiff faßte das Kurfürstenpaar anscheinend gemeinsam mit dem Dichter Pietro Paolo Bissari aus Vicenza, der 1662 die Tauffestlichkeiten für den kleinen Kurprinzen geleitet hatte. Dieser führte nach seiner Rückkehr in die Heimat Verhandlungen mit Baldassare Bartoli, dem Agenten Kurbayerns in Venedig, in welcher Form der Bau des Schiffes am besten zu bewerkstelligen sei.[227]

Noch im Spätherbst des gleichen Jahres begann Santurini mit welschen Zimmerleuten und verschiedenen Helfern aus der Gegend die Arbeiten am Schiffsrumpf. Es sollte ein prachtvoll-phantastisches Fahrzeug werden. Santurini baute es in drei Decks: im untersten befanden sich die Bänke für die Ruderer, die das Schiff von der Anlegestelle wegbefördern und bei Windstille über das Wasser bewegen sollten. Hundert Riemen dienten dazu, die große Galeere anzutreiben. Das mittlere Deck, der schönste Teil des Schiffes, erhielt vier reichgeschmückte Räume für den Aufenthalt der Fürstlichkeiten und des Hofstaats. Man betrat es am Schiffsheck über eine doppelte Holztreppe, in deren Mitte die kriegerisch gewandte Göttin Pallas Athene stand. Auch das Steuerruder wurde zwischen diesen Treppen angebracht. Sie führten in zwei kleinere Räume, die als Vorzimmer für den Hofstaat eingerichtet wurden. Dann folgte über die ganze Breite des Schiffes das private Zimmer des Kurfürstenpaares und anschließend der Speisesaal. Um das Mitteldeck herum lief außen zwischen Säulen und Fischleibern eine schmale Galerie, um die Prunkräume vom Durchgang freizuhalten. Eine weitere Türe führte vom Bug der Galeere, wo ein fahnenhaltender Neptun stand, in den Speisesaal. Von dort liefen zwei schmale Treppen auf das offene Oberdeck, das für die Musiker und das Hofpersonal bestimmt war, und über dem sich zwei riesige Segel blähen sollten. Hier fand eine Reihe von Kanonen für Salutschüsse Aufstellung. Fock- und Großmast verliefen durch den Speisesaal und die Vorzimmer in den Schiffsrumpf. Im Inneren der Umlaufgalerie gaben reichverglaste Fenster, die man an heißen Tagen öffnen konnte, den Räumlichkeiten Luft und Licht.

Für die Verzierungen aus Holz wurden die ersten Kistler, Bildhauer und Maler aus der Hauptstadt berufen, so Balthasar Ableithner, Hans und Tobias Bader, Wolfgang Leithner. Sie fertigten barocke Putten, zarte Fischleiber, Statuen aus der antiken Mythologie, Löwenköpfe und dekorative Säulen. Für die Gestaltung der farbigen Ausstattung war hauptsächlich der Hofmaler Kaspar Amort tätig, der die Prunkräume ausmalte und die Fassung der Holzfiguren besorgte. Über der Wasserlinie lief außen um das Schiff ein abnehmbarer, farbenfroher Leinwandstreifen mit mythologischen Meeresgestalten, dessen Bemalung man über den Winter wieder auffrischen konnte. Die vorherrschenden Farben dieses märchenhaften Schiffes waren weiß, blau und golden. Eine Brunnenschale im Speisesaal, das von zwei Löwen gehaltene kurfürstliche Wappen am Heck und schmiedeeiserne, verglaste

Laternen vervollständigten die kunstvolle Ausstattung. Zur Führung des Schiffes erbat sich Ferdinand Maria durch seinen venezianischen Agenten am 22. Januar 1663 vom Dogen einen geschickten Kalfaterer namens Nicolo de Demetrio, der zunächst den Schiffsrumpf abdichten und beizen, später als Steuermann dienen sollte.[228]

Wenn der Bucintoro in See stach, waren das ganze Oberdeck, der Schiffsschnabel, das Heck und die beiden Masten mit flatternden, weiß-blau gestreiften Fahnen geschmückt. Er bot, als er im Sommer 1663 vom Stapel lief, einen hocheleganten Anblick und war das schönste Schiff, das man in Bayern je gesehen hatte. Michael Sartorius, der kurfürstliche Pflegsverwalter zu Starnberg, errechnete die Gesamtkosten auf 18 289 Gulden, jedoch ohne die Festbesoldung der beteiligten Hofkünstler.

Der Bucintoro hatte nur einen großen Fehler: er besaß wegen des erforderlichen geringen Tiefgangs einen Flachboden und keinen Kiel. Damit war er bei stürmischem Wetter nicht genügend manövrierfähig. Er schaukelte ja nicht auf den sanften Wellen der venezianischen Lagune, sondern auf einem oberbayerischen See, der das Schiff bei einem plötzlichen Gewitter in unangenehme Situationen bringen konnte. Aber damit schienen die italienischen Schiffsbauer, die sich mehr auf Eleganz und theatralische Szenerie verstanden, nicht zu rechnen. Ferdinand Maria, der ein geübter Schwimmer war und im Sommer 1663 achtmal an den Starnberger See fuhr, machte sich das Vergnügen, unter seinem neuen Leibschiff durchzutauchen.

Der Name Bucintoro oder Buzentaur ist vermutlich auf »Buzin d'oro« (Goldenes Schiff) zurückzuführen. Auch mit dem Goldreif, italienisch »Bucin d'oro«, den der Doge alljährlich in die Lagune warf, um die Vermählung Venedigs mit dem Adriatischen Meer zu symbolisieren, wird er in Zusammenhang gebracht. Zu Ferdinand Marias Zeiten scheint sich dieser fremdklingende Name am bayerischen Hof nicht wirklich durchgesetzt zu haben. Zwar gebrauchte ihn die Kurfürstin mehrfach in ihren Briefen nach Turin und Regensburg, aber die Hofrechnungen sprachen stets vom kurfürstlichen großen Leibschiff. Erst unter Max Emanuel fand der Name im Hofgebrauch Eingang.[229]

Für das Unternehmen, ein Schiff wie den Bucintoro zu bauen, war wohl in erster Linie Ferdinand Maria die treibende Kraft. Zwar sagte man der Familie Savoyen im 17. Jahrhundert nach, daß das sommerliche Baden in Flüssen und Bassins zu ihren Lieblingsbeschäftigungen gehörte, aber Adelheid zog auf längeren Reisen die Kutsche und Sänfte den Schiffen vor. Das Wasser war Ferdinand Marias Element und Venedig die Stadt seiner Träume. Natürlich wählte er gerne einen Schiffstyp aus dem Heimatland seiner Gemahlin und wurde darin von dieser lebhaft unterstützt. Doch betonte Adelheid in ihren Briefen, daß es der Kurfürst war, der den Bucintoro bauen ließ. Sie selbst fühlte sich für andere Bauten zuständig.

In der Folgezeit wurden die älteren Schiffe auf dem Starnberger See überholt und als Begleitfahrzeuge verwandt, um mit dem Bucintoro eine geschlossene Flottille zu bilden, die stets in Formation auslief. Die Schiffshütten und der Landungssteg lagen am Nordende des Sees.

Als zweitgrößte Galeere fuhr unter Ferdinand Marias Regierung zunächst das Kammerherrenschiff, auch Blaues Schiff genannt, das in den bayerischen Wappenfarben bemalt war und als Halbgaleere bezeichnet wurde. Ein ähnliches, aber größeres Schiff, die Rote Halbe Galeere, baute Santurini im Jahre 1667 neu. Es besaß einen Mast mit Segel und auf dem Achterdeck einen überdachten und verglasten Aufenthaltsraum für regnerisches Wetter. Die Riemen wurden bei diesem Schiffstyp nicht aus dem Rumpf, sondern vom Oberdeck aus bedient.

Weitere Begleitschiffe waren die Gondeln, die keine Segel trugen und auf denen mittschiffs eine schön verglaste Kabine mit flatternden Fahnen stand. Hinter diesen Belustigungsfahrzeugen fuhren die Proviant- und Küchenschiffe. Letztere trugen in der Mitte einen überdeckten Herd, auf dem die kurfürstlichen Köche in respektvoller Entfernung vom Leibschiff die Speisen brieten, wenn die Flottille zu den Mahlzeiten auf dem Wasser blieb. Das Dach über dem Herd hatte eine viereckige Öffnung als Rauchabzug. Weine und sonstige Getränke lagerten kühl in den tiefgehenden Keller- oder Sumelierschiffen. Schließlich sind noch die Farmschiffe zu erwähnen, die in Ferdinand Marias Flotte für allerlei Transportgüter dienten, in deren Heck aber bei Jagden auf Wasservögel auch Spezialgeschütze standen.

Auf diesem barocken Prunkgeschwader glitt nun der kurfürstliche Hof mit seinen Gästen bei schönem Sommerwetter an den grünen Ufern vorüber und genoß die heitere Natur. Hier wurde Hof gehalten, Politik diskutiert, getafelt und gespielt. Auf dem Oberdeck des Bucintoro saßen die kurfürstlichen Musiker mit ihren Instrumenten und unterhielten die Damen und Kavaliere mit fröhlichen Weisen. Geschäftig umschwärmten die Begleitschiffe den großen Zweimaster. Die neue

Flotte konnte über 2000 Personen befördern und erwies sich bald als ein außerordentlicher Rahmen für festliche Repräsentation. Für die Zuschauer an den Ufern muß der Anblick dieser barocken Lustflotte wie ein Freilichttheater gewirkt haben. Kurfürstin Adelheid empfand das neue große Leibschiff als »tres-superbe«, und der kunstsinnige Münchener Karmeliterpater Andreas, der von einer Italienreise mit dem Kurfürsten korrespondierte, schrieb am 30. März 1665 aus Venedig, daß es in der ganzen Lagunenstadt kein so schönes Schiff gäbe wie das kurbayerische auf dem Starnberger See.[230]

Aber das vielgeliebte nasse Element konnte auch tückisch werden. Aus dem Jahre 1575 war bekannt, daß Herzog Albrecht V. mit seiner österreichischen Gemahlin auf dem Wasser von einem bösen Hagelwetter überrascht wurde, von dem die Hofgesellschaft und das Schiff jämmerlich »abgeklopft« worden seien. Auch der Bucintoro mußte ein gefährliches Gewitter bestehen. Als das Kurfürstenpaar im Juni 1666 einmal den ganzen Tag bei Musik und Spiel mit dem Leibschiff auf dem See verbracht hatte und abends nahe von Possenhofen vor Anker speisen wollte, zogen drohende Wolken auf. Segelmeister und Ruderer waren an Land gegangen und die Speisen standen schon auf dem Tisch. Da erhob sich plötzlich ein furchtbarer Sturm von Westen und trieb das schwerfällige, kiellose Leibschiff mit großem Ungestüm wie einen Spielball bis in die Mitte der weiten Seefläche. Die zu Tode erschrockene Hofgesellschaft, unter der sich auch die kurfürstlichen Kinder Marianne Christine und Max Emanuel befanden, flehte während dieser unfreiwilligen Reise über die aufgepeitschten Wogen den Beistand der Gottesmutter und aller Heiligen an. Zum Glück gelang es in höchster Not, die Segel zu kappen und den Schiffbruch zu verhindern. »Ich litt unsagbar«, berichtete die Kurfürstin ihrem Bruder Karl Emanuel, »denn ich sah meine Kinder in großer Gefahr, ohne ihnen helfen zu können.« Im schlimmsten Augenblick warf sie ihren schweren Schultermantel ins Wasser, der sie unweigerlich auf den Grund gezogen hätte. Doch da strandete das Schiff bereits im seichteren Wasser und blieb manövrierunfähig liegen.[231]

Wie Adelheid weiter nach Turin berichtete, nahm ein kleines Boot sie mit ihren Kindern auf und brachte sie ans Ufer, wo sie im Hause eines armen Bauern ihre Kleider trocknen konnten. Dieser, der Fischer Georg Schropp aus Buchhaus in der Hofmark Possenhofen, stellte die Rettung wesentlich dramatischer dar als die Kurfürstin selbst. In einem

Gesuch vom Jahre 1691, als er sich um eine Steuermeisterstelle bewarb, teilte er mit, daß er beim Anblick der gestrandeten Galeere bis an den Hals ins Wasser gesprungen sei und die Kurfürstin in einem Tragsessel an Land gebracht habe. Dann führte er auch den ganz entkräfteten Landesherrn, der sich nach Schropps Version wohl schwimmend gerettet hatte, unter dem Arm in sein Fischerhaus. Adelheid legte, wie sie in einem Brief mit stark verwaschener Schrift erzählte, die fünfjährige Prinzessin in einen strohbelegten Korb, bis sie am nächsten Tag nach Starnberg gebracht wurde. Um ihre eigene Gewitterfurcht und die ihrer Kinder zu bannen, bestieg sie in den nächsten Tagen mit ihnen wieder ein Schiff.[232]

Aber das Sturmerlebnis hatte gesundheitliche Folgen. Die Kurfürstin, die sich wiederum in anderen Umständen befand, begann zu kränkeln und erlitt Anfang August in Dachau trotz aller Vorsichtsmaßnahmen eine so unglückliche Frühgeburt, daß kaum Hoffnung auf Wiedergenesung bestand, wie sie ihrem Dichterfreund Bernardo Bianchi schrieb. Aber mit Geduld und Zähigkeit überwand sie den neuerlichen Schicksalsschlag und war im Herbst wieder genesen. Ein Gelübde, das Ferdinand Maria in äußerster Sturmnot der Muttergottes von Altötting abgelegt hatte, führte zur Anfertigung eines silbernen Bucintoro »mit villen fahnen und rudern« von fünf Mark vier Lot Silbergewicht. Drei Jahre nach der ausgestandenen Todesangst brachte er das Schiffsmodell in feierlicher Pilgerfahrt nach Altötting und opferte es der Muttergottes.[233]

Von kulturhistorischem Interesse sind auch die Reisen von München nach Starnberg, da sie mit umfangreichen kulinarischen Vorbereitungen verbunden waren. Gewöhnlich fuhren mindestens zehn Meisterköche mit ebenso vielen Küchenjungen, dazu der Hoffischer, der Hofmetzger und das Kellerpersonal nach Starnberg voraus. Mit ihnen reisten die nötigen Speisen und Getränke, die Tapezereien für das Schloß und den Buzentaur. Die Fahrt des Kurfürstenpaares mit seinem Gefolge ging auf den sogenannten Fürstenwegen vor sich, die mit Schranken verschlossen waren und vom übrigen Verkehr nicht berührt wurden. Das Mittagsmahl nahm man bei Forstenried auf einer Wiese ein, wo Laubhütten als Unterkünfte errichtet waren. Für die Bereitung der Speisen wurden Küchenzelte aufgestellt, die nach der Beschreibung des Zeitgenossen Chapuzeau ein Heerlager vortäuschten.

Für diese Verköstigung des Hofes und seiner Gäste auf freiem Feld war allein ein ganzer Schwarm an Servier- und Küchenpersonal vonnöten, nämlich Lakaien, Köche, Teller- und Silberwäscher, Bratspießdreher und Geflügelputzer, Zuckerbäcker, Zehrgaden- und Kellerpersonal, Bedienstete für die Pferde und Männer zum Aufrichten der Küchenzelte. Selbstverständlich wurden Leibärzte, Beichtväter, Trabanten und Kammerfrauen, Geschirr, Gläser und Besteck, Tische und Stühle, Wäsche und Musikinstrumente mitgeführt.[234] Die Fahrt durch die kurfürstlichen Forsten und über die blühenden Wiesen bis zur glitzernden Fläche des Sees war allein ein immer wieder ersehntes Vergnügen. Bei den Fahrten mit dem Bucintoro ließ das Kurfürstenpaar stets prachtvolle Fischmahlzeiten servieren, die von den Fischern rund um den See geliefert wurden und im Lauf der Jahre Berühmtheit erlangten. Damals wimmelte der Starnberger See noch von Hechten und Brachsen, Renken und Lachsforellen.

Ferdinand Maria war selbst ein eifriger Fischer und ließ sich gerne mit dem Rechzeug über den Starnberger See rudern. Am Meisinger See besaß er ein Seehaus und beim Prälaten von Tegernsee nahm er an Bootsfahrten teil, bei denen die Fische mit großen Netzen aus dem Wasser gezogen wurden. Auch Schleißheim mit seinen Weihern und Bächen war ein ausgesprochenes Anglerparadies. Der Perlenfang, der damals im Kurfürstentum noch schöne Exemplare ans Tageslicht brachte, wurde in erster Linie im Bayerischen Wald, nämlich in Deggendorf, Kötzting, Zwiesel und Viechtach betrieben und vom Landesherrn durch Käufe gefördert.[235]

Die Lieblingsbeschäftigung des Kurfürstenpaares in freier Natur war jedoch die Jagd, die als Vorrecht des Landesherrn galt und seiner Belustigung diente. Ihr waren die ausgedehnten Sommeraufenthalte auf den Schlössern Dachau und Schleißheim gewidmet, die Reisen ins Innviertel, in die Donaugegend und ins Gebirge bis nach Hohenschwangau. Mit Ausnahme der »Erbjagden« besaß der bayerische Kurfürst durch die Landesfreiheit von 1508 das alleinige Jagdrecht in seinen Landen, behielt sich aber nur die Hochjagd vor und überließ die Niederjagd im allgemeinen den Ständen, das heißt dem Adel, den Prälaten und den Geschlechtern der Städte. Die hohe Jagd beschränkte sich auf Rotwild, Sauen, Gams und Steinbock, während das Reh- und Damwild, die Füchse, Hasen, Otter, Biber und das Flugwild zum sogenannten »kleinen Waidwerk« gehörten.[236]

Unter Ferdinand Maria jagte der Hof mit seinen Gästen bei den großen Repräsentationsjagden in erster Linie auf Hirsche und Sauen, bei kleineren Jagden in den kurfürstlichen Hofmarken auf den Biber, die Hahnen und Wachteln, den Fuchs und den Wolf. Die beiden letzteren wurden gern lebendig gefangen, um ein höfisches Spiel, das sogenannte »Prellen«, mit ihnen zu treiben. Dabei schnellte man die Tiere auf gespannten Tüchern so lange in die Höhe, bis sie verendeten. Rehwild dagegen war damals nicht in heutigen Mengen vorhanden. Als besonderes Jagdgut reservierte sich der Landesherr das edle Flugwild, die Reiher und Falken. In seiner Jugend betrieb Ferdinand Maria auch gerne die Gebirgsjagd auf Gemsen, die ihm aber in späteren Jahren zu beschwerlich wurde. So hielt man 1670 die letzte Jagd in Hohenschwangau ab.

Für das große Waidwerk besaßen die bayerischen Kurfürsten schier unerschöpfliche Reviere, die sie gar nicht allein bejagen konnten. Sie mußten daher in vielen Teilen des Landes den Abschuß ihren Beamten überlassen. Das »eingestellte Jagen«, die großen Repräsentationsjagden des Hofes, erforderten wochenlange Vorbereitungen. Das Rotwild wurde mit Hilfe der Bauern in bestimmte Waldstücke getrieben, die man mit Zäunen, Netzen und Tüchern abgeriegelt hatte. Wenn nun die höfischen Schützen auf den Jagdständen angelangt waren, brachte man die Büchsen in Anschlag und ließ die Armbrüste spannen. Dann trieb man Hirsche, Stuck und Kälber unter lautem Geschrei an den Jagdschirmen vorbei und wieder zurück, bis die Strecke groß genug war. Diese Jagden fanden in Bayern meist im August statt, wenn die Hirsche feist und die Felder abgeerntet waren.

Schließlich galten auch die Wasserjagden auf dem Starnberger See als besonderes Vergnügen. Wenn der Bucintoro mit seinen Begleitschiffen am Nordufer in See gestochen war, begannen die kurfürstlichen Jagdgehilfen mit Hörnern und einer großen Meute »fürnehmer« Hunde bei Aufkirchen und anderen Orten die Hirsche auf eine Schneise zu treiben, von der sie zwangsläufig nach einiger Zeit ihr Heil in der Flucht ins Wasser suchen mußten. Mit leidenschaftlichem Gebell stürzten sich die Hunde hinterher und trieben die Hirsche mit Hilfe von Booten, die zu den Seiten Wache hielten, auf das große Fürstenschiff zu. Von dessen Oberdeck machte sich die Hofgesellschaft bei den Klängen der Musik ein Vergnügen daraus, das gehetzte Wild abzuschießen. Das Schauspiel war zwar grausam und nach heutigen Maßstäben wenig waidgerecht, aber jedenfalls höchst malerisch und imposant.[237]

Gejagt wurde an zahlreichen Orten: bei der Hirschfeist und Saujagd beispielsweise zu Dachau, Schleißheim, Erding, Perlach, Mattighofen, Oberhaching, Höhenkirchen oder bei Großhesselohe, Starnberg, Schwaben, Forstenried, Geisenfeld und Laufzorn. Zur Entenjagd fand sich Ferdinand Maria im Herbst und Winter am Starnberger See ein. Er bestieg dabei eines der sogenannten Farmschiffe, auf das man von der Würmbrücke am Nordufer des Sees aus ein kleines Geschütz montiert hatte. Mit diesem Kugel- oder Schrotgeschütz, das als »Hagelgeschoß« bezeichnet wurde, bestritt man hauptsächlich die winterliche Jagd auf die Wasservögel. Dagegen wurden Singvögel, in erster Linie Lerchen und Meisen, auf die heute noch in südlichen Ländern übliche Weise gefangen, nämlich auf den Vogelherden. Den Lockvögeln, Netzen und Leimruten beim höfischen Vogelfang fielen Scharen von Singvögeln zum Opfer. So erwarb man 1659 vierzig neue »Lerchennetzl« für die kurfürstliche Familie.[238] Den damals in Bayern noch recht häufigen Biber jagte Ferdinand Maria am liebsten in den wasserreichen Auen um Moosburg, wo sich die Flüsse Isar und Amper vereinigen. Schwanz und Füße des Bibers galten als Delikatesse und waren an der kurfürstlichen Tafel sehr beliebt. Der Landesherr bezog für dieses spannende Jagdvergnügen das alte Schloß Isareck, das damals eine wittelsbachische Hofmark war und das er nach den Schäden des Dreißigjährigen Krieges wieder hatte herstellen lassen. Auch Adelheid besuchte 1668 mit ihm diesen reizvollen Jagdsitz.[239]

Die Kurfürstin war eine besondere Freundin der Beizjagd, jener Jagd auf Wildvögel und Kleintiere im Feld, die im Mittelalter aus Arabien über Sizilien nach Deutschland kam. Im 17. Jahrhundert wurde sie zu Pferd mit Falken ausgeübt und galt als die ritterlichste Form der Jagd. Adelheid besaß mit dem welschen Falkner Antonio Peruta einen eigenen Jagdmeister für die Beize und für das Herunterholen des Flugwilds einen »Luftschützen«.[240] Man jagte mit abgerichteten Falken für den »hohen« und mit Habichten für den »niederen Flug«. Die stolzen Raubvögel besaßen hohen Wert und waren die Lieblinge ihrer Besitzer. Sie gehorchten der Dressur eines geschickten Falkners und brachten willig das gewünschte Flugwild aus den Lüften oder die Junghasen und das kleine Federwild aus den Feldern. Als besonders gutes »Divertimento« hatte auch der junge König der Römer, der 1653 mit seinem Vater, Kaiser Ferdinand III., den Regensburger Reichstag besuchte, die »Peiß« auf Wildvögel empfunden. Da er in den Wäldern um die

Reichsstadt auf kurbayerischem Boden jagte, schickte er Ferdinand Maria stets Berichte über seine Erfolge. Er traf dort zwar nicht auf Reiher, wie in der Gegend um das heimatliche Schloß Laxenburg bei Wien, gab sich aber auch mit Enten, Milanen, Elstern und Krähen zufrieden, wenn er bei den vielen »negotiis«, die in Regensburg zu tätigen waren, in den winterlichen Wäldern wieder einen klaren Kopf bekam. Auch über die gefährlichen Schwarzwildjagden berichtete er mit Vergnügen. Manchmal gingen die Sauen auf die Herren los und mußten mit dem Degen abgewehrt werden, aber es kam auch vor, daß einer der Jagdgäste zu Boden fiel und der Eber ihm seinen Zahn in den Schenkel bohrte. Trotzdem brachte die Hatz der tückischen Sauen »große Lust«. Sogar die Bauern, die diese gefährliche Jagd scheuten, seien mit Eifer dabeigewesen, erzählte der junge König.[241] Adelheid mußte einmal geradezu ihr Leben verteidigen, als ein Eber ihrem Standplatz zu nahe gekommen war und sie und ihre Damen bedrohte. Mit dem Degen Ferdinand Marias, den dieser in ihre Nähe geworfen hatte, brachte sie den Angreifer zur Strecke. Lieber saß sie aber bei solchen Gelegenheiten zu Pferde, den langen Wurfspeer in der Hand. Der französische Maler Jan Miel hat das bayerische Kurfürstenpaar im Jagdschloß La Venaria, das Karl Emanuel in den sechziger Jahren bei Turin erbaute, bei einer solchen Eberjagd gemalt: auf feurigen Rossen, von starken Hunden begleitet und mit Speeren bewaffnet, reitet das Paar in eleganter Jagdkleidung hinter dem flüchtigen Eber her.

Ferdinand Maria jagte das Schwarzwild am liebsten in Geisenfeld bei Ingolstadt, wo er ausgedehnte Forsten besaß. Obwohl Adelheid die dortige Unterkunft als »sehr häßlich« empfand, begleitete sie den Kurfürsten gerne dorthin, da die Nähe Regensburgs für ein politisch interessantes Publikum sorgte. Sie traf dort im November 1667 nicht nur Robert de Gravel, der stets politische Gespräche von Format zu führen wußte, sondern auch den kaiserlichen Prinzipalgesandten am Regensburger Reichstag, Erzbischof Guidobald Graf Thun von Salzburg, der ein prachtliebender Kirchenfürst und verwegener Waidmann war. Von ihm, der starke Körperkräfte besaß, erzählte man sich, daß er 1658 auf einer »Schweinshatz« bei Ferdinand Maria einen flüchtigen Keiler an den Borsten festgehalten habe.[242]

Auf den Stil der bayerischen Hofjagden nahm die Kurfürstin einen persönlichen Einfluß, der nicht zu übersehen war. Daß die Jagd im 17. Jahrhundert ein für heutige Begriffe rohes Vergnügen blieb, konnte sie nicht verhindern, aber sie schritt kultivierend ein, wo dies nur möglich war. Die Jagden wurden kürzer und prächtiger, die Falkenbeize ließ sie besonders pflegen. Aus Turin erbat sie von ihrem Bruder schöne Jagdutensilien und kostbare Meutehunde. Da es am Hofe Karl Emanuels üblich war, in feuerroten Jagdröcken zu reiten, ließ sie solche nach München kommen und fand Genugtuung darin, daß eine Reihe von Hofkavalieren sich diese eleganten »Justaucorps« nachahmen ließen. Es war eine Jagd nach ihrem Geschmack, wenn die bayerischen Herren in roten Röcken, begleitet von den herrlichen spanischen Hunden des Herzogs von Savoyen, auf die Hasen- und Fuchsjagd ritten.[243]

Für längeren Sommeraufenthalt und große Jagden dienten dem Kurfürstenpaar vor allem die Schlösser Dachau und Schleißheim, die im sparsamen Stil der Spätrenaissance erbaut und von ausgedehnten Jagdrevieren umgeben waren. Dachau lag als Vierflügelanlage auf beherrschender Anhöhe mit Blick über die Alpen, Schleißheim und sein Landgut in flacher, wasserreicher Umgebung. Als Ferdinand Maria und Adelheid zur vollen Ausübung der Regierungsgewalt gelangten, entsprachen diese sommerlichen Lusthäuser weder den wachsenden Ansprüchen des Hofes noch dem Kunstgeschmack der Zeit. Das Kurfürstenpaar nahm daher vor allem in Schleißheim, wo weitere Räume für die Bedürfnisse des Hofes eingerichtet werden mußten, bauliche Veränderungen vor. Adelheid sorgte in Erinnerung an die Sommerschlösser Piemonts für eine reichhaltige Innenausstattung an Gemälden und Tapezereien, um Gäste aus Nah und Fern zu den großen Schaujagden einladen zu können. Zur Sommerzeit gab es in beiden Schlössern prunkvolle Essen, Theateraufführungen, Musik und Gauklerspiele. Unzählige Briefe der Kurfürstin sind aus Dachau und Schleißheim geschrieben. Hier genoß sie mit ihren Kindern das Grün der Gartenanlagen und die Frische der Wasserspiele, beobachtete die vielen zahmen Tiere wie Pfauen und Fasane, die den Park belebten, und besuchte in Schleißheim die Einsiedeleien von Ferdinand Marias Großvater, Herzog Wilhelm V. Unter der Regierung des Kurfürstenpaares besaß Schleißheim ein Ballhaus, wo man mit hölzernen Schlägern und »Pallonen« spielte, eine Reitbahn und Armbrustschießstätte sowie eine Schanze inmitten des Riedweihers, die für Zielübungen auf gemalte Reiter eingerichtet war. Das schöne Schleißheimer Gestüt sorgte für den Nachwuchs des kurfürstlichen Marstalls.

Wie üblich suchte Ferdinand Maria die vorhandenen Wasserwege für kleinere Schiffsreisen zu benützen. So hielt er sich einige Wasserfahrzeuge auf der Amper bei Dachau und unternahm auf den Würmbächen bei Schleißheim Lustfahrten nach nahegelegenen Schlössern wie Haimhausen. Im Jahre 1666 brachte man ihn sogar auf einem Floß über die Isar nach Schleißheim, da er eine Wasserstraße zu seinem liebsten Sommerschloß erproben wollte. Der Plan, die natürlichen Wasserwege durch Kanäle auszubauen und dadurch die beiden Schlösser unter sich und mit der Residenzstadt zu verbinden, wurde schon unter Ferdinand Maria ins Auge gefaßt.[244]

So herrschte auf den kurfürstlichen Landschlössern rund um München ein sommerlich-heiterer Naturgenuß, gepaart mit barocken Festesfreuden. Ein Zeitgenosse, der Franzose Chapuzeau, wußte die Gärten, Sommerfeste und Jagden des bayerischen Hofes nicht genug zu rühmen und bezeichnete die Prunkgaleere auf dem Starnberger See als eines der Wunder dieser Epoche. Die Savoyerin verpflanzte die höfische Sommerkultur aus den Schlössern rund um Turin nach München und fand in dem Naturfreund Ferdinand Maria einen gleichgestimmten Partner.

Geistliche Gründungen

In den Jahren 1660 bis 1665 gewann die bayerische Kurfürstin mehr und mehr an Selbstbewußtsein und Lebensfreude. Sie gebar vier Kinder und war eine glückliche junge Mutter. Die Ehe mit Ferdinand Maria wuchs über Pflicht und Gewöhnung hinaus und wurde zu einem starken Band gegenseitiger Zuneigung. Während die Savoyerin ihre törichte Überheblichkeit und Spottlust besiegt und Ferdinand Marias menschlichen Wert erkannt hatte, hielt dieser ihr ein Leben lang die Treue und bewunderte ihre Intelligenz und Energie. Die Fähigkeiten der jungen Kurfürstin durften sich entfalten, ihre Wünsche wurden erfüllt. Da sich der bayerische Landesherr damals noch nicht so stark auf seine neuen Ratgeber verließ wie in späteren Jahren, stand Adelheid auf der Höhe ihres Einflusses. Sie wurde in dieser Zeit zum Prototyp einer absolutistischen Fürstin, interessierte sich für alle Gebiete des staatlichen Lebens, begann Herrschertugenden zu entwickeln und führte einen der glanzvollsten Höfe Europas. Die lebenslustige Südländerin, die 1652 fast noch als Kind durch das Isartor eingezogen war, wurde innerhalb von zehn Jahren zu einer pflichtbewußten Landesherrin. Solange der Kaiser unvermählt blieb, galt sie als erste Fürstin des Reiches.

Durch ihre Frömmigkeit erwarb sie sich Anspruch auf Mitwirkung in der bayerischen Kirchenpolitik, die sie als selbstverständliche Aufgabe ihres »sang royal« empfand. Nach ihrer Auffassung vom Herrscheramt war besonders die Gemahlin des Landesherrn berufen, auf diesem Gebiet führend und vermittelnd zu wirken. Die Erneuerung des religiösen Lebens nach dem Dreißigjährigen Krieg sollte zunächst am Hof und in der Hauptstadt, schließlich im ganzen Land verwirklicht werden. In Erinnerung an die geistliche Führung ihrer Jugendwelt bestand sie auf ihrem Lieblingsplan und setzte zu Ende des Jahres 1661 in Rom die Übersendung einiger Theatinerpatres nach München durch. Unter ihnen war Don Stefano Pepe, ihr alter Lehrer und Beichtvater. Das Gelübde des Kurfürstenpaares an den seligen Kajetan hatte zwar auf die Einführung des Ordens nach der Geburt eines Thronfolgers gelautet, aber Adelheid wollte nicht länger warten und hoffte zum Sommer 1662 ohnehin auf die Geburt eines männlichen Erben. Außerdem war noch der Widerstand der bayerischen Geistlichkeit gegen welsche Ordensleute zu überwinden. Die Theatiner sollten auch in Bayern ihre reformatorischen Ziele, nämlich Aufwertung der Predigt, Verinnerlichung der Frömmigkeit und Pflege der theologischen Studien verwirklichen können.

Am 22. Januar 1662 schrieb die Kurfürstin an Don Pepe, daß sie ihn und seine Reisegenossen mit der größten Ungeduld – »impatientissima impatienza« – erwarte. Sie schickte ihnen hundert ungarische Gulden für die Reise und trug ihnen auf, für ihre Bequemlichkeit keine Kosten zu scheuen, sondern in erster Linie an die Gesundheit zu denken. Anfang Februar reisten die Theatiner Stefano Pepe, Carlo Palma und Girolamo Meazza, die für die Fastenpredigten am Münchener Hof und die Sondierung beim Ordinariat vorgesehen waren, aus der Niederlassung der Theatiner in Venedig ab und kamen am 15. Februar in der bayerischen Residenzstadt an. Mit überschwenglicher Freude wurden sie von der Kurfürstin empfangen, die sich bei ihnen entschuldigte, daß sie nun das paradiesische Italien mit einem so rauhen Land vertauschen müßten.[245]

Schon zwei Tage später schickte der Kurfürst Don Palma mit einem italienisch sprechenden Sekretär nach Freising und bat für die Abgesandten um bischöfliche Audienz, da er den Theatinerorden, der in Italien und Frankreich bereits stark entwickelt sei, an den Münchener Hof berufen wolle. Aber Bischof Albrecht Sigismund, ein auf politische Geltung bedachter Wittelsbacher, der seit dem Scheitern seiner Ehepläne nicht gut auf das Kurfürstenpaar zu sprechen war, zeigte sich nicht gewillt, den welschen Patres in München sofort die Erlaubnis zur Niederlassung zu erteilen. Daß die Einführung dieses Ordens ein Schachzug Adelheids gegen die Jesuiten war, lag für ihn klar auf der Hand. Er verschanzte sich hinter den »pfarrlichen Gerechtsamen und Gebräuchen« in Bayern, denen der fremde Orden empfindliche Nachteile brächte. Die Theatiner würden der einheimischen Geistlichkeit Gottesdienste, Begräbnisse und Almosen entziehen und deren Einnahmen schmälern, was er mit seinem Gewissen nicht vereinbaren könne. So mußte das Kurfürstenpaar in Freising das ganze Gewicht seiner hohen Stellung einsetzen, um den Theatinern in München eine Heimstätte zu schaffen. Beide taten dies, ihrem Charakter entsprechend, mit unterschiedlichen Methoden.

Adelheid verhielt sich auch gegenüber einem Kirchenfürsten aus der Familie Wittelsbach ganz als Vertreterin der absoluten Macht der Krone. Mit südlichem Temperament ergoß sie ihren Unwillen über sein schuldiges Haupt. Durch mißgünstige Leute lasse er sich abhalten, die Bewilligung zu erteilen, maßregelte sie ihn in zwei auf Deutsch abgefaßten Schreiben, aber er werde sich noch eines Besseren bekehren und willfährig zeigen.

Ferdinand Maria ging bedächtiger vor und schickte seinen bewährten Rat Franz von Mayr zu Verhandlungen auf den Freisinger Domberg. Auch Don Stefano Pepe, der bereits als Kanzelredner und Beichtvater der Kurfürstin tätig war und ihr zu Ruhe und Besonnenheit riet, nahm seinen Weg dorthin. Durch die Beredsamkeit der beiden Vermittler glätteten sich die Wogen. Nachdem auf Veranlassung des Kurfürsten alle Münchener »Religiosen« ihr Einverständnis ausgesprochen hatten, erteilte der Bischof am 1. Juni 1662 dem Theatinerorden die Erlaubnis zur Niederlassung in München. Pater Pepe brachte sie voll Freude in die Residenz und die feierliche Einführung des Ordens erfolgte zehn Tage später im Beisein des ganzen Hofes.[246]

In seinen Tagebuchblättern schilderte Pater Meazza die Kurfürstin als eine liebenswerte Gönnerin voll natürlicher Würde, voll Eifer für die ihr anvertrauten Ordensherren. Immer wieder kam sie persönlich mit den Damen des Hofes in die vorläufige Unterkunft der Theatiner, inspizierte Küche, Speisekammer und Schlafzellen und erkundigte sich nach deren Lebensumständen. Häufig schickte sie ihnen Schüsseln von der eigenen Tafel, die für den frugalen Speiseplan der Patres vierzehn Tage gereicht hätten. Vor der festlichen Einführung des Ordens ließ sie es sich nicht nehmen, selbst die Altäre der kleinen Rochuskirche zu schmücken, die den Theatinern als erstes Gotteshaus diente.[247]

Während Don Palma nach Rom zurückkehren mußte, erhielt auf Wunsch der Kurfürstin ein weiterer Theatiner aus Venedig die Bewilligung, das Münchener Kloster aufbauen zu helfen. Am 15. Juni 1662 traf Don Antonio Spinelli, aus Padua gebürtig, in München ein, der im weiteren Leben des bayerischen Hofes eine gewichtige Rolle spielte. Spinelli hatte zunächst im Zivilrecht promoviert und in Venedig eine Advokatur ausgeübt. Seine innere Berufung führte ihn jedoch in den Theatinerorden, wo er viele Jahre lang die Novizen in der Lehre des Ordens erzog. Er war ein energischer, intelligenter Geistlicher, besaß geeignete Umgangsformen für den Hofdienst und künstlerische Begabung. Die Kurfürstin empfing ihn, obwohl sie kurz vor der Geburt Max Emanuels stand, bereits am Tag nach seiner Ankunft und ließ ihn wie alle Theatiner in ihrer Gegenwart sitzen. Von ihrer schönen, blühenden Erscheinung überwältigt, brachte Spinelli kaum ein Wort hervor und überließ Don Pepe, der ihn begleitet hatte, die Komplimente vor der Landesherrin. Wie ein überirdisches Wesen sei sie ihm bei dieser ersten Audienz erschienen, schrieb er in sein Tagebuch. Aber auch die Kurfürstin war von seiner eindrucksvollen Persönlichkeit überrascht und gestand ihm nach einigen Jahren, daß sie ihn sich schon im ersten Augenblick als späteren Beichtvater erkoren hatte. Stefano Pepe war damals bereits ein alternder, kränklicher Herr und hatte nur noch wenige Jahre zu leben.[248]

Die erste primitive Unterkunft der Theatiner, die mit drei Laienbrüdern in München angekommen waren, lag auf dem Rochusbergl im Hause eines Schmieds. Als die Festlichkeiten zur Geburt und Taufe des Kurprinzen verrauscht waren, begann Ferdinand Maria die Kaufverhandlung für ein besseres Logis des Ordens zu betreiben und erwarb von der Witwe des Grafen Kurz einen Teil von deren Palais in nächster Nähe der Residenz, an der Vorderen Schwabingergasse.[249]

Anfang Januar 1663 erbat und erhielt Adelheid vom Freisinger Bischof die Erlaubnis für die Theatiner, im Saal der Kurz'schen Behausung ihre Gottesdienste und Exerzitien abzuhalten, bis der eigentliche Kirchen- und Klosterbau für sie vollendet sei. Dort hausten nun die italienischen Patres über ein Jahrzehnt in Heiterkeit und Armut. Ein unterirdischer Gang, der schon zur Zeit von Maximilian Kurz bestand, führte die Patres zu ihren seelsorgerischen Obliegenheiten in die Residenz und das Kurfürstenpaar zum Gottesdienst der neuen Ordensherren.[250]

Die Theatiner trugen ein einfaches schwarzes Priesterkleid und weiße Strümpfe. Sie waren gelehrte, redegewandte und schriftstellerisch interessierte Regularkleriker, ließen sich mit »Don« ansprechen und huldigten einer weltoffenen, toleranten Religiosität. In ihre Reihen nahmen sie zunächst nur Angehörige des Adels auf und waren damit für den Hofdienst prädestiniert. Da sie zur Armut verpflichtet und auf Almosen angewiesen waren, solche aber nach ihrer Regel nicht erbitten durften, übernahm der Kurfürst die Sorge für ihren Unterhalt.

Zu den Fastenpredigten des Jahres 1663 kam auf Wunsch Adelheids der berühmte Theatinerprediger Don Agostino Bozomo aus Italien, der in den Jahren 1658-62 Ordensgeneral in Rom gewesen war. Er beeindruckte in der Residenzkapelle mehrmals wöchentlich die Hofgesellschaft und das italienische Gefolge der Kurfürstin mit seinen gehaltvollen Ansprachen. Ferdinand Maria empfand solche Sympathie für diesen beredten Geistlichen, daß er ihn bat, ganz nach Bayern zu ziehen und der erste Propst des Münchener Klosters zu werden. Sogar die Kurfürstinwitwe Maria Anna begann in ihrer letzten Lebenszeit, von den starken Persönlichkeiten der Patres und ihrer Kanzelberedsamkeit beeindruckt, sich für den Orden einzusetzen. Damit erhielten Adelheids Bemühungen, die Theatiner an den Münchener Hof zu bringen, ihre volle Rechtfertigung.[251]

Im Frühjahr 1664 reiste Stefano Pepe nach Prag, um auch in einer Stadt der Habsburger Monarchie die Einführung des Ordens voranzutreiben, und am 23. Juni 1664 erhielt die Münchener Niederlassung mit Don Agostino Bozomo ihren ersten Propst. Noch im gleichen Jahr erfolgte durch den Abt von Andechs die Grundsteinlegung der Theatinerkirche, die auf Wunsch der bayerischen Kurfürstin den Ordensgründer Kajetan von Thiene und die heilige Kaiserin Adelheid zu Patronen haben sollte.[252]

Die Kanzelerfolge der Patres und ihre Beliebtheit bei Hof brachten der neuen Gründung bereits in den ersten Jahren Zuwachs aus den Reihen des bayerischen Adels. Zwar gehörte die italienische Sprache damals zum Bildungsgut der höfischen Kreise, aber die Kurfürstin mußte nach den Predigten der Theatiner häufig ihren Damen Teile des Inhalts in deutscher Sprache wiederholen. Daher erwiesen sich deutschsprachige Ordensmitglieder als wünschenswert und das Kurfürstenpaar förderte den Eintritt in den Orden. Die ersten Novizen hießen Pelkoven und Closen, Tilly und Marimont. Auch ein junger Engländer namens Hamilton, der als Page am Münchener Hof erzogen war, wurde 1665 als Sechzehnjähriger bei den Theatinern eingekleidet.[253]

Die schriftstellerische Tätigkeit der Patres bezog sich auf kirchengeschichtliche und kirchenrechtliche Themen und erwies die gelehrte Bildung, die sie bereits nach Bayern mitbrachten. Nach ihrer Regel war ihnen auferlegt, sogar während der Mahlzeiten zu studieren. Der aus Mailand stammende Don Girolamo Meazza beschrieb in ausführlichen Tagebuchblättern die Münchener Erlebnisse der Theatiner seit ihrer Ankunft. In den Jahren 1662-72 erschien eine ganze Reihe seiner Schriften in italienischer Sprache bei Münchener Buchdruckern über religiöse Themen und Persönlichkeiten wie Franz von Sales. Ein »Heiliges Panegyrikum« Meazzas über Kaiserin Adelheid, die Gemahlin Ottos des Großen, ließ der welsche Sekretär der Kurfürstin drucken und überreichte es ihr mit artiger Widmung. Während Don Spinelli sich in seinen Manuskripten hauptsächlich mit rechtlichen Problemen befaßte, legte Stefano Pepe das ganze Feuer seiner italienischen Beredsamkeit in die Lebensgeschichte heiliger Personen, deren Wesen und Wirken er den Lesern anziehend machen wollte. Sein Werk über Leben und Wundertaten des Ordensgründers Kajetan von Thiene, mehrfach in München auf Adelheids Betreiben ins Deutsche übersetzt, regte dessen Verherrlichung an und trug zur späteren Heiligsprechung bei.[254] Von besonderer Wirkung auf die gebildeten Schichten Bayerns war Pepes Schrift »Geschichte und Wunderzeichen der seligsten Jungfrau von Altötting in Bayern«, die er 1664 in seiner klangvollen Muttersprache herausgab. Das Erscheinen dieses Werkes muß der tiefen Verehrung der Kurfürstin für das altbayerische Marienheiligtum zugeschrieben werden. Sie selbst wird ihren alten Lehrer auf dessen Bedeutung für die Religiosität im ganzen Lande aufmerksam gemacht haben. So entstand ein italienisches Pilgerbüchlein höfischer Prägung für Altötting, voll Poesie und Glaubenseifer. Es wurde ins Deutsche übersetzt und erschloß dem Gnadenort einen erweiterten Kreis von Wallfahrern.[255]

Das bekannteste Werk Pepes, in dem seine literarische Zusammenarbeit mit der Kurfürstin deutlich zu Tage trat, war das »Leben der seligen Klara von Agolanti aus Rimini«, das er der Kurfürstin Maria Anna widmete. Nachdem er ständig bemüht war, das Verhältnis seines Beichtkinds zur Schwiegermutter liebenswürdig zu gestalten, bat er Kurfürstin Adelheid um eine Einführung zu seinem Buch in italienischen Versen, die sie in die Literaturgeschichte ihres Heimatlandes eingehen ließen. Die fruchtbare Wechselbeziehung zwischen Adelheid und ihrem Beichtvater bestand bis zu dessen Tod im Mai 1665. Unter der geistlichen Führung des gütigen alten Theatiners war aus der unbefriedigten Savoyerin eine ausgeglichene, glückliche Frau und Mutter geworden, die in München nun doch eine zweite Heimat fand. Mit Don Antonio Spinelli erhielt sie zwar einen würdigen Nachfolger für Pepe, aber letzterer blieb gerade in der charakterlichen Leitung Adelheids unersetzlich.

Das Ansehen der Jesuiten, die in München so lange ihre traditionelle Rolle als Hofbeichtväter gespielt hatten, erlitt in diesen Jahren empfindliche Schläge. Obwohl Ferdinand Maria unter der strengen Erziehung seiner Mutter keinen anderen Einfluß gekannt hatte, als den der Jünger des Ignatius von Loyola, ließ er sich von dem Frömmigkeitsstil der Theatiner so stark beeindrucken, daß er gemeinsam mit Adelheid dem religiösen Leben am Hof eine neue Richtung gab. Er behielt zwar einen Jesuiten als Hofbeichtvater bei, zeigte sich aber gegenüber den Patres der Gesellschaft Jesu, deren mächtiges Kolleg sich in München neben der Michaelskirche erhob, in den folgenden Jahren eher mißtrauisch und warnte auch seinen Kanzler Caspar von Schmid vor ihnen: Vertraulichkeit mit den Jesuiten sei fehl am Platze, da diese alles weiterleiteten, was sie zu hören bekämen. Ihren Kindern bestimmte die Kurfürstin Don Spinelli als geistlichen Erzieher. Auch Herzog Max Philipp entließ 1666 den Jesuitenpater, der ihm als Beichtvater gedient hatte. Die Eifersucht zwischen Theatinern und Jesuiten schwelte lange Jahre unter der Oberfläche, bis sie 1671 in einem offenen Federkrieg zum Ausbruch kam.[256]

Adelheid blieb für die Theatiner die »benignissima et amantissima madre«, die ihnen in den kommenden Jahren eine prachtvolle Kirche mit geräumigem Kloster erbaute. Das intensive geistige Leben dieser ersten Theatinergemeinschaft in München und ihre Ausstrahlung auf den Hof zogen eine ganze Reihe junger Menschen in ihren Bann. So konnte Don Antonio Spinelli im Jahre 1674 nach Rom melden, daß sich insgesamt 23 Patres, Novizen, Studenten und Anwärter im Kloster befänden.[257]

Für die weiblichen Mitglieder des bayerischen Adels gründete die Kurfürstin bei den Theatinern eine bis zum heutigen Tag bestehende Verbindung höfisch-geistlichen Charakters, die sogenannten Sklavinnen oder Leibeigenen Dienerinnen Mariens. Am savoyischen Hof gab es bereits in der ersten Hälfte des 17. Jahrhunderts eine solche Sklavenbruderschaft beiderlei Geschlechts zu karitativer Tätigkeit und zur Verehrung der Muttergottes, die dem Turiner Theatinerorden von San Lorenzo angeschlossen war und eine Vorläuferin am Hof der spanischen Könige hatte. Daß auch die bayerische Kurfürstin sich in echt barockem Geist als eine solche Sklavin der Gottesmutter fühlte, hatte sie bereits 1659 in ihrer Altöttinger Blutweiheschrift bewiesen, in der sie sich als »serva et schiava« der Madonna zur Leibeigenschaft übergab. Am Wiener Hof führte die Kaiserinwitwe Eleonora Gonzaga 1662 die »Sklavinnen der Tugend« ein, nach deren Statuten sich dreißig adelige Damen des Hofes zur Pflege christlicher Nächstenliebe und Beherrschung des eigenen Gemüts zusammenschlossen. Die Ziele dieser Verbindung waren in München bekannt.[258]

Adelheids Marienkult traf nun mit dem Wunsch der Damen des bayerischen Hofes zusammen, nach dem Wiener Beispiel einen Tugendorden zur gemeinsamen Verehrung der Gottesmutter zu gründen. Die Kurfürstin erbat vom Freisinger Bischof die Approbation für eine Versammlung der Leibeigenen Dienerinnen Mariens (Mancipatarum Beatae Virginis Sodalitas), befürchtete aber insgeheim, daß bei ihren weltlich gesinnten Damen für einen solchen Tugendbund nicht die wahre marianische Gesinnung bestand. Als sie am 8. März 1663 von Freising die Genehmigung erhielt, schrieb sie über ihre Zweifel nach Turin: »Nachdem jetzt Fastenzeit ist, beginne ich morgen mit einer Anzahl von Damen die Andacht der Sklavinnen Mariens. Da dies hierzulande etwas völlig Neues ist, hat jedermann den Wunsch danach, ob aus Frömmigkeit oder Neugier, weiß ich nicht.«[259]

Am 10. März 1663 versammelten sich 36 Damen unter der Führung der Kurfürstin und ihrer Schwiegermutter in der Theatinerkapelle des Kurz'schen Palais und wurden dort von Stefano Pepe in den Habit der Sklavinnen Mariä eingekleidet. In einem Gebet vor allen Mitschwestern brachte die Kurfürstin sich selbst und all ihr Tun und Streben der Gottesmutter dar. Dann hielt Don Bozomo, der sich damals zu den Fastenpredigten in München befand, eine »bellissima predica« über Geschichte und Ziele der Vereinigung. Die anschließende Wahl bestimmte die Kurfürstin zur Priorin und die Gräfin Kurz zur Subpriorin. Eine Stunde lang teilte Adelheid mit eigenen Händen Almosen an die Stadtarmen aus, bis das Gedränge zu groß wurde.[260]

In einer einfachen Nonnentracht, die den theatinischen Einsiedlerinnen nachgeahmt war, sollten die »Dienerinnen« ihre Zusammenkünfte, vor allem eine jährliche Karsamstagsprozession durch die Kirchen Münchens abhalten, in dieser Kleidung sollte jede von ihnen einst beerdigt werden. Sie bestand aus einem hellgrauen Seidenhabit mit weißem Schleier und blauem Leinenüberwurf. Ein Eisenkettchen mit einem kleinen Totenkopf aus Elfenbein am herabhängenden Ende diente als Cingulum und ein Bild der savoyischen Annunziata, der Verkündigungsmadonna, wurde auf der Brust getragen. In der Hand hielten die Dienerinnen Mariens ein hölzernes Kreuz.

Fast hundert Jahre nach ihrem Tod wurde Adelheid von dem kurfürstlichen Hofmaler Franz Ignaz Oefele in dieser klösterlichen Tracht gemalt. Die sonst so lebensvolle, glänzende Erscheinung der Kurfürstin war hier zur entsagenden Büßerin geworden. In diesem Porträt, das 1944 dem Brand der Theatinersakristei zum Opfer fiel, zeigt sich das andere Gesicht der barocken Welt jener Jahrzehnte: das Wissen um die Unzulänglichkeit des menschlichen Daseins, die Gleichheit aller vor dem Tod. Für ihre Nachfahren weist Henriette Adelheid mit erklärender Gebärde auf den Plan der Theatinerkirche, ihr ureigenstes Werk zum Dank an den Schöpfer.[261]

Noch im gleichen Frühjahr wurde die Approbation der Sklavenbruderschaft Ferdinand Marias für die Herren des Hofes erteilt, die jedoch nicht lange Bestand hatte. Dagegen erwies sich die weibliche Vereinigung als durchaus lebenskräftig. Sie erschöpfte sich nicht in frommer Koketterie und Äußerlichkeit, wie Adelheid befürchtet hatte, sondern übte die in der damaligen Zeit so dringend nötige Hilfe und Barmherzigkeit für Arme und Kranke. Da auch auswärtige Fürstinnen beitreten wollten, mußte die Mitgliederzahl bald erhöht werden. Eine von diesen, Prinzessin Eleonore von Pfalz-Neuburg, die spätere dritte Gemahlin Kaiser Leopolds I., nahm diese Mitgliedschaft ihr ganzes Leben lang so ernst, daß sie testamentarisch bestimmte, im Habit des Münchener Sklavinnen-Ordens bestattet zu werden.[262]

Die erste Namensliste der Kongregation ging beim Residenzbrand des Jahres 1674 zugrunde. Anläßlich des hundertjährigen Bestehens erschien 1763 ein gedrucktes Register mit über 250 eingeschriebenen weiblichen Mitgliedern aus allen katholischen Teilen des Reiches und aus der österreichisch-ungarischen Monarchie. Sie war ein eindrucksvolles Zeugnis der Verbreitung dieses ursprünglich spanisch-italienischen Frömmigkeitsbündnisses in Mitteleuropa. Die Münchener Kongregation überdauerte die Aufhebung des Theatinerordens während der Säkularisation, das Ende der Wittelsbacher Herrschaft und den Zweiten Weltkrieg. Heute ist sie die älteste marianische Verbindung. Gemeinsames Gebet und Werke der Nächstenliebe halten sie zusammen und rechtfertigen noch nach 300 Jahren in einer veränderten Welt die Ziele der Gründerin.[263]

Nachdem Adelheid am Münchener Hof ihren heimatlichen Frömmigkeitsstil durchgesetzt hatte, begann sie sich mit dessen Verbreitung in der Residenzstadt und im Kurfürstentum zu befassen. Zunächst galt es, den Einfluß der Jesuiten auch auf dem Gebiet der Mädchenschulbildung zurückzudrängen und einen geeigneten Orden aus Italien zu berufen, der die Englischen Fräulein, die als »weibliche Jesuiten« galten, in den Hintergrund verweisen konnte. Die Lehre des Franz von Sales mit Hilfe der weiblichen Schulbildung in bayerischen Familien heimisch zu machen, war ein besonderes Anliegen der Savoyerin auf dem Münchener Kurfürstenthron.[264]

Ihre Mutter hatte bereits 1638 den durch Franz von Sales und seine Jüngerin Madame de Chantal ins Leben gerufenen Orden der Heimsuchung Mariä, die »Madri della Visitazione«, nach Turin berufen, der seine Schülerinnen im Geiste verinnerlichter Frömmigkeit erzog. Als der savoyische Bischof im Jahre 1665 heiliggesprochen wurde, war dies mit ein Werk des bayerischen Kurfürstenpaares, das sich jahrelang in Rom für die Kanonisation eingesetzt hatte. Mit der größten Niederlassung der piemontesischen Heimsuchungsschwestern, dem Kloster in Vercelli, führte Adelheid eine rege Korrespondenz und schrieb den Nonnen zu Beginn des Jahres 1665, daß sie zur Verehrung des Bischofs von Annecy in bayerischen Landen ein Kloster seines Ordens errichten wolle.[265] Dieser besaß damals bereits rund 130 Niederlassungen und genoß in Italien und Frankreich verbreitetes Ansehen. Paray-le-Monial in Burgund wurde durch die Herz-Jesu-Verehrung ein besonderes religiöses Zentrum der Visitandinnen. Im deutschen Sprachraum hatte der Orden damals noch nicht Fuß gefaßt. Daher wurde die Bitte der bayerischen Kurfürstin, die Nonnen des Franz von Sales in den Landen des Kurhauses einführen zu dürfen, in Rom mit besonderem Wohlwollen aufgenommen.

Adelheid setzte sich auch bei der Gründung dieser Ordensniederlassung mit ihrer ganzen Persönlichkeit ein. Sie schlug beim päpstlichen Stuhl die Errichtung zweier Klöster zu pädagogischen Zwecken in München und Amberg vor, die sie ohne finanzielle Mithilfe der Kirche bewerkstelligen wollte. Entsprechende Gebäude für die Unterkunft der Nonnen, deren religiösen Kult und die schulischen Bedürfnisse versprach sie aus eigenen Mitteln zu errichten und die Stiftung ausreichend zu dotieren. Dabei äußerte sie den Wunsch, man möge ihr nur Nonnen übersenden, die geistig und charakterlich die entsprechenden Voraussetzungen für eine solche Neugründung mitbrächten. Durch zwei Bullen an den Bischof von Freising und den Bischof von Regensburg vom 24. März 1667 genehmigte Papst Alexander VII. die beiden Klöster und die Übersiedlung italienischer Nonnen nach Bayern, wobei genaue Regeln für deren Leben in den neuen Klostergemeinschaften und für die bischöfliche Gerichtsbarkeit aufgestellt wurden.

Das Kurfürstenpaar gab zunächst der Gründung des Münchener

Klosters den Vorzug, um die Entwicklung des Ordenslebens, die wirtschaftliche Sicherstellung und die Fortschritte der Schulbildung aus nächster Nähe zu verfolgen. Auch bei diesem Orden plante man die Erweiterung des ersten italienischen Kerns durch Aufnahme deutschsprachiger Novizinnen. Zur finanziellen Sicherstellung ihrer Neugründung setzte Adelheid nach einigen Jahren die Übertragung der Einkünfte der aufgehobenen oberpfälzischen Frauenklöster Gnadenberg und Seligenpforten durch. Sie fand für die Münchener Niederlassung der Salesianerinnen eine vorläufige Wohnstätte in der Hinteren Schwabingergasse und führte dort Ende Juli 1667 vier Schwestern vom Kloster Vercelli, die eine anstrengende Reise hinter sich gebracht hatten, nach festlichem Empfang am Hofe ein. Das kleine Kloster bestand aus drei wohnlichen Stockwerken, einer Kapelle und einem Garten mit Springbrunnen und Wandelgang.[266]

Aber das Glück der Salesianerinnen, die mit gewandter Feder ihre Erlebnisse zu Papier brachten, dauerte nicht lange, da der Freisinger Bischof auch dieser Gründung Adelheids die gewohnten Schwierigkeiten bereitete. Man befürchtete auf dem Freisinger Domberg eine weitere Überfremdung des bayerischen Schulwesens, da sich in München zu den Englischen Fräulein bereits ein Karmeliterinnen-Orden aus den Niederlanden gesellt hatte. Weitere ausländische Nonnen hielt man in der Mädchenerziehung nicht für tragbar. Obwohl der Bischof anerkennen mußte, daß das Kurfürstenpaar bereits bei den Theatinern die Aufnahme bayerischer Novizen förderte und somit eine Verdeutschung der Münchener Niederlassung anstrebte, stellte er sich an die Spitze jener Kreise, die gerade in der Mädchenerziehung keine weiteren ausländischen Einflüsse mehr dulden wollten. Daß er sich gegen einen Orden wandte, der im romanischen Kulturkreis bereits große Erfahrungen und Erfolge gesammelt hatte, wollte Bischof Albrecht Sigismund nicht anerkennen. Zwar konnte er der Bulle des Papstes keinen offenen Widerstand entgegenbringen, begann aber die Nonnen unter moralischen Druck zu setzen. Er hoffte, die Salesianerinnen und ihre Gönnerin durch einen Nervenkrieg zu zermürben. Doch Adelheid hatte aus der Einführung des Theatinerordens viel gelernt. Sie war eine absolutistische Fürstin und wollte Recht behalten, auch wenn es Jahre dauern sollte, die Bedenken des national-bayerisch gesinnten Klerus zu überwinden. Diesmal vermied sie heftige Reaktionen und vertraute der langsamen Entwicklung. Den gebildeten und pädagogisch gewandten

Schwestern von Vercelli mußte es mit Hilfe deutscher Novizinnen selbst gelingen, in Bayern Fuß zu fassen und das Niveau der Mädchenschulbildung nach den Versäumnissen der jahrelangen Kriegszeiten zu heben.

Die italienischen Nonnen sollten entsprechend ihrer strengen Disziplin eigentlich in München in Klausur leben, wurden aber nach der langen Reise von Adelheid mit Einladungen in die Residenz verwöhnt und einmal sogar in einem sechsspännigen Hofwagen durch die Wälder und Auen der Münchener Umgebung kutschiert. Ihre Begeisterung über das Gold und Silber der kurfürstlichen Hoftafel, über die Schätze der Residenz an Juwelen und Gemälden fand in den Tagebuchaufzeichnungen des Klosters lebhaften Niederschlag.

Es war zu erwarten, daß der Freisinger Bischof ein solches Leben wider die Regel nicht lange dulden würde. Schon acht Tage nach der Ankunft der Nonnen besichtigte der Generalvikar der Diözese das Kloster und die Klausurverhältnisse, lehnte ihren dem Weltklerus angehörigen Beichtvater ab und bestimmte den Theatinerpropst Bozomo zu ihrem geistlichen Vater. Als sie Protest einlegten, wurde ihnen mit Exkommunikation gedroht. Zwar verbrachten die Schwestern daraufhin ihre Tage in »malinconia«, wußten aber die starke Unterstützung der Kurfürstin in ihrem Rücken. Auf deren Wunsch nahmen sie die geforderte Klausur und den neuen Spiritual an, ließen sich aber von den sonstigen »Nachstellungen des Satans« nicht beirren und durften schließlich sogar ihren alten Beichtvater behalten. Ihre Gönnerin bezeichneten die humanistisch gebildeten Schwestern als eine fromme Heldin, die sie als zweite Ariadne mit dem Fadenknäuel aus einem Labyrinth führte, in das die Ereignisse sie verstrickt hatten.[267]

Schließlich konnte die feierliche Klostergründung am 21. November 1667 stattfinden. Zunächst war es nur ein kleines Pensionat für adelige Mädchen, das die Salesianerinnen in ihrer vorläufigen Unterkunft führten. Erst als nach einigen Jahren der Ruf ihrer Bildung und Sittenstrenge sich in den Kreisen um den Hof so gefestigt hatte, daß der Zulauf zu groß wurde, erwarb die Kurfürstin 1675 ein Stadthaus des Klosters Indersdorf mit zugehöriger St. Anna-Kapelle am Altheimer Eck im Münchener Hackenviertel, machte es dem Orden zum Geschenk und ließ die Gebäude einer gründlichen Erneuerung unterziehen. Die welschen Klosterfrauen hatten sich in der Mädchenerziehung einen Namen gemacht, der bereits über die Mauern der Residenzstadt hinausdrang.[268]

Auch mit dieser geistlichen Gründung sollte sich die Kurfürstin aus dem Hause Savoyen als Schöpferin einer Institution erweisen, die mehrere Jahrhunderte überdauerte. Die italienischen Kulturelemente fielen in Bayern auf fruchtbaren Boden. Bei Adelheids Tod besaßen die Salesianerinnen bereits genügend Ansehen, um sich auch ohne ihre Gründerin als Schulorden für die gebildete Oberschicht zu behaupten. Angezogen von der liebenswerten und opferwilligen Frömmigkeit, die von den piemontesischen Nonnen vorgelebt wurde, nahmen auch Töchter bayerischer Familien bei den Münchener Salesianerinnen den Schleier. Als man in der letzten Dekade des 17. Jahrhunderts auch in Amberg ein Kloster mit Mädchenpensionat errichtete, galten die Schwestern von der Heimsuchung Mariens bereits als »qualifizierte Teutsche Klosterfrauen«. Man gab ihnen vor den Englischen Fräulein, die sich bei Kurfürst Max Emanuel um das neue Kloster mitbewarben, den Vorzug.[269]

Die Münchener Niederlassung mußte 1784 dem Damenstift St. Anna weichen, übersiedelte zunächst nach Indersdorf und im 19. Jahrhundert schließlich nach Dietramszell und Zangberg. Ihre Bedeutung strahlte ebenso wie die der Dienerinnen Mariens weit über die bayerischen Grenzen hinaus, bis in die Zeit nach dem Zweiten Weltkrieg. Wenn auch die bayerischen Salesianerinnen heute das alte Mädchen-Internat nicht mehr führen, so besitzen sie doch eine Reihe von pädagogischen und karitativen Niederlassungen, wo der Name der Gründerin noch immer in Ehren gehalten wird. Kloster Zangberg in Niederbayern bewahrt bis heute die in Seide gebundene Stiftungsurkunde des Kurfürstenpaares von 1671 über die finanziellen Grundlagen des Ordens in Bayern.[270]

Die Korrespondenzen Adelheids erweisen, daß sie der Herrschertugend ihrer Zeit, mit geistlichen Stiftungen und Personen Kontakt zu pflegen, besondere Bedeutung beimaß. Zu verschiedenen Frauenklöstern im süddeutschen Raum stand sie in persönlicher Verbindung und unterstützte sie durch Besuche und finanzielle Zuwendungen. So ließ sie den Münchener Regelhäusern Spenden zukommen, führte in Landshut die Ursulinerinnen ein, besuchte die Franziskanerinnen in Ingolstadt und leistete bei den Zisterzienserinnen in Niederschönenfeld ein Gelübde. Ihren Briefwechsel mit diesen Klöstern führte sie in deutscher Sprache. Besonders liebenswürdig war die Verbindung der bayerischen Kurfürstin zu italienischen Kardinälen, mit denen sie Glückwunschschreiben wechselte oder an welche sie sich zur Empfehlung von Personen wandte, die ihr am Herzen lagen. Ihre Korrespondenz mit den Päpsten dieser Jahrzehnte, in formvollendetem Latein geführt, bezog sich auf Heiligsprechungen und Ordensgründungen.[271]

Während Franz von Sales bereits 1665 in den Kanon der Heiligen aufgenommen wurde, ließ diese Erhöhung für Kajetan von Thiene zu Adelheids Enttäuschung auf sich warten. Wie viele Wunder, wie viele Gebetserhörungen ihm nicht nur in Italien, sondern auch in Bayern zu verdanken waren, ließ sich nach Meinung der Kurfürstin durch zahlreiche Zeugnisse belegen. Sie selbst betrachtete die Geburt ihrer Kinder als ein Geschenk des Himmels, das ihr durch die Fürbitte Kajetans zuteil geworden war. Dieser Glaube des Kurfürstenpaares kam besonders stark nach der Geburt des Thronfolgers zum Ausdruck. Erst nach dem Gelübde an Kajetan, so bezeugte Ferdinand Maria, habe die Kurfürstin diesen Sohn empfangen. Durch eine goldene Medaille, die zur Feier von Max Emanuels Geburt geprägt wurde, bekräftigte das Herrscherpaar seinen Glauben an die erfolgreiche Fürbitte. Auf der Vorderseite war die um einen Thronfolger flehende Landesherrin abgebildet, auf dem Revers übergab ihr der Gründer des Theatinerordens das so heiß ersehnte Kind. *»O mulier«*, lautete der lateinische Text, *»Magna est fides tua. Fiat tibi sicut vis«* (Weib, Dein Glaube ist groß. Dir geschehe, wie Du willst).[272]

Mit seinen Petitionen an den Heiligen Stuhl, die Kanonisierung Kajetans durchzuführen, verband sich das Kurfürstenpaar der Stadt Neapel, die den Ordensgründer als ihren Befreier von der Pest im Jahre 1656 betrachtete. Auch Kaiser Leopold, die spanische Monarchie und die Stadt Venedig schlossen sich den Bemühungen Bayerns an. Neben Ferdinand Maria und Adelheid war der Theatiner Antonio Spinelli, der seit 1668 das Kloster als gewählter Propst leitete, die geistige Triebfeder aller Mühen um die Kanonisation. Schließlich teilte der Theatinergeneral am 15. November 1670 aus Rom dem bayerischen Kurfürsten mit, daß der Prozeß abgeschlossen und die Heiligsprechung gesichert sei. Bayern hatte dem Orden unschätzbare Hilfe geleistet.[273]

Am 12. April 1671 führte Papst Klemens X. die Kanonisierung des Ordensgründers der Theatiner in feierlicher Weise aus, wodurch die Verehrung Kajetans von Thiene einen außerordentlichen Aufschwung nahm. Adelheid, die sich mit Recht als eine der Hauptpersonen in der Förderung des neuen Heiligen fühlen konnte, bemühte sich mit Eifer um die weitere Ausbreitung seines Kults in Bayern. Zur Feier der Heiligsprechung fanden in München prächtige Festlichkeiten statt, an denen die ganze Residenzstadt teilnahm. Ein Altarblatt des Künstlers Joachim Sandrart, das den Heiligen darstellte, wurde acht Tage lang in einer Triumphpforte vor der Residenz gezeigt.

Doch ließen sich die Jesuiten nicht kampflos beiseitedrängen, sondern gingen angesichts dieser Demonstration für ihre Rivalen zum Gegenangriff vor. Sie mußten der welschen Landesherrin, die sie in der Erziehung der kurfürstlichen Kinder übergangen und ihren Einfluß als Hofbeichtväter geschmälert hatte, die Stirn bieten, sonst verloren sie ihre Machtstellung auch in der Hauptstadt und im Lande. Bei einer Predigt zum Fest des heiligen Franz Xaver stellte der Jesuit Pater Gumppenberg 1671 in der Michaelskirche fest, daß dieser Heilige und kein anderer es war, durch dessen Fürbitte Neapel 1656 von der Pest befreit wurde.

Eine solche Kränkung seines wundertätigen Ordensgründers ließ Don Spinelli nicht ruhen. Mit flinker Feder schrieb er eine Protestnote gegen die verleumderische Behauptung der Jesuiten, ließ sie drucken und an allen Kirchen und größeren Plätzen der Residenzstadt anschlagen. Darin bezeichnete er den Jesuitenpater als einen »üblen Berichter«. Die Antwort des Freisinger Bischofs, der gern die Gelegenheit ergriff, Adelheids Kirchenpolitik zu durchkreuzen und sich auf die Seite der Jesuiten zu stellen, ließ nicht lange auf sich warten. Er erteilte den Theatinern einen Verweis, ohne sich vorher über die Beweggründe ihres Handelns zu informieren. Damit aber war in den Augen des Kurfürstenpaares die Ehre des neuen Heiligen angegriffen. Ferdinand Maria und Adelheid drohten dem Freisinger Bischof, den Streit vor die Ritenkongregation nach Rom zu bringen, wo ohne Parteilichkeit gerichtet werde. Schließlich wurde die Fehde zwischen den verfeindeten Ordensherren dadurch beigelegt, daß Bischof Albrecht Sigismund beide Teile anwies, mißliebige Äußerungen in Zukunft zu unterlassen.

Für die Verehrung des neuen Heiligen war dieser Streit auf die Dauer nicht förderlich. Zwar erklärte der Bischof am 14. Januar 1672 den Ordensgründer der Theatiner auf dringenden Wunsch des Herrscherpaares zum Schutzpatron des Kurhauses und Landes Bayern, aber er ließ durchblicken, daß sich die Theatiner durch erbaulichen priesterlichen Lebenswandel der hohen Ehren für ihren Heiligen würdig erweisen und unbedachtsame Schriften unterlassen sollten. Von seiner Seite war eine Förderung der Kajetansverehrung unter der Geistlichkeit und damit auch im Volke kaum mehr zu erwarten.[274]

Die bayerische Kurfürstin mußte also ihrerseits geeignete Schritte unternehmen, um den geliebten Heiligen volkstümlich zu machen. Am Samstag, den 23. Januar 1672, begannen bei den Theatinern mit einer Vesper die bis ins Kleinste vorbereiteten Feierlichkeiten für den Ordensgründer anläßlich seiner Erhebung zum Landespatron. Bei strahlendem Winterwetter feierten Hof und Stadt am darauffolgenden Tag das Ereignis mit Hochamt und großer Prozession. Das fromme Kurfürstenpaar schritt hinter dem gesamten Klerus durch die mit Triumphpforten, Pyramiden und Säulen geschmückte Stadt. Abends folgte vor der Residenz eine festliche Litanei und die Bevölkerung illuminierte die Fenster der Häuser mit farbigen Lichtern. Zu Ehren des neuen Landespatrons war auch die Fassade des Landschaftshauses am Marktplatz, auf der die Bilder St. Kajetans und des bayerischen Herrscherpaares prangten, hell erleuchtet.

Adelheid hatte im Dezember 1671 einen weiteren gesunden Sohn geboren und dankte mit diesem religiösen Volksfest ihrem Fürbitter im Himmel für das neue Familienglück. Durch den italienischen Hofdichter Giovanni Francesco Diani ließ sie die Feierlichkeiten, bei denen sämtliche bayerischen Städte und Märkte mit ihren Wappenschilden vertreten waren, für die Nachwelt aufzeichnen. Die majestätische Kirche, die sie zu Ehren des Heiligen errichten ließ, ging damals ihrer Vollendung entgegen.

Trotz der Erhebung zum Landespatron ist St. Kajetan in Bayern kein volkstümlicher Heiliger geworden. Als Adelheid vier Jahre nach diesen Feierlichkeiten starb, ging die eigentliche Seele der Kajetansverehrung zu Grabe. Obwohl auch Ferdinand Maria als treuer Verehrer des italienischen Heiligen bekannt und Max Emanuel im Geiste dieses Reformators der Frömmigkeit erzogen war, fehlte doch Adelheids Ideenkraft, die immer neue Impulse für den Kult ihres Fürbitters erschlossen hatte. So wurde der Landespatron italienischer Herkunft zwar noch bis ins 18. Jahrhundert in Bayern gefeiert, aber dann verblaßte die Erinnerung an ihn und seine Gnadenbeweise. Die Theatiner selbst besaßen als gelehrter Hoforden nicht die geistige Durchschlagskraft, um ihrem Heiligen im Volk zu langewährender Verehrung zu verhelfen. Der Name Kajetan wurde in Bayern nicht volkstümlich und das ihm geweihte Gotteshaus ist und bleibt für München die »Theatinerkirche«.[275]

Die italienische Reise

In der Barockzeit herrschte in den deutschen Fürstenhäusern und im grundbesitzenden Adel die Sitte, junge Söhne vor der Übernahme von Regierung und Gütern auf eine »Kavalierstour« zu schicken, die ihnen Weltläufigkeit und Kunstverständnis vermitteln sollte. Dem bayerischen Landesherrn war in seiner Jugend eine solche Bildungsreise nicht beschieden gewesen. Die erschöpften Kassen forderten damals Sparsamkeit und dem alternden Kurfürsten Maximilian schien die Verheiratung seines Sohnes wichtiger als eine Vergnügungsfahrt in den Süden oder Westen Europas.

Im Lauf der Jahre begann Ferdinand Maria diesen Mangel an Erlebnissen außerhalb seines Hofes immer mehr zu bedauern. Abgesehen von einer kurzen Reise nach Wien hatte er die Welt nicht kennengelernt, nie das Meer oder fremde Völker gesehen. Sein jüngerer Bruder Maximilian Philipp dagegen, der lange unverheiratet blieb, besuchte 1663 die flandrischen Städte und plante eine weitere Reise nach Rom, Venedig und Turin. Der Gedanke, selbst die Lagunenstadt und die Staatsgaleere des Dogen zu besichtigen, ließ Ferdinand Maria nicht ruhen. Wenigstens Venedig wollte er einmal erleben. Nur die hohen Kosten einer solchen Fahrt machten dem sparsamen Kurfürsten Sorgen. Ein Souverän konnte schließlich nicht ohne großen Hofstaat reisen, auch wenn er sich in ein Inkognito hüllte.

Die Umstände kamen Ferdinand Maria entgegen. Seit den Unbilden des Regensburger Aufenthalts blieb Adelheids Gesundheit schwankend und ihre Kräfte wollten nicht zurückkehren. Am Pfingstsamstag 1664 versetzte sie den Hof in Schrecken, als sie beim Gebet in der Residenzkapelle von einer Herzschwäche befallen wurde. Häufige Kopfschmerzen vergällten ihr das Leben. Schon damals rieten die Ärzte zu einer Badekur in südlichem Klima, aber die Kurfürstin glaubte, die politischen Fäden zwischen München, Regensburg und Turin nicht aus der Hand geben zu dürfen. Die Kunde von diesen Plänen der bayerischen Leibärzte drang bereits nach Padua, und der dortige Professor der Arznei, Conte Alessandro Boromeo, bot dem Kurfürstenpaar im Mai 1665 sein wohleingerichtetes Haus als Logis an.[276]

Als Adelheid im Spätherbst des gleichen Jahres das große Unglück widerfuhr, ihre beiden jüngeren Kinder Luise Margarete und Ludwig

Amadeus im Abstand von nur einem Monat durch Krankheit zu verlieren, war sie am Ende ihrer Kräfte, und die Ärzte kämpften viele Wochen um ihr Leben. Schließlich knüpfte Ferdinand Marias langjähriger Leibarzt Maffei von neuem die Fäden zu den Herren Medici der Universität Padua und erhielt den Rat, die Kurfürstin solle die heilsamen Bäder der Euganeischen Hügel bei Padua gebrauchen.

Naturgemäß neigte Adelheid, als sie von diesen Ratschlägen hörte, zu einer Reise an die Heilquellen Piemonts, um ihr geliebtes Turin wiederzusehen. Aber davon wollte Ferdinand Maria nichts wissen. Bei ihrer angegriffenen Gesundheit war dies eine viel zu weite Fahrt, außerdem wollte er selbst mitreisen und dabei mailändisches Gebiet, das in spanischen Händen war, nicht betreten. Der aus Padua stammende Theatiner Spinelli schlug gleichzeitig vor, bei Gelegenheit dieser Badereise dem Heiligen Antonius in der Santo-Basilika zu Padua die Reverenz zu erweisen. Auf diese Lösung einigte sich schließlich der Kurfürst mit seiner Gemahlin und den Räten, wobei er allerdings auf einem kurzen Abstecher in die Stadt seiner Träume bestand. Am 5. April 1666 schrieb Adelheid ihrem Bruder nach Turin, daß der bayerische Hof zur Wiederherstellung ihrer Gesundheit eine Trink- und Badekur in Padua plane und daß man den Rat der dortigen Professoren eingeholt habe.[277]

Goldene und silberne Geschenke waren bereits angefertigt worden, die man als Ehrungen mitnehmen wollte. Da das in der italienischen Küche übliche Olivenöl nicht jedem Deutschen bekam, wurden Schmalz- und Butterfässer verpackt. Auch ungarische Ochsen sollten im Troß mitgetrieben werden, weil man wußte, daß es in Italien diese Art Fleisch nicht zu kaufen gab. Aber das Vorhaben scheiterte zunächst am schlechten Gesundheitszustand der Kurfürstin, die sich von neuem in anderen Umständen fühlte. Man mußte die Reise verschieben, und Adelheid fand Trost für die Enttäuschung in den begeisterten Schilderungen Max Philipps, der im Frühjahr 1666 von der Familie Savoyen in Turin über die Maßen verwöhnt worden war. Die Pracht des herzoglichen Hofes, seiner Schlösser und Jagden, die Freizügigkeit des südlichen Daseins und die ritterlichen Sitten der Höflinge hatten den jungen Bayern schier überwältigt.[278]

Mehr denn je war Ferdinand Maria nach diesen Erzählungen entschlossen, auch seinerseits in den Süden zu reisen, und begann bereits zu Anfang des Jahres 1667 von neuem mit den nötigen Vorbereitungen.

Zunächst wurde der italienische Sekretär des Kurfürsten, Carlo Begnudelli, nach Venedig gesandt, um die Reise anzukündigen. Dann bestimmte man die Begleitpersonen und die Regierungsvertretung und verständigte die Durchreiseländer. Europas Monarchen wurden dahingehend unterrichtet, daß der bayerische Kurfürst in Padua ein Gelübde einlösen und gleichzeitig seine Gemahlin zu einer Badekur begleiten werde. Da das Kurfürstenpaar sich nicht von seinem sechsjährigen Töchterchen trennen wollte, nahm man die kleine Prinzessin Marianne Christine mit auf die Reise. Kurprinz Max Emanuel dagegen, noch nicht ganz fünfjährig, mußte unter Obhut der bewährten Gräfin Wolkenstein in der Münchener Residenz bleiben.

Das Gefolge zählte über 150 Personen: hohe Hof- und Regierungsbeamte, darunter der Hofmarschall Hermann Egon Graf Fürstenberg, der Schriftsteller Marchese Pallavicino aus Parma, zahlreiche Kavaliere und Hofdamen, Leibärzte und Beichtväter, schließlich Sekretäre, Kammerpersonal, Küchen- und Stallbedienstete, dazu eine große Anzahl von Pferden, Kutschen- und Gepäckwagen. Die Reisen der damaligen Zeit auf den schlechten Straßen waren langwierig und damit ebenso anstrengend wie kostspielig. Im Gebirge fürchtete man die Abgründe und den Wettersturz. Aber die Reiselust des dreißigjährigen Kurfürstenpaares überwand alle Bedenken. Ferdinand Maria reiste inkognito unter dem Namen »Graf Fürstenberg« und hoffte damit zeitraubende Repräsentation und teuren Aufwand zu vermeiden. Die Regierungsvertretung in München übernahm inzwischen der bewährte Kanzler Caspar von Schmid.[279]

Am 18. April 1667 setzte sich die große Reisegesellschaft schließlich in Bewegung und verbrachte die erste Nacht in Wolfratshausen, die zweite im Kloster Benediktbeuern. Weiter ging es über Mittenwald nach Innsbruck, wo man am 21. April die Gastfreundschaft der Erzherzogin Anna in Anspruch nahm, mit der Adelheid seit langen Jahren in Briefwechsel stand. Der Brennerpaß mit seinen Steigungen wurde in zwei Tagesreisen überwunden. Während Ferdinand Maria und sein Töchterchen alle Strapazen der Reise in bester Stimmung ertrugen, litt die Kurfürstin an Zahnschmerzen und ließ nach München schreiben, man solle ihr schleunigst ein künstliches Gebiß aus Goldzähnen nachschicken, das sie dem Heiligen Antonius in Padua auf den Altar legen wolle. Am schlimmsten erging es auf dieser mühsamen Fahrt über das Gebirge dem italienischen Kammerpersonal der Kurfürstin, das sich so viele Jahre nach der südlichen Heimat gesehnt hatte, aber nun schwer unter dem rauhen Klima des Bergfrühlings litt. Fiebrige Erkältungen waren an der Tagesordnung und schließlich schrieb Adelheid nach München, daß sie in Trient ein halbes Spital habe zurücklassen müssen. Außerdem wäre eine der Frauenkutschen bei der Fahrt durch das Gebirge fast in einem Abgrund gelandet.[280]

Natürlich konnte sich Ferdinand Maria nicht versagen, die Wasser der grünen Etsch als Reiseweg zu benützen. So fuhr das Kurfürstenpaar am 1. Mai samt Hofstaat und Bagage, doch ohne Pferde, Kutschen und Sänften auf der Etsch bis Rovereto, und am folgenden Tag wurde bei Serravalle nochmals »auf das Wasser gesessen«, bis man eine Stunde außerhalb von Verona die Schiffe verließ. Dort stand schon der Veroneser Graf Laverità mit vielen Kutschen bereit und logierte die bayerischen Gäste für mehrere Tage in seinem Stadtpalais.

Adelheid konnte ihr Glück kaum fassen, endlich wieder in Italien zu sein und die heimatliche Sprache, die vertrauten Sitten ihres Volkes zu erleben. »Je suis en Italie«, schrieb sie ihrem Bruder voll Freude und bat ihn, die Fahrt nicht zu scheuen und sie inkognito zu besuchen.

Die Reisegesellschaft besichtigte in Verona viele schöne Gebäude, Kirchen und blühende Gärten und genoß die liebenswürdige Geselligkeit des Stadtadels. Um den Kranken Zeit zum Nachkommen zu lassen, fuhr man anschließend noch zwei Tage an den Gardasee, der sich in frühlingshaftem Glanz präsentierte.[281]

Schließlich traf die große Kavalkade am 11. Mai zur Mittagszeit in Padua ein und bezog den Palazzo dell'Arena, wie Bürgermeister Marco Ruzzini an die venezianische Regierung berichtete. Zu diesem heute nicht mehr bestehenden Palast, der sich in seiner gerundeten Form den Überresten der römischen Arena anpaßte, gehörte damals als Hauskirche die berühmte Scrovegni-Kapelle mit den Fresken Giottos aus dem frühen 14. Jahrhundert, deren Schönheit und Ausdruckskraft alle Zeiten überdauert hat. Im Palazzo dell'Arena erwarteten das bayerische Kurfürstenpaar viele Briefe italienischer Persönlichkeiten, die ihrer Freude über die Ankunft der Gäste aus dem Norden Ausdruck gaben. Wenn die mittelalterliche Reichsidee in den Städten der Poebene auch nicht mehr lebendig war, so bedeutete der Besuch eines deutschen Fürsten doch für viele Familien Italiens ein Ereignis, das Anlaß gab, die alte Verbundenheit zu dokumentieren.[282]

Padua war damals ein Teil der Republik von Sankt Markus und genoß deren politische Ordnung und wirtschaftlichen Wohlstand. Vom Mittelalter her hatte sich die Stadt eine reiche Kultur bewahrt. Ihre Universität, vor allem die berühmten Fakultäten der Jurisprudenz und Medizin, zog noch immer viele Studenten aus aller Welt in die Mauern der Stadt. Die berühmte Basilika des heiligen Antonius mit ihren orientalisch anmutenden Kuppeln war der zentrale Punkt des religiösen Lebens.

Die folgenden Tage widmeten die bayerischen Reisenden der Besichtigung der Stadt, dem Gebet in der Antoniusbasilika und einem Besuch des Theatinerklosters. Besonderen Eindruck hinterließen die 26 silbernen Ampeln vor dem Altar des heiligen Antonius und das »springende Pferd« des Gattamelata aus Metall. Der bayerische Reiseplan sah vor, am 17. Mai nach Venedig zu übersiedeln, um dort am Himmelfahrtstag die traditionelle Vermählung der Stadt mit dem Adriatischen Meer zu erleben.

Am Vorabend der Fahrt zog sich das fromme Kurfürstenpaar in die Kirche des Santo zurück und wohnte knieend ohne Kissen neun Messen zur Verherrlichung des Heiligen bei. Dann fuhren die bayerischen Reisenden die Brenta zu Schiff hinab in die venezianische Lagune. Als die »Serenissima« im Abendsonnenglanz vor ihnen lag, klatschte die kleine Prinzessin, die später Dauphine von Frankreich werden sollte, begeistert in die Hände und rief: »Che bella cosa!« Man bezog einen geräumigen Palast am Canal Grande, zwischen der Rialtobrücke und dem Fondaco dei Turchi gelegen, den Palazzo Tron bei der Kirche San Staë.

Am übernächsten Tag war Himmelfahrt, aber da es in Strömen regnete, mußte das große Gondelfest auf den folgenden Sonntag verschoben werden. Diese Stadt sei sicher eine der angenehmsten der Welt, schrieb die Kurfürstin an ihren Bruder, doch leider könne man sie wegen des schlechten Wetters nicht genießen.

Die ersten Tage verbrachte das Kurfürstenpaar ganz unkonventionell in der Stadt und sah am 22. Mai den prachtvollen Bucintoro mit dem Dogen und seiner Begleitung in See stechen. Unzählige geschmückte Gondeln umschwärmten das große Schiff, und ganz Venedig war auf den Beinen.[283]

Am gleichen Abend sandte die Regierung zwei Mitglieder des Rats, Andrea Contarini und Alvise Molin, in den Palazzo des Kurfürsten, um die Gäste offiziell willkommen zu heißen. Molin war jahrelang venezianischer Gesandter am Wiener Hof gewesen und galt als besonderer Kenner der deutschen Verhältnisse. Die beiden Abgesandten des Dogen erlebten einen leutseligen Kurfürsten, der in einer längeren Audienz sein Verständnis für den Krieg der »Serenissima Repubblica«, gegen den Halbmond bekundete und das Lob der Venezianer über die mutigen bayerischen Türkenkrieger gerne entgegennahm. Sie sahen eine lebensvolle, sehr gesprächige Kurfürstin inmitten ihres Gefolges, die große Begeisterung für die malerische Lagunenstadt ausdrückte und ihr Interesse an der europäischen Politik in gewandten Worten bewies.[284]

Die Signoria von Venedig wußte, was sie den hohen Gästen schuldig war. Sie ließ an den Palazzo einige Boote mit den köstlichsten Delikatessen heranrudern, die der Markt von Venedig zu bieten hatte, sozusagen ein »kaltes Buffet« von königlichen Ausmaßen. Es kostete den Lagunenstaat die beträchtliche Summe von 800 Dukaten. Adelheid war entzückt und schickte eine Liste der Herrlichkeiten in deutscher Sprache nach München, um die Daheimgebliebenen wenigstens mit dem Klang der Worte zu erfreuen: »16 Cervelati Würst«, hieß es darin verheißungsvoll, »12 geselcht Zungen, 4 Schissl mit Austern, 2 Vässl mit Ciprianischen Vögeln, 4 gar gross Marzipan, 6 Schissl condiert Früchten confect« und viele andere Herrlichkeiten. Die Kurfürstin entdeckte dabei ihr Herz für Austern und sollte diese Vorliebe sehr unangenehm büßen. Eine fiebrige Magenverstimmung warf sie auf das Krankenlager und hielt sie über eine Woche darin fest. Venedig war untröstlich. Man hätte so gerne diese schöne, jugendliche Kurfürstin gefeiert, die nach 15 Jahren Verbannung im rauhen Norden endlich wieder den Fuß auf italienischen Boden gesetzt hatte.[285]

Dafür genoß Ferdinand Maria die prächtige, lebenslustige Stadt nicht minder. Der politische Stern der mächtigen alten Republik war zwar im Sinken und ihre Schiffe beherrschten nicht mehr wie früher das Mittelmeer. Aber noch verdeckte ihre hochentwickelte Diplomatie vor den Augen Europas das Schwinden von Machtmitteln und Bedeutung. Die künstlerischen Kräfte äußerten sich in einer Fülle von Werken der Architektur, Malerei und Musik und ließen dem Verfall noch keinen Raum. Venedig war ein internationaler Mittelpunkt der Kunst und des Vergnügens.

Mit seiner fröhlichen kleinen Tochter und dem Gefolge durchstreifte der bayerische Kurfürst die volkreichen Gassen und malerischen Kanäle, betete in den kühlen Kirchen und bestieg den Campanile von San Marco. Er besichtigte das großartige Arsenal der Republik, die Glasbläserei in Murano und wohnte einer Gerichtsverhandlung im Dogenpalast bei. Auch am feierlichen Einzug des neuen Prokurators von St. Markus durften die bayerischen Gäste teilnehmen.

Die venezianische Regierung war bestrebt, Ferdinand Maria trotz dessen Inkognito den Aufenthalt so interessant und angenehm wie nur möglich zu machen. War doch der Signoria ein gutes politisches Verhältnis mit dem Kurfürstentum Bayern ein wichtiges Anliegen. Als daher die große Galeere des venezianischen Gouverneurs von Dalmatien in die Lagune eingelaufen war, vermittelte der Doge Domenico Contarini, der um die Vorliebe des Kurfürsten für Schiffsfahrten wußte, diesem einen kurzen Ausflug bis zum Lido. Ferdinand Maria, der Freund des nassen Elements, war damit am Ziel seiner Wünsche. Er hörte die Wellen der Adria unter dem Bug des großen Schiffes rauschen und genoß das Glück eines weiten Blicks über den blauen Golf und die türmereiche Stadt.[286]

Während das Kurfürstenpaar bald darauf im gelehrten Padua von Professoren umringt wurde, zog es hier in Venedig vor allem die Dichter und Schriftsteller an. Der Ruf der Münchener Residenz als Musenhof inspirierte eine ganze Reihe venezianischer Poeten, Proben ihrer Dichtkunst zu bieten. Sie feierten das Kurfürstenpaar in den panegyrischen Reimen des Barock und hofften, als Hofpoeten mit nach Norden zu ziehen. In einer Huldigungs-Canzone »La Perla« pries der Dichter Mattio Noris die bayerische Kurfürstin als eine Perle im Schoß der Isar und rühmte die Großherzigkeit, die sie ihrer Umgebung bewies. Einer dieser Musensöhne hatte sofort das Glück, vor den Augen des bayerischen Herrscherpaares zu bestehen: Domenico Gisberti, ein junger, auf der Insel Murano geborener Geistlicher, der dort 1660 eine Dichterakademie gegründet hatte, zog im folgenden Herbst nach München, wo er als Hofpoet und Sekretär des Kurfürsten eine produktive dichterische Tätigkeit entfaltete. Auch der Kleriker Giovanni Francesco Diani feierte das Kurfürstenpaar in barocken Sonetten und wurde später in die bayerische Residenzstadt berufen, um zur dichterischen Verherrlichung des Hofes beizutragen.[287]

In dieses venezianische Idyll fuhr wie ein Blitz die Nachricht vom Einmarsch der französischen Truppen unter Marschall Turenne in die spanischen Niederlande. Ludwig XIV. beanspruchte nach dem Tod seines Schwiegervaters, des spanischen Königs Philipp IV., einige niederländische Provinzen für seine Gemahlin Maria Teresa. Durch geschickte diplomatische Vorbereitungen hatte er Spanien politisch isoliert und eine Reihe deutscher Territorialfürsten auf seine Seite gezogen, um ein bewaffnetes Eintreten des Reiches gegen diesen Eroberungszug zu verhindern. Die Abwesenheit des einflußreichen bayerischen Kurfürsten aus seiner Residenz kam dem französischen König sehr gelegen, um den »Devolutionskrieg« vom Zaun zu brechen.

Obwohl die Kriegserklärung Frankreichs gegen Spanien die bayerische Regierung nicht gänzlich unerwartet traf, geriet Ferdinand Maria doch in heftige Erregung. Er hatte den Friedensbeteuerungen Ludwigs XIV. nur zu gern geglaubt und fühlte sich nun von ihm verraten. Seine erste Reaktion war der Entschluß zur sofortigen Heimkehr nach München, um für die gemeinsame Verteidigung des Reiches, das er als angegriffen betrachtete, Truppen auszuheben. Doch es gelang seinem ersten Berater, dem französisch orientierten Hermann Fürstenberg, den Kurfürsten vorerst zu beruhigen. Auch Adelheid, die ihre Badekur und den erhofften Besuch ihres Bruders entschwinden sah, machte ihren ganzen Einfluß geltend, um eine schnelle Abreise zu verhindern. Als ein beschwichtigendes Schreiben des französischen Königs in Venedig eintraf, wies Ferdinand Maria sogar seinen Reichstagsgesandten in Regensburg an, die Nichteinmischung des Kaisers in den französisch-spanischen Krieg zu beantragen. Der Friede sollte um jeden Preis gerettet werden.[288]

Die bayerische Kurfürstin fühlte sich durch diesen Kriegsausbruch persönlich betroffen und deprimiert. Waffenlärm war ihr verhaßt und sie hatte in ihrem Vetter Ludwig bisher einen Verteidiger von Recht und Frieden gesehen. Auch blieben allzu oft ihre Wünsche durch die Verstrickungen des Schicksals unerfüllt und sie fürchtete, ihren geliebten Bruder nun nicht wiederzusehen. Am 28. Mai schrieb sie ihm einen unglücklichen Brief aus Venedig, sie hätte so unendlich gewünscht, ihn zu sehen, aber die Kriegserklärung zwischen den Kronen Frankreich und Spanien raube ihr nun jede Hoffnung. Wann würde nochmals eine so günstige Gelegenheit für ein Wiedersehen kommen?

Karl Emanuel war im fernen Turin so gerührt von diesen Zeilen, daß er begann, eine Inkognito-Reise nach Padua in Betracht zu ziehen. Von der Wichtigkeit einer engen familiären Bindung an den bayerischen Kurfürsten war er ohnehin überzeugt. Ferdinand Maria hatte sich ja unermüdlich dafür eingesetzt, seinem Schwager die Belehnung mit Montferrat zu verschaffen und ihm auch schon bayerische Truppen nach Piemont geschickt. So ließ der Herzog in seinen Landen das Gerücht ausstreuen, er plane wegen eines Gelübdes eine Reise zum Heiligen Antonius von Padua. Seine Schwester sollte ihn tatsächlich drei Wochen später wiedersehen.[289]

Auch an ihren kleinen Sohn Max Emanuel in München dachte die Kurfürstin in ständiger Liebe und Sorge. Die rührenden Briefe, die sie ihm von der Reise schrieb, die Schachteln mit »Bagatellen«, die er aus Venedig und Padua von ihr erhielt, zeugten von der inneren Bindung an ihren Sohn. Sie vermißte ihn mit der ganzen Kraft ihrer südländischen Mütterlichkeit, vergoß oft Tränen der Sehnsucht und litt, wenn sie keine Nachricht über ihn erhielt. In ihren Briefen an Felizitas Wolkenstein war Adelheid ständig um die Erziehung des Kurprinzen bemüht. Der starke Einfluß, den sie auf Max Emanuels Entwicklung nahm, begann schon in seiner frühesten Jugend.[290]

Anfang Juni war für die bayerischen Reisenden die Zeit gekommen, Venedig zu verlassen und nach Padua zurückzukehren, um mit der Badekur der Kurfürstin zu beginnen. Luisa Violante Simeoni, die Frau des piemontesischen Leibarztes, freute sich in einem Brief nach München über die sommerliche Hitze. Mit Barken ging es am 3. Juni auf der Brenta zurück, vorbei an den herrlichen Sommervillen der Venezianer auf der Terraferma. Als Badeort für Adelheid war Battaglia ausersehen, einige Meilen südlich von Padua an der Straße nach Ferrara gelegen. Dort besaß der Marchese degli Obizzi das geräumige Schloß Catajo mit großem Park, das er dem bayerischen Kurfürstenpaar für seinen Aufenthalt zur Verfügung stellte. Er war ein feingebildeter Humanist und Theaterkenner, aber auch ein Mann mit tragischer Vergangenheit. Seine Frau Lukrezia war im November 1654 von einem Freund der Familie, dem sie in Abwesenheit des Marchese nicht zu Willen sein wollte, im Stadtpalais der Familie grausam erstochen worden, ohne daß die Dienerschaft den Mord hatte verhindern können. Als Obizzi 1662 mit Hilfe seines Sohnes ihren Tod blutig rächte, wurde ihm von der Republik Venedig der Prozeß gemacht und er kam für einige Zeit ins Gefängnis. Die Stadt Padua setzte der Bürgerstochter Lukrezia, die für ihre Ehre das Leben lassen mußte, im großen Saal des Palazzo della Ragione ein würdiges Marmordenkmal, das heute noch an dieses vielbeschriebene Ereignis erinnert. Nach seiner Entlassung aus der Haft fand der Marchese neuen Lebensmut als Literat und Mäzen.[291]

Schloß Catajo war für die bayerischen Gäste ein idealer Aufenthalt. Als Freund aller schönen Künste hatte Pio Enea Obizzi es zu einem prachtvollen Sommersitz ausgestaltet. Ein Renaissancetor im Stil eines Triumphbogens führte in den Vorhof. Von dort gelangte man zu Fuß über Marmortreppen auf eine große Terrasse und in die hochgelegenen Wohnräume. Mit Kutschen konnten die Gäste aber auch über eine Rampe im Innenhof in den ersten und zweiten Stock hinauffahren. Der Charakter des Schlosses, im typischen Stil der venezianischen Terraferma erbaut, war mehr der einer Burg als einer Villa und ist es bis heute geblieben. Nach zeitgenössischen Schilderungen war hier genügend Raum für die Bedürfnisse der großen bayerischen Reisegesellschaft. Eine Unzahl von Sälen und Zimmern erwartete die Gäste mit allen Bequemlichkeiten, während wohlausgerüstete Ställe und Remisen die Pferde und Kutschen aufnahmen. Zum Empfang des Kurfürstenpaares ließ der Marchese das ganze Schloß und die Umgebung beleuchten. Am Flußufer, auf der Straße, in den Vasen der Hofmauern, auf den Terrassen und Balustraden des Schlosses, an den Fenstern und dem dahinterliegenden Hügel waren mehr als 1500 Lichter angebracht.

Obizzi war ein vornehmer, beredter Mann von fast 75 Jahren und hatte schon viele illustre Gäste in seinen Mauern gesehen. Er verstand sich aufs Festefeiern und auf Unterhaltung im höfischen Stil der Zeit, auf das Arrangieren von Theateraufführungen, Gartenspielen, Lanzenturnieren und Wasserspektakeln. Das Schloß enthielt auch eine umfangreiche Bibliothek mit wissenschaftlichen Büchern, Romanen und Gedichtbänden, eine Waffen- und Gemäldesammlung, einen Saal für Ballspiele, ein eigenes Theater und eine Sammlung von Musikinstrumenten. Catajo galt den Zeitgenossen als achtes Weltwunder.[292]

Besonders sehenswert waren die Gartenanlagen, deren südliche Vegetation die bayerische Kurfürstin entzückte. So geschickt waren die Wasser eines Kanals in diesen Park geleitet, daß sie nicht nur einen Pfirsichhain unterirdisch bewässerten, sondern auch Brunnen und Wasserspiele mit dem rauschenden Element speisten. Tuffsteingrotten, Marmortreppen, Vasen, Zypressen, Orangen- und Lorbeerbäume, blühende Sträucher und schöne Statuen vervollständigten das reizvolle Bild. In einem eingezäunten Wildpark grasten Hirsche, Damwild und Rehe und das Vogelhaus des Marchese enthielt unzählige seltene Arten, deren Gezwitscher im ganzen Garten zu hören war. Wenn Adelheid von ihren Bädern in den Thermalquellen Battaglias zurückkehrte, spazierte sie mit den bayerischen Damen und Kavalieren durch ein Buchslabyrinth, hielt auf den Marmorbänken Hof und sah den unterhaltenden Spielen zu, die der Marchese unermüdlich arrangierte. Obizzi war selbst Theaterdichter und liebte es, sich nach der Mode der Zeit in eigener Person auf der Bühne zu präsentieren. Er führte kleine Komödien auf, ließ Damen als Bauernmädchen tanzen und veranstaltete eine Oper »Grisalbo« mit Sängern und Musikern.

Zur besonderen Freude der bayerischen Gäste kündigte der erfinderische Marchese für den 24. Juni ein »Ringelrennen« an. Durch Öffnen einer Schleuse wurde der große Schloßhof drei Fuß hoch mit Wasser überflutet. Dann stiegen die bizarr gekleideten Teilnehmer, mit Stangen bewaffnet, in kleine Barken und wurden von geschickten Ruderern immer wieder in die Nähe eines hängenden, wassergefüllten Kübels manövriert, an dem ein leichtes Ringlein schwankte. In den Kähnen stehend, balancierten die einheimischen Kavaliere und Gäste, um den Ring mit ihren Stangen herunterzuholen, und lieferten sich dabei ein temperamentvolles Seegefecht. Zum Gaudium der Zuschauer wurde mancher von dem kippenden Wasserkübel begossen oder fiel sogar ins nasse Element.

Die Menschen der Umgebung, Alt und Jung, Hoch und Nieder, waren mit Begeisterung an dem höfischen Leben beteiligt, das auf Catajo eingezogen war. Im Schloß und auf dem Fluß wimmelte es von Kutschen, Sänften und Barken, schrieb der italienische Graf Francesco Berni, dessen Aufzeichnungen über die Festlichkeiten zwei Jahre später in Ferrara veröffentlicht wurden.[293]

Wenn die bayerischen Gäste auf dem Wasser nach Padua fuhren, um die Antoniusbasilika aufzusuchen oder mit den Professoren der Universität Gespräche zu führen, erregten sie überall starkes Aufsehen. Ferdinand Maria galt bei seinen Zeitgenossen als ein melancholischer, in vieler Hinsicht passiver Mensch und hatte nicht wie sein Vater den Ruf eines besonders tatkräftigen Fürsten. Aber er stand damals auf der Höhe seines Lebens und war über die Grenzen seiner Länder hinaus als ein Herrscher des Friedens bekannt. Wenn er wie auf dieser Reise mit der schönen und geistvollen Kurfürstin gemeinsam auftrat, strahlte auch seine sonst so nüchtern und pflichtbewußt wirkende Persönlichkeit einen repräsentativen Glanz aus. In Padua scharten sich in erster

Linie die Männer der Wissenschaft um ihn, die Professoren der Jurisprudenz, der Medizin und Philosophie. Sie feierten ihn, der durch die widrigen Umstände seiner Jugend keine Universität hatte beziehen dürfen, in barocken Redewendungen als ihren Gönner und Meister, Adelheid als die begabte und verständnisvolle Gefährtin seines Lebensweges. Der bayerische Kurfürst lebte in dieser Atmosphäre auf.

Die im Wortlaut erhaltene lateinische Begrüßung des Gräzisten und Professors der Eloquenz, Ottavio Ferrari, bewies das damalige Verständnis der italienischen Intelligenz für die Verhältnisse im Reich und für Ferdinand Marias Politik im besonderen. Unter den Zeitgenossen gäbe es kein Ehepaar, so formulierte Ferrari, das seine Mitmenschen so nachhaltig beeindrucke wie das bayerische Fürstenpaar, und zwar weniger durch die Macht, die es in Händen halte, als durch Geist und Persönlichkeit. Ein Gedicht des Poeten Pietro Saviolo, das in Padua als Dank für die großartigen Geschenke des Kurfürstenpaares an die Antoniusbasilika entstand, empfindet ebenfalls die starke Wirkung nach, die »Ferdinando ed Adelaide« durch ihr Auftreten als Paar auf die Zeitgenossen ausübten. »Oh bella coppia eccelsa«, sang Saviolo begeistert und wünschte ihnen mit südländischer Offenheit weitere schöne Nachkommenschaft.[294]

Der Inhalt der Gebete, die das Kurfürstenpaar in der ehrwürdigen, dunklen Basilika an den Heiligen richtete, war für die Umwelt nicht schwer zu erraten. In ihrer tiefen Frömmigkeit erhofften sie von der Anrufung des Santo baldige Gesundung Adelheids und reichen Kindersegen für die Macht und das Ansehen des bayerischen Kurhauses in Europa – mußte doch für die wittelsbachische Sekundogenitur im Kurfürstentum Köln unbedingt ein zweiter gesunder Sohn geboren werden. Was für ein Gelübde Ferdinand Maria in Padua einzulösen hatte, ist dagegen ungewiß. Jedenfalls bedachte das Kurfürstenpaar die Antoniusbasilika während seines Aufenthalts in Padua mit großer Freigiebigkeit, ohne daß darüber Einzelheiten überliefert wären. Die einzige heute noch nachweisbare Weihegabe war eine schwere silberne Ampel, die in der Grabkapelle des Heiligen leuchtete, bis sie anläßlich der französischen Kriegszüge im Jahre 1797 mit vielen anderen Kostbarkeiten aus der Kirche verschwand.[295]

Bei einem feierlichen Chorkonzert im gleichen Gotteshaus fiel dem Kurfürstenpaar eine wunderschöne Knabenstimme auf. Ferdinand Maria, der Talente für seine Hofkapelle suchte, wünschte den jungen Sänger zu sehen. Man führte ihm den noch nicht dreizehnjährigen Agostino Steffani aus Castelfranco Veneto vor, der damals bei der Kantorei des heiligen Antonius seine musikalische Ausbildung erhielt. Warum sich das Kurfürstenpaar ausgerechnet für ihn interessierte, hat sich Steffani sein Leben lang nicht erklären können: »Als Knabe wurde ich von dem verstorbenen Kurfürsten Ferdinand Maria an den bayerischen Hof gebracht«, schrieb er in späteren Jahren als gefeierter Musiker. »In Padua, wo ich mit vielen anderen Knaben studierte, war ich ihm vorgestellt worden. Ich weiß nicht, durch was für ein Schicksal er an mir Gefallen fand und mich mit sich nach München nahm.«[296]

Ferdinand Maria und Adelheid, die beide Musik liebten und selbst ausübten, hatten wohl in diesem Knaben die musikalische Genialität erkannt, die ihn später zu einem berühmten Komponisten und Vorläufer Händels machen sollte. Es war ihnen ein Leichtes, den jungen »Musicanten« aus seiner kinderreichen Familie und aus der Kantorei in Padua zu lösen. In München und Rom erhielt er später durch ihre Großzügigkeit eine Ausbildung, die seinem Talent entsprach und ihm eine reichbewegte Karriere eröffnete.

Der Höhepunkt der Italienreise war aber für Kurfürstin Adelheid der ersehnte Besuch ihres Bruders. Um kein Aufsehen zu verursachen, kam der Herzog von Savoyen inkognito mit der Post, unter dem Namen eines Marchese von Susa. Nach fünfzehnjähriger Trennung fielen sich die Geschwister am 20. Juni in Catajo in die Arme. Karl Emanuel war ein eleganter, etwas untersetzter Mann von 33 Jahren, der seine Schwester mit Juwelen und die kleine Prinzessin mit Spielzeug überhäufte. Sie genossen die Tage ihres Zusammenseins »mit unendlicher Fröhlichkeit«, wie Adelheid ihrer Vertrauten Felizitas Wolkenstein nach München berichtete. Da Karl Emanuel seit einem Jahr einen kleinen Sohn und Erben besaß, versprach ihm die bayerische Kurfürstin, daß dieser »principino« einmal ihre nächste kleine Tochter zur Frau haben sollte. Auch die beiden Schwäger fanden großen Gefallen aneinander. Der ruhige, bedächtige Bayer und der lebhafte, noble Savoyer waren beide Freunde der Musen und liebten ein offenes politisches Gespräch. Mit dem Zeremoniell hatten sie wesentlich weniger Schwierigkeiten als ihre hohen Würdenträger. Der bayerische Kurfürst habe ihn äußerst höflich behandelt, schrieb Karl Emanuel an seinen Freund San Maurizio nach Paris. Überall habe er ihm sofort die Hand gegeben, auch vor allen Leuten im Theater. Damit beseitigte Ferdinand Maria rasch und auf familiäre Weise alle protokollarischen Zweifel.

Gemeinsam genossen die beiden Fürsten die edlen Weine aus dem Keller des Marchese, der ihnen dazu die Schlüssel überließ. Bei einer solchen Gelegenheit gelang es Ferdinand Maria, seinem Schwager eine besonders phantasievolle Überraschung zu bereiten: Er ließ eine hochelegante Kutsche mit zwei edlen Pferden aus den Stallgebäuden über die Rampe des Innenhofes herausfahren und machte sie dem hocherfreuten Savoyer zum Gastgeschenk.[297]

An diese fürstliche Zusammenkunft in Catajo sollten sich nach dem Willen des Hausherrn auch noch kommende Generationen erinnern. Deshalb ließ Pio Enea Obizzi noch im gleichen Jahr 1667 im Schloß drei Marmortafeln mit lateinischen Inschriften anbringen, eine über dem sogenannten Elefantenbrunnen und zwei am Ende des großen Treppenaufgangs. Sie berichten über ein Sommeridyll zweier europäischer Fürstenfamilien und erinnern daran, daß dieses Schloß, in dessen Nähe heute der moderne Verkehr des 20. Jahrhunderts vorbeibraust, einmal für kurze Wochen ein Stück bayerischer Geschichte gewesen ist. Auch an der Fassade der alten Barockkirche San Giacomo in Battaglia erhielt sich eine solche Erinnerungstafel, da das Kurfürstenpaar in »frommer Großherzigkeit« den Bau mit einer Spende unterstützte.[298]

Während der Herzog von Savoyen Ende Juni zu einer kurzen Vergnügungsreise in die Lagunenstadt fuhr, besichtigte das Kurfürstenpaar verschiedene historische Orte in der Umgebung von Catajo. Auf Einladung des Venezianers Alvise Duodo erfolgte ein Ausflug zu den sieben Kirchen von Monselice, die den Hauptkirchen Roms nachgebildet waren. Ferdinand Maria besuchte die Camaldulenser-Einsiedelei zwischen Weingärten und Zypressen auf dem Monte Rua und stattete mit Adelheid dem Grab des Dichters Petrarca in Arquà einen Besuch ab.[299]

Am 4. Juli war der Augenblick des Scheidens gekommen. Als erster fuhr Herzog Karl Emanuel, der noch einmal nach Catajo zurückgekehrt war, nach einem tränenreichen Abschied von seiner Schwester zur Antoniusbasilika, hörte dort eine letzte Messe und nahm dann die Post, um in seine Residenzstadt zurückzukehren. Am selben Nachmittag brachen auch die bayerischen Reisenden nach Padua auf, wo sie noch einige Tage verbringen wollten. Da die Gebete und Opfer für die Linderung der Zahnschmerzen Adelheids nichts gefruchtet hatten, ließ sie sich noch zwei Tage vor der Abreise nach Bayern den schlimmsten Störenfried ziehen, was vor dreihundert Jahren eine schmerzhafte und nicht ganz risikolose Prozedur war.

In diese letzten Tage in Padua fiel auch die Ankunft der »welschen Schulnonnen« vom Kloster Mariä Heimsuchung aus der piemontesischen Stadt Vercelli, die Adelheid nach München mitnehmen wollte. Sie schickte den vier Schwestern im Juni 1667 einen italienischen Edelmann und einen berittenen bayerischen Trabanten zur Begleitung und befahl ihnen, sich sofort auf die Reise nach Padua zu begeben. Da die Salesianerinnen ihre Erlebnisse auf anschaulichste Weise in einem Reisebericht festgehalten und später zur Verteilung an andere Gemeinschaften ihres Ordens sogar gedruckt haben, sind über ihren Empfang durch das Kurfürstenpaar in Padua und die Reise nach Bayern eingehende Schilderungen erhalten. Durch Überschwemmungen, Staub und Hitze der Poebene erschöpft, langten sie am 6. Juli in Padua an, wo das bayerische Herrscherpaar sie aufs liebenswürdigste aufnahm und mit einer königlichen Mahlzeit bewirtete. In verschiedenen Gesprächen mit der fürstlichen Gönnerin fanden sie den Ruf Adelheids als einer starken und liebenswerten Persönlichkeit bestätigt. Nach zwei Tagen der Erholung im Palazzo brachen sie am 9. Juli mit dem kurfürstlichen Hofstaat in einer sechsspännigen Kutsche nach Norden auf.[300]

Diesmal ging die bayerische Reiseroute wegen der Hitze nicht über Verona, sondern man strebte sofort in nördlicher Richtung über Castelfranco Veneto der Kühle des Gebirges zu. In Castelfranco wurde in der bekannten »Hosteria della Spada« zu Mittag gegessen, in der zur damaligen Zeit viele hochgestellte Persönlichkeiten logierten.[301] Teilweise reiste man nachts, und die Nonnen von Vercelli, an ein beschauliches Leben gewöhnt, dankten ihrem Schöpfer, daß sie nicht ihr ganzes Dasein im Fürstendienst verbringen mußten, denn um ihren klösterlichen Lebensrhythmus kümmerte sich der kurfürstliche Reiseplan nicht. Ferdinand Maria wollte an einer erzherzoglichen Jagd in Tirol teilnehmen und Adelheid zählte voller Ungeduld die Tage, bis sie endlich ihren Sohn Max Emanuel wieder in die Arme schließen konnte. Aber die Pferde hielten dem schnellen Tempo nicht stand und die Reise mußte in Trient für drei Tage unterbrochen werden.

Am 20. Juli traf man morgens in Innsbruck ein, ließ den welschen Schwestern zwei Tage Zeit zur Erholung und schickte sie dann in Begleitung von Adelheids Amme über Seefeld nach München. Ihre letzte Nacht verbrachten sie in Sendling, wo sie das Quartier als »miserabile« empfanden und die Nase rümpften über das karge Essen nach Kapuzinerart. Aber schon nahte wieder ein kurfürstlicher Bote und befahl sie nach München, wo Kurfürstin Adelheid inzwischen am 25. Juli eingetroffen war und ihnen einen feierlichen Empfang bereitete.

Das Kurfürstenpaar hatte in der Pertisau am Achensee an einem »Gejaid« teilgenommen, bei dem 14 Gemsen erlegt worden waren. Von dort sandte man die Botschaft nach München, daß der Kurprinz, von allen Hofkavalieren und Truchsessen samt der kurfürstlichen Leibgarde eskortiert, der Reisegesellschaft ein Stück entgegenfahren sollte.[302]

Mit dieser festlichen »Einbegleitung« durch den Münchener Hof fand die italienische Reise des Kurfürstenpaares ihr Ende. Max Emanuel sei hübscher denn je, schrieb Adelheid beglückt an ihren Bruder. Es war ihr zwar nicht gelungen, das ersehnte Turin wiederzusehen, aber der Aufenthalt im Süden erwies sich für beide Ehepartner als ein Höhepunkt ihres Lebens. Neben dem staatspolitischen Wert, der einer solchen Reise trotz des Inkognito zukam, bedeutete sie dem Kurfürstenpaar einen ganz besonderen persönlichen Gewinn. Durch eine Fülle von geistigen und künstlerischen Erlebnissen war ihr Verständnis für die italienische Kultur gereift. Persönliche Begegnungen besonderer Art vermehrten ihre Menschenkenntnis und hinterließen beglückende Erinnerungen. Endlich hatte Ferdinand Maria aus nächster Nähe die Mentalität des Volkes erlebt, dem seine Frau entstammte. Durch diese Gegenüberstellung war das Zusammengehörigkeitsgefühl des Paares und sein gemeinsames Verantwortungsbewußtsein gewachsen. Adelheid selbst gewann die Erkenntnis, daß sie nach Monaten der Abwesenheit wieder den großen Wirkungskreis brauchte, den sie sich in München geschaffen hatte. Die jahrelange Melancholie und Sehnsucht nach dem Süden war damit überwunden. Dagegen erfuhr ihre Gesundheit durch die Bäder in Battaglia keine wesentliche Besserung. Sie blieb weiterhin die zarte, anfällige, von Kopfschmerzen und Fehlgeburten geplagte Frau, die sich nur durch ihren starken Willen aufrecht hielt. Erst das kommende Jahrzehnt schenkte ihr noch zwei lebensfähige Kinder.

Nachdem der kurbayerische Hofzahlmeister Cammerloher die Ausgaben zusammengerechnet hatte, erwies sich die »Paduanische Raiß« als ein sehr kostspieliges Unternehmen. Sie hatte 134 000 Gulden verschlungen und damit etwa den siebten Teil der gesamten Hofausgaben des vorangegangenen Jahres.[303] Das zahlreiche Gefolge, das der Kurfürst zur Aufrechterhaltung seiner Repräsentation für nötig erachtet hatte, die tausend Äußerlichkeiten majestätischer Demonstration, die

Rang und Bedeutung auch im Ausland erforderten, die vielen »Verehrungen« an seine Umgebung hatten die zunächst veranschlagten Kosten bei weitem überstiegen. Aber die kurbayerischen Finanzen befanden sich unter Ferdinand Maria in so gesundem Zustand, daß sie den Aderlaß ohne Schaden für das Staatswesen überstanden.

Durch die Fahrt des Kurfürstenpaares in den Süden erhielt die Verpflanzung italienischer Kulturelemente nach Bayern neuen Auftrieb. In den folgenden Jahren bevölkerte ein ganzer Schwarm italienischer Künstler den Münchener Hof. Es herrschte ein ständiges Kommen und Gehen von Malern, Dichtern und Schriftstellern, von Bauhandwerkern und Musikern, die jenseits der Alpen geboren waren. München nahm damals vor allem Kontakt mit Künstlern aus dem venezianischen Raum auf, ließ sie nach Bayern kommen oder bestellte Werke bei ihnen. Die großen Bauvorhaben der bayerischen Kurfürstin, die in den Jahren vor der Reise nach Padua begonnen worden waren, nämlich die Theatinerkirche, die neuen Zimmer der Residenz und die Sommervilla Nymphenburg, erfuhren nun ihre Ausschmückung im italienischen Geist.

Gotteshaus, Palast und Villa

Die Reiseberichte, die in der ersten Hälfte des 17. Jahrhunderts über die bayerische Residenzstadt geschrieben wurden, stimmten überein, daß München damals als der schönste Fürstensitz Deutschlands galt. »München hat sehr schöne, weite, saubere Gassen, so fast auf gleiche Manier gebauet sein und an welchen die Malerkunst nicht ist ersparet worden«, rühmte Martin Zeiller in seinem 1632 erschienenen »Teutschen Reyßbuch«. Ein anderer pries die vielen gepflegten Gärten, die wald- und wasserreiche Umgebung und den Blick auf die Tiroler Berge, ein dritter den prunkvollen Wohnsitz der landesherrlichen Familie und die vielen prächtigen Kirchen.[304]

München galt als eine weltoffene Stadt, die Fremdes und Eigenes zu geistiger und künstlerischer Synthese verband. Hof, Bürgertum und Kirche gaben ihr das typische Aussehen einer bedeutenden Residenzstadt jener Zeit. Seit über vierhundert Jahren wurde sie von der gleichen, dem Mäzenatentum verschriebenen Familie beherrscht, die dem Leben der Stadt stets ihren Stempel aufgedrückt hatte. Das wirtschaftlich kraftvolle Bürgertum besaß jedoch Privilegien, die ihm eigene Entfaltungsmöglichkeiten in der Bautätigkeit gewährleisteten. Daneben bildete das religiöse Leben mit seinen vielen Klöstern, Kirchen und Seelhäusern einen bedeutenden Faktor in der Atmosphäre der Stadt. Kurfürst Maximilian I. machte aus München eines der führenden deutschen Kunstzentren, indem er die überkommenen Schätze seines Hauses bewahrte und vermehrte, auswärtige Strömungen aufgriff und durch fremde oder im Ausland geschulte Kunsthandwerker einen vorbildlichen Zusammenklang von Architektur, Bildhauerei und Malerei entstehen ließ. Die Rangerhöhung zur kurfürstlichen Residenzstadt in der ersten Hälfte des Jahrhunderts äußerte sich trotz der Finanznot des Dreißigjährigen Krieges in vielfältiger Bautätigkeit am Wohnsitz des Landesherrn.

Als Henriette Adelheid von Savoyen nach München kam, bewies sie sofort lebhaftes Interesse an den Baulichkeiten und der Geschichte der Stadt. In ihren Briefen nach Turin berichtete sie über die Schönheiten der Residenz, über Kirchen, Klöster und die Madonnensäule mitten auf dem Marktplatz. Die Reiche Kapelle Maximilians I. in der Residenz erinnerte sie an das schöne Florentiner Kabinett in Turin. Um ihren neuen Wohnsitz zu veranschaulichen, schickte sie Miniaturansichten nach Hause. Obwohl sie an einem ungewöhnlich kunstsinnigen Hof aufgewachsen war, zeigte sie sich von den prächtigen Gebäuden stark beeindruckt. Bei aller Sehnsucht nach der südlichen Heimat empfand die junge Savoyerin bald den eigenartigen Genius loci der bayerischen Residenzstadt und lernte im Lauf der Jahre das ausgedehnte System kulturpolitischer Beziehungen schätzen, das die Familie Wittelsbach aufgebaut hatte.

Die Kunstbestrebungen des Kurfürsten Maximilian waren jedoch noch stark der Spätrenaissance verhaftet, während in Turin bereits die modernen Strömungen des italienischen Barock im Kirchen- und Schlösserbau ihren Einzug gehalten hatten. In ständiger persönlicher Verbindung mit ihrer Geburtsstadt stehend, wußte die Kurfürstin von den dortigen Neuerungen, die bereits in ihrer Jugend begonnen hatten, hörte von den Verdiensten italienischer Künstler und Architekten und nützte schließlich ihre Beziehungen, um auch in Bayern die große Wandlung zum Barockstil herbeizuführen. Adelheid wurde zur treibenden Kraft für den Einzug der neuen Kulturelemente in alle Bereiche der Kunst.

DIE THEATINERKIRCHE

Die große Bautätigkeit des jungen Kurfürstenpaares in München begann mit dem Plan Adelheids, den Theatinerorden in Bayern einzuführen und ihm in der Hauptstadt eine Kirche mit Kloster zu errichten. Daß dieses Gotteshaus gleichzeitig Hofkirche und damit ein majestätisches, ja triumphales Gebäude werden sollte, war ihr ausdrücklicher Wunsch. Eine Kirche von römischen Dimensionen, in der ihre außerordentliche Frömmigkeit und Verehrung für Kajetan von Thiene zum Ausdruck kommen sollte, begann in ihrer Phantasie Gestalt anzunehmen. Schon zu Anfang des Jahrhunderts hatte der Architekt Carlo Maderno in Rom für den Theatinerorden ein Meisterwerk errichtet: die Kirche Sant'Andrea della Valle. Ihre Kuppel war nach Sankt Peter die zweitgrößte der Tiberstadt und wetteiferte an Schönheit mit der Kuppel Michelangelos. Ein solches Gotteshaus sollte sich nach den Ideen der Kurfürstin auch über die Dächer der Schwabingergasse erheben und als Wahrzeichen einer neuen Kunstform von weither zu sehen sein.

Am 12. Juni 1662, sofort nach der feierlichen Einführung des Ordens, gab sie im Einvernehmen mit Ferdinand Maria dem Obersthofmarschall Hermann Fürstenberg den Auftrag, in ihrem Namen die westlichen Häuser innerhalb des Schwabingertors für den neuen Kirchenbau aufzukaufen. Schon nach wenigen Monaten waren das Eckhaus des Kammerdieners Matthäus Mayr an der Stadtmauer und das südlich anschließende Deininger-Bäckenhaus in ihrem Besitz. Das »Hazi-Bräuhaus« folgte im April 1663.[305]

Als italienischer Architekt bot sich Agostino Barelli in Bologna an, der am Bau der dortigen Theatinerkirche San Bartolomeo beteiligt war und dessen Bruder dem Orden angehörte. Als die Kurfürstin aber in Erfahrung brachte, daß der geniale Theatinerarchitekt Guarino Guarini aus Turin aufbrechen wollte, um in Paris die erste Theatinerkirche Frankreichs, Ste. Anna-La-Royale zu bauen, bat sie Pater Pepe, ihm brieflich den Umweg über München nahezulegen. Zur großen Enttäuschung der Kurfürstin und des Ordens war Guarini aber bereits auf dem Weg nach der französischen Hauptstadt, wo noch 1662 die Grundsteinlegung seiner Kirche stattfand. So mußte Adelheid sich sofort des Bologneser Architekten versichern, wenn sie ihr Projekt nicht länger verzögern wollte.[306]

Barelli traf in der ersten Oktoberwoche 1662 mit der Post in München ein und hatte bereits die Skizzen für das neue Gotteshaus im Reisegepäck. Wie die Tagebücher der Theatiner berichten, befahl ihn das Kurfürstenpaar am 7. Oktober zur Audienz. Da Adelheid sich eines besonders majestätischen Kirchenbaues versichern wollte, fragte sie den Architekten spitzfindig, ob das Gotteshaus eine Million Gulden kosten würde. Als Barelli dies überrascht verneinte, schien sie nicht zufrieden. Er dürfe keine Kosten scheuen, erklärte sie ihm eindringlich, sondern solle nur danach streben, die schönste und kostbarste Kirche der Stadt zu bauen, die auch das Gotteshaus der Jesuiten übertreffen müsse. Als der ebenfalls anwesende Pater Pepe den Einwurf wagte, die Serenissima möge bei ihren Plänen weniger an die Bauherrin denken als an die armen Mönche, für deren Gottesdienst sie errichtet würde, fuhr sie ihm voll herrischem Selbstbewußtsein in die Parade: »Die Kirche muß ihres Ordens würdig sein, welcher der erste der Welt ist, und schließlich muß man auch bedenken, wer sie baut!« Als absolutistische Fürstin hatte Adelheid nicht nur die Verherrlichung Gottes und seines religiösen Ordens, sondern auch die Repräsentation der kurfürstlichen Familie im Auge.[307]

Am 16. Oktober 1662 begann der Abbruch der Bürgerhäuser, und drei Tage später wurde Barelli in kurbayerische Dienste übernommen. Um seine Pläne nach den Wünschen der Kurfürstin zu ändern und geeignete italienische Bauhandwerker anzuwerben, kehrte er über den Winter nach Bologna zurück. Am 14. April 1663 war er wieder in München, begleitet von dem »capomastro« Lorenzo Perti aus Como und einem Trupp italienischer Maurer mit künstlerischer Ausbildung. Die bayerischen Baumeister des Hofes waren Adelheid im neuen Stil zu wenig erfahren. Vor allem beherrschten sie in der Innendekoration nur das einfache heimische Linienwerk und nicht den üppigen Stuck, mit dem Barelli die Kirche schmücken wollte. Acht Tage später sah das Kurfürstenpaar am Bauplatz zu, wie die Schnur für den Grundriß gesteckt wurde, und am 29. April 1663 stiegen Ferdinand Maria und Adelheid persönlich in die Baugrube, wo sie den Grundstein zu dem großen Werk legten.[308]

Um der Residenz die Schauseite des neuen Gotteshauses zu bieten, war der Chor, abweichend vom traditionellen Prinzip, nach Westen geplant. Barellis vergrößerte Zeichnungen sahen eine mächtige Kirche in Kreuzesform vor. Ihre Vierung sollte nach dem Muster von Sant'Andrea della Valle von einer alles beherrschenden, lichterfüllten Kuppel gekrönt werden. Das neuzeitliche Kirchenideal verband in dem weiten, großartigen Langhaus den Typus der Wandpfeilerkirche mit der alten Form der Basilika, die sich in Seitenkapellen mit säulenflankierten Durchgängen ausdrückte. Nach den Ideen des Bolognesers sollten sich die Formen der römischen Mutterkirche mit typischen Bauelementen seiner Heimatstadt, besonders mit deren großartiger Bogenarchitektur verbinden. Durch diese neuen Pläne Barellis war Adelheids Wunsch nach einem triumphalen Gotteshaus Genüge getan. Aber die Dimensionen der Kirche bescherten der Bauherrin in den kommenden Jahren nicht nur reine Freuden.

Don Antonio Spinelli war ein Theatiner, der sich neben dem Ordensleben und der Gelehrsamkeit auch für Architektur interessierte. Als er einmal im Jahr 1664 am Bauplatz der neuen Kirche vorüberkam, erregten die mächtig emporstrebenden Mauern seine Neugier und er trat unter dem Türsturz des Portals ins Innere. Dabei fiel ihm auf, daß sich die Pfeiler der drei Seitenkapellen, die rechts bereits bis zu den Bögen emporgemauert waren, im Vergleich zur Länge der Kirche viel zu nahe gegenüber standen. Er vermutete sogleich einen Fehler in der

Breitendimension des Mittelschiffs. Bei einer genauen Prüfung der einzelnen Maße erkannte der Pater, daß den Bauleuten ein schwerer Irrtum unterlaufen war. Barelli und Perti, die er mehrmals auf die Tatsachen aufmerksam machte, lehnten seine Vorwürfe als Einbildung eines Laien ab. Aber der Ordensmann dachte an die schwere Kuppel, die eines Tages auf den falschen Maßen dieser Kirche ruhen sollte.

Schließlich faßte er sich ein Herz und ließ sich eines Morgens bei der Kurfürstin melden. Zu seinem Erstaunen wurde er in ihr Schlafzimmer geführt, wo sie ihn mit der Nonchalance der großen Dame im Bett liegend empfing. Sein frühes Kommen hatte ihre Neugier erregt. Spinelli teilte ihr in vollem Freimut mit, daß alles von ihr gespendete Geld in die Isar geworfen sei, wenn die Dimensionen der Kirche nicht berichtigt würden. Da Ferdinand Maria bereits ins Zimmer getreten war und die letzten Sätze gehört hatte, sah sich das Kurfürstenpaar zunächst einmal in sprachlosem Erstaunen an. Dann stellten beide eine Unmenge von Fragen an den Pater, der in Venedig zwar ein tüchtiger Advokat und Novizenlehrer gewesen war, aber schließlich noch keine Kirche gebaut hatte. Nach langer Diskussion gewann das Herrscherpaar den Eindruck, daß es einen »Pater Architectus« vor sich hatte, dem man in Anwesenheit des Hofes und mehrerer Sachverständiger an Ort und Stelle eine Aussprache mit den Bauleuten gewähren mußte.[309]

Barelli und Perti erhielten den Befehl, auf den Kirchenfundamenten der linken Seite eine Holzattrappe zu errichten, die den bereits aufgemauerten Wandpfeilern zur Rechten entsprach. Dann erschien das Kurfürstenpaar zur festgesetzten Stunde auf dem Bauplatz und der unerschrockene Spinelli erklärte vor den Räten und Kavalieren des Hofes sowie vor allen Baumeistern, die man hatte auftreiben können, wo seiner Ansicht nach der Fehler steckte. Barelli war, wie der Pater eindeutig nachweisen konnte, über die Verschiedenheit zwischen der römischen Spanne der Mutterkirche Sant'Andrea und dem Bologneser Fuß gestolpert. Während der erbleichte Architekt seinen Irrtum eingestehen mußte, genoß Spinelli einen Triumph, der ihm 1665 die gesamte Bauleitung der Kirche eintrug. Die linken Fundamente mußten mit beträchtlichen Kosten um fünf Fuß zurückgesetzt werden. Diese Szene auf dem Bauplatz war aber nicht nur eine Genugtuung für den intelligenten Ordensmann, sondern auch für alle Bauleute in München und Umgebung, die sich durch die Bevorzugung des Bologneser Architekten und seiner welschen Helfer zurückgesetzt fühlten. Zu ihnen gehörten außer den Einheimischen auch die Wandertrupps der »Muratori« aus dem südlichen Graubünden, die man zu dieser Zeit in Bayern zu schätzen begann.

Als dem Pater die Oberleitung des Kirchenbaues von der Kurfürstin zugesprochen wurde, behielt er in weiser Einschätzung seiner Kenntnisse Barelli für die künstlerischen Aspekte und Perti für die Bauführung bei. Er verlangte jedoch, daß beide sich seinen Anweisungen fügten. Der Bologneser, der in den kommenden Jahren noch prachtvolle, sehr selbständige Entwürfe für die Innengestaltung und die Fassade lieferte, hatte unter diesen Verhältnissen einen schweren Stand und der Bau schritt nur langsam fort. Da Barelli eine bescheidene, sensible Künstlernatur war, kam er gegen den energischen Pater nicht auf. Das begonnene große Werk fesselte ihn aber trotz seiner Verstimmung in solchem Maße, daß er dem Kirchenbau treu blieb und München nicht den Rücken kehrte.[310]

Am 9. April 1669 unterschrieb das Herrscherpaar gemeinsam mit seinen italienischen Sekretären Carlo Begnudelli und Antonio Lanteri den großen Schenkungsbrief für die Theatiner, der dem Orden außer dem Areal des Kirchenbaues ein beachtliches Grundstück westlich der Apsis in Richtung des Komödienhauses zusicherte. In Erfüllung ihres Gelübdes, so erklärten Ferdinand Maria und Adelheid laut lateinischer Urkunde und zeitgenössischer Übersetzung ins Deutsche, gewährten sie den Theatinern nun auch eine »ehrliche Behausung« nach ihren Regeln, in der sie mit ruhigem Gemüt ihren geistlichen Übungen und dem Dienst Gottes nachkommen konnten und die völlig auf Kosten des Kurfürstenpaares erbaut werden sollte. Diese Schenkung war auf ewige Zeiten gedacht und wurde in den Jahren 1675/76 mit weiteren Häusern und Gärten südlich der Kirche noch bedeutend vergrößert.[311]

Unter der Leitung Spinellis wuchsen nun Kirchen- und Klosterbau zusammen mit der Bibliothek heran. Er führte ein strenges Regiment über die Arbeiterschaft, die er zu fleißigem Werken antrieb und finanziell kurz hielt. Mit faulen Maurern und Stukkatoren machte der tatkräftige Pater, der sich im Lauf der Jahre beträchtliche Fachkenntnisse angeeignet hatte, wenig Federlesens. Für die Architektur der Kuppel und die Gestaltung des Altares fertigte er eigene Pläne, die seinen Gedankenreichtum bekundeten. Die Fassade war nach dem Entwurf des Bolognesers wie die der römischen Mutterkirche zunächst ohne Türme vorgesehen. Auf der Schauseite ihres Gotteshauses wünschte die kurfürstliche Stifterin vor allem eine machtvolle Repräsentation savoyischer Frömmigkeit darzustellen. Außer den Statuen des Gottessohnes, der Madonna und der wichtigsten Persönlichkeiten des Theatinerordens wurden Abbildungen der heiligen Kaiserin Adelheid und der frommen Vorfahren der Kurfürstin geplant. Dieses ikonographische Programm an der Fassade von Adelheids Kirche sollte ein Gegenstück zu den Schaufiguren von Sankt Michael bilden, kam aber nach dem Tod der Kurfürstin als Darstellung allzu fremder Persönlichkeiten nicht mehr zur Ausführung.[312]

Inzwischen war in Bayern der Einfluß der Graubündner »Muratori« stark gewachsen. Diese ausgezeichneten, kunstgeübten Handwerker aus dem Misoxer Tal nördlich des Luganer Sees zogen damals in ganzen Familien durch die Lande, besaßen viel eigenständiges künstlerisches Empfinden und waren im neuen Stil Italiens wohl bewandert. Zu ihnen gehörte die Familie Zuccalli aus Roveredo, deren begabtestes Mitglied, Enrico, sich bereits bei verschiedenen Bauten innerhalb Bayerns einen Namen gemacht hatte. Als er sich mit einem Gesuch um Beschäftigung als Hofbaumeister an die Kurfürstin wandte, wurde er am 16. Februar 1673 in ihre Dienste aufgenommen. Seine Beziehungen zu dem Geheimen Ratssekretär Anton Berchem verschafften ihm schließlich auch Zugang zur Bauhütte der Theatinerkirche. Die Vollendung der mächtigen Kirche und vor allem ihrer Innenausstattung erfuhr durch diesen genialen Architekten neue Impulse. Als Barelli sich 1674 endgültig von München verabschiedete, wurde er durch eine Künstlerpersönlichkeit abgelöst, die den Pomp römischer Barockkirchen ablehnte und dem Inneren des neuen Gotteshauses schließlich eine kühle, durchgeistigte Klarheit verlieh.[313]

Da Adelheids Gesundheit in diesen Jahren immer schwankender wurde, drang der Kurfürst auf Fertigstellung ihres Lieblingsbaues. Sie selbst sorgte für die Ausschmückung der Kirche mit geeigneten Altarbildern, die sie zum großen Teil aus Italien kommen ließ. Für die riesige Tafel des Hochaltars gewann sie den venezianischen Maler Antonio Zanchi und beauftragte ihn mit einem Bildprogramm, das ihre eigene, höchst persönliche Welt in Phantasie und Realität auf die Leinwand bannen sollte. Himmlisches und Irdisches, Göttliches und Menschliches wollte Adelheid von Savoyen über dem Hauptaltar ihrer Kirche sehen, wenn sie mit dem Hof zu festlichen Gottesdiensten einzog.

So malte der Venezianer nach ihren Ideen im oberen Drittel des Bildes eine machtvolle Dreifaltigkeit mit der Weltkugel und einer Engelschar, die auf himmlischen Musikinstrumenten Gottes Ehre verkündete. Im Mittelteil blickten die heiligen Fürbitter, wie sie in der Phantasie der Kurfürstin lebten, auf Wolken gebettet nach oben, in ihrer Mitte die beiden Kirchenpatrone Adelheid und Kajetan. Das untere Drittel war der irdischen Umgebung der frommen Savoyerin vorbehalten. Während die beiden Frauentürme unter weißblauem Himmel den Hintergrund der höfischen Welt beschlossen, kniete das Kurfürstenpaar, von Höflingen und Trabanten umgeben, im Kreise seiner vier Kinder betend auf rotbekleidetem Podest als Stifter des großen Gotteshauses. Zwei Pagen in weiß-blauer Hoftracht trugen das Modell der Kirche mit den neu geplanten Türmen und der mächtigen Kuppel. Den eigentlichen Mittelpunkt der irdischen Welt bildete Kurprinz Max Emanuel zu Füßen seiner Eltern. Zwei Persönlichkeiten des Hofes waren Adelheid im Lauf der Jahre besonders ans Herz gewachsen und mußten von Zanchi verjüngt zu Seiten der kurfürstlichen Familie porträtiert werden: links der verdienstvolle Leibarzt Stefano Simeoni, dem Adelheid am kaiserlichen Hof den Titel eines Barons verschafft hatte, und rechts die einst so geschmähte, langjährige Obersthofmeisterin Felizitas Wolkenstein mit den beiden jüngsten Kindern des Herrscherpaares.

Eine wahrscheinlich 1672 entstandene, heute im Londoner Victoria and Albert Museum bewahrte Rötelskizze Zanchis für die irdische Welt des großen Altarblatts legt die Vermutung nahe, daß der Venezianer damals nach München kam, um das Kurfürstenpaar und seine Umgebung zu porträtieren. Gemalt wurde das Bild aber schließlich in Venedig und traf am 19. Juni 1675 in München ein, wie Spinelli in seinem Tagebuch vermerkte.[314]

Mit der gleichen Sendung kam ein weiteres Gemälde aus Italien an. Es war für den Altar der Heiligen Sippe im rechten Querschiff der Theatinerkirche bestimmt und stammte von dem Bologneser Maler Carlo Cignani. Dieser hatte bereits Fresken in der römischen Mutterkirche Sant'Andrea geschaffen und durch dieses neue Werk einen Wettbewerb gewonnen, der von Ferdinand Maria mit großzügiger Prämie ausgeschrieben worden war. Auf Cignanis Altargemälde war Adelheid mit ihrem Sohn Max Emanuel dargestellt, wie sie ihr Kind in Gestalt der Madonna aus der mütterlichen Obhut entließ, als es vom Himmel mit dem Szepter ausgestattet wurde.[315]

Auch die übrigen aus Italien stammenden Seitenaltarblätter waren

Barockgemälde monumentaler Natur und bildeten die eigentlichen Farbeffekte der Kirche. Auf Bestellung des Kurfürstenpaares schuf der bekannteste Vertreter der damaligen Malerei in Deutschland, Joachim Sandrart, das Altarbild des linken Querschiffes, den Kajetansaltar, auf dem Adelheid das Hauptwunder ihres Schutzpatrons, die Befreiung Neapels von der Pest, dargestellt sehen wollte. In helldunkler Manier beschrieb der Künstler das Ringen der Pestkranken mit dem Tode und ihre Rettung durch Kajetan von Thiene. Über der Innenwand des Portals ließ das Kurfürstenpaar 1675 eine lateinische Inschrift anbringen, die für ewige Zeiten die Erinnerung an die Dankbarkeit des Hauses Bayern für ihren »Charissimo Patrono« und die heißersehnte Geburt Max Emanuels wachhalten sollte.[316]

Der anhaltend schlechte Gesundheitszustand der Kurfürstin ließ eine baldige Weihe der Kirche geraten erscheinen, obwohl Spinelli Bedenken über die Haltbarkeit der Kuppel äußerte. Nachdem das Hochaltarbild rechtzeitig eingetroffen und zwischen die mächtigen, gedrehten Altarsäulen eingefügt war, legte man die festliche Zeremonie mit dem 13. Geburtstag des Kurprinzen und seiner Firmung zusammen. »Unter außerordentlichem Zulauf und Applaus des Volkes«, weihte der Suffragan, wie Spinelli in sein Tagebuch schrieb, die Kirche und den Hochaltar in Anwesenheit des ganzen Hofes, und die kurfürstliche Gönnerin bezahlte dem Orden die gesamten Kosten der feierlichen Handlung. Teile ihres Brautschmucks hatte sie bereits 1674 in eine Sonnenmonstranz für den Gottesdienst der Patres verarbeiten lassen.[317]

Die Theatinerkirche war zur größten Schöpfung der Savoyerin geworden. Wenn auch die Türme und die Gestaltung der Fassade noch fehlten, so sah Adelheid doch vor der Westseite der Residenz den stolzen Baukörper mit der hohen Tambourkuppel fertig aufragen und hatte für ihren vergrößerten Hof einen prachtvollen, nahegelegenen Kirchenraum geschaffen. Die Gruft, die als neue Grablege für das Haus Wittelsbach dienen sollte, nahm als erste Särge die ihrer verstorbenen Kinder auf.

Der Bau der Theatinerkirche und des Klosters wurde aus der savoyischen Mitgift, durch eine Erbschaftszahlung des Großherzogs von Toskana an Adelheid und mit Hilfe von Zuschüssen des bayerischen Hofzahlamts finanziert.[318] Er fiel in eine Zeit des künstlerischen Aufstiegs in der Geschichte des Landes und seiner Residenzstadt. In den nächsten Jahrzehnten erfüllte sich die Erwartung der Kurfürstin, mit der Verpflanzung des modernen italienischen Kirchenstils nach Bayern bahnbrechend zu wirken, wenn sie dies auch selbst nicht mehr erlebte. Wie die Theatinerkirchen in Frankreich und Österreich, so wurde auch St. Kajetan in München Beginn und Vorbild der italienischen Barockbewegung nördlich der Alpen und fand im süddeutschen Raum starke Nachahmung und eigenständige Weiterentwicklung.

Nach den Heimsuchungen des Dreißigjährigen Krieges war in Bayern eine Woge neuen Lebensgefühls hochgebrandet, das sich die schwellenden, harmonischen Formen der barocken Kunstrichtung freudig zu eigen machte und in diesem Stil einen Ausdruck seines ureigensten Wesens fand. Weiträumige, strahlende Kirchenbauten wuchsen in der Folgezeit aus dem bayerischen Boden und zeugten von der tiefen Religiosität und der künstlerischen Begabung des Volkes. St. Kajetan, noch allein von südländischen Handwerkern erbaut, hatte den Anfang gemacht und der heimischen Baukunst neue Impulse vermittelt.

Mit dem Abbruch der Stadtmauern und Tore im 19. Jahrhundert erhielt die Kirche unter den verständnisvollen Wittelsbacher Königen den Raum, der ihr großartiges Erscheinungsbild zur vollen Wirkung kommen läßt. Unter südlich-blauem Föhnhimmel wirkt sie noch heute wie eine Verkörperung römisch-barocken Geistes. Die Theatinerkirche ist eine große Geste des Dankes an den Allmächtigen und ein bleibendes Denkmal für die leidenschaftliche Frömmigkeit ihrer Stifterin.

DIE RESIDENZ

Als der Schwedenkönig Gustaf Adolf im Mai 1632 die Hauptstadt seines großen Gegners Maximilian besetzte, nahm er Wohnung im kurfürstlichen Palast. Er fand diesen Fürstensitz so eindrucksvoll, daß er ihn am liebsten auf Rollen nach Stockholm überführt hätte. Die Münchener Residenz war damals ein Zusammenklang aus mittelalterlicher Burg, Palastflügeln der Spätrenaissance, Gärten, Höfen und Kapellen. Ihr Baukörper überstand den Dreißigjährigen Krieg ohne Schaden und die prunkvollen Repräsentationsräume, Galerien und Kunstkammern füllten sich nach dem Friedensschluß von neuem mit den zum großen Teil geretteten Schätzen des Kurhauses Bayern.

Bei ihrer Ankunft wurde die fünfzehnjährige Savoyerin für einige

Tage in dem schönen Kaiserappartement untergebracht, dann mußte sie auf Geheiß der Schwiegermutter in die engen Kinderzimmer über dem Antiquarium ziehen. Die einzige Baumaßnahme, die sie in den folgenden Jahren für sich durchsetzen konnte, war 1658 die Einrichtung einer Galerie für die zahlreichen in ihrem Besitz befindlichen Porträts.[319]

Nach der Geburt Max Emanuels erhielt sie nicht nur in der Politik, sondern auch im »Hofgebäu« freiere Hand und begann ein neues Schlafgemach, verschiedene Empfangsräume und ein ganzes Programm symbolischer und historischer Deckenmalereien zu planen, wie sie im neuen Palazzo Reale von Turin damals gerade zur Ausführung gelangten. Dort ließ die Herzogin von Savoyen eine Reihe von Prunkgemächern entstehen, in deren vergoldete Kassettendecken venezianischen Stils zahlreiche farbenprächtige Ölgemälde eingelassen wurden. Nach der Mode der italienischen Fürstenhöfe zeigten diese Bilder die historischen Herrschergestalten und priesen die Tugenden der Familie in antiker Symbolik. Das Programm für die üppigen Allegorien der Turiner Deckenbilder lieferte der hochgebildete piemontesische Philosoph, Historiker und Beichtvater der Madama Reale, Emanuele Tesauro, und erläuterte sie den Zeitgenossen in seinem lateinischen Werk «Inscriptiones«. Während er seine sinnreichen Motive, im Italienischen »concetti« genannt, aus den Werken des Aristoteles schöpfte, bezog er sich bei den zugehörigen Inschriften auf lateinische Zitate, vor allem auf Plinius, Horaz und Ovid. Sein bedeutendstes literarisches Werk »Il Cannocchiale Aristotelico« (Das Aristotelische Fernrohr), erstmals 1654 in Turin erschienen, enthielt genaue Vorschriften für ästhetische Symbole und Methaphern, die sich zur Darstellung des geforderten Herrscherlobes eigneten.[320]

Die bayerische Kurfürstin kannte diesen Bewunderer der Familie Savoyen aus ihrer Jugendzeit und beschloß, sich seiner Gelehrsamkeit für die Ausstattung ihrer profanen Bauvorhaben zu bedienen. Daher richtete sie nach dem Tod der Mutter an Herzog Karl Emanuel die Bitte, ihr Skizzen für Deckenmalereien zukommen zu lassen. Am 23. Mai 1664 dankte sie dem Bruder für die Übersendung der Zeichnungen von »Decken und Alkoven«, die für ihr damals im Bau befindliches neues Schlafzimmer und andere Räume der Residenz bestimmt waren.[321] Daß Emanuele Tesauro als geistiger Vater des späteren Deckenprogramms von Schloß Nymphenburg angesehen werden muß, ist aus

Adelheids Korrespondenz bekannt. Aber auch verschiedene Allegorien für die Residenzgemächer sind mit Sicherheit auf den piemontesischen Schriftsteller zurückzuführen, da sie unverkennbare Ähnlichkeiten mit den »Inscriptiones« des Palazzo Reale aufweisen.

Den Palastbau betrachtete die Kurfürstin als eine Pflicht der herrscherlichen Repräsentation. 1664 begann die Ausgestaltung ihrer schönen Zimmerflucht in der Residenz. Mit den Plänen und der baulichen Durchführung beauftragte sie den damals noch hoch in ihrer Gunst stehenden Barelli und den welschen Baumeister Antonio Pistorini, der zum Kreis der mit dem Bau der Theatinerkirche beschäftigten Künstler gehörte. Für das geplante Appartement standen ihr zunächst nur die beschränkten Räumlichkeiten zwischen der großen Westfassade an der Vorderen Schwabingergasse, der heutigen Residenzstraße, und dem Grottenhof zur Verfügung. Als aber die Kurfürstinwitwe Maria Anna im September 1665 starb, wurde der von ihr bewohnte Witwenstock, der südlichste Bauteil der großen Stadtfassade, sofort in die Planungen mit einbezogen, um eine durchgehende Zimmerflucht zu schaffen. An der Fassade sollten die luxuriösen Empfangsräume und zum kleinen Residenzgarten eine wohnliche Gruppe von Privatgemächern entstehen.

Nun begann im kurfürstlichen Palast die emsige Tätigkeit von Maurern und Stukkatoren, Bildhauern und Kunstschreinern, Malern, Vergoldern und Tapezierern. Der Münchener Fürstensitz erhielt in diesen Jahren einen sehr reizvollen, fraulich gestimmten Trakt nach neuester italienischer Mode, wobei deutsche und südländische Kunsthandwerker gemeinsam an der dekorativen Ausgestaltung mitwirkten.[322]

Über die Bemalung der neuen Räume hat sich eine lebhafte zeitgenössische Schilderung erhalten. 1666 schickte Adelheids Schwager, der Herzog von Parma, einen geistlichen Schriftsteller als Gesandten nach München, der die Sympathien des bayerischen Herrscherpaares durch Unterhaltungsgabe und geistige Fähigkeiten zu erringen wußte. Der Marchese Ranuccio Sforza Pallavicino war ein so geschickter Höfling, daß Ferdinand Maria und Adelheid ihn nicht mehr von ihrer Seite lassen wollten und ihn sogar auf ihre große Italienreise mitnahmen. Er hatte die Barockliteratur seines Heimatlandes bereits um mehrere Werke bereichert. Schließlich beauftragte ihn das Kurfürstenpaar mit einer Beschreibung der Residenz, und Pallavicino nannte sein im April 1667 erstmals aufgelegtes Werk: »I Trionfi dell'Architettura nella sontuosa Residenza di Monaco«.[323]

In der poetischen Widmung an den Kurfürsten erzählte er, daß das hallende Echo seiner Schritte auf dem Marmorpflaster der Residenz ihm die Idee eingegeben hätte, deren Architektur zu beschreiben. Mit diesem Buch entstand zwar vor dem Leser ein lebendiges Bild des kurfürstlichen Palastes und der neuen Räume Adelheids, aber der Marchese beschränkte sich bei seinem Rundgang ziemlich konsequent auf die Beschreibung der Architektur und der Plafondmalerei, die ihm wohl in erster Linie aufgetragen war. Er sprach weder von den ausführenden Kunsthandwerkern, noch von kostbaren Möbeln oder Tapezereien, sondern gab vor allem eine Aufschlüsselung der Bildfolgen, ohne die das Programm der Deckenmalerei in seiner Thematik für den Besucher nicht zu erfassen war. Ausgerechnet die Plafondmalerei war aber 1667 in Adelheids Zimmerflucht noch gar nicht fertiggestellt, wie spätere Künstlerrechnungen eindeutig erweisen. Dem Marchese müssen also die Skizzen für das gesamte Programm aus Öl und Leinwand bereits vorgelegen haben, das schließlich in die goldverzierten Holzdecken eingelassen wurde. Gemeinsam mit anderen zeitgenössischen Quellen und den ergänzenden deutschen Übersetzungen späterer Jahre ergibt Pallavicinos Werk trotzdem eine zusammenhängende Vorstellung von Adelheids Appartement, bevor es durch Residenzbrände, Neubauten der folgenden Jahrhunderte und schließlich durch den zweiten Weltkrieg stark beschädigt und verkleinert wurde.

Von den Kaiserzimmern kommend, betrat der Marchese im ersten Stock an der Residenzfront die Gemächer der Kurfürstin und begann seine Beschreibung im Anschluß an einen großen Raum, den man später »Hartschiersaal« nannte. Pallavicino bezeichnete in seiner Schrift Adelheid selbst als die gelehrte Erfinderin ihres Bildprogramms, doch wird man einschränkend sagen müssen, daß sie zwar die Turiner Vorschläge mit ihrer lebhaften Phantasie eigenwillig bereicherte, aber nur teilweise auch selbständig plante. Im ersten Raum, dem »Heldinnenzimmer«, führten die Malereien zunächst in die Antike – seit der Renaissance unverzichtbares Kulturgut der gebildeten Welt. Die Decke war mit fünf Abbildungen weiblicher Berühmtheiten der römischen Geschichte geschmückt.

Hypsikratea, die Gemahlin des Königs Mithridates von Pontos, schnitt sich die Haare ab und folgte ihrem von Pompejus geschlagenen Gemahl in Männerkleidern. Sie war als Sinnbild ehelicher Treue auch unter den Figuren des Palazzo Reale genannt.

Artemisia, die Frau des Königs Mausolos von Medien, errichtete diesem ein herrliches Grabmal, trank seine Asche in Wein und verschaffte ihm dadurch ein Begräbnis in lebendigem Leibe.

Cloelia, dem etruskischen König Porsenna als römische Geisel überantwortet, sprang in den Tiber und entkam nach Rom.

Die mutige *Hersilia* beobachtete den stürmischen Kampf zwischen Aeneas und Turnus um ihre Hand.

Zenobia, Königin von Palmyra in Syrien und kriegerische Feindin des Kaisers Aurelian, wurde von diesem besiegt und 274 n. Chr. im Triumph nach Rom geführt.

Der Maler dieser weiblichen Tugendheldinnen war Antonio Zanchi, späterer Schöpfer des Theatiner-Hochaltars, den das Kurfürstenpaar wahrscheinlich in Venedig kennengelernt hatte.[324]

Als nächster Raum folgte die Anticamera mit fünf Deckengemälden antiker Liebespaare, deren phantastisches Schicksal zur Unterhaltung der wartenden Besucher und des Hofpersonals diente. So sah man die liebende Hero, wie sie sich nach dem Tod Leanders in die Fluten des Hellespont stürzte, und die verzweifelte Evadne, die in den lodernden Scheiterhaufen ihres toten Ehemannes sprang. Ein Portal führte von hier in das Audienzzimmer der Kurfürstin, den sogenannten Goldenen Saal, für dessen malerische Ausgestaltung Adelheid den Augsburger Künstler Johann Heinrich Schönfeld gewonnen hatte. Das große Dekkengemälde in prachtvoll vergoldeter Holzschnitzarbeit stellt Kaiser Trajan auf einem Kriegszug in die Walachei dar, wie er huldvoll den Worten einer Bittstellerin lauschte. In weiteren acht umgebenden Gemälden war der gerechte Sinn antiker und orientalischer Herrscher abgebildet. Unter diesen Symbolen fürstlicher Leutseligkeit hielten Ferdinand Maria und Adelheid Hof, empfingen auswärtige Gesandte und erschienen selbst als Vorbilder der dargestellten Herrschertugenden. Die vergoldeten Holzschnitzereien der Decken, von bayerischen Künstlern gestaltet, entfalteten nach dem Turiner Vorbild eine prunkende Vielfalt barocker Dekorationselemente: Sie bestanden aus Löwenköpfen und Kartuschen, Akanthus, Karyatiden und Muscheln, kriegerischen Emblemen, Pflanzenfriesen und Fruchtgewinden.[325]

11
Goldener Gnadenpfennig zur Geburt der Prinzessin Marianne Christine 1660. Doppelporträt des Kurfürstenpaares und Allianzwappen Bayern-Savoyen

12 Marianne Christine und Max Emanuel von Sebastiano Bombelli

13 Allegorie auf Kurfürstin Henriette Adelheid und ihre Kinder
Bildbeschreibung S. 249

14 Entwurf zum Hochaltar der Theatinerkirche
Bildbeschreibung S. 232 f.

15 Die Theatinerkirche St. Kajetan in München

16 Kurfürst Ferdinand Maria

17 Kurfürstin Henriette Adelheid mit einer Pomeranze

18 Allegorie auf Kurfürst Ferdinand Maria
Bildbeschreibung S. 248

Dem Zug der Residenzfront folgend, schloß sich an den Goldenen Saal der ehemalige Witwentrakt an, der im ersten Stock für die Kurfürstin zu einer Galerie mit zwei flankierenden Kabinetten umgestaltet wurde. Adelheids Galerie, mit sieben Fensterachsen verhältnismäßig klein gehalten, folgte dem französischen Typus des Wandelganges, der sich auch in Italien durchgesetzt hatte. Auf beiden Längsseiten gewährte er Aussicht ins Freie, nämlich nach Osten auf den kleinen Residenzgarten mit seinen Hecken und Wasserspielen, nach Westen auf die Häuser und Türme der Stadt.

Die bayerische Kurfürstin hatte noch aus Turin die prächtige Galerie ihres Großvaters in Erinnerung, zwischen deren Fenstern 37 Fürstenporträts des Hauses Savoyen hingen. Auch ihre Galerie wurde zu einem Repräsentationsraum der Häuser Bayern und Savoyen ausgestaltet. Während zwischen den Fenstern die Bilder ihrer Eltern, Großeltern und Geschwister Platz fanden, war die Ikonographie des Plafonds der Erinnerung und Verherrlichung ihres Schwiegervaters Maximilian gewidmet. Das Schicksal hatte ihr nicht mehr vergönnt, diesen greisen Salomon seines Jahrhunderts zu erleben, doch beschäftigte er stets ihre Phantasie. Dem Mehrer der Wittelsbacher Macht ein ehrendes Denkmal zu setzen, verlangte ihr stark ausgeprägter Familiensinn. In einer Bilderserie, die seiner Jugend, der siegreichen Schlacht am Weißen Berge und dem Verzicht auf das Kaisertum gewidmet war, würdigte die Savoyerin Erfolg und Weisheit der größten Herrscherpersönlichkeit des Hauses Bayern. Sie selbst ließ sich in der Apotheose des Mittelbildes mit Maximilian gemeinsam darstellen, nicht nur als liebende Tochter und würdige Vertreterin der nächsten Generation, sondern auch als Verbindungsglied zwischen zwei mächtigen europäischen Fürstenhäusern. Ein Herkules, die Weltkugel tragend, erinnerte an die Bürde, die Maximilian mit der Kurwürde und der damit verbundenen Bewahrung des Reichsapfels übernommen hatte.[326]

Für die Ausführung dieser Bilderfolge bestimmte Adelheid Ende der sechziger Jahre einen italienischen Maler, der den Pinsel virtuos zu handhaben verstand und bereits in Turin für den savoyischen Hof tätig gewesen war. Antonio Triva stammte aus Reggio Emilia. Er hatte entscheidende künstlerische Einflüsse in Venedig empfangen, blieb aber in seiner Malweise stets der heimatlichen Emilia und damit der Bologneser Schule verhaftet. Seine Stärke war die barocke Deckenmalerei, also schwellende Unteransichten und Verkürzungen, die er in routinierter

Technik auf die Leinwand bannte. Man sagte ihm nach, daß er den Pinsel mit beiden Händen gleichermaßen führen konnte. Ob er ein historisches Thema wie das Leben des Kurfürsten Maximilian oder die Personifikation einer Herrschertugend malte, stets hatte er eine schöne, gefällige Manier und farbenreiche Kompositionen im Auge. Triva war keine wirklich geniale Persönlichkeit, kein Meister ersten Ranges, aber er lieferte im Lauf der Jahre viele kraftvolle, monumentale Plafonddekorationen für die bayerische Kurfürstin, die seine Kunst zu schätzen wußte. Eine Monopolstellung erreichte er bei ihr nicht, dafür war Adelheid zu vielseitig interessiert und hielt auch zu lebhaft nach allen Seiten Ausschau, um ihrem Musenhof Talente zu verschaffen. Aber er konnte sich rühmen, jahrelang in München als Maler die erste Rolle gespielt zu haben.[327]

Adelheids bayerisch-savoyische Galerie war von zwei kleinen, sehr damenhaften Kabinetten begrenzt. Zum Goldenen Saal führte das »Liebeszimmer« mit seinen vielen allegorischen Kleingemälden, während das Ende der langen Westfassade der Residenz von einem Erkergemach, dem sogenannten »Rosen- und Lilienzimmer«, beschlossen wurde. Die Lilie war die Wappenblume der Bourbonen und mit der Rose schmückte sich das Haus Savoyen, so stellten Tesauros »Inscriptiones« auch für den Palazzo Reale fest. Hier hatte der ausführende Künstler eine besonders farbenreiche Palette spielen lassen und Themen aus Ovids Metamorphosen gemalt. In einem einstöckigen, an der Südseite des Residenzgartens verlaufenden Gebäude mit neun Fenstern war Adelheids persönliche Bibliothek untergebracht.[328] Kehrte man zum Goldenen Saal zurück, so erstreckten sich nach rechts die Privaträume der Kurfürstin, die intimeren Charakter trugen, aber ebenfalls der Repräsentation gewidmet waren. Ein Grottenzimmer aus vielfarbigem Marmor mit muschelgeschmücktem Tuffsteinbrunnen bot dem Hof im Sommer Kühlung.

Dann gelangte man in Adelheids »Camera dell'Alcova«, die in verkleinertem Maßstab dem Raum gleichen Namens im Turiner Palazzo Reale nachempfunden war. Barelli hatte den Auftrag zur architektonischen Ausgestaltung dieser Raumflucht erhalten und teilte das Schlafzimmer auf geschickte Weise in zwei Gemächer, den Vorraum und den kleineren Alkoven. Damit erhielt das Ensemble den Anschein eines Theaters, in dem die Bühne durch eine vergoldete Kulisse mit Vorhang vom Zuschauerraum getrennt war.[329] Bei einer absolutistischen Fürstin begannen die Pflichten des höfischen Zeremoniells bereits morgens im Schlafzimmer. Das Aufstehen und Zubettgehen erfolgte nach dem Vorbild Ludwigs XIV., also nach theatralischem Ritus in Gegenwart des Hofes. Da Adelheid wegen ihrer schwächlichen Gesundheit in späteren Jahren häufig das Bett hüten mußte, wurden Gesandte und sonstige Besucher auch im Schlafzimmer empfangen. Die Deckenmalerei von Triva war wiederum in die Bestimmung des Raumes einbezogen und krönte das eheliche Schlafgemach auf höchst dekorative Weise. In barocker Illusionsmanier gestaltete der Künstler eine gleichzeitig zur Höhe und Tiefe hin angelegte Allegorie auf die Vereinigung der Häuser Bayern und Savoyen, ließ personifizierte Tugenden einander umschlingen und malte inmitten der antiken Götterschar Jupiter und Venus, auf Wolken thronend.

Wie stark sich die Savoyerin dem humanistischen Bildungsideal und der antiken Mythologie verbunden fühlte, zeigt ein heute noch wohlerhaltenes Eckgemälde der Schlafzimmerdecke. Links neben der allegorischen Figur der Weisheit, der dieses Bild gewidmet ist, hält sich Odysseus auf seinem Schiff die Ohren zu, um den Gesang der Sirenen nicht zu hören. Rechts weist die reizende Gestalt der Ariadne mit dem Fadenknäuel den Weg aus dem kretischen Labyrinth des Königs Minos. Mit diesen Anspielungen auf eine Herrschertugend des Kurfürstenpaares, so erklärte Pallavicino das Gemälde, sei an einen Ausspruch des Aristoteles erinnert, wonach Weisheit das Gute erhalte und das Böse verbessere. Gleichzeitig vermeldete der Marchese, daß die Figur der Weisheit einen Spiegel in der Hand trage, weil Sokrates seinen Schülern riet, sich jeden Morgen im Spiegel zu beschauen, um die eigenen Fehler zu erkennen.[330]

Adelheids letztes Privatgemach, das »Herzkabinett«, führte thematisch in eine völlig andere Welt als die der übrigen Räume, nämlich in die französische Romanliteratur des 17. Jahrhunderts. Seit ihrer Jugend kannte sie die Schriftsteller der französischen Sprache, mit denen ihre Mutter sie vertraut gemacht hatte, liebte deren stolze Verse und konnte von den schöngeistigen Schäferromanen nie genug bekommen.

Unter der literarischen Herrschaft von Madame de Rambouillet war eine besonders gepflegte, feingebildete Sprache entstanden, mit der Italien und Deutschland sich nicht messen konnten. Diese Tradition wurde um 1650 in Paris von einer Gruppe kultivierter Damen fortgesetzt, die sich »Les Précieuses«, die Kostbaren, nannten. An die Stelle des unmittelbaren Ausdrucks setzten sie, wie Tesauro in seinen »concetti«, die metaphorische Umschreibung und gelangten dadurch zu einer gewissen Geziertheit in ihrer gesellschaftlichen Verhaltensweise und im literarischen Geschmack. Sie sprachen und schrieben von Liebesgesetzen, von einem Königreich der Herzen, ja von utopischer Liebesgeographie.

Zu diesen Salons gehörte auch Madeleine de Scudéry, die sich mit historischen Liebesromanen im preziösen Stil bald einen vielbeachteten Namen machte. Durch eine Galanterie des Pariser Schriftstellers Pellison kam sie auf den Gedanken, eine geographische Liebesallegorie, die sogenannte »Carte de Tendre«, zu schaffen. Diese war eine Art Straßenplan, auf dem von dem utopischen Dorf »Nouvelle Amitié« verschiedene Wege zu den Ortschaften »Tendre sur Inclination, Tendre sur Estime et Tendre sur Reconnaissance« führten. Der Reisende konnte aber auch vom richtigen Weg abirren und im See der Gleichgültigkeit oder im Meer der Feindschaft landen.

In den Jahren 1654-61 gab Mademoiselle de Scudéry unter dem Namen ihres Bruders den Fortsetzungsroman »Clélie« aus der Frühzeit römischer Geschichte in Paris heraus. Die Heldin des zehnbändigen Werkes, die Römerin Cloelia, wurde am Tag vor der Hochzeit von ihrem Bräutigam durch ein Erdbeben getrennt. Damit begann für das Liebespaar ein abenteuerlicher Leidensweg, den die gebildeten Leser der damaligen Welt durch Jahre mit größter Spannung verfolgten. In diesen Roman nahm die Scudéry ihre »Carte de Tendre« auf und ließ die Heldin den allegorischen Sinn wie eine eigene Erfindung interpretieren. Die Karte stellte wie der Roman einen Zustand der Herzen, eine Seelenverirrung dar, wie sie im Reich der Liebe immer wieder vorkommt. Aber schließlich führten hier wie dort die Wege zusammen. Durch die Veröffentlichung der Liebeskarte in einem vielgelesenen Roman verschaffte ihr Madeleine de Scudéry Berühmtheit in ganz Europa.[331]

So regte sie auch die bayerische Kurfürstin an, der preziösen Literatur in einem kleinen Zimmer der Münchener Residenz ein künstlerisches, heute bizarr anmutendes Denkmal zu setzen. Das »Herzkabinett« ist der einzige Raum von Adelheids Zimmerflucht, dessen Decke und Wände sich in der alten barocken Form erhalten haben. Über dem Marmorkamin hält ein gemalter Liebesengel die »Carte de Tendre«, wie die Phantasie der Schriftstellerin sie im November 1653 geschaffen hatte. An der Türseite zeigt Amor auf die Türme und Tore der Freundschaftsstadt, die dem gleichen Vokabular für allegorische Kosmographie entsprungen war. Die sämtlichen übrigen Gemälde des Raumes beziehen sich auf das Reich des Herzens, eine typische Erfindung der damaligen Literatur. Herzen, vom Pfeil getroffen, entflammt, gefesselt, dornengekrönt, mit Seufzern gefüllt, ins Wasser gestoßen, vom Schlüssel »Passepartout« geöffnet, also auf jede Weise symbolisiert, bedecken den Plafond und die Wände. Die einzige Realität in dieser Ideenwelt bilden drei reizende Mädchen auf dem Gemälde gegenüber der Türe. Sie stellen die Lieblingshoffräulein der Kurfürstin um die Mitte der sechziger Jahre dar, nämlich Catharina Anastasia Gräfin Törring, Anna Maria Catharina Marchesa Agliè di San Germano und Catharina Barbara Gräfin Spaur. Aber auch diese drei Damen sticken Herzen und nochmals Herzen in einen Teppich. Für die Ausmalung des Gemachs erhielt der römische Historienmaler Stefano Catani 1669 zusammen mit anderen Arbeiten an den kurfürstlichen Zimmern 975 Gulden.[332]

Einen »Triumph der Architektur« nannte Pallavicino die Münchener Residenz und bewunderte sie als vollendeten Ausdruck kunstverständigen Bauwillens, als ein Vorbild für Stadt und Adel, Inland und Ausland. Mit ihrer neuen Zimmerflucht hatte die Savoyerin auf dem bayerischen Thron dem Bau eine prachtvolle, zeitgemäße Bereicherung hinzugefügt.

NYMPHENBURG

Adelheids drittes großes Bauvorhaben lag vor den Toren der Stadt. Seit langem wünschte sie sich einen Sommersitz im Grünen nach ihren eigenen Plänen. Schleißheim, Dachau und Starnberg hatten zwar ihre besonderen Reize, entsprachen aber nicht mehr dem Zeitgeschmack. So erbat sie sich von Ferdinand Maria einen ebenen Grund, um unabhängig von Bodenerhebungen ein Lustschloß mit Gartenanlagen nach ihren ganz persönlichen Ideen zu errichten. Am 1. Juli 1663, ein Jahr nach der Geburt des Kurprinzen, überschrieb Ferdinand Maria zu Schleißheim seiner »freundtlich geliebtisten Gemahlin« die Hofmarken Menzing, Ober- und Unterkemnating im Westen der Residenzstadt mit allen Rechten, Äckern, Wiesmaten, Weiden, Holzwachsen und Nutzungen, zwei günstig gelegene landwirtschaftliche Güter, die sich für Sommeraufenthalt und Jagden des Hofes eigneten. Die Hofmark

Kemnating hatte im Dreißigjährigen Krieg starke Schäden erlitten und diente damals hauptsächlich der Schafweide.[333]

Von dieser Schenkung beschwingt, schrieb die Kurfürstin noch in der gleichen Woche an ihre Mutter, daß sie auf dem neuen Besitz bauen wolle. Adelheid bat, den Grundstücksplan nach Turin schicken zu dürfen, damit ein piemontesischer Architekt die Zeichnungen entwerfe. Die Mutter möge für das Ganze auch einen neuen Namen vorschlagen, denn der jetzige sei »zu gewöhnlich«.

In der Nähe von Turin war damals gerade das neue Jagdschloß La Venaria für Herzog Karl Emanuel im Bau, und Adelheid hoffte, aus den dortigen Erfahrungen Nutzen zu ziehen. Im August erinnerte sie Madama Reale nochmals, den neuen Namen für Menzing nicht zu vergessen, und teilte ihr bereits die gewünschte Zimmereinteilung mit. Sie plante vier »appartements nobles«, in sich geschlossene fürstliche Zimmerfluchten. Jedes Appartement sollte drei Vorzimmer, ein Schlafzimmer, zwei Kabinette und eine Garderobe in sich schließen. Auch Galerien waren erwünscht. Doch überließ sie die Planung vertrauensvoll der Mutter, die sich im Bauen große Erfahrung erworben hatte.[334]

In den folgenden Wochen waren Adelheids Gedanken von der neuen »Maison de plaisance« abgelenkt, da sie im Herbst 1663 ihr drittes Kind Luise Margherita gebar. Endlich kamen am Jahresende die Pläne aus Turin und ließen dem Kurfürstenpaar die Wahl zwischen zwei Lösungen, einem einfachen »Carré« und einer anderen, stärker gegliederten Architektur. Die Skizzen stammten von dem gefeierten Turiner Hofarchitekten Conte Amedeo Castellamonte, der auch die Pläne für das prachtvolle Jagdschloß La Venaria entworfen hatte. Wie Adelheid der Herzogin von Savoyen am 8. Januar 1664 mitteilte, gefiel Ferdinand Maria das Viereck besser als die zweite Skizze. Doch war das Kurfürstenpaar mit den Plänen noch keineswegs einverstanden, sondern wünschte sich die Villa »plus perfaict« und Adelheid sandte dem Architekten ein Memoire über ihre weiteren Wünsche. Ein neuer Name hatte sich damals noch nicht gefunden, da Adelheid in ihrem Brief noch immer die Bezeichnung »Menzing« gebrauchte. Dieses Schreiben erreichte Madama Reale nicht mehr unter den Lebenden, und die bayerische Kurfürstin verbrachte die folgenden Monate in Regensburg, mit politischen Plänen beschäftigt.[335]

Nach ihrer Rückkehr im Frühjahr 1664 übergab sie Agostino Barelli, der damals mit dem Bau der Theatinerkirche begann, auch den Auftrag für den Plan der neuen Sommervilla. Die Zusammenarbeit mit dem

Turiner Architekten hatte das Kurfürstenpaar sichtlich nicht befriedigt. Aus der Zeit vor dem Baubeginn erhielt sich ein unausgeführter Grundriß des Untergeschosses, der an der Stadtseite einen Portikus zur Einfahrt der Kutschen zeigt und in der Raumdisposition an den Mittelteil des Turiner Jagdschlosses erinnert.[336]

Die ersten Bauarbeiten auf Adelheids neuem Landgut galten den Wirtschaftsgebäuden, nämlich dem Schwaighaus, den Stallungen, Heuböden, Stadeln, dem Hühnerstall und der Milchstube. Auch der Gutsverwalter erhielt ein neues Wohnhaus. Im gleichen Jahr 1664 wurde bereits der Grund für den Fürstensitz ausgehoben und bald begann man mit dem Antransport der Baumaterialien. Auch ein geeigneter Name war im Sommer 1664 gefunden, denn die Baurechnungen meldeten am 14. Juni den Kauf von Dachlatten aus Tölz für den kurfürstlichen »Schwaigbau zu Nymphenburg«.[337]

Dieser romantische Name ging auf ein Turiner Vorbild zurück: Nach dem Tod von Madama Reale nahmen sich Herzog Karl Emanuel und Abbé Tesauro sowohl der Namensgebung als auch der künstlerischen Ausstattung des geplanten bayerischen Sommerschlosses an. In den Turiner Gärten der Familie Savoyen lag auf der äußersten Ecke der Stadtbastion ein reizender Pavillon im Grünen, der als Refugium für Adelheids Großmutter, die spanische Infantin Caterina d'Austria, gebaut und 1663/64 unter Leitung von Emanuele Tesauro renoviert worden war. Das schöne Schlößchen, eine Art Nymphäum, hieß »Bastione Verde« und war von einem Garten mit Springbrunnen, Mäandern und Büschen umgeben. Es besaß einen eleganten Säulenportikus und geistreich ausgeschmückte Zimmer. Die künstlerische Welt der Räume war reich an Natursymbolen. Quellnymphen, Nereiden und Blumengöttinnen blickten auf den Beschauer herab und schufen eine heitere, antikisierende Atmosphäre.[338]

Als die bayerische Kurfürstin von der neuen Ausstattung der Bastione Verde erfuhr, faßte sie den Entschluß, ihre Villa mit ähnlicher Plafondmalerei schmücken zu lassen. Die Welt der Nymphen war ihr durch Honoré d'Urfé's Roman »Asträa« von Jugend auf vertraut. 1650 hatte Philipp Agliè zu Ehren von Adelheids Prokurahochzeit die Sage von Achilles und den Nereiden zum Kernstück seiner großen Ballettaufführung gemacht. Vier Jahre später führte schließlich auch am Münchener Hof eine der ersten italienischen Opern, »La Ninfa ritrosa«, in die sanfte Welt der Naturgenien.

Den Nymphen sollte nicht nur die Ausstattung, sondern auch der Name von Adelheids Villa gewidmet sein. Daß die mittelalterliche Nachsilbe »-burg« für ein fürstliches Palais oder Schlößchen im 17. und 18. Jahrhundert nicht als ungewöhnlich galt, beweisen die Namen vieler Lustschlösser in Deutschland. Die Literatur des 19. Jahrhunderts hat den Namen Nymphenburg auf die italianisierte Form »Borgo delle Ninfe« zurückgeführt, die sich jedoch in den Quellen der Bauzeit nicht findet. Das romanische Wort Borgo oder Bourg bedeutet auch eher Marktflecken, Dorf oder Vorstadt, was auf Adelheids Landgut aber nicht zutraf. Bei den zeitgenössischen italienischen Künstlern hieß das Schloß »Ninfinburg« oder »Ninfenburgo«, und es ist anzunehmen, daß Ferdinand Maria, der auch bei der Raumdisposition des neuen Sommersitzes ein gewichtiges Wort mitsprach, auf einer deutschen Namensform bestand.[339]

Was den Grundriß des Schlosses betraf, mußte Barelli sich an die Vierecksform Castellamontes halten, die Ferdinand Marias Geschmack am meisten entsprach. Wahrscheinlich kam sie auch seiner Sparsamkeit entgegen, da die Theatinerkirche und die neuen Räume der Residenz bald große Summen verschlangen. Ein um 1700 entstandener Stich Michael Wenings zeigt Adelheids Villa als einfachen Würfel mit fünf sich verjüngenden Geschossen und säulenflankiertem Portal. Das wesentlichste architektonische Element war auf der Stadtseite die zweiflügelige Freitreppe mit Zwischenpodesten, die einen Säulenportikus mit drei Bögen einschloß. Aus ihrer Jugendzeit kannte Adelheid die piemontesischen Sommerschlösser Rivoli und Agliè in der Nähe von Turin. Die Ähnlichkeit ihrer schlichten Mittelfassaden und eleganten Freitreppen mit der Nymphenburger Ostfront legt die Vermutung nahe, daß sich die bayerische Kurfürstin die Schlösser ihrer Kindheit zum Vorbild nahm.[340]

Barelli baute die Villa schließlich nach einem Grundriß, der den Mittelteil des neuen Turiner Jagdschlosses La Venaria in vereinfachtem Schema nachbildete. In Castellamontes 1672 erschienenem Buch »La Venaria Reale, Palazzo di Piacere«, das heute mit seinen vielen Abbildungen eine kostbare Rarität darstellt, haben sich die ursprünglichen Formen dieses Schlosses erhalten.[341] Sie lassen interessante Vergleiche zu. Ebenso wie in La Venaria gruppierten sich in den beiden Nymphenburger Hauptgeschossen die fürstlichen Repräsentations- und Wohnräume um einen mächtigen zweistöckigen Saal. Nur war in Adelheids Villa, dem würfelförmigen Gebäude entsprechend, der Grundriß schlichter und geschlossener, vor allem ohne Innenhöfe gestaltet. Damit erwies er sich schließlich eher als ein Idealgrundriß der italienischen Renaissancevilla und nicht als gegliederte barocke Schloßanlage. Solche Baugedanken waren erst Max Emanuel vorbehalten. Die Anordnung der Zimmer, wie das Kurfürstenpaar sie bereits im Sommer 1663 selbständig geplant hatte, behielt Barelli zum Teil bei. So wurde der zentrale Saal von den gewünschten »appartements nobles« mit je drei Zimmern und einem Kabinett flankiert. Nach der Gartenseite lag vor dem Mittelsaal eine Loggia, die in italienischen Villen offen war, in Nymphenburg aber wegen der rauheren Witterung geschlossen blieb.

In den ersten Jahren nach der Grundsteinlegung schritt der Bau des neuen Lustschlosses noch zügig voran. Dann flossen die Gelder langsamer, da Adelheid ihren anderen Projekten Vorrang einräumte. Erst sollte die Bautätigkeit am großen Gotteshaus der Theatiner und in der Residenz zu einem gewissen Abschluß kommen. Schließlich erhielt der Bau in Nymphenburg zu Beginn der siebziger Jahre neue Impulse und wurde 1672 mit dem Dachstuhl versehen. Damit konnte die Innenausstattung, auf die Adelheid bereits viel Zeit und Phantasie verwandt hatte, beginnen.[342]

Auch in Nymphenburg bildeten die Gemälde, vor allem das Mittelbild an der Decke des großen Saales, das wichtigste künstlerische Element. Das Schloß sollte nicht nur eine »maison de plaisance« werden, sondern auch kommende Generationen der Familie Wittelsbach an die glückliche Geburt des Thronfolgers Max Emanuel erinnern. Darüber hinaus wollte Adelheid ihre Vorliebe für antike Allegorien, die Philipp Agliè schon in jungen Jahren gefördert hatte, befriedigt sehen. Die Kurfürstin dachte an eine Verquickung von astrologischen Symbolen, Nymphenmalereien und Verherrlichung des Hauses Bayern mit seinem jungen Kurprinzen. In diesem Sinn bat sie Emanuele Tesauro um ein künstlerisches Programm für das Hauptgeschoß des Schlosses, und der gelehrte Abbé kam den Wünschen der Savoyerin mit vielen Ideen entgegen. Er hatte in und um Turin nicht nur den Palazzo Reale und die Bastione Verde, sondern auch das Rathaus, Schloß Valentino, La Venaria Reale, den großen Saal von Rivoli und mehrere Privatpaläste mit Bildprogrammen ausgestattet. Aus dem unerschöpflichen Reichtum seiner humanistischen und künstlerischen Bildung brachte er stets neue oder phantasievoll umgestaltete Pläne zutage.

Leider erfuhr die Ausführung später durch den veränderten Zeitgeschmack starke Beschneidungen. So wurde Antonio Trivas großes Deckengemälde des Mittelsaales, das Zentralstück von Tesauros allegorischem Programm, bereits unter Max Emanuel entfernt, da es dem Stil der neuen Generation nicht mehr entsprach. Es zeigte in der Erscheinung Apolls auf dem Sonnenwagen den Anbruch eines neuen Tages, symbolische Darstellung der glückverheißenden Geburt Max Emanuels. Genien, in kühner Verkürzung gemalt, hoben das kurbayerische Wappen zum Himmel.

Einzelne Teile dieses Gemäldes, dessen allegorische Bedeutung der Kurfürstin besonders am Herzen lag, wurden nach der Zerstückelung für die Ausstattung des Klosters Andechs verwandt und damit gänzlich ihrer Bestimmung beraubt.[343]

In die rechte und linke Wand des Mittelsaals waren zwei heute noch erhaltene, beziehungsreiche Gemälde der kurfürstlichen Familie eingelassen, die der römische Historienmaler Stefano Catani 1675 schuf. Das eine stellte den Kurfürsten Ferdinand Maria als Göttervater und einsamen Wissenschaftler in einer felsigen Landschaft dar, das andere zeigte Henriette Adelheid als Göttin Diana mit ihren Kindern in Begleitung mehrerer Nymphen. Diese Selbstdarstellungen der kurfürstlichen Familie, wie sie im Zeitalter des Absolutismus üblich wurden, waren von bedeutungsvollen Hinweisen auf die dargestellten Persönlichkeiten und gewichtiger astrologischer Symbolik umgeben. Ferdinand Maria ließ sich im kühlen Mondlicht mit Büchern, Musikinstrumenten, Jagdhorn und Hunden, der Erd- und Himmelskugel, verschiedenen geometrischen Geräten, Symbolen der bildenden Künste und der militärischen Stärke malen. Dabei deutete er mit der einen Hand auf den eigentlichen Mittelpunkt des Bildes, das astrologische Zeichen des Krebses, in dem der Kurprinz geboren war. Mit der anderen zeigte er auf den Vollmond, das Gestirn der irdischen Rhythmen, auf das auch Aristoteles im Titelkupferstich von Tesauros »Cannocchiale Aristotelico« wies.[344]

In der humanistischen Symbolik, die sich in solchen Bildern verschlüsselt ausdrückt, galt der Vollmond als die Vollendung von Tugend und Verdiensten, womit sich der Friedensfürst Ferdinand Maria gerne schmücken ließ. Der Ausdruck seines Gesichts und das ganze Wesen des Bildes deuteten auf die »Melancholei« hin, die der italienische Humanist Marsilio Ficino als schicksalhafte Veranlagung hochstehender Menschen aufgefaßt und Dürer 1514 in seinem berühmten Kupferstich dargestellt hatte. Tatsächlich umgab sich Ferdinand Maria in den späten Jahren seines Lebens mit der Aura des Melancholikers. Hinter der Gestalt des Kurfürsten stand der geflügelte Amor mit einer Perle, dem Symbolschmuck Adelheids, in der Hand. »Nec undas, nec scopulos« (Die Perle beachtet weder Wogen noch Klippen) lautete Adelheids Devise, die sie mit dem Petschaft gerne auf den Siegellack ihrer Briefe drückte. Die Perle war ihr liebster Schmuck und als »Perle der Isar« ließ sie sich gern von den Dichtern feiern.[345]

Das zweite Bild, die Kurfürstin mit ihren vier Kindern in lieblicher antiker Landschaft, stellte den jungen Kurprinzen in das Zentrum der Darstellung. Max Emanuel war Adelheids Lebensglück und Lebensaufgabe. Ihn mit allen Herrschertugenden auszustatten, sah sie als die eigentliche und schönste Pflicht ihres Daseins an. Für ihn rückte sie mit den anderen Kindern auf die Seite des Gemäldes.

Wie sein Vater, war auch der Kurprinz von den Emblemen der künftigen Herrscheraufgaben umgeben. Kriegsgeräte und Reichsapfel, Buch und Theatermaske lagen zu seinen Füßen und symbolisierten Heldentaten und Pflege der Kunst, während eine knieende Frauengestalt ihm das Schwert der Gerechtigkeit darreichte. Ein blaues Löwenfell unter dem Brustpanzer ließ ihn als jungendlichen bayerischen Herkules erscheinen. In der Hand hielt der junge Halbgott, kaum dem Knabenalter entwachsen, den Kommandostab des Feldherrn. Als antike Sinnbilder zeigten sich hinter ihm der Göttervater Jupiter mit dem Füllhorn der Gaben auf baumbekränztem Hügel und ein sich spiegelnder Putto mit Lorbeerkranz als Symbol heroischen Ruhmes.

Die Kurfürstin selbst ist mit Speer, Hunden und Mondsichel als antike Göttin der Jagd, gleichzeitig aber durch eine Junokrone und die sie umgebenden Kinder auch als Göttermutter dargestellt. Perlen bedekken ihr Haupt, hängen als Tautropfen von Mondsichel und Schulteragraffe, bilden die Schnüre, mit denen ihre Sandalen gebunden sind. Die Perlenschnur, ein antikes Sinnbild der Gestirne, galt der phantasievollen Kurfürstin als Zeichen der Lebenskraft.[346]

Die Gemälde in den Appartements zu Seiten des großen Mittelsaales widmete Adelheid nach den Ideen Tesauros der Welt der Nymphen und Naturgöttinnen. Antonio Triva, der erprobte Künstler der Residenz, malte hier die schöne Nymphe Arethusa von Syrakus und Jagdszenen der frühgriechischen Sagenwelt mit geflügelten Harpyien und den stymphalischen Vögeln des Herkules, während der Venezianer

Zanchi ein prachtvolles Deckengemälde der Göttin Ceres schuf. Die Meeresnymphe Thetis, Mutter des Achill, wurde von dem in Augsburg ansässigen Schweizer Künstler Joseph Werner gemalt, der auch für Adelheids Räume in der Residenz zahlreiche Miniaturen aus dem Marienleben lieferte. Flora, Cybele und Diana vollendeten den phantastischen Nymphenreigen. Schön, fremd und eigenartig erscheinen sie dem Beschauer und blicken in die fernen Welten des Kosmos, als gehörten sie nicht in diese oberbayerische Landschaft. Ebenso fremdartig mag den bayerischen Untertanen die Landesherrin aus Savoyen-Piemont erschienen sein, die so viele südländische Ideen und Sitten, Künstler und Hofleute nach München brachte.[347]

Als Tesauro 1675 im Alter von dreiundachtzig Jahren starb, widmete ihm die bayerische Kurfürstin in einem Brief an den Turiner Commendatore Panealbo einen ehrenden Nachruf: Tesauro sei ein wahrer Hort (trésor) der Wissenschaften gewesen, schrieb sie mit Anspielung auf den Namen des Philosophen. Wie gerne würde sie noch weiterhin die schönen Erfindungen in Anspruch nehmen, die er für die Ausstattung ihres Palais in Nymphenburg übersandt habe, doch leider sei ihr nun diese unersetzliche Persönlichkeit entrissen und sie müsse sich bescheiden. – Adelheid nahm jedoch das Angebot Panealbos, aus den hinterlassenen Manuskripten des Verstorbenen weitere Symbolik und künstlerische Devisen zu schöpfen, gerne an.[348]

Im gleichen Jahr 1675 ging Nymphenburg unter der Leitung des vitalen Graubündner Hofbaumeisters Enrico Zuccalli seiner Vollendung entgegen. Es erhielt einen italienischen Renaissancegarten von streng symmetrischer, sternförmiger Anordnung, der an die kunstvollen Anlagen in La Venaria erinnerte. Wasserfontänen sprangen aus kreisrunden Becken und kurzgeschorene Hecken umgaben die Blumenbeete. Im Süden bildeten zwei Säulenpavillons den Gartenabschluß, während nach Westen zu im Halbrund ein von Nischen unterbrochenes Mauerwerk verlief. Über ein bewehrtes Tor und die dahinterliegende Waldschneise war der Blick auf das Dorf Pipping freigegeben.[349]

Adelheid hatte diese Sommervilla mit viel Liebe geplant und in allen Baustadien persönlich überwacht und beeinflußt. Aber ihre schwere Krankheit im Winter 1675/76 und ihr früher Tod erlaubten ihr nicht mehr, Nymphenburg zu bewohnen.

In Gotteshaus, Palast und Villa, ihren drei künstlerischen Schöpfungen, haben Persönlichkeit, Kunstverstand und Schönheitsliebe der

Henriette Adelheid von Savoyen einen bleibenden Ausdruck gefunden. Die Theatinerkirche, eine Pflanzstätte des bayerischen Barock, atmet trotz der Zerstörungen des zweiten Weltkriegs noch heute ihren Geist. Dagegen bildet die Zimmerflucht der Kurfürstin in der Residenz nur noch einen schwachen Abglanz der einstigen Pracht. In Nymphenburg verwandte Max Emanuel im Andenken an die geliebte Mutter die italienische Villa als Mittelteil seines großartigen barocken Sommersitzes. Wenn das Schloß auch von Generationen der Familie Wittelsbach ständig umgestaltet und weiterentwickelt wurde, so halten doch die teilweise verbliebenen Deckenmalereien und der historische Name noch immer die Erinnerung an die ideenreiche Erbauerin wach.

Das höfische Regiment

»Du wirst vernehmen, wie prächtig und wohlgeordnet der Hof eines großen Fürsten ist«, versprach der Marchese Pallavicino dem Leser im Vorwort zu seiner Residenzbeschreibung von 1667. Damit waren Hofleben und Repräsentation unter Ferdinand Maria treffend gekennzeichnet: Prunk und Ordnung herrschten gleichermaßen. Für den wohlregulierten Ablauf aller Geschäfte sorgten die tüchtigen Ratgeber des Herrschers, für den höfischen Glanz die phantasievolle, verwöhnte Kurfürstin. Ferdinand Maria selbst bildete durch seine Charakterveranlagung den ruhenden Pol und war stets um den äußeren und inneren Frieden seines Landes und Hofes bemüht.

Fürstliche Hofhaltungen des 17. Jahrhunderts stellten einen komplizierten Mechanismus dar. Sie umfaßten nicht nur das gesamte repräsentative und private Leben der Herrscherfamilie, sondern auch die Regierung des Landes mit allen zentralen Behörden. Schon Kurfürst Maximilian hatte die politische Macht der Stände weitgehend eingeschränkt und ein absolutes Regiment geführt. Ebenso blieb unter Ferdinand Maria der bayerische Landtag praktisch ausgeschaltet. Dieser trat 1669 ein einziges und letztes Mal zusammen. Das Zeitalter des Absolutismus führte auf dem ganzen Kontinent zur weitgehenden Entmachtung der Ständevertretungen und zur uneingeschränkten Gültigkeit des herrscherlichen Willens. Dem Monarchen war nach der Staatsphilosophie des Jahrhunderts sein Amt vom Himmel als Gnade und Pflicht verliehen. Er sollte Gott allein dafür verantwortlich sein.

Daraus folgte in der praktischen Politik eine starke Entwicklung des Staatsbewußtseins und ein Streben nach Zentralisation. Die Selbstherrlichkeit des Landesfürsten in politischer und finanzieller Hinsicht machte seinen Sitz zum absoluten Mittelpunkt des ganzen Territoriums und bedingte entsprechende Erweiterungen des Hofes. So hatte Maximilian I. die Münchener Residenz bedeutend vergrößert und einen tatkräftigen Beamtenapparat geschaffen. Die tonangebende Persönlichkeit seiner Regierung war der Oberstlandhofmeister, der das höchste Beamtengremium, den Geheimen Rat, beherrschte. Als die junge Prinzessin aus Savoyen in München einzog, bekleidete Graf Maximilian Kurz neben der Regentin Maria Anna dieses oberste Hof- und Staatsamt. Er regierte und durchschaute den Münchener Hof bis in die kleinsten Seitenkanäle, lenkte die bayerische Innen- und Außenpolitik und überwachte die gesamte fürstliche Repräsentation.

Unter Maria Anna herrschten in der Residenz patriarchalische Überlieferungen. Sie selbst lebte nach dem Prinzip pedantischer Einfachheit und Sparsamkeit, hielt einen klösterlich geregelten Stundenplan ein und wachte tyrannisch darüber, daß ihre Umgebung den strengen Regeln der Etikette nachkam. Der spanische Hofstil, den sie von Jugend auf gewöhnt war, verlangte würdevolle Isolierung der fürstlichen Familie und steifes Zeremoniell. Aber die Grandezza der Wiener Hofburg wirkte in den Räumen der Münchener Residenz nicht recht am Platze. Auf die junge Adelheid, die in heiterer Lebensfreude und Freiheit aufgewachsen war, machten die Verhältnisse an diesem ernsten und schwerfälligen Hof nur einen kleinlich-provinziellen Eindruck. Sie verstand zwar, daß die Folgen der langen Kriegsjahre dem Haus Bayern einen sparsamen Hofstil aufzwangen, fühlte aber bald, daß es Maria Anna war, die jeden Luxus in der Lebensführung ablehnte und zu unterbinden suchte. Nur wenn die kaiserliche Familie zu Besuch erwartet wurde, öffneten sich die Kassen.

So herrschte in den Repräsentationsräumen zwar gediegene Pracht, aber der Alltag verlief in anspruchslosen, wenig verfeinerten Bahnen. Als Mitglied der Fürstenfamilie sollte sich die Savoyerin entgegen ihren bisherigen Gewohnheiten von ihrem Gefolge distanzieren, keine Vertrautheiten mehr erlauben und hoch über ihrer Umwelt stehen. Fremde Elemente am Hof waren der Kurfürstinwitwe ohnehin nicht genehm, daher förderte sie den Eintritt bayerischer und österreichischer Familien in die Hofämter. Der bayerische Adel, »von Haus aus mit Glücksgütern nicht überreich gesegnet«, war durch den Dreißigjährigen Krieg verarmt und drängte in diesen Jahren an den Münchener Hof. 1652 bestand der Hofstaat der savoyischen Prinzessin nur aus der Hofmeisterin Felizitas Wolkenstein, dem Hofmeister Maximilian Portia und den vier piemontesischen Mädchen, die sie aus Turin mitgebracht hatte. Da einer regierenden Kurfürstin aber acht Hoffräulein zustanden, wurde 1656 deren Zahl erhöht, und zwar nicht in erster Linie aus der Turiner Hofwelt, sondern aus den Töchtern des bayerischen Adels.[350]

Als Adelheids Einfluß im Lauf der Jahre wuchs, begann sie an die Stelle des spanischen Zeremoniells die französisch-italienische Lebensart des Turiner Hofes zu setzen. Die Macht und Herrlichkeit des Fürsten sollte sich nicht mehr in steifer Würde, sondern in Festesfreude äußern. Nach den Repräsentationspflichten durfte sich die höfische Umgebung an »divertimento e ricreazione« erfreuen. Die Freigiebigkeit der Kurfürstin, ihre unermüdlichen Pläne für die Unterhaltung der Hofgesellschaft begannen allmählich das Gesicht der Residenz zu wandeln. Vor allem, so bestimmte die junge Kurfürstin, mußte das höfische Bildungsniveau gehoben werden. Die Menschen in Adelheids Umgebung sollten sich mit italienischer und französischer Literatur befassen, sollten elegant tanzen und einfallsreiche, witzige Konversation führen können. Sie wünschte sich eine bunte, schimmernde, aber auch von Intelligenz geprägte Hofwelt, nämlich ritterliche, gebildete Herren und gesprächige, aufs modischste gekleidete Damen und Mädchen.

Anfangs war die junge Kurfürstin am Münchener Hof wenig beliebt. Mit ihrem hochfahrenden, ewig unzufriedenen Temperament, ihrem scharfen französischen Profil und der etwas verwegenen Art, mit Männern umzugehen, hob sie sich stark von ihrer Umgebung ab. Der bayerische Adel war trotz der langen Kriegslasten österreichisch gesinnt und stand der Savoyerin, die sich gern auf ihre königlich-bourbonische Abstammung berief, mit abwartendem Mißtrauen gegenüber. Als aber die kurfürstlichen Kinder geboren wurden und die Ehe des Herrscherpaares sich zusehends festigte, wurde Adelheid der echte Mittelpunkt der Hofgesellschaft. Die bayerischen Familien wie Törring, Preysing, Gumppenberg, Arco, Lamberg, Frauenhofen, machten sich schließlich eine Ehre daraus, ihre Töchter in den glänzenden Hofstaat der Kurfürstin zu schicken, der stets bis zur fünften Stelle mit Vormerkungen besetzt war.

In den sechziger Jahren galt Adelheids Hofhaltung bei aller Festesfreude und Galanterie sogar als ausgesprochen sittenstreng. Während des Regensburger Aufenthalts von 1664 lag die Kurfürstin häufig zu Bett und konnte sich wegen ihrer angegriffenen Gesundheit nicht in gewohntem Maß um die Beschäftigung der Hofdamen kümmern. Als ihr hinterbracht wurde, daß die junge Maria Catharina von Salburg eine amouröse Beziehung zu einem verheirateten Kavalier aufgenommen hatte, war sie auch durch die flehentlichen Entschuldigungen der leichtsinnigen Schönen nicht zu erweichen. Adelheid statuierte ein strenges Exempel und schickte das Hoffräulein, wenn auch mit beachtlicher Ausstattung, ins Kloster.[351]

Dagegen förderte die Kurfürstin an ihrem Hof zarte Bande, die in Ehrbarkeit geknüpft wurden, und freute sich besonders, wenn piemontesische Hofdamen in den bayerischen Adel einheirateten, weil sie dann in erreichbarer Nähe blieben. So feierte Paola Cristina Gromis Hochzeit mit dem Münchener Kammerherrn Hector Schadt zu Mittelbiberach, Maria Caterina Agliè di San Germano mit dem Sohn des Oberststallmeisters Maximilian Törring-Seefeld und der aus Verona stammende bayerische Kammerherr Baiardino Nogarola mit dem dichtenden Hoffräulein Anastasia Törring-Jettenbach.

Derartige Eheschließungen bei Hof ließ Adelheid mit großem Gepränge feiern. Als 1661 zwei junge Mädchen heirateten, die ihr besonders ans Herz gewachsen waren, nahm sie bei ihrem eigenen Hofdeputat Schulden in Höhe von 15 000 Gulden auf, um ihnen eine prächtige Aussteuer zukommen zu lassen. Großzügigkeit war in ihren Augen die ehrenvollste Pflicht einer Fürstin.[352]

Adelheid wollte stets pulsierendes Leben um sich sehen und war unerschöpflich im Arrangieren großer und kleiner Unterhaltungen für ihr Gefolge. Hunde, Meerkatzen, Vögel und Zwerge belebten ihre Gemächer. Besonders liebte sie die kleinen Bologneser Hündchen, die sich stets um sie balgten und nur mit Mühe dazu gebracht werden konnten, dem Maler für Porträts Modell zu sitzen. Auch große Jagdhunde, für die sie kostbare Halsbänder mit ihren Initialen und Wappen fertigen ließ, waren ihre Freunde. In den Zimmern turnten Äffchen, standen Käfige mit Papageien und anderen exotischen Vögeln, wie sie an den europäischen Höfen der damaligen Zeit zuhause waren.

Auch die Hofzwerge erfreuten sich großer Beliebtheit und Verwöhnung, erhielten Schreib- und Sprachunterricht und waren sogar bei Audienzen anwesend. Als der Bischof von Freising seiner »Muhme« Adelheid 1661 einen neuen Zwerg verehrte, ließ er ihn unter großem Beifall des Hofes aus einer Pastete steigen. Während die Kurfürstin und ihre Damen an Paramenten und Zierdecken stickten, lasen Dichter aus ihren neuesten Werken, spielten Mitglieder der Hofkapelle ihre schönen barocken Weisen. Durch Sprachmeister machte Adelheid ihre Umgebung mit der alten und neuen Literatur des romanischen Kulturkreises bekannt. Der piemontesische Tanzmeister Emanuele Orsomis und später der fähige Franzose Jacob Rodier führten die Damen und Herren des Hofes und die jungen Edelknaben in die Welt des barocken Menuetts und seiner gravitätischen Tanzschritte ein. Auch der Bühnentanz gehörte unter dem Regiment der Savoyerin zur höfischen Ausbildung. Den bayerischen Adel bezeichneten fremde Beobachter in diesen Jahren als trefflich geübt im Tanzen. Komödien und Opern, Schlittenfahrten, Ballette und Turniere wurden anläßlich der großen Familienfeste und Besuche auswärtiger Fürstlichkeiten aufgeführt und bildeten den eigentlichen Glanz der damaligen höfischen Welt.

Seit ihrer Jugend in Turin war Adelheid eine leidenschaftliche Spielerin. Das »Pallonenspiel« im Freien und im Ballhaus, ein sportliches Bewegungsspiel mit luftgefüllten Lederbällen und hölzernen Ärmeln oder »Racketts«, überließ sie den männlichen Familienmitgliedern und den Hofkavalieren, aber beim Karten- oder Brettspiel und an der »Trucktafel« war die Kurfürstin stets mit Feuereifer dabei und ließ sich zu hohen Einsätzen verleiten. Ihrem Beichtvater Montonaro wollte solche Verschwendung der jungen Landesherrin gar nicht gefallen.

Im November 1672 berichtete der österreichische Gesandte Graf Königsegg nach Wien, er habe mit dem Kurfürstenpaar, dem Grafen Fürstenberg und dem französischen Gesandten Herzog von Vitry »Peterle« gespielt, wobei stets fünf Reichstaler eingesetzt wurden. Verachtung des Geldes gehörte dabei zu den höfischen Regeln.[353] Am liebsten spielte die Kurfürstin in jüngeren Jahren »Trucco a tavola«, wie Montonaro 1652 nach Turin berichtete. Dieses Gesellschaftsspiel, eine frühe Form des Billard, das im 16. Jahrhundert in Italien entstanden war, wurde auf einem langen, schmalen Tisch mit kleinen Kugeln und sogenannten »Löffeln« gespielt. In Schloß Harmating bei Wolfratshausen ist eine solche barocke Trucktafel mit Spielregeln heute noch erhalten.[354] Selbst bei den Wasserfahrten auf dem Bucintoro ließ die Kurfürstin Spieltische aufstellen.

Neben der Bildung und Unterhaltung ihres Hofes gehörten zu Adelheids täglichen Pflichten die Audienzen und die Erledigung schriftlicher Arbeiten. Wer bei ihr in Audienz empfangen wurde, fand das erste Vorzimmer mit eleganten Herren, das zweite mit den prächtig gekleideten Damen ihres Hofstaats angefüllt. Ihre Besucher rühmten die große Liebenswürdigkeit der Kurfürstin, das politische Interesse und die Sprachgewandtheit, ihre lebhaften Bewegungen, die modische, prunkvolle Kleidung und die schönen Juwelen, die sie trug. Sogar mit der deutschen Sprache, die ihr schier die Zunge brach, hatte sie sich schließlich befreunden müssen, um sich mit den vielen Besuchern aus deutschen Landen ohne Dolmetscher unterhalten zu können.

Adelheid liebte politische Konversation in hohem Maße und nahm so intensiven Anteil an den Problemen des Reiches und Europas, daß sie in Zeiten schwankender Gesundheit ihre Audienzen am Alkoven gab. So schrieb der österreichische Gesandte Freiherr von Raßler im Januar 1674, daß er in die Privatgemächer der Kurfürstin geführt worden sei, die ihm zu Bett liegend in deutscher Sprache Audienz erteilt und dabei eifrigst für eine Beseitigung aller politischen Mißverständnisse plädiert habe. Herzog Karl IV. von Lothringen, ein wagemutiger Abenteurer und Frauenheld, genoß in Regensburg ebenfalls die Gnade, von ihr am Alkoven empfangen zu werden.[355]

Die täglich anfallende, ausgedehnte Korrespondenz erledigte die Kurfürstin mit Hilfe ihres Sekretärs Antonio Lanteri, der des Italienischen und Französischen gleichermaßen mächtig war. Für ihre deutschen Briefe, zum Beispiel an Kaiser Leopold, bediente sie sich eines Hofschreibers und unterzeichnete selbst in deutscher Schrift. An Ludwig XIV. und ihre Familie in Turin schrieb sie eigenhändig auf französisch, an Ferdinand Maria auf italienisch. Wichtige private und politische Angelegenheiten wurden den Schreibern grundsätzlich nicht anvertraut. Man schrieb in solchen Fällen selbst oder schickte Gesandte »in gewisser Kommission«, denen die entsprechenden Kredentialien mitgegeben wurden.

Da sich der Ruf von Adelheids Hilfsbereitschaft bald in Turin und an anderen italienischen Fürstenhöfen herumsprach, wurde sie stets von Bittstellern belagert, die sich von ihrer Vorliebe für die Landsleute gewisse Vorteile erhofften. Ihre unermüdlichen Empfehlungsschreiben geben davon beredtes Zeugnis. So bat sie bei anderen Höfen um Gerechtigkeit für Witwen und Waisen, um Steuererlaß für Klöster und Anstellungen für Ärzte, um Offizierspatente für junge Anwärter, ja bei Ludwig XIV. sogar um eine Abtei. Es war ein bunter Reigen hauptsächlich südländischer Bittgesuche, der im Lauf ihres Lebens an der Kurfürstin vorüberzog. Auch bayerischen Untertanen half sie durch ihre Fürsprache. Nur wenn man von ihr verlangte, sich einseitig in die bayerische Rechtsprechung zu mischen, lehnte sie kurzerhand ab. Wandte sich dagegen eine deutsche Fürstin an Adelheid um politische Unterstützung, wie 1665 die Markgräfin Erdmuthe Sophia von Brandenburg-Kulmbach, so konnte sie sicher sein, daß stockende Verhandlungen in Fluß kamen.[356]

Die Repräsentation bei festlichen Anlässen war eine der wichtigsten Aufgaben der Kurfürstin. Sie erforderte physische Kräfte, mit denen die Savoyerin eigentlich nicht aufwarten konnte. Zu stundenlangem

Stehen war sie nicht fähig. Daher richteten sich die Zeremonien nach ihren gesundheitlichen Möglichkeiten. Es galt als erste Pflicht des Herrscherpaares, dem Hof und der Bevölkerung stets von neuem Glanz und Würde seines Amtes als Verkörperung alter Tradition und staatlicher Ordnung zur Schau zu stellen.

Religiöse und weltliche Feierlichkeiten boten im Zeitalter des Absolutismus den Anlaß zur Demonstration des Herrscherkults. Ob das Kurfürstenpaar in glanzvoller Prozession durch die Straßen der Hauptstadt zog oder zum Gottesdienst in die verschiedenen Kirchen fuhr, ob es in der Residenz prächtige Feste arrangierte oder zu den bayerischen Gnadenstätten wallfahrtete, stets mußten der fürstlichen Umgebung das Gottesgnadentum und die Herrschertugenden vor Augen gestellt werden. Wenn sich der Fürst dem Volk bei großen Festlichkeiten und dem Hof auf der Theaterbühne als Heros zeigte, verkörperte er gleichsam die Macht Gottes auf Erden und die christliche Moral.

Ferdinand Maria war ein zurückhaltender Charakter, posierte nicht gern und ging solchen fürstlichen Selbstdarstellungen lieber aus dem Weg. Doch sein Pflichtgefühl und der Einfluß Adelheids ließen ihn immer wieder an glanzvollen Hoffesten teilnehmen. »Magnifizenz und Pracht« seien die eigentliche Zierde eines fürstlichen Hofes, erklärte ein anonymer bayerischer Zeitgenosse in der Handschrift »Mundus Christiano-Bavaro Politicus« und fuhr fort: »Ist solches das einzige Mittl, so die Fürsten berüembt machet bei denen außländern und auch einen mehrern gehorsamb und respect bei denen Unnderthanen verursacht.«[357] Unter diesem Gesichtspunkt wurden auch die erheblichen finanziellen Opfer für die Repräsentation gerechtfertigt. Deutsche und ausländische Gesandte, die in politischer Mission den Münchener Hof besuchten, rühmten dessen prächtigen Stil und stellten die Kurfürstin als die Seele aller Festlichkeiten dar.

Der französische Erzieher Max Emanuels, Marquis de Beauvau, hatte in seinem Heimatland Lothringen unter Herzog Karl IV. Vaudémont so viele »calamitez et troubles« erlebt, daß ihm der bayerische Hof wie eine Insel der Seligen erschien. In seinen 1688 gedruckten Memoiren erinnerte er sich mit Vergnügen an die weise, wohlgeordnete und friedliebende Regierung Ferdinand Marias und seiner Ratgeber, an die Klugheit der freigiebigen Kurfürstin und die glänzende Atmosphäre der Residenz. Wie angenehm war das Leben an einem Hofe, wenn es nicht von den unruhigen Leidenschaften eines Fürsten, sondern von vorsichtiger, wohlgerüsteter Neutralität regiert wurde, die einem kleineren Land so wohl anstand!

Trotz der prächtigen Hofhaltung konnte der bayerische Staat auf seine soliden finanziellen Grundlagen vertrauen, die von den Vorfahren Ferdinand Marias geschaffen worden waren. Ein absolutistisches Regiment verlangte kostspielige Repräsentation nach französischem Vorbild, und die Savoyerin zögerte nicht, die bayerischen Kassen dafür in Anspruch zu nehmen. Ihre Juwelen und Gewänder verschlangen große Summen. Zu Anfang der sechziger Jahre erhielt sie vom Hofzahlamt ein jährliches Deputat von etwa 20 000 Gulden für Kleidung und Seidenstickerarbeit, Silber-, Gold- und weiße Spitzen, Leinwand und Zeug, sowie zu den Münchener Jahrmärkten, die vom Hof fleißig besucht wurden, nochmals tausend Gulden. Laut Dekret Ferdinand Marias vom 30. Dezember 1665 wurde dieses Deputat auf rund 30 000 Gulden erhöht und stieg schließlich mit den wachsenden Staatseinnahmen in Adelheids letzten Lebensjahren auf 41 000 Gulden. In das erste Kindbett erhielt sie Kleinodien im Wert von 18 000 Gulden und anläßlich der Geburt Max Emanuels eine Kindbettschenkung von 12 000 Gulden in bar.[358] Auch die kurfürstlichen Kinder mußten zu allen Veranstaltungen reichgekleidet erscheinen.

Als der französische Schriftsteller Chapuzeau 1672 den Münchener Hof besuchte, erlebte er die Festlichkeiten für den Salzburger Erzbischof Max Gandolf von Kuenburg. Bei dieser Gelegenheit zeigte die bayerische Kurfürstin an fünf Abenden ihre außergewöhnlich schönen Juwelen-»Assortiments« aus beiden Indien. Am ersten Tag war sie gänzlich mit Perlen bedeckt, zum Teil mit ihren eigenen, zum Teil mit den unschätzbaren Schnüren aus dem Tresor Maximilians I., die damals als die wohl schönsten Perlen Europas galten. Am nächsten Tag erschien sie mit einer Auswahl funkelnder Diamanten, die Gewand und Haar fast völlig bedeckten. Am dritten Abend nahmen die Rubine den Platz der Diamanten ein, am vierten die Smaragden und am fünften die Amethysten. Für den französischen Beobachter war die majestätische Erscheinung der Savoyerin ein Vorbild absolutistischer Repräsentation und er bezeichnete sie als vollendete Fürstin.[359]

Um der Umwelt ein Beispiel herrscherlicher Großzügigkeit zu geben, ließ das Kurfürstenpaar niemand von seinem Hof ziehen, ohne ihn vorher reich zu beschenken. In der Silberkammer der Residenz lag dafür stets ein Vorrat an Goldketten, Kleinodien, silbernen und goldenen Medaillen, den sogenannten »Gnadenpfennigen«, Trinkgeschirren, silbernen Früchten, kleinen Frauenzimmertruhen, Handbecken und Galanterien bereit. So erhielt zum Beispiel der Abgesandte der Königin Christine von Schweden, Graf Galeazzo Gualdo Priorato, eine goldene Kette mit glattem Gnadenpfennig, der Dichter des Regensburger Fürsteneinzugs von 1664, Johann Joseph Bekh, die schöne Medaille mit dem Doppelbild des kurfürstlichen Paares. Außer den glatten Gnadenpfennigen gab es auch solche mit »Rautenkränzln« und Früchten. Diese Ordensauszeichnungen der damaligen Zeit wurden von Münchener Goldschmieden gefertigt, wofür die kurfürstliche Münze das Edelmetall lieferte.[360]

Ein spezielles Lob der Zeitgenossen galt Adelheids phantasievoller Tischdekoration bei festlichen Anlässen, wobei das edle Tafelgeschirr aus der Silberkammer der Residenz zur Schau gestellt wurde. Letztere hatte noch am Ende des Dreißigjährigen Krieges einen schweren Verlust erlitten. Wegen des Schwedeneinfalls wollte Maximilian I. im Mai 1648 einen Transport wertvollen Silbergeschirrs auf dem Inn von Wasserburg nach Braunau bringen lassen. Durch Schiffbruch verschwand aber die kostbare Ladung in den Wellen des Flusses und konnte nur zu einem kleinen Teil geborgen werden. Weniger kostspielig war der Schaden, den ein goldenes Eßgeschirr, das Graf Kurz 1652 als Geschenk für die savoyische Braut nach Turin mitgenommen hatte, bei einem Brückeneinsturz in den Fluten eines oberitalienischen Flusses erlitt. Es konnte damals leichtbeschädigt geborgen und nach München zurückgebracht werden. Zu Adelheids Mitgift gehörte schließlich eine luxuriöse Tafelsilber-Ausstattung, die 1654 in München ankam und die Lücken der Silberkammer füllte.

Die bayerische Kurfürstin liebte schöne Tafelzier und »Mundzeug« aus Edelmetallen. So bereicherte sie im Lauf der Jahre nach ihrem Geschmack den Bestand der Silberkammer und ließ beim Münchener Hofgoldschmied Franz Oxner, bei Meister Benno Hötzer und anderen Münchener Gold- und Silberarbeitern Geschirr und Bestecke, Leuchter, Salzbüchsl und Schmuckgegenstände fertigen. In den siebziger Jahren aß man von massivem Gold oder vergoldetem Silber.

Wie Chapuzeau berichtete, war die Tischdekoration bei den großen Schauessen für den Salzburger Erzbischof täglich neu und mit liebevoller Phantasie aufgebaut. So bildete die Tafelzier an Speisen und Früchten einmal eine ganze »armée navale«, wobei jede Platte eine andere

Schiffsform darstellte. Ein zweites Mal war ein kleines Heerlager aus Zelten verschiedenster Form und Färbung auf der Tafel aufgebaut. Adelheid bevorzugte bei Festessen eine Komposition verschwenderischer Schaustellung aus Edelmetallen, Braten und Fischen des Landes, den schönsten Früchten Italiens, kostbaren Gewürzen und kunstvoller Zuckerbäckerei. Die Fische aus den bayerischen Seen, die hauptsächlich an Fasttagen serviert wurden, bezeichnete der französische Schriftsteller als wahre Monstren. Um die Gäste stets mit dem Anblick neuer Räumlichkeiten zu erfreuen, speiste man abwechselnd in den Kaiserzimmern, im Antiquarium, im Perspektivensaal oder zur Sommerszeit auch in einem der hübschen Pavillons des Hofgartens am Stadtgraben.[361]

In ähnlich großzügiger Weise war für die repräsentative Unterbringung der Besucher des Hofes gesorgt. Auswärtige Fürsten wurden in den Gästezimmern der Residenz logiert und von der Kurfürstin und ihrem Hofstaat am Ende der Kaisertreppe stehend empfangen. Das Gefolge brachte man auf Kosten der Hofkammer in verschiedenen Herbergen oder Privathäusern unter. Für fremde Gesandte waren besondere Anstalten getroffen. Sie erhielten stets einen »verordneten Begleiter« aus dem Hofadel, zwei Lakaien, sowie eine Kutsche mit sechs Pferden zugewiesen und wohnten im sogenannten Gesandtenhaus. Dort nahmen sie auch das Mittagsmahl ein und wurden von Edelknaben des Hofes bedient. Als der Reichsvizekanzler Graf Königsegg 1672 in politischer Mission in München eintraf, erhielt er eine schwarzsamtene Kutsche und in der Kirche eine Bank, die mit schwarzem Teppich bespannt war. Zwar fand er die Kutsche des französischen Gesandten wesentlich kostbarer als die seine, aber dafür wurden ihm im Gesandtenhaus die vornehmeren Appartements zugewiesen. Ferdinand Maria empfing ihn in der Ritterstube der Residenz, ging ihm bis zur Hälfte des Raumes entgegen, begab sich erst nach der Begrüßung auf die Bühne unter den Baldachin und setzte zu Ehren des Gesandten während der ganzen Audienz keine Kopfbedeckung auf. Bei weniger hochgestellten Persönlichkeiten »bedeckte« sich der Kurfürst und ließ sie nur nach dreimaliger tiefer Verbeugung zur Audienz herantreten.[362]

Mit besonderem Glanz erfüllte das Kurfürstenpaar die Besuchstage des Salzburger Erzbischofs Max Gandolf von Kuenburg im Sommer 1671. Unter dessen Vorgänger hatte es jahrelange Meinungsverschiedenheiten zwischen Bayern und Salzburg gegeben. Inzwischen waren sie beigelegt worden und man beschloß die Versöhnung mit gegenseitigen Staatsbesuchen zu feiern. 1670 war der bayerische Hof zu einem fünftägigen Aufenthalt in der Stadt an der Salzach und zur Gamsjagd in den fürsterzbischöflichen Hochgebirgsrevieren eingeladen. Ein Jahr später zog Max Gandolf mit einem Gefolge von 234 Personen in München ein. Da er unter den Großen des Reiches im Rang sofort nach dem Kurfürstenkollegium kam, umgab er sich mit besonderem Gepränge, wozu ihn seine hohen Salineneinnahmen befähigten.

Das bayerische Herrscherpaar empfing ihn wie einen König und zeigte den Gästen und auswärtigen Gesandten in einer 18tägigen Folge von Festen, Besichtigungen und Lustbarkeiten, daß sein Hof einen wahrhaft glanzvollen Mittelpunkt der absolutistischen Fürstenwelt darstellte. Mit unerschöpflicher Phantasie sorgte die Gastgeberin für die Unterhaltung der geistlichen Herren, auch als ein Regentag in Starnberg die geplante Wasserjagd auf dem Bucintoro verzögerte. Höhepunkt der Festlichkeiten war am 6. August ein nächtliches Seegefecht mit Feuerwerk auf dem Starnberger See, das die Gäste von Bord der großen Leibgaleere bewunderten.[363]

Am Münchener Hof räumte Adelheid ihrem welschen Gefolge eine gewichtige Rolle ein. So behauptete die Familie der alten Kammerfrau Angela Vernoni geradezu eine Machtstellung im Hofstaat der Kurfürstin, seit eine der Töchter, Luisa Violante, den Leibarzt Stefano Simeoni geheiratet hatte und mit ihm in den Freiherrnstand aufgerückt war. Adelheids offene Hand lohnte die Dienste ihrer getreuen Piemontesen stets mit klingender Münze, so daß der alte Medikus aus Nizza schließlich in den Besitz der bayerischen Hofmark Odelzhausen und eines Stadthauses in München nahe der Theatinerkirche gelangte. Am liebsten hätte ihm die Savoyerin aus Dank für seine Treue auch das bayerische Tabakmonopol verschafft, doch schob der gestrenge Kanzler Caspar von Schmid solcher Günstlingswirtschaft einen Riegel vor.

Adelheid trieb ihre Freundschaftsgefühle für die Simeonis so weit, daß böse Zungen im Ausland dem Leibarzt sogar die Vaterschaft an den kurfürstlichen Kindern andichteten. »Nach der Physionomie sind die Kinder vom Doctor«, schrieb Liselotte von der Pfalz mit ihrer spitzen Feder noch in alten Tagen. Aber sie ließ auch sonst kein gutes Haar an der bayerischen Verwandtschaft, die dem pfälzischen Hause Wittelsbach einst die Kurwürde entrissen hatte.[364]

Ein anderer erfolgreicher Günstling des bayerischen Kurfürstenpaares war der Chevalier de la Perouse. Er stammte aus Chambéry in Savoyen und war ein Sohn des dortigen Militärkommandeurs. Wegen eines Duells hatte ihn Herzog Karl Emanuel vom Turiner Hof verstoßen. Schließlich vermittelte ihm ein Sohn des einflußreichen Marchese di San Tommaso, mit dem Adelheid in Briefwechsel stand, 1668 die Aufnahme in den bayerischen Hofdienst. Ferdinand Maria, der an dem soldatisch geschulten, liebenswürdigen Savoyarden Gefallen fand, zog ihn bald in seine nächste Umgebung. »Der großzügige Fürst zeigt stets sehr viel Güte für mich«, schrieb der Chevalier bereits im November des gleichen Jahres an den Grafen Buttigliera nach Turin.

Einen Monat später öffneten sich ihm die innersten Gemächer der Residenz. Vom Grafen Fürstenberg, der Baronin Simeoni und der Kurfürstin selbst protegiert, erhielt er den goldenen Kammerherrnschlüssel und das Recht, den Kurfürsten in seinen Gemächern zu bedienen. »Sie sehen, mein Herr, mir lacht das Glück«, war sein freudiger Kommentar über die schnelle Beförderung. Ferdinand Maria nahm ihn auf seine Inspektionsreisen zu den bayerischen Festungsbauten mit, bediente sich seines militärischen Rats, schickte den sprachgewandten Gentilhomme nach Rom und zeichnete ihn, von Adelheid unterstützt, bei Hof in jeder Weise aus. 1669 gelang es Perusa, wie er in München genannt wurde, seine Schwester Johanna in den Hofstaat der Kurfürstin einzuschleusen.

Mit der Aufnahme dieses Mannes unter seine Vertrauten mißachtete Ferdinand Maria einen fundamentalen Leitsatz der »Monita paterna«, der Vorschriften seines Vaters Maximilian für den jugendlichen Nachfolger: Er solle keine ausländischen, besonders welsche Offiziere und Diener zu sich nehmen, hieß es in Punkt 11 der Fassung von 1650, da sie selten aus Liebe und »Affektion«, sondern wegen ihres Privatnutzens kämen und Geheimes ausplauderten; sie seien mit ihren Prätensionen »gar molest« und zögen davon, wenn sie ihre Absicht erreicht hätten. Auch der beflissene Höfling aus Savoyen entwickelte sich schließlich dieser Beschreibung entsprechend, doch mit dem Unterschied, daß er sich in München für sein Leben niederließ.[365]

Nach der Geburt der fürstlichen Kinder nahm deren Hofhaltung und Erziehung in der Residenz einen wichtigen Platz ein. Adelheid liebte ihre Kinder mit abgöttischer Zärtlichkeit, wie es ihrem temperamentvollen Naturell entsprach, beschäftigte sich viel mit ihnen und war ihnen ein Vorbild, das sie ihr Leben lang nicht vergaßen. Sie strebte danach, ihre älteste Tochter auf eine hohe Stellung als Monarchin vorzubereiten, den Kurprinzen mit der Thronfolge im Hause Bayern vertraut zu machen und den Ehrgeiz zur Mehrung seiner Macht in ihm zu wecken. Ihre Phantasie zeigte ihr berauschende Möglichkeiten. In Paris wuchs der älteste Sohn des Sonnenkönigs heran, nur ein Jahr jünger als Marianne Christine und ein gesunder, lebensvoller Dauphin. Adelheid war entschlossen, eine solche Heirat mit kluger Taktik in die Wege zu leiten und ihre Tochter für den Thron der Bourbonen zu erziehen. Auch für Max Emanuel boten sich die günstigsten Konstellationen am Horizont der europäischen Politik. Das Haus Habsburg stand zu Lebzeiten Adelheids in Wien und Madrid auf tönernen Füßen. Während auf dem spanischen Thron ein kaum lebensfähiger Knabe saß, fehlte in Österreich die männliche Nachkommenschaft. Auf einer 1669 geborenen Tochter Kaiser Leopolds vereinigten sich die Erbansprüche der beiden mächtigen Linien. Max Emanuel schien also für eine große Zukunft bestimmt und sollte als vollendeter Fürst, als Regent, Soldat und Kavalier erzogen werden.

Im Hinblick auf diese glänzenden Aussichten ließ das Kurfürstenpaar seinen Kindern ganz besondere Sorgfalt angedeihen und kümmerte sich persönlich um jede Einzelheit der Erziehung. Die von beiden Eltern unterschriebenen Instruktionen für Hofmeisterinnen und Erzieher, die Randbemerkungen der Kurfürstin auf übersetzten Anweisungen vorhergehender Jahre sind beredte Zeugen für diesen persönlichen Anteil. Früh prägte man den kurfürstlichen Kindern ihre Ausnahmestellung ein, gab jedem einen eigenen Hofstaat und ließ sie von Kindheit an selbständige Audienzen geben. Andererseits war ihnen eine streng geregelte Lebensweise mit vielen Pflichten, unbedingter Gehorsam gegenüber den Erziehern und genaue Etikette vorgeschrieben. Als besondere fürstliche Tugenden lehrte man sie Religiosität und Leutseligkeit. Zur Entwicklung ihrer höfischen Persönlichkeit ließ Adelheid beide Kinder frühzeitig bei Theateraufführungen mitwirken und ihre Tanzkunst zeigen. Selbstverständlich mußten sie mehrere Sprachen beherrschen, unterhielten sich mit den Eltern italienisch und deutsch und lernten außerdem Französisch und Latein. Zwei reizende italienische Briefe der kurfürstlichen Kinder aus ihrer frühen Jugendzeit an Ferdinand Maria beweisen den dominierenden Einfluß der mütterlichen Sprache in der Familie.[366]

Marianne Christine war nicht eigentlich hübsch, aber ein besonders liebenswertes, intelligentes und vernünftiges Kind. Wie die Gesandten berichten, lernte sie früh, eine ihrer Geburt entsprechende Miene zu zeigen und sich dem »humor« der Mutter anzupassen. Sie wiegte sich gern in der Hoffnung, mit dem Dauphin verheiratet zu werden und in Versailles die erste Rolle zu spielen. Außer der Erziehung in Tanz und Sprachen erhielt sie sorgfältigen Unterricht im Harfenspiel, in Religion, Literatur und Kosmographie. Bildung und höfische Gewandtheit einer Grande Dame hielt Adelheid für das Ideal in der Erziehung ihrer Tochter.

Max Emanuel war ein schwierigerer Charakter als seine Schwester und hatte das aufwallende Temperament der Mutter geerbt. Alle Berichte stimmten überein, daß er ein schönes Kind war und daß der Himmel ihm hervorragende geistige und körperliche Gaben in die Wiege gelegt hatte. An seiner Erziehung nahm Adelheid bestimmenden Anteil. Sie lehrte ihren Sohn, antike Herrschergestalten wie Alexander den Großen, Caesar und Kaiser Theodosius als Vorbilder zu betrachten. Von einem Studium auf der Universität Ingolstadt, wie es im humanistischen 16. Jahrhundert üblich gewesen war, hielt sie dagegen wenig. Der Kurprinz sollte »à la mode« mitten im höfischen Leben aufwachsen, das ihm die Thronfolge vorzeichnete.

Da gegen Ende der sechziger Jahre die französischen Kulturideale in Europa den Vorrang gewannen, erhielt Max Emanuel 1668 mit dem Marquis de Beauvau aus Lothringen einen erfahrenen französischen Majordomus, dessen Erziehungsinstruktion die Kurfürstin gemeinsam mit ihrem Beichtvater Spinelli erarbeitete. Max Emanuel sollte zu einem Fürsten erzogen werden, der in der Lage war, seine Staaten mit Waffengewalt gegen Ungerechtigkeit zu verteidigen, der sich aber durch friedliebenden Sinn (»animo pacifico«) vor den schrecklichen Übeln des Krieges hüten würde. Daher forderte die Instruktion für Beauvau zwar Unterweisung des Kurprinzen in allen körperlichen Übungen, wie Reiten, Tanzen, Ballspiel, Fechten, Jagen und Bogenschießen. Noch wichtiger war aber die Erziehung zum Literaten, zum Gelehrten, zu einem Beschützer der Wissenschaften und Künste. Alle Herrscher, die von der Nachwelt den Beinamen »Magnus« erhielten, so sagte die Instruktion, seien Literaten gewesen.[367]

Freigiebigkeit und Großherzigkeit waren weitere Herrschertugenden, die in Adelheids Erziehungsideal eine Rolle spielten. So hielt sie den Kurprinzen schon in jungen Jahren dazu an, das Geld nicht in den

Kasten zu legen, sondern sich Freunde und Parteigänger damit zu erwerben. Die religiöse Erziehung vertraute das Herrscherpaar dem bewährten Theatiner Spinelli an, der Max Emanuel zu inbrünstiger, aber toleranter Frömmigkeit führen sollte. Die Jesuiten waren dagegen aus den Gemächern der kurfürstlichen Kinder ausgeschlossen. Adelheid selbst förderte deren Religiosität in jeder Weise. Schon im Alter von drei Jahren reiste Max Emanuel mit seinem Hofstaat zur Gottesmutter nach Altötting und hielt sich ein ganzes langes Leben an diesen frommen Brauch seiner Familie. Regelmäßige Teilnahme an den höfischen Gottesdiensten und Predigten war auch für die Kinder des Kurfürstenpaares eine Selbstverständlichkeit. Da die Savoyerin nach ihrer Italienreise den heiligen Antonius von Padua besonders verehrte, ließ sie in dessen Kapelle in der Münchener Franziskanerkirche am Fürstengitter zwei kleine Öffnungen anbringen, damit die Kinder das Bild des Heiligen besser sehen konnten.[368]

Ferdinand Maria nahm seinen Sohn schon in jungen Jahren auf Reisen durch Bayern mit, wobei er ihn mit den Problemen der Landesverteidigung und der Festungsbaukunst vertraut machte. Auch auf Hofjagden hatte der Kurprinz den Vater häufig zu begleiten, und so wurde die Jagd bald ein Hauptvergnügen für ihn. Zuhause durften Marianne Christine und Max Emanuel mit ausgewählten deutschen Spielgefährten zusammenkommen, vor allem mit den Kindern des Obersthofmeisters Fürstenberg. Da die Kurfürstin aber stets ihrer Herkunft treu blieb, war sie auch in der Kindererziehung auf die Vermittlung romanischer Kultur und Lebensart bedacht. Sie ließ daher 1669 aus Chambéry den neunjährigen Sohn des Grafen Chabot de St. Maurice zur Miterziehung an den Münchener Hof kommen, um ihren Kindern die Mentalität Savoyens nahezubringen und ihren Sprachschatz zu erweitern. Ein besonderes Freundschaftsverhältnis verband Max Emanuel lange Jahre mit diesem Südländer, der später Pfleger zu Dachau wurde. Die Kurfürstin förderte sogar die Kontakte ihrer Kinder mit der Nachkommenschaft des welschen Hofgefolges, wie ein österreichischer Gesandter tadelnd nach Wien berichtete.

In Münchener Hofkreisen sah man diesen allzu starken Einfluß der Kurfürstin auf die Kindererziehung nicht gerne und suchte ihm entgegenzuwirken, zumal die Bevorzugung von Ausländern manchmal die Staatskasse unnötig belastete. Aber das Vertrauen der Kurfürstin in die Überlegenheit mediterraner Intelligenz und Zivilisation war dadurch nicht zu erschüttern. Als ihr jüngerer Sohn Joseph Clemens an Neujahr 1675 erkrankte, geriet sie in panische Angst, auch dieses Kind zu verlieren, wenn sie es den bayerischen Ärzten überließ. Sie schickte daher einen reitenden Boten an die Universität Padua, der einen Arzt ihres Vertrauens, den Anatomieprofessor Antonio Molinetto, nach München holen sollte. Als dieser aber mit Erlaubnis des Senats schließlich über die Landstraßen nach Norden rollte, traf er zwischen Trient und Bozen auf einen zweiten Kurier, der die Genesung des Prinzen meldete.[369]

Auf karitativem Gebiet entfaltete Adelheid von Savoyen eine Tätigkeit, die ihrem Leben im »goldenen Käfig« des Hofes entsprach. Mehr denn je waren damals Arme und Kranke auf die Mildtätigkeit und Hilfe der Begüterten angewiesen. Der Dreißigjährige Krieg hatte in Bayern den wirtschaftlichen Wohlstand der Bevölkerung vernichtet und eine breite Schicht von Besitzlosen geschaffen. Zwar finanzierten der Hof und die Münchener Stadtverwaltung Waisenhäuser und Spitäler, öffentliche Armenspeisungen und Almosenstiftungen, doch gab es gerade in der Residenzstadt eine graue Schar von Bettlern und Heimatlosen.

Hier hätte eine so zielbewußte Frau wie die bayerische Kurfürstin ein reiches Feld praktischer Tätigkeit gefunden. Aber gerade auf dem Gebiet der Caritas erscheint Adelheids sonst so starke, aktive Persönlichkeit für die Nachwelt eher blaß und in höfischen Spielregeln befangen. Neue soziale Einrichtungen hat die Savoyerin in München nicht geschaffen. Ihre Form der Wohltätigkeit war nach der höfischen Auffassung der Zeit stets mit Seelsorge und Erziehung zur Frömmigkeit verbunden, ihre finanziellen Stiftungen für Arme und Kranke atmeten vor allem den Geist religiöser Hilfeleistung. Ob sie mildtätige Bruderschaften und Seelsorgeorden unterstützte oder ein Kapital zur Erteilung der Sterbesakramente an mittellose Kranke stiftete, ob sie mit den Dienerinnen Mariens fromme Werke der Barmherzigkeit ausübte oder gebärenden Frauen ein Symbol des heiligen Kajetan auflegen ließ, – es war mehr ein geistlicher Trost, der ihrer Wohltätigkeit den Stempel aufdrückte. Er schien ihr für die notleidenden Mitmenschen wesentlicher als materielle Unterstützung.

Besonders zum Ausdruck kam dies in Adelheids Stiftung der sogenannten »Zügenglocke«. Sie verfügte kurz vor ihrem Tod, daß für Kranke, die in den letzten Zügen lagen, in der Theatinerkirche eine besondere Glocke geläutet und gleichzeitig Gebete für das Heil der armen Seele gesprochen werden sollten. Durch deren Kraft hoffte sie ihren Mitmenschen zur ewigen Seligkeit zu verhelfen.

Eine schöne karitative Hofzeremonie war die österliche Fußwaschung am Gründonnerstag in der Residenz, die Ferdinand Marias Großvater, Herzog Wilhelm der Fromme, eingeführt hatte. Während der Kurfürst, – wie Christus den Aposteln vor dem Abendmahl –, zwölf armen Männern die Füße wusch, führte Adelheid diesen symbolischen Liebesdienst bei zwölf jungen Mädchen aus. Die Familie Wittelsbach hat diese österliche Tradition, verbunden mit einer Geldspende an die Beteiligten, bis ins 20. Jahrhundert aufrechterhalten.[370]

Nach dem Tod der Kurfürstinwitwe Maria Anna beherrschte die Savoyerin den Münchener Hof als ihr ureigenstes Reich. Mit ihren höfischen Pflichten, der Kindererziehung und Wohltätigkeit gab sich die ehrgeizige Kurfürstin aber nicht zufrieden. Sie verlangte auch Anteil an der Staatsführung. »Die Fürstinnen von Savoyen haben einen zu geeigneten Verstand für die Geschäfte, um sich im Müßiggang zu langweilen«, war ihr Kommentar gegenüber Karl Emanuel, dem sie ihre Sehnsucht nach Macht und Einfluß gestand.[371]

Auf außenpolitischem Gebiet hatte Ferdinand Maria schon 1662 begonnen, ihre Ratschläge zu befolgen, und sich dem mächtigen Frankreich genähert. Aber ihr langjähriger Wunsch, zu den Sitzungen des obersten bayerischen Regierungsgremiums, des Geheimen Rats, zugelassen zu werden, war bei ihm stets auf taube Ohren gestoßen. Im Geheimen Rat, der im Alten Hof tagte, saß seit den Lebzeiten Maximilians I. die Kurfürstin Maria Anna und beharrte eifersüchtig auf diesem Recht. Da Ferdinand Maria bei solchen Zusammenkünften die Gegenwart zweier Frauen, zwischen denen obendrein häufig Meinungsverschiedenheiten bestanden, nicht wünschte, wurden Adelheids Bitten immer wieder abgeschlagen.

Erst nach dem Tod Maria Annas im Herbst 1665 stand für die Savoyerin der Weg in den Geheimen Rat offen. Nachdem sie noch im gleichen Jahr ihre beiden jüngeren Kinder verloren und selbst monatelang in schwerer Krankheit das Bett gehütet hatte, betrat sie, kaum genesen, im April 1666 erstmals die Sitzung der bayerischen Zentralregierung. Endlich, schrieb sie an Karl Emanuel nach Turin, habe sie erreicht, was ihr doch von Anfang an zugestanden habe: die Aufnahme in den »Conseil d'Etat«. Damit gab sie noch einmal ihrer langjährigen Verbitterung gegenüber der alten Kurfürstin Ausdruck, die ihr so lange den Weg zu der wichtigsten Informationsquelle versperrt hatte. Adelheid besaß im Geheimen Rat nicht nur den Sitz, sondern auch das Recht der Meinungsäußerung und übte beides häufig aus. Sie durfte jedoch wie ihre Vorgängerin an Abstimmungen nicht teilnehmen.[372]

Den Geheimen Rat beherrschten damals die beiden ersten Ratgeber Ferdinand Marias, der Obersthofmeister und höchstbezahlte Beamte der gesamten Hofhaltung, Hermann Egon Graf Fürstenberg, und der ehrgeizige Jurist Caspar von Schmid. Adelheid kannte und fürchtete deren ständig wachsenden Einfluß auf den Kurfürsten und begann daher mit ihnen, vor allem auf außenpolitischem Gebiet, eine Art Interessengemeinschaft zu bilden, die von den auswärtigen Gesandten am bayerischen Hof als die »Trinität« bezeichnet wurde. Wie ein österreichischer Beobachter feststellte, stimmten die übrigen Geheimen Räte meist nach den Wünschen dieses Dreigestirns. Ferdinand Maria hatte sich zwar im Lauf der Jahre aus einem vormals so trägen, entschlußlosen Knaben zu einem würdevollen Fürsten entwickelt, der seine Beamten mit Schärfe und Unnahbarkeit behandeln konnte, aber er erwog seine Beschlüsse allzu bedachtsam und entschied schließlich meist im Sinn seiner höchsten Ratgeber, auf die er sich in starkem Maß verließ. In den späteren Jahren seiner Regierung benützte er den Geheimen Rat immer weniger als ein Instrument der Meinungsbildung, sondern ließ als absolutistischer Fürst die Regierungsgeschäfte über seine Kabinettskanzlei laufen, deren Leitung Caspar von Schmid in Händen hielt.

In einem Zeitalter ständiger kriegerischer Bedrohung aus Ost und West galt das größte Interesse des Kurfürsten der militärischen Sicherheit seines Staates. Gemäß den Lehren Maximilians I., unter dessen Regierung die bayerische Armee ein Machtmittel von europäischem Rang gewesen war, suchte er Frieden und Unabhängigkeit seines Landes durch entsprechende Rüstung zu bewahren. Er förderte den Bau der Festungen an den Landesgrenzen und unterhielt ein schlagkräftiges stehendes Heer. Adelheid nahm im allgemeinen wenig Anteil an den militärischen Neigungen des Kurfürsten. Aber die Farbe des blauen Waffenrocks der bayerischen Infanterie geht, zumindest mittelbar, auf ihren Einfluß zurück.

1672 entsprach Ferdinand Maria ihren dringenden Bitten, dem Herzog von Savoyen in einem Krieg gegen Genua militärische Hilfe zu leisten. Er wollte damit Offizieren und Mannschaft Gelegenheit geben, ihren hohen Ausbildungsstand auch unter Gefechtsbedingungen zu beweisen. Am 8. Oktober 1672 rückten ein Regiment mit 1200 Mann zu Fuß unter dem Obersten Beltin und ein Bataillon mit 500 Mann unter dem Chevalier de la Perouse von München aus und marschierten über die Schweiz nach Piemont. Die Soldaten trugen, noch ganz nach der Tradition des Dreißigjährigen Krieges, uneinheitliche Montur. Als die Bayern in der Poebene anlangten, hatte Karl Emanuel aber seinen Feldzug bereits auf unrühmliche Weise beendet. Anstatt sich Lorbeeren zu erkämpfen, mußten sie im März 1673 den Rückmarsch nach München antreten.

Als Gegenleistung für die beabsichtigte militärische Hilfe stattete der Herzog von Savoyen die ganze Truppe auf großzügigste Weise mit einer neuartigen Uniformierung aus, wie sie damals in Europa für die einzelnen Waffengattungen im Entstehen war. Besonderen Beifall fanden in München die hellblauen Waffenröcke der Offiziere mit silbernen Ketten und Degen. Ferdinand Maria, der bereits 1672 für die Ausstattung des Heeres eine Monturfabrik in der Au bei München gegründet hatte, übernahm das blaue Tuch Savoyens für das gesamte Fußvolk seiner Armee. Die bayerische Infanterie hat diese Farbe bis zum ersten Weltkrieg getragen.[373]

Auf wirtschaftlichem Gebiet versuchte das bayerische Kurfürstenpaar die Schäden und Verluste des Dreißigjährigen Krieges mit staatlicher Hilfe zu mildern und neuen Wohlstand zu bilden. Förderung der Landwirtschaft und des gewerblichen Lebens von staatlicher Seite und ein straffes Finanzgebaren kennzeichnen die wirtschaftlichen Maßnahmen unter Ferdinand Marias Regierung. Das Zeitalter des Merkantilismus war überall in Europa bestrebt, in den Einzelstaaten wirtschaftlich unabhängige Gebilde zu schaffen, Handel und Wandel durch Einführung frühindustrieller Manufakturen zu fördern und so gleichzeitig die Steuerfähigkeit der Untertanen zu heben. An den deutschen Fürstenhöfen kursierten damals tausenderlei Pläne zur Vermehrung der Bevölkerung, des Geldumlaufs und der Gewerbe. Solche Gedanken hatten bereits Maximilian Kurz bewogen, 1658 über seinen Freund Oexl Verbindung zu einem aufstrebenden Vertreter der neuen Wirtschaftstheorien, dem kurfürstlichen Hofmedikus Dr. Johann Joachim Becher in Mainz, aufzunehmen. Es gelang aber damals noch nicht, diesen als Berater für den bayerischen Hof zu gewinnen.[374]

Wirtschaftliche Projekte zu verwirklichen und die erfolgreiche französische Handelspolitik nachzuahmen, war auch eine Lieblingsidee des bayerischen Kurfürstenpaares. Durch die Beziehungen Fürstenbergs wurde Becher schließlich doch bewogen, nach München zu kommen und erhielt am 23. Juni 1664 seine Anstellung als Mathematikus und Hofmedikus des Kurfürsten. Er entfaltete sofort auf dem Gebiet der Wirtschaftspolitik eine anregende schriftstellerische Tätigkeit, die auch Adelheids Interesse gewann.

Becher war ein vielseitig gebildeter Mann und verstand eine höfische Umwelt mit seinen finanzpolitischen, kommerziellen und alchimistischen Projekten zu fesseln. Der erfindungsreiche Gelehrte, dem am bayerischen Hof ein Laboratorium eingerichtet wurde, glänzte mit einer Fülle von Kenntnissen auf den verschiedensten Gebieten. Es war sein wichtigstes Anliegen, das Reich von den trüben Folgen des großen Krieges zu befreien und zu neuer wirtschaftlicher Blüte zu führen. Dies hat ihn aus historischer Sicht zum bedeutendsten Vertreter des Merkantilismus in Deutschland gemacht. Für Bayern arbeitete Becher ein besonderes Programm aus, das den Wohlstand des Landes wiederherstellen sollte. Dazu gehörte der Aufbau neuer Manufakturen und einer staatlich geförderten Handelskompanie, Einfuhrverbot für fremde Industrieerzeugnisse, eine Warenniederlage für Rohprodukte, die Errichtung einer Landesbank und Ausfuhrerschwerung für Waren, die im Lande selbst gebraucht wurden.[375]

Die bayerische Kurfürstin war ein Kind ihrer Zeit und nahm lebhaften Anteil an den Problemen des Wirtschaftslebens. Tiefes Eindringen in die Materie war sicher nicht das Ziel der vielbeschäftigten Savoyerin, aber sie erfaßte mit ihrer raschen Intelligenz die wichtigsten Argumente und begann sich bald für die Ideen des pfälzischen Gelehrten einzusetzen. Im Auftrag des Kurfürstenpaares reiste Becher im August 1664 nach Holland, wo er sich nach Fachkräften für Manufakturen und nach Kapitalgebern für die geplante Handelskompanie umsehen sollte. Adelheid verwies ihn dort an einen Grafen Horn, mit dem sie zu Beginn des gleichen Jahres in Regensburg wirtschaftliche Gespräche geführt hatte. Um einen Teil des holländischen Zwischenhandels mit überseeischen Waren auszuschalten, erwog Becher Unterhandlungen mit der Westindischen Kompanie zur Gründung einer bayerischen Niederlassung jenseits des Atlantik.

Die Phantasie der Kurfürstin entzündete sich an diesen Kolonialplänen, und auch Hermann Fürstenberg erwies sich als Förderer solcher

Gedanken. Doch auf die Dauer war Bechers Projekten am bayerischen Hof kein großer Erfolg beschieden. Gegen die Errichtung einer Handelskompanie setzte sich die Münchener Kaufmannschaft zur Wehr, die staatliche Einmischung in ihre Rechte befürchtete. Zwar bot die Westindische Kompanie zur Gründung einer bayerischen Niederlassung in Übersee einen Teil Guyanas an, aber die Verhandlungen scheiterten an den hohen Forderungen der Besitzer und dem Mißtrauen des realistisch denkenden Kanzlers Caspar von Schmid. Auch die Errichtung einer landesfürstlichen Wechselbank, von der sich Becher große Gewinne für die Staatsfinanzen versprochen hatte, wurde von Ferdinand Marias Ratgebern abgelehnt. Nur der Plan des pfälzischen Wirtschaftslehrers, in München eine Seidenmanufaktur zu errichten, nahm mit Unterstützung des Kurfürstenpaares Gestalt an. Während Becher die bayerische Residenz mit der Kaiserstadt vertauschte, wo er sich größere Wirkungsmöglichkeiten versprach, entstand in der Au bei München eine Fabrik für Seidenstoffe, Borten, Gold- und Silberbrokat, der die Kurfürstin besondere Aufmerksamkeit widmete. Die neue Manufaktur hielt zwar über ein Jahrzehnt diesen Wirtschaftszweig in Gang und beschäftigte eine Reihe von Arbeitern, blieb aber ein Zuschußbetrieb, da alle Versuche scheiterten, den Maulbeerbaum, die Nahrung der Seidenraupen, in Bayern heimisch zu machen.[376]

Mit einem anderen Vertreter staatswirtschaftlicher Ideen, dem Hamburger Martin Elers, der durch Becher empfohlen wurde, trat die unternehmungslustige Kurfürstin im Winter 1664/65 in Verbindung. Er gewann ihr Interesse durch seine Pläne, mit französischen Kapitalbesitzern und Handwerksleuten der bayerischen Wirtschaft aus ihrer Stagnation zu helfen. Auch Elers förderte durch geschmeidig vorgebrachte Versprechungen über einen Landankauf in Guyana die phantasievollen Projekte Adelheids und Fürstenbergs, in der Neuen Welt unermeßliche Reichtümer für Bayern zu erwerben. Aber er scheiterte ebenso wie Becher an dem Widerstand Schmids, der die Mehrheit des Geheimen Rates hinter sich wußte und den Kurfürsten von seinen Gegenargumenten überzeugte.

Die Kunde von diesen wirtschaftlichen Diskussionen am bayerischen Hof veranlaßte schließlich die Wiener Regierung im Herbst 1665, den Bischof Christobal de Roxas nach München zu senden. Durch seine Überredungskünste sollte das Kurfürstenpaar für die Teilnahme an einer »Deutschen Gesellschaft zur Einführung der ostindischen Kommerzien« gewonnen und gleichzeitig politisch wieder stärker an die Hofburg gebunden werden. Man hatte Roxas in Wien mit hohen Bestechungsgeldern ausgestattet, doch die Umgebung des bayerischen Kurfürsten war auf der Hut. Wenn auch wirtschaftliche Vorteile lockten, wollte man sich nicht neuerdings vom Kaiser und damit auch von Spanien am Gängelband führen lassen. Auch Adelheid zeigte dem österreichischen Unterhändler die kalte Schulter. Enttäuscht von der Haltung des Kaiserhofes in der Montferrat'schen Frage, war sie entschlossen, in der Zukunft ihren ganzen Einfluß gegen das wortbrüchige Haus Habsburg aufzubieten.[377]

Zwischen den Großmächten

Europa hatte wenig Zeit, sich von den Folgen des Dreißigjährigen Krieges zu erholen. Die Waffen ruhten nicht lange. War zu Beginn des 17. Jahrhunderts die Politik der einzelnen Staaten noch stark von religiösen Motiven beeinflußt gewesen, so setzte sich im Lauf der späteren Jahrzehnte das Prinzip der reinen Machtpolitik durch. Nach dem Westfälischen Frieden garantierten Frankreich und Schweden, die beiden stärksten Militärmächte Europas, die Zerrissenheit und Ohnmacht des Reiches. Das Kaisertum lag auf schwachen Schultern und forderte dadurch die Angriffslust anderer Völker heraus. Am Anfang der sechziger Jahre brandeten die türkischen Heere gegen die Ostgrenze des Reiches und im Westen wartete Frankreichs ehrgeiziger junger Monarch auf eine Möglichkeit zur Erweiterung seiner Macht und nicht zuletzt seines persönlichen kriegerischen Ruhmes. Durch den Verzichtfrieden von Eisenburg machte der Wiener Hof schließlich im August 1664 den kostspieligen Kämpfen mit den Osmanen ein Ende, um sich Rückenfreiheit gegenüber dem mächtig aufstrebenden Frankreich zu schaffen. Den Friedensbeteuerungen Ludwigs XIV. schenkten die kaiserlichen Ratgeber wenig Glauben, denn die habsburgische Monarchie in Spanien war dem Erlöschen nahe und niemand zweifelte, daß der französische König die Rechte seiner Gemahlin, der Infantin Maria Teresa, mit allen Mitteln wahrnehmen würde. Da die Politik des Kaisers aber weniger auf die Interessen des Reiches als auf jene des Gesamthauses Habsburg abgestimmt war, konnte er mit der Treue der Reichsstände nicht rechnen. Die deutschen Fürsten hielten es teils mit Frankreich, teils waren sie unsichere Bundesgenossen des Kaisers und verfolgten einen Kurs nach ihrem eigenen Nutzen. Auch Bayerns erster Minister Fürstenberg vertrat den Standpunkt, die Reichsstände seien frei und könnten »nach Belieben spanisch oder französisch sein«.[378] Keiner der kleineren Staaten wollte in das Spannungsfeld zwischen den großen Mächten gelangen. Für Bayern und viele andere deutsche Territorien galten damals die beiden Parolen: Neutralität und Reichsfriede.

Aber Neutralität konnte gefährlich werden, wenn sie in die politische Isolierung führte. Daß der Münchener Hof vom Hause Habsburg wenig Freundschaft zu erwarten hatte, war dem Kurfürstenpaar und dessen Räten durch die politischen und wirtschaftlichen Verhandlungen der letzten Jahre deutlich geworden. In der Montferrat'schen Frage wurde Bayern von der Wiener Hofburg nur zum Narren gehalten. Nach dem Tod der Kurfürstinwitwe bemühte sich Adelheid in verstärktem Maße, ihre Animosität gegen den Kaiserhof auch auf Ferdinand Maria zu übertragen. »Gott sei Dank weiß Seine Kurfürstliche Hoheit jetzt, daß das Haus Österreich keine Freundschaft für Bayern hegt«, schrieb sie im November 1665 an den Herzog von Savoyen. Sie glaubte nicht mehr an ein Einlenken des Kaisers, der die Ansprüche ihres Bruders mit Füßen getreten hatte. Als der kaiserliche Obersthofmeister Eusebius Wenzel Fürst Lobkowitz ihr im Herbst 1665 unter gewissen Bedingungen die Investitur des Montferrat für Karl Emanuel anbot, trat ihr ganzer Zorn über die Doppelzüngigkeit des Hauses Habsburg zutage. Ihre Geduld war erschöpft. »Sie werden meine Antwort ein wenig scharf finden«, entschuldigte sie sich bei ihrem Bruder, »aber ich gebe zu, daß ich die Geduld verloren habe. Ich wollte sie (die Kaiserlichen) wissen lassen, daß man sich nicht mit ihnen einläßt und daß man ihre Bosheit kennt.«[379]

Adelheid erwartete größere politische Vorteile für Bayern von einer starken verwandtschaftlichen Bindung an den König von Frankreich und hielt daher unablässig die Korrespondenz mit Gravel, Lionne und dem König selbst in Gang. Überzeugt, für die Politik geboren zu sein, wollte sie das Haus Bayern zu einem vertraglichen Bündnis mit Frankreich führen. Ihr überschwengliches Naturell diktierte der Feder geradezu schwärmerische Wendungen der Ergebenheit und Begeisterung für den fernen Vetter in Paris. Ihr Leben besitze kein größeres Glück, so schrieb sie an Ludwig XIV., kein mächtigeres Attachement, keine stärkere Passion, als ihm zu dienen. Sie nannte ihn »le plus grand Roy de l'univers«. Da Bayern ein wichtiger Stein auf dem europäischen Schachbrett war, hütete man sich in Paris, diese Ergüsse der Kurfürstin zu belächeln oder gar die Verbindung mit ihr abreißen zu lassen. Man wußte ihre Überredungskünste sehr wohl zu schätzen und nahm diese, wie schon unter Mazarin, in das politische Kalkül auf.[380]

Eine ständige Vertretung Bayerns am französischen Hof erschien Adelheid das geeignetste Mittel, um bald zu ihrem Ziel zu gelangen. Diese sollte jedoch unauffällig sein und keine großen Summen verschlingen. Als der Herzog von Parma im Spätherbst 1665 einen Theatiner namens Don Giuseppe Prignani in erbrechtlichen Fragen nach München sandte, der sich als sprachgewandter, geistreicher Verhandlungspartner erwies, war ihr Entschluß gefaßt. Sie überredete Ferdinand Maria, den Pater auf ihre eigenen Kosten nach Paris fahren zu lassen, um Neuigkeiten aus der französischen Hauptstadt zu berichten und als Bindeglied zwischen beiden Höfen zu dienen. Kein Uneingeweihter würde in dem italienischen Geistlichen einen Vertreter Bayerns vermuten. Da der Kurfürst über den kürzlich ausgebrochenen Streit zwischen dem Bischof von Münster und den holländischen Generalstaaten besorgt war, ging er auf Adelheids Wünsche ein und schickte Prignani im Dezember mit Friedensanregungen zu Ludwig XIV. Gleichzeitig empfahl ihn Adelheid dem Staatssekretär Lionne als einen Mann von Esprit und Verdiensten, den man als Residenten in Paris belassen könne, falls der geistliche Stand kein Hindernis bilde. Sie selbst würde sich glücklich schätzen, wenn die Verbindung zu Frankreich in so guten Händen läge.[381]

Prignani erwies sich als sehr geeigneter Mittelsmann, obwohl ihn sein unvermuteter Ausflug in die hohe Diplomatie zunächst bedrückte. Er schrieb im Januar 1666 aus der Seinestadt über die politischen Beziehungen zwischen England, Frankreich und Holland, über die Neuigkeiten am französischen und spanischen Hof, als ob er bei den Theatinern hierfür die richtige Ausbildung genossen hätte. Die bayerische Kurfürstin, die ihn sichtlich beeindruckte, bezeichnete er als seine »clementissima padrona«. Nachdem er sich bei Ludwig XIV. und dessen Ratgebern Vertrauen erworben und wichtige Informationen gesammelt hatte, ließ ihn Adelheid per Post mit ihrem Kammerdiener Martin Mayer im März 1666 über Regensburg nach München zurückkehren. Ihre Hoffnungen erfüllten sich: der neue Vermittler kam mit geschickten Friedensvorschlägen des französischen Königs für den niederländisch-holländischen Raum und bot Ferdinand Maria eine wichtige politische Rolle zur Erhaltung des Reichsfriedens an, die dessen Selbstbewußtsein schmeichelte.

Obwohl sich die Ratgeber des Kurfürsten keiner Täuschung hingaben, daß Ludwig XIV. letzten Endes auf die Beseitigung der habsburgischen Herrschaft in den Niederlanden abzielte, verpflichtete sich die bayerische Regierung doch in einer schriftlichen Erklärung an Frankreich, im Falle einer künftigen Bedrohung des Reichsfriedens mit ihren Diensten zur Verfügung zu stehen. König Ludwig bemühte sich ja in München nur um Neutralität, während die Wiener Hofburg aktive Parteinahme forderte. Fürstenberg und Schmid waren beide Gegner der habsburgischen Hegemonie in Europa und wollten sich in einer kriegerischen Auseinandersetzung zwischen Spanien und Frankreich nicht vor den Wagen des Kaisers spannen lassen. Als Fernziel erhofften sie sich mit Frankreichs Unterstützung Teile des habsburgischen Erbes für Bayern.[382]

Obwohl Karl Emanuel von Savoyen das blinde Vertrauen und die enge Bindung seiner Schwester zum französischen Hof mißbilligte und dem Einfluß des Theatiners bei ihr entgegenzuwirken suchte, sandte Adelheid diesen im April 1666 von neuem an die Seine. Wie Prignani später in einem Memorandum betonte, trug die Serenissima selbst die ganzen Kosten seiner Reisen.[383] In den politischen Beziehungen zu Frankreich stand Adelheid in diesen Jahren gleichberechtigt neben dem Kurfürsten und war die treibende Kraft der »bonne intelligence« zwischen den beiden Staaten. Der Briefwechsel mit Ludwig XIV. und Lionne war ihr Lebenselixier, das ihr über den schweren Verlust ihrer beiden jüngeren Kinder hinweghalf. Wenn Schreiben aus Paris eintrafen, spürte sie in dem feingebildeten Kavalierston das ganze Raffinement der dortigen Atmosphäre und atmete die große Welt des französischen Hofes. Der König versicherte sie der »tendresse« seiner Gefühle und Lionne nannte sie den Freundschaftsknoten zwischen den beiden Fürstenhäusern. Am Ende dieser von Emotionen geleiteten Politik stand jedoch für die bayerische Kurfürstin ein reales Ziel, das sie mit kühler Berechnung verfolgte: die Vermählung ihrer Tochter Marianne Christine mit dem Dauphin.

In den folgenden Jahren war das Freundschaftsverhältnis zu Frankreich starken Belastungen ausgesetzt, und Adelheid mußte ihren ganzen Einfluß aufbieten, um Ferdinand Marias Bedenken zu zerstreuen. Doch erhielt sie tatkräftige Unterstützung durch die führenden Persönlichkeiten der bayerischen Regierung. Im Frühjahr 1667 fiel das letzte Bollwerk der österreichfreundlichen Politik aus Kurz'schen Tagen. Der Reichstagsgesandte Dr. Johann Georg Oexl wurde in großer Ungnade entlassen und machte in Regensburg seinem bisherigen Beigeordneten, dem Geheimen Rat Franz von Mayr Platz, der mit Gravel in bestem Einvernehmen stand.

Hermann von Fürstenberg war ohnehin ein überzeugter Anhänger des frankophilen Kurses und folgte darin seinen beiden Brüdern, den Kirchenfürsten Franz Egon und Wilhelm Egon. Diese sahen in Ludwig XIV. die Idealgestalt eines Monarchen. Sie beherrschten die Politik des

Kölner Hofes, der seinerseits durch die enge Verwandtschaft der beiden Kurfürsten die Münchener Regierung beeinflußte. Mit seiner unbeirrbaren Ergebenheit für König Ludwig leistete vor allem Wilhelm von Fürstenberg, der spätere Bischof von Straßburg, der Hegemonie Frankreichs in Europa Vorschub und handelte sich damit am Wiener Hof den Titel »Pestbeule des Reiches« ein.[384] Nationale Gefühle waren ihm fremd. Er hielt den König des westlichen Nachbarlandes wegen dessen glänzender persönlicher Fähigkeiten für prädestiniert, in Europa die erste Rolle zu spielen, und unterstützte ihn auf diesem Weg mit allen ihm zur Verfügung stehenden Mitteln. Dazu gehörte sein Bruder Hermann in München, der Bayerns Staatsschiff in den Wind der intelligenten Kölner »Egonisten« drehte, wobei die Aussicht auf französische Pensionszahlungen eine nicht zu unterschätzende Rolle gespielt haben mag. Auch Caspar Schmid neigte zu frankreichfreundlicher Politik, da er einen alten Groll gegen die Wiener Regierung hegte und deren Einmischungsversuchen in die bayerische Selbständigkeit mit Mißtrauen gegenüberstand. Die Gebietsansprüche Bayerns im Fall eines Erlöschens des österreichischen Hauses im Mannesstamm – er dachte dabei an Tirol und Böhmen – waren nach seiner Meinung nur mit Hilfe Frankreichs durchzusetzen. Außerdem war auch Schmid dem französischen Gelde nicht abgeneigt.

So bildete sich, nachdem Adelheid 1666 durch die Aufnahme in den Geheimen Rat mit Fürstenberg und Schmid zu praktischer politischer Zusammenarbeit gekommen war, am Münchener Hof die sogenannte »Trinität«, die einen Bündnisvertrag mit Frankreich anstrebte.

Als das Kurfürstenpaar im April 1667 nach Italien reiste, blieb Schmid in München, Mayr in Regensburg und Fürstenberg begleitete den Hof nach Padua. Im Mai ließ Ludwig XIV. zum Schrecken Europas seine Armeen gegen die spanischen Niederlande vorrücken und forderte damit den Kaiser zu Gegenmaßnahmen heraus. Die wichtigsten Stellen des bayerischen Hofes waren zu dieser Zeit mit frankreichfreundlichen Ratgebern besetzt, die der kurfürstlichen Politik eine strikt neutrale Richtung gaben. Auch Adelheid machte ihren ganzen Einfluß geltend und hielt den Kurfürsten von einer schnellen Reaktion auf die französische Aggression ab. Die italienische Reise wurde nicht abgebrochen.

Nach der Rückkehr des Kurfürstenpaares schickte Kaiser Leopold den Reichshofrat Grafen Waldstein nach München und gab diesem auch einen Brief für Adelheid mit, der die »freundgeliebte Muhme« seiner beständigen Affektion versicherte. Der Gesandte sollte Bayern zur Teilnahme an einem Reichskrieg gegen Frankreich bewegen, stieß aber auf höfliche Gleichgültigkeit, die er als antikaiserliche Gesinnung wertete. »Einmischung in die flandrischen Angelegenheiten«, schrieb Adelheid am 23. September 1667 an den Herzog von Savoyen, »käme einem Bruch des Reichsfriedens gleich.« Solange die Fürsten des Reiches sich nicht selbst angegriffen fühlten, ließen sie sich in ihrer Mehrzahl nicht für Spanien ins Schlepptau nehmen, wenn auch am Regensburger Reichstag zunächst große Entrüstung über die Invasion in die Niederlande geherrscht hatte. Daß an den Fürstenhöfen die Entscheidungen fielen und nicht auf den Reichstagsverhandlungen, war für die damalige Situation bezeichnend.[385]

Franciotti, der Nuntius am Kölner Hof, faßte die Erkenntnisse der europäischen Diplomatie über Österreichs Mißerfolg in München mit einem kurzen Satz zusammen: Waldsteins Mission war durch die Interessen Fürstenbergs und die Autorität der Kurfürstin über ihren Gemahl zum Scheitern verurteilt. Auch der Salzburger Erzbischof, Kardinal Guidobald Graf Thun, der in Regensburg als Prinzipalkommissär des Kaisers tätig war, versuchte Bayern für eine Intervention zugunsten der Niederlande zu gewinnen. Als das Kurfürstenpaar im November 1667 zur Saujagd nach Geisenfeld fuhr, fand es sich dort plötzlich von mehreren Regensburger Gesandten umworben. Aber Ferdinand Marias ausweichende Antwort lautete immer wieder, man müsse den Krieg vom Reiche fernhalten. So konnte auch der kulmbachische Kanzler Carl von Stein aus Geisenfeld an den Kurfürsten Friedrich Wilhelm von Brandenburg nur berichten, daß er am Einfluß der Kurfürstin und des Grafen Fürstenberg gescheitert sei.[386]

Aber der bayerische Hof erkannte, daß er vor dem französischen Angreifer auf der Hut sein mußte. Auch Adelheid konnte sich einer Verstimmung nicht erwehren. Das Bild, das sie sich im Lauf ihres Lebens von Ludwig XIV. als Heros und Friedensfürst gemacht hatte, war verdunkelt. Er hatte die Ordnung Europas in Frage gestellt, das Gleichgewicht des Westfälischen Friedens ins Wanken gebracht. Adelheid entzog ihm zwar in der Zukunft ihre Dienste nicht, aber ihre Briefe an den Pariser Hof enthielten nicht mehr die schwärmerischen Huldigungen von einst. Sie zog Prignani, nachdem sie ihm eine französische Abtei erwirkt hatte, im Herbst 1667 unter einem Vorwand aus Paris zurück, behielt jedoch hartnäckig das Ziel im Auge, ihrer Tochter auf den französischen Thron zu verhelfen. Für diese Hoffnung der Zukunft bestand sie im Frühjahr 1668 auch eine Krise, die sich wegen einer anderen Heirat in den Beziehungen zum französischen Hof entwickelte.

Der Bruder Ferdinand Marias, Herzog Max Philipp von Leuchtenberg, war inzwischen ein Mann von fast dreißig Jahren und der Ehelosigkeit gründlich überdrüssig. Da die geistlichen Pfründen des Hauses Wittelsbach in Köln und Freising besetzt waren, mußte er nicht in den Priesterstand treten, der für die standesgemäße Versorgung der jüngeren Söhne des Hauses Wittelsbach als unumgänglich galt. So verlangte er nun beharrlich nach einer geeigneten Gemahlin. Ferdinand Maria scheute aber die Kosten einer weiteren fürstlichen Hofhaltung und Adelheid die Konkurrenz einer jüngeren Schwägerin. So erhielt Max Philipp von seiner Familie keine Unterstützung und mußte selbständig auf Brautsuche gehen. Er war nicht gerade ein eleganter Kavalier, besaß aber Gemüt, Charakter und soldatische Tugenden.

Schließlich setzte sich Kurfürst Maximilian Heinrich von Köln für den jungen Verwandten ein, der im europäischen Westen am ehesten eine katholische Fürstentochter zu finden hoffte. Der Kölner Hof mit den Brüdern Fürstenberg und die französische Diplomatie waren ihm dabei mit Freuden behilflich, da eine Prinzessin aus französischem Hause die Entente zwischen München und Paris nur stärken konnte. Schließlich schlug man Max Philipp eine Tochter des Herzogs von Bouillon vor, wobei der französische König, dem eine solche Verbindung äußerst gelegen kam, eine reiche Mitgift versprach. Der ungeduldige Freier ließ sich diese verlockenden Aussichten nicht zweimal bieten und fuhr nach Paris, um die junge Mauritia Febronia de la Tour d'Auvergne in Augenschein zu nehmen. Ihr Stammbaum enthielt die großen Fürstenfamilien Europas, wie Max Philipp nach München berichtete.

Inzwischen hatte Adelheid aber durch ihren Bruder in Turin Erkundigungen über die Familienverhältnisse der Auserwählten eingezogen. Karl Emanuel von Savoyen zeigte sich von einer solchen Verwandtschaft nicht begeistert, da der Bruder der jungen Herzogin mit einer »Mazzarine«, einer der berüchtigten Nichten Mancini des verstorbenen Kardinals, verheiratet war. Das Haus Savoyen hatte bereits Olympia Mancini als Familienangehörige aufnehmen müssen und konnte den

Münchener Hof nur warnen. Auch dem bayerischen Kurfürstenpaar erschien daher die Verbindung als Mésalliance. In aller Eile schickte Ferdinand Maria einen Höfling nach Paris, um die Heirat zu vereiteln und seinen Bruder aus den eingegangenen Verbindlichkeiten zu lösen, mit der Begründung, das Haus Bouillon stünde in keinem hohen Ansehen.

Aber der junge Herzog wollte nicht mehr zurück. Ferdinand Maria hatte ihn finanziell stets kurz gehalten und seine Gläubiger drängten ihn zu einer reichen Eheschließung. Überdies war die Braut ein herzensgutes, liebenswürdiges Geschöpf und die Frömmigkeit »leuchtete ihr aus den Augen«. Daher bat Max Philipp den französischen König, als »Deus ex machina« aufzutreten. Ein eigenhändiges Schreiben Ludwigs XIV. an Adelheid enthielt schließlich die dringende Bitte, sich dieser Verbindung nicht zu versagen und ihren Einfluß bei Ferdinand Maria geltend zu machen. Es entsprach sowohl der politischen Linie, die Adelheid verfolgte, als auch ihrem Familiensinn, daß sie alle persönlichen Bedenken zurückstellte und unbeirrt auf dem eingeschlagenen Weg weiterschritt. Sie stand damals auf der Höhe ihres politischen Einflusses bei Ferdinand Maria. Beeindruckt von den Argumenten seiner Gemahlin, die vor einer Brüskierung des französischen Königs warnte, gab der Kurfürst schließlich widerstrebend seine Zustimmung. Da Seine Majestät, so schrieb Adelheid am 4. April 1668 in einem stolzen Brief an Ludwig XIV., die Vermählung ihres Schwagers zu seinem eigenen Interesse gemacht habe, könnten ihr Gemahl und sie selbst die Angelegenheit nur gänzlich in seine Hände legen. Ein so großmütiger König werde auch hierbei den Ruhm des Hauses Bayern im Auge haben.[387]

Obwohl der Heiratskontrakt Ende April 1668 im Beisein des französischen Königspaares geschlossen wurde, waren sich Ferdinand Maria und Adelheid einig, daß das neue Familienmitglied am bayerischen Hofe nicht als ebenbürtig aufgenommen werden sollte. Der Empfang war frostig, als das jungvermählte Paar in München eintraf, und Adelheid sann auf Möglichkeiten, um die ungebetene Schwägerin auf rasche und doch ehrenvolle Weise wieder zu entfernen. In Polen hatte König Johann Kasimir aus dem schwedischen Hause Wasa nach erheblichen Gebietsverlusten abgedankt und der alte Thron der Jagiellonen mußte neu besetzt werden. Auf diese Königswahl wünschten vor allem Österreich und Frankreich Einfluß auszuüben. Als aussichtsreicher Kandidat, von Paris gefördert, galt Herzog Philipp Wilhelm von Neuburg, der eine starke Persönlichkeit war und mehrere Söhne, aber wenig Landbesitz sein eigen nannte. Doch Marschall Turenne, der große Heerführer Ludwigs XIV., legte sein gewichtiges Wort für den Bayernherzog Max Philipp in die Waagschale, da er ein Onkel der jungen Mauritia Febronia war. Dies schien eine Versorgung für den Leuchtenberger zu sein, wie Adelheid sie sich nicht besser wünschen konnte. Obwohl das Kurfürstenpaar dem Neuburger Vetter wohlgesinnt war, begann Adelheid eine lebhafte Konspiration für die Thronkandidatur ihres Schwagers. Das ganze Gewicht ihrer langjährigen Beziehungen zum Pariser Hof legte sie in ein Geheimschreiben vom 11. August 1668 an den französischen Gesandten in Wien, Chevalier de Gremonville, dessen »bien affectionnée amie« sie sich nannte. Mit raffinierter Diplomatie gab sie dem Gesandten zu verstehen, daß ihre Bemühungen unter der Protektion des französischen Königs standen und daß sie die »bonne volonté« des Kaisers zu erringen hoffte, wobei sie auf Gremonvilles Hilfe zählte. Aber ihre feingesponnenen Netze fingen das Gewünschte nicht. Der polnische Magnat Michael Wisniowiecki wurde als Kandidat der habsburgischen Partei zum König gewählt und erhielt die junge Erzherzogin Eleonore, eine Stiefschwester des Kaisers, zur Frau, die ihn ganz in die habsburgische Sphäre ziehen sollte. Adelheid blieb also nichts anderes übrig, als die französische Schwägerin am Münchener Hof zu tolerieren.[388]

Im Frühjahr 1668 lenkte Ludwig XIV. in der Auseinandersetzung um die spanischen Niederlande ein und ließ sich auf dem Aachener Friedenskongreß vom 2. Mai zu einem Vergleich mit den europäischen Mächten herbei. Sein materieller Gewinn war gering, sein Verlust an Kredit und Vertrauen dagegen erheblich. In Deutschland begannen sich die Stimmen zu mehren, die Ludwig XIV. als unrechtmäßigen Angreifer und Ruhestörer Europas brandmarkten und ein scharfes Vorgehen gegen Frankreich forderten. Doch die fürstlichen Regierungen wünschten Frieden, um ihre ausgebluteten Völker nicht von neuem in Not und Elend zu stürzen.

Der französische König nützte diese Grundtendenz der deutschen Staatenwelt und suchte vor allem Bayern mit Geldversprechungen an sich zu locken. Sein Ruf verhallte nicht ungehört. Ferdinand Marias Ratgeber waren, den Gepflogenheiten ihrer Zeit entsprechend, käuflich und richteten ihre Politik nicht nur nach dem Staatsinteresse, sondern auch nach ihren privaten und familiären Notwendigkeiten aus. Der Kurfürst selbst legte größten Wert auf militärische Sicherheit für seine Lande und war daher französischen Subsidiengeldern für Anwerbung neuer Truppen und Verstärkung seiner Festungen nicht abgeneigt. Dagegen lehnte Adelheid als stolze Bourbonenenkelin Geldangebote von Seiten des französischen Hofes kategorisch ab. Sie blieb aber »Douceurs« in Form von kunstvollen Geschenken zugänglich.[389]

Durch die familiären Verhältnisse des Kaisers traten die Aussichten für eine französisch-bayerische Allianz damals in eine neue Phase. Leopold I. hatte sich im Herbst 1666 mit der jüngeren Schwester der französischen Königin, der Infantin Margarita vermählt. Ein kleiner Thronfolger Ferdinand Wenzel, die Hoffnung des Erzhauses, starb 1668, und damit stellten sich für Europa erneut die Probleme des Erlöschens der Augustissima Casa. Der Kaiser selbst fiel, wie Adelheid ihrem Bruder schrieb, von einer Krankheit in die andere.[390]

In dieser günstigen Konstellation mußte die bayerische Regierung handeln und Ferdinand Maria zu einem Entschluß überreden. Fürstenberg und Schmid waren die Urheber der geheimen Bündnispläne, die sich nun in den Akten zu häufen begannen und eine Verflechtung der bayerischen Territorialwünsche mit dem Streben Frankreichs nach der Hegemonie in Europa darstellten. Neben der vertraglichen Konsolidierung des bereits seit Jahren bestehenden »Guten Einvernehmens« mit Frankreich wollte Bayern vor allem die Verteilung des habsburgischen Erbes festlegen, während es dem Pariser Hof um die Errichtung eines Schutzwalls zwischen Wien und dem Rhein zu tun war. Im Hintergrund der Verhandlungen standen Adelheids Heiratswünsche für ihre Tochter und Ferdinand Marias Absichten auf die Kaiserkrone, die er nun mit mehr Nachdruck vertrat als zehn Jahre zuvor.

Die mündlichen Besprechungen zwischen den beiden Höfen übernahmen die Brüder Fürstenberg. Wilhelm war beim französischen König zu großem Einfluß gelangt und galt als besonders geschickter Diplomat im Umgang mit deutschen Fürstenhöfen. Er schrieb und konferierte in erster Linie mit seinem Bruder Hermann, so daß die bayerische Kurfürstin bei diesen Allianzverhandlungen in den Hintergrund trat. Die abschließende Konferenz der drei »Egonisten« mit Robert de Gravel fand im September 1669 auf dem Residenzschloß Zabern bei Straßburg statt, wo Wilhelm ein Allianzprojekt Frankreich-Bayern vorlegte, dem Hermann und Gravel ihre Zustimmung gaben. Der Geheime Bündnisvertrag zwischen dem Allerchristlichsten König und dem bayerischen Kurfürsten wurde schließlich am 17. Februar 1670 in München von Gravel, Fürstenberg und Schmid auf zehn Jahre unterzeichnet. Er ließ für Bayern manche Wünsche offen, bildete aber im kommenden kriegerischen Jahrzehnt einen starken politischen Rückhalt und bewahrte dem Land seine friedliche Entwicklung. Zusammen mit anderen diplomatischen Erfolgen Ludwigs XIV. bei deutschen Fürsten bedeutete er jedoch eine erhebliche Stärkung des französischen Einflusses im Reich.

Bezüglich der Teilung des Habsburger Erbes enthielt der Vertrag weitgehende gegenseitige Versprechungen, die sich sogar für das Haus Wittelsbach auf das Königreich Böhmen erstreckten. Auch mit den vertraglich festgelegten Subsidiengeldern konnte Bayern zufrieden sein. Adelheids Bedingung, die Heirat zwischen dem Dauphin und der Kurprinzessin, wurde in Teil 2, Punkt 7 des Hauptvertrages verankert. Zur Verstärkung der festen Einheit mit dem bayerischen Kurfürsten, hieß es dort, versprach die königliche Majestät zu gegebener Zeit den Abschluß eines Ehekontrakts »inter regium suum delphinum et electoralem principessam Bavariae«. Von der Aufnahme dieses Artikels in den Vertrag hatte Ludwig XIV. jedoch den vorläufigen Verzicht des bayerischen Kurfürsten auf die Kaiserkrone abhängig gemacht. In einem ersten Separatartikel gleichen Datums verpflichteten sich die vertragschließenden Teile, beim Tod Leopolds I. auf eine Wahl Ludwigs XIV. zum Kaiser und Ferdinand Marias zum römischen König hinzuwirken.[391]

Der Anteil der Savoyerin am Vertrag von 1670 läßt sich historisch nicht voll erfassen. Sie selbst erwähnte davon wegen der strikten Geheimhaltung in ihren Briefen nichts. Aus der Korrespondenz der Brüder Fürstenberg geht lediglich hervor, daß die Kurfürstin ihren ganzen Einfluß bei Ferdinand Maria geltend machte, um einen Vertragsabschluß zu erreichen. Auch Gravel betonte ihre starke Mitwirkung. Doch war sie, wie die Pariser Akten nahelegen, an der Abfassung des Wortlauts nicht mehr beteiligt, sondern wurde hierbei von den Juristen Fürstenberg und Schmid ausgeschaltet, die den gesamten Briefwechsel mit Frankreich übernahmen. Die »Trinität« fiel dadurch auseinander. Als 1672 der österreichische Gesandte Graf Königsegg den Münchener Hof besuchte, bemerkte er, daß die Trinität, von der man früher so viel gesprochen hatte, anscheinend keine »Unität« mehr war. Die beiden

Staatsmänner hatten die Kurfürstin überflügelt und den Einfluß der »Damenpolitik« gemindert. Unverhüllte Eifersucht von Seiten Adelheids war die Folge. Sie hatte zwar ihre Heiratspläne für Marianne Christine durchgesetzt, konnte aber nicht verwinden, daß die Kaiserkrone durch den Wortlaut des Separatartikels in weite Ferne gerückt war.[392]

Ungefähr gleichzeitig mit dem Vertragsabschluß gebar die Kaiserin wieder einen Thronfolger, der aber nach kurzer Zeit starb. Daher ruhten die Erbrechte der habsburgischen Linien auf der 1669 geborenen Tochter Maria Antonia. Adelheid begann nun, nachdem die heißersehnte Eheschließung ihrer Ältesten vertraglich gesichert war, ihre Augen auf diese kleine Erzherzogin zu richten. Falls der Kaiserin etwas zustieß, war dieses Mädchen die beste Partie Europas für Max Emanuel und konnte ihm vielleicht die spanische Krone einbringen. Dynastische Erhöhung des Hauses Wittelsbach wurde nun Adelheids nächstes ehrgeiziges Ziel. Auch sie hatte bereits drei kleine Söhne verloren, zuletzt den 1670 geborenen Kajetan Maria. Aber 1671 brachte sie endlich wieder einen gesunden, lebensfähigen Prinzen zur Welt, den sie Joseph Clemens nannte. Er sollte zum geistlichen Stand erzogen werden und einst das Kurfürstentum Köln übernehmen.

Im Hinblick auf Max Emanuels Zukunftsaussichten mußte sie klugerweise etwas aus ihrer Reserve gegenüber Österreich heraustreten. Noch hatten sich in den Beziehungen zwischen Bayern und der Wiener Regierung keine unüberwindlichen Gegensätze herausgebildet wie in späteren Jahrzehnten. Nach außen bestand der Münchener Hof auf seiner Neutralität, um den Reichsfrieden zu wahren. Eingedenk der kaiserlichen Haltung in der Montferrat'schen Frage und ganz auf ihr Vertragsziel mit Frankreich ausgerichtet, hatte die Kurfürstin aber seit 1668 jeden Annäherungsversuch Leopolds höflich dankend oder mit unverhüllter Ablehnung quittiert, obwohl es die kaiserliche Familie an Aufmerksamkeiten nicht fehlen ließ. Adelheid erhielt Briefe von der Kaiserinwitwe Eleonora, von der jungen Kaiserin Margarita und von Leopold selbst, der keinen Gesandten nach München abordnete, ohne ihm ein Grußschreiben für die Savoyerin mitzugeben. Er kannte ihren Einfluß und bat sie stets, auch ihrerseits dem Boten ein geneigtes Ohr zu leihen. Im September 1666 schickte er für den kleinen Max Emanuel zwei »holdseelige Pferdtlein« aus seinem Gestüt. Bischof Christobal de Roxas bot Adelheid bei seinem Münchener Besuch die enorme Summe von 60 000 Gulden, um sie den Wünschen des Kaisers zugänglich zu machen. Aber sie ließ die Wiener Hofburg wissen, daß die Zuneigung einer Fürstin ihres Ranges keinen Preis habe.[393]

In den Jahren 1671/72 machte die kaiserliche Regierung nun zwei weitere energische Versuche, um Bayern in ein politisches System einzugliedern, mit dem sie den Gefahren eines Zweitfrontenkrieges begegnen wollte. Als erster Gesandter des Kaisers reiste der Reichshofratsvizepräsident Frobenius Maria Graf Fürstenberg nach München, um über seinen Verwandten, den bayerischen Obersthofmeister, die Lage zu sondieren. Er brachte Adelheid ein »Grueß Brieffl« mit Leopolds kaiserlichen Hulden, das sie liebenswürdig beantwortete. Aber die bayerische Regierung, vertraglich an die Interessen Frankreichs gebunden, ging einer Abmachung mit dem Kaiser von neuem aus dem Wege.

Als Ludwig XIV., der sich inzwischen auch mit England verbündet hatte, 1672 seine Drohungen wahrmachte und die holländischen Generalstaaten überfiel, gerieten Kaiser und Reich von neuem in große Bedrängnis. »Die Angelegenheiten des Reiches sind in schlechtem Stand«, schrieb Adelheid nach Turin, »und wir brauchen beträchtliche Truppen, um nicht in einen Krieg verwickelt zu werden.« Nun wurde Kurbayern, das offensichtlich stark rüstete und andere Reichsstände zu bewaffneter Neutralität verleiten wollte, der Wiener Regierung wirklich verdächtig. Daher sandte man im Oktober 1672 den Reichsvizekanzler Leopold Wilhelm Grafen Königsegg, einen der ersten kaiserlichen Politiker, an den bayerischen Hof.[394]

Dieser ahnte nichts von Bayerns Vertragsabschluß mit Frankreich und ging daher mit großem Optimismus an seine Aufgabe. Es mußte doch möglich sein, den Kurfürsten für Österreich zu gewinnen. Die erste »Hauptrelation« Königseggs vom 8. November 1672 ist eines der interessantesten Dokumente dieser Zeit über den Münchener Hof. Den Kurfürsten schilderte er als einen »frommen, lieben Herrn«, der im Herzen gewiß ganz österreichisch sei, aber sein Land ruinieren werde, da man ihn einschüchtere und nicht öffentlich Partei für den Kaiser ergreifen lasse. Kurfürstin Adelheid gab sich dem Gesandten gegenüber besonders aufgeschlossen und zeigte große Devotion für den Kaiser, – »so groß, alß es dieser Churfürstin an schönen Worten nimmer mangelt«, fügte der Gesandte etwas mißtrauisch hinzu. Sie sei zwar nur ein Weib, erklärte sie ihm vertraulich, doch halte ihr der Kurfürst allzeit in Staatssachen ein Ohr offen und sie werde die Absichten des Kaisers

19 Szene aus dem Fußturnier „Mercurio e Marte discordi“ im Brunnenhof der Münchener Residenz 1654

20 Henriette Adelheid und ihre Hofdamen im Ballett „Le Pompe di Cipro“ 1654

21 Der Bucintoro auf dem Starnberger See mit seiner Begleitflotte

22 Schloß und Schwaige Nymphenburg

23 Kurfürstin Adelheid in der Tracht der Dienerinnen Mariens, auf den Plan der Theatinerkirche weisend

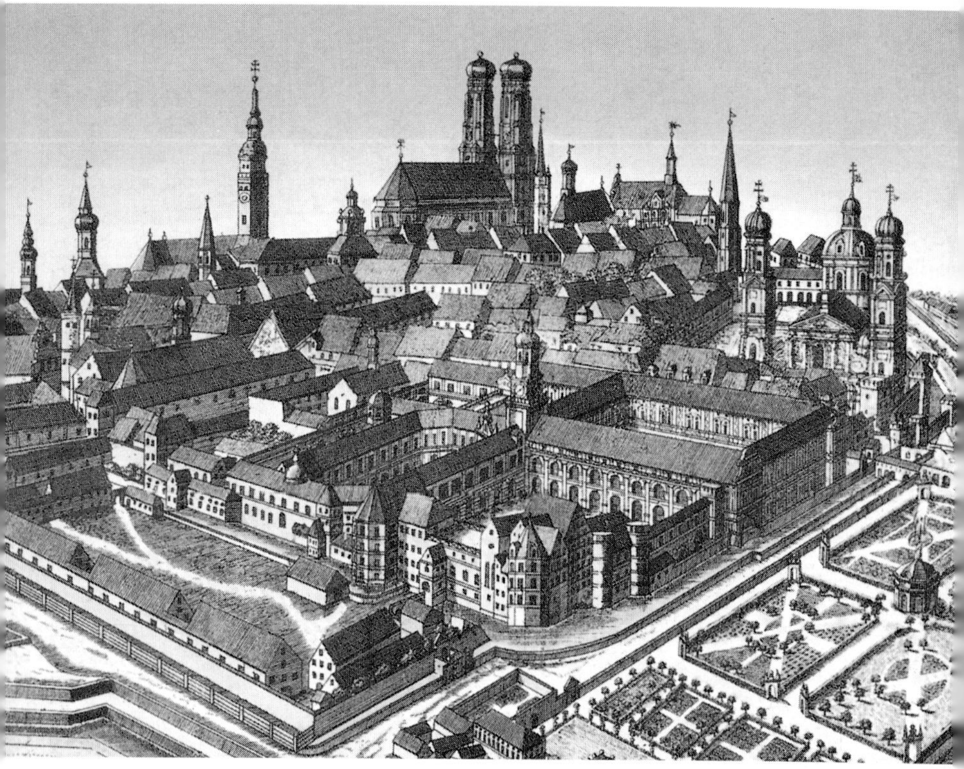

24 Ansicht Münchens mit der Lage der Theatinerkirche an der Stadtmauer, Ausschnitt aus einem Stich Michael Wenings, 1701

gern bei ihm unterstützen. Daß sie in Wien für ganz französisch gesinnt gelte, sei ihr nicht verborgen, doch halte man sie besser für gut bayerisch, da sie sich nicht von den Interessen ihres Gemahls trennen wolle, dem Frieden und Ruhe im Römischen Reich über alles gingen.

Den Kurprinzen fand Königsegg so schön, daß man ihn nicht schöner hätte malen können, die Prinzessin sehr verständig und von tadelloser Gestalt, doch mit dem Kurprinzen nicht zu vergleichen. Beide tanzten bei einem Geburtstagsballett für ihren Vater ganz nach eigenem Temperament: der Kurprinz sehr frisch, – es lebte alles an ihm, – die Prinzessin mit ihrer angeborenen Gravität. Bei öffentlicher Tafel fragte der Kurprinz seinen Vater, ob er jetzt kaiserlich oder französisch sein wolle? Der Kurfürst, zunächst etwas verwirrt, antwortete ihm schließlich: »Mein Kind, Du weißt wohl, daß ich gut theutsch bin.« Fürstenberg und Schmid galten nach Meinung des Gesandten in der Wertschätzung des Kurfürsten gleich und schienen ihm beide käuflich: Schmid am besten mit einem Freiherrndiplom des Kaisers, Fürstenberg mit spanischen Dublonen. Für die Gewinnung der Kurfürstin empfahl Königsegg vor allem »kaiserliche Affection und Confidenz«, dann eine Büchse mit Kleinodien und einem Bild der Kaiserin, um sie zu gutem Einvernehmen der beiden Häuser zu animieren. Obwohl die Trinität in sich zerfallen sei, so argumentierte der Gesandte, vermöchten diese drei Personen nach wie vor alles bei dem guten, ehrlichen Fürsten, und dieser wisse nicht, wem er am ehesten trauen solle.

Im Laufe seines Aufenthalts fand Königsegg vor den Augen Adelheids wirkliche Gnade und setzte sich zur Bestürzung Fürstenbergs »totaliter in der Churfürstin Confidenz«. Als er einmal bei ihr die Kaisertochter Maria Antonia ins Gespräch brachte und eine Heirat mit Max Emanuel befürwortete, hatte er offensichtlich ins Schwarze getroffen. Sie wurde blutrot und brach mit den Worten heraus: »Wenn ich Euch alles anvertraue, kann ich nicht leugnen, daß dies mein einziger Wunsch ist.« Sobald ihr Gemahl und sie etwas Derartiges hoffen könnten, wäre es nicht schwierig, die Interessen der beiden Häuser sofort zu vereinen. Sie selbst würde sich als glücklichste Frau der Welt schätzen, für die kaiserliche Prinzessin mit der Zeit aus ihren Zimmern zu weichen. Als Königsegg im Februar 1673 auf einer Durchreise neuerdings bei ihr Audienz hatte, fand er ihr Verlangen nach der bewußten Heirat so mächtig und beständig, daß er es nicht für schwer hielt, den bayerischen Hof auf diese Weise an Österreich zu ketten.

Der Gesandte hielt auch die beiden Hauptberater der Kurfürstin, den Beichtvater Spinelli und den Leibarzt Simeoni, für gut österreichisch gesinnt.

Ein besonderer Umstand dämpfte allerdings Königseggs Optimismus. Seit Oktober 1672 unterhielt Frankreich in München einen ständigen Gesandten. Damit war der Pariser Hof in der Lage, sich stets alle gewünschten Informationen auf schnellstem Wege zu beschaffen. Der Herzog von Vitry war Pair von Frankreich und trat in München als ein stolzer Diener seines Herrn auf. Mit großer Herablassung demonstrierte er dem bayerischen Hof, daß er aus einer überlegenen Kulturnation stammte, verstreute allenthalben bissige Bemerkungen und machte sich durch seine Prahlereien wenig beliebt. Trotzdem spielte er in München eine entscheidende Rolle. Königsegg und einige österreichfreundliche Personen am Hof hielten es daher für dringend erforderlich, daß auch die Wiener Regierung keine Zeit versäumte und bald einen ständigen Residenten nach München entsandte. Dieser sollte vor allem die Eifersucht zwischen der Kurfürstin und Hermann Fürstenberg aufrechterhalten.[395]

Doch die kaiserliche Regierung entschloß sich erst anderthalb Jahre später zu einem solchen Schritt und Vitry war währenddessen der Alleinherrscher auf Münchens diplomatischem Parkett. Er nützte die Zeit unermüdlich zu Frankreichs Gunsten und führte die bayerische Regierung in immer stärkere Abhängigkeit von Paris. Mehr denn je war Ludwig XIV. in den siebziger Jahren darauf angewiesen, daß Bayern den Reichsfrieden bewahrte, während des holländischen Krieges ein neutrales Glacis in Süddeutschland bildete und dabei eine wohlgerüstete Armee unterhielt, die dem Kaiser jede Einmischung verwehrte. Die Anwesenheit des energischen Vitry in München garantierte die Verwirklichung aller dieser französischen Forderungen. Nachdem Ludwig XIV. den heißesten Wunsch seiner Cousine Adelheid erfüllt und einen Heiratsartikel in den französisch-bayerischen Vertrag aufgenommen hatte, erwartete er von ihr auch entsprechende Gegenleistungen. Wiederholt erhielt Vitry von seinem König die Anweisung, sich stets auf den Einfluß der Kurfürstin zu verlassen, die er nach wie vor für seine treueste Bundesgenossin in der Münchener Residenz hielt. Sie vermöge sehr viel bei ihrem Gemahl und könne wesentlich zum Erfolg der französischen Politik beitragen, hieß es nach wie vor in Vitry's Instruktionen.

Adelheid verhielt sich ihm und seinem Nachfolger de la Haye gegenüber stets, als stehe sie völlig zu Diensten des Sonnenkönigs, behielt aber auch Max Emanuels Aussichten auf eine Heirat mit der Kaisertochter im Auge. Diese blieb tatsächlich das einzige Kind der Infantin Margarita, die 1673 im Alter von nur zweiundzwanzig Jahren starb. Zwar vermählte sich Kaiser Leopold – noch immer ohne männlichen Erben – bereits im gleichen Jahr mit seiner bildschönen Cousine Claudia Felizitas aus der Innsbrucker Linie, aber auch in dieser Verbindung war ihm kein dauerhaftes Glück beschieden. Die junge Kaiserin starb nach wenigen Jahren, ohne dem Hause Habsburg einen Thronfolger geschenkt zu haben.

Der Geheimvertrag Bayern-Frankreich schien kein toter Buchstabe zu bleiben und die Münchener Regierung konnte sich jahrelang ihrer weitblickenden Vertragspolitik freuen. Doch Adelheid, deren Einfluß man diese relative politische Sicherheit zu verdanken hatte, war nicht mehr in gleichem Maße Herrin über den Willen Ferdinand Marias wie noch im vorhergehenden Jahrzehnt. Dieser hatte sich völlig seiner Rolle als Friedensfürst verschrieben, mit der er sich bei der ganzen Christenheit »unsterbliche Meriten« zu erringen hoffte. Dem Frieden des Reiches und des gemeinsamen »teutschen Vatterlandts« galt nun seine Hauptsorge und er ließ sich von Adelheids ehrgeizigen Plänen zu keiner Schaukelpolitik verleiten.

Als jedoch der mächtige Hermann Fürstenberg im September 1674 plötzlich starb, erhielt Adelheids Streben, in der bayerischen Politik die erste Rolle zu spielen, neuen Auftrieb. An die Spitze des Hofdienstes rückte nun eine Persönlichkeit, die seit Jahren in treuer Ergebenheit an der Kurfürstin hing und zur französischen Partei am Hofe gehörte: der Oberstkämmerer Bernhard Bero Freiherr von Rechberg. »Diese Veränderung kann dem Dienst des Königs nur Gutes bringen«, urteilte Vitry kurze Zeit später, »denn sie läßt der Kurfürstin die wesentliche Autorität zufallen.«

Aber er irrte. Der zielbewußte Kanzler Caspar von Schmid, der sich seit vielen Jahren eine zwar schlecht bezahlte, aber äußerst einflußreiche Stellung am bayerischen Hof geschaffen hatte, ließ sich auf seinem Weg nach oben von niemandem mehr verdrängen. Ferdinand Maria machte ihn jetzt zu seinem ersten Ratgeber und beide verharrten in ihrer von Frankreich gestützten Politik des Reichsfriedens. Es entwickelte sich eine Kabinetts-Regierung, in die nur noch wenige Persönlichkeiten Einblick hatten. Als der französische Hof 1675 mit dem Marquis de la Haye-Vantelet einen neuen Residenten nach München schickte, enthielt dessen Instruktion bereits einen Hinweis der Pariser Regierung, daß die bayerische Landesherrin auf Schmid eifersüchtig sei, weil sein Einfluß auf Ferdinand Maria von Tag zu Tag wachse. So kam es zwischen den Eheleuten zu Spannungen, die durch den fortschreitenden Krankheitszustand der Kurfürstin und deren nervöse Reizbarkeit noch vertieft wurden. Schließlich mußte Adelheid den Beichtvater Spinelli vorschicken, wenn sie beim Kurfürsten einen politischen Plan entwickeln wollte. Ihre große Rolle als »femme politique« war ausgespielt.[396]

Der Musenhof an der Isar

Unumschränkte Herrscherin war die Kurfürstin im Reich der Musen, wo sie die ganze sprudelnde Vielseitigkeit ihres Wesens entfalten konnte. Niemand machte ihr diesen Thron streitig. Sie besaß selbst ein ausgesprochen künstlerisches Temperament und war eine Frau voll Ideen und starker Empfindungen. Sinn und Verständnis für die schönen Künste stammten aus ihrer Jugendzeit am kultivierten Turiner Hof und lagen ihr als Erbe der Großmutter Maria Medici im Blut, deren Familie die abendländische Kunst so außerordentlich befruchtet hatte.

Adelheids besonderes Streben galt der Bildung eines gefeierten Musenhofes in der Münchener Residenz. Sie suchte ihre höfische Umgebung geistig und künstlerisch anzuregen und auf deren Phantasie zu wirken, einheimische Begabungen zu fördern, aber vor allem mit Hilfe der musischen Kräfte Italiens den Münchener Hof zu einem großartigen Mittelpunkt barocker Festeskultur auszugestalten. Dichten, Tanzen und Musizieren waren ihre Lieblingsbeschäftigungen. So zog sie immer neue künstlerische Talente aus dem Süden an ihren Hof, um aus deren Kenntnissen zu lernen und sie durch ihren eigenen Ideenreichtum zu fördern. »Nostra illustre poetessa« nannten sie die italienischen Künstler, die mit großer Verehrung an ihr hingen. Sie brachten den Glanz ihrer harmonischen Sprache, die Schönheit römischer Kirchenmusik, das Arioso der Oper und den Farbenreichtum der südlichen Palette in das vom Dreißigjährigen Krieg verheerte Bayern.

Adelheid trat als Mäzenatin in die Fußstapfen von Maximilian Kurz, der sich stets bemüht hatte, der Welt des Münchener Hofes musischen Glanz zu verleihen. Sie selbst hatte als fünfzehnjährige Braut des bayerischen Kurprinzen noch keine Künstler mit über den Brenner gebracht. Doch bestand damals die Hofkapelle dank der ausgedehnten Beziehungen Maximilians I. bereits zur Hälfte aus Italienern. Der 1651 von Kurz angestellte Harfenvirtuose Giambattista Maccioni aus Orvieto war berufen worden, um als Dichter und Komponist das neue Münchener Opernleben zu bereichern. Doch die trockene, strenge Persönlichkeit des Grafen Kurz konnte den Musikern und Literaten kein wahrhaft inspirierendes Vorbild sein. Die schöne, begabte, geistig regsame junge Fürstin war dagegen in weit stärkerem Maße geeignet, zum Mittelpunkt eines Künstlerkreises zu werden. Sie weckte den alten ritterlichen Sinn der Troubadoure, die einst aus den europäischen Fürstenhöfen Zentren der Sangeskunst gemacht hatten. Dabei kam ihr die musische Bildung ihrer Jugendjahre und die Erinnerung an Philipp Agliès Gestaltung höfischer Festlichkeiten glänzend zustatten. In Ferdinand Maria, der sich allen Künsten gegenüber aufgeschlossen zeigte und die Tradition seines Hauses fortführte, fand sie einen verständnisvollen Lebensgefährten für ihren Ehrgeiz. Er ging mit ihr die gleichen Wege und öffnete ihr stets die Kassen. Gemeinsam ließ das Kurfürstenpaar den schönen Künsten verschwenderische Unterstützung zuteil werden.

Adelheids literarische Neigungen erstreckten sich auf die Lektüre der Bücherwelt ihres Jahrhunderts, auf eigene schöpferische Tätigkeit und auf die Förderung der Poeten, die im Lauf der Jahre an ihr vorüberzogen. Die Bibliothek der Kurfürstin war an der Südseite des kleinen Residenzgartens untergebracht. Ein altes Verzeichnis der Bücherschätze gibt aufschlußreichen Überblick über ihre literarischen Interessen. Sie besaß eine durchaus »moderne« Bücherei, nämlich in erster Linie Werke, die im 17. Jahrhundert erschienen waren. Die Sammlung enthielt mehrere hundert französische, italienische, spanische und lateinische Bücher von der leichten Muse bis zu politischen und philosophischen Schriftstellern.

Unter den französischen Romanen, die sie besonders liebte, waren Honoré d'Urfé's »Astrée« und Mademoiselle de Scudéry's »Clélie« vertreten, aus dem klassischen Theater vor allem Corneille, aus den Pariser literarischen Zirkeln »Les précieuses ridicules«. Auf historischem Gebiet las die Kurfürstin über Römische Geschichte, Katharina Medici und das Ministerium Mazarin, auf geographischem studierte sie Merians Topographien und in den Naturwissenschaften interessierte sie sich für Astronomie. Die religiöse Literatur enthielt Werke des Franz von Sales und Stefano Pepe, sowie Bücher über Heilige und Wundertaten, wie sie im 17. Jahrhundert üblich waren. Um sich über Politik und Diplomatie zu unterrichten, ließ Adelheid ihren Sekretär Lanteri verschiedene Relationen der Botschafter Venedigs abschreiben. Sie fanden, in große Folianten gebunden, Aufnahme in ihrer Bibliothek. Werke über Jurisprudenz und Philosophie schlossen den Kreis ihrer umfangreichen Interessen.

Adelheid ließ ihre Bücher in gefärbtes Leder mit Golddruck binden, doch erreichten die Münchener Buchbinder nicht die hohe Kunstfertigkeit der Turiner Meister. Handschriften und Druckwerke dieser Sammlung gingen nach ihrem Tod, mit persönlichem Exlibris versehen, in die allgemeine Bibliothek der Wittelsbacher über.[397]

Nach einem Exemplar in deutscher Sprache sucht man in Adelheids Bücherverzeichnis vergebens. Die wenigen deutschen Autoren, die darin Aufnahme fanden, hatten lateinisch geschrieben. Aus diesem Mangel ist der Savoyerin freilich kein Vorwurf zu machen, denn im damaligen Bayern fehlte es an deutschsprachiger Literatur, die ihren Ansprüchen genügt und wirkliches Interesse in ihr geweckt hätte, sich mit der Sprache ihrer neuen Heimat zu befassen. Gebildetes deutsches Theaterleben entfaltete sich in katholischen Gegenden nur im Jesuitendrama, das damals allerdings in der Gunst des Hofes von der italienischen Oper verdrängt wurde. Daß die Barockdichtung der protestantischen Länder, die nach dem Dreißigjährigen Krieg zu neuen literarischen Ufern strebte, nicht nach München gelangte, lag in der Glaubensspaltung begründet. Deutschsprachige Dichter und Schriftsteller, die Adelheid hätte fördern können, waren am bayerischen Hof nicht vertreten. Sie hielt sich daher an die italienische und französische Tradition ihres Herkunftslandes.

Überblickt man die Literatur der Jahrzehnte, in denen die savoyische Prinzessin den Münchener Hof beherrschte, so fällt der erstaunliche Primat der italienischen Sprache ins Auge. Produkte des höfischen Schrifttums, ob es sich um die Textbücher für Opern- und Ballettaufführungen, um die theologische Literatur der Theatiner oder die barocken Ergüsse der Hofpoeten handelte, wurden bei deutschen Buchdruckern in welscher Sprache verlegt. Die italienische Literatur erlebte in Bayerns Hauptstadt damals geradezu eine Blütezeit.

Zwei Münchener Buchdrucker waren sogar auf italienisches Schrifttum spezialisiert: der Landschaftsbuchdrucker Lukas Straub in der Weinstraße und der betriebsame Schwabe Johannes Jäcklin am Rindermarkt, der sich bei Hof besonderer Gunst erfreute. Mit dem italienischen Namen »Giovanni Jeclino, stampatore elettorale« paßte er sich der höfischen Mode an, die damals in München ihren Einzug hielt, und lernte die Verse der welschen Dichter in zierliche lateinische Lettern zu setzen. So wurden zum Beispiel von der Oper »L'Ardelia« dreihundert Libretti gedruckt. Die stattliche Anzahl erhaltener Druckschriften dieser Art vergegenwärtigt noch heute das rege geistige und künstlerische Leben am Hofe.[398]

Adelheid selbst schrieb mit geläufiger Feder, wie ihre unzähligen Briefe erweisen. Von ihren literarischen Versuchen ist jedoch wenig Authentisches auf die Nachwelt gekommen. Als Prosaschrift erschien unter ihrem Namen die italienische Gebetesammlung »Orationi Divote« 1656 im Druck, an deren sprachlicher Form wohl Maccioni beteiligt war, ebenso 1662 der offene Brief an Don Stefano Pepe über die Wundertaten des seligen Kajetan in Bayern. Dichterische Schöpfungen, zu deren Urheberschaft sich die Kurfürstin namentlich bekannte, sind nur zwei erhalten: die italienischen Stanzen über die selige Klara Agolanti von Rimini und ein reizendes Liebessonett an den kurfürstlichen Gemahl. Beide verraten das poetische Talent der Savoyerin, ihren Sinn für die klassischen Gedichtformen des hohen Mittelalters und der Renaissance, ihre sorgfältige Reimgestaltung. Adelheid ahmte mit solchen Versen eine andere Fürstin des Hauses Savoyen nach, die 1466 verstorbene Gräfin Beatrix von Provence. Auch diese hatte einen Musenhof gegründet und selbst in provenzalischer Sprache gedichtet.

Die Stanze, auch »ottava rima« genannt, war eine Versfolge von jeweils acht Zeilen und wurde in der italienischen Dichtung hauptsächlich für epische Themen verwandt. Als Stefano Pepe 1661 zu Ehren der Kurfürstinwitwe Maria Anna eine Lebensbeschreibung der seligen Klara von Rimini in italienischer Prosa verfaßte, bewog er die junge Landesherrin zu einer rühmenden Geste an die Adresse der Schwiegermutter. In siebzehn Stanzen epischen Charakters ließ Adelheid die italienische Klostergründerin selbst über ihr Leben, ihre Irrwege und Charakterschwächen erzählen. Schließlich führte sie der Himmel aber zu Einsicht und Buße, wie die Übersetzung eines Ausschnitts verdeutlichen mag:

»Im Dom Francesco's findet dann Beendung
durch Gottes Lichtstrahl all mein falsches Sehnen.
Mich Klara, Sünderin, und die Verblendung
begrab ich reuevoll im Meer der Tränen.«

Die Stanzen Torquato Tassos aus dem »Befreiten Jerusalem« nachempfindend, dichtete die Kurfürstin in klarem Pathos die Lebensbeichte ihrer Heldin und bat damit bei Maria Anna viel Unrecht ab, das sie ihr in jungen Jahren zugefügt hatte. Der elegante Stil der Verse und die tadellose Orthographie lassen vermuten, daß Maccioni und Pepe die kurfürstliche Dichterin bei ihrem Höhenflug nicht aus den Augen ließen.[399]

Außer den genannten Stanzen schrieb ihr die piemontesische Literaturgeschichte auch Madrigale und Strambotten zu, doch sind diese als verschollen zu betrachten. Dagegen erhielt sich unter den italienischen Briefen Adelheids an Ferdinand Maria ein poesievolles Zeugnis der großen Zuneigung, in der das Kurfürstenpaar nach Jahren voll Schwierigkeiten und Mißverständnissen zusammenfand. Das handschriftliche Blatt, aus zwei Sonetten mit Anrede bestehend, trägt kein Datum, ist aber wahrscheinlich im Sommer 1659 während Adelheids Aufenthalt im Jodbad Heilbrunn entstanden. Zunächst begann die junge Kurfürstin in der Anrede mit »schmerzhaften Klagen beim langen Fernsein des Durchlauchtigsten Kurfürsten, meines Herrn«. Dann beschuldigte sie in liebenswürdiger Sonettform die sonst so flüchtige Zeit, die ihren Lauf unterbrach und plötzlich stillestand, um die ungeduldige Liebende zu quälen.

»Che stravaganza è questa e come fassi
Per darmi pene un così gran portento!
Stan l'hore immote e il mobil firmamento
Ferma il rapido corso e lento vassi.«

Um dem Geliebten ihr Warten zu verdeutlichen, gebrauchte die Savoyerin ein phantasievolles Bild: Da der Himmel die Gesetze der Natur gebrochen habe, verlangsame das ungeheure Weltall selbst seine Bewegung. Ach, sie fühlte sich nicht fähig, solche Drangsal zu erdulden!

Der Kurfürst, von diesem lyrischen Zeichen der Zuneigung beglückt, sandte ihr das gleiche Blatt mit seinem Antwortsonett zurück, indem er dieselben Reimworte wie Adelheid benützte. Ebenso geistreich wie liebevoll seien ihre Verse gewesen, entgegnete er in der Anrede und legte ihr die Beteuerungen seiner Liebe ans Herz. Aus den abschließenden Terzetten seines Gedichts lassen sich die tiefen Empfindungen des verschlossenen jungen Fürsten für seine von ihm so verschiedene und doch so geliebte Lebensgefährtin ablesen. »Mio ben, mio cor, mia vita«, dichtete Ferdinand Maria voll Zärtlichkeit und bewies ihr damit, daß sie seine Scheu und Zurückhaltung besiegt hatte.[400]

Auch auf dem Gebiet des Theaters versuchte die Kurfürstin ihr literarisches Talent. Sie erfand nicht nur die Themen ihrer Ballettaufführungen selbst, sondern verfaßte wohl auch Verse dazu, wie aus den Memoiren der Herzogin von Montpensier hervorgeht, der Adelheid die Textbücher übersandte. Sie selbst berichtete ihrer Mutter im November 1656, daß zum 20. Geburtstag des Kurfürsten ein Ballett ihrer eigenen Erfindung aufgeführt worden sei. Doch handelte es sich dabei vermutlich um eine Zusammenarbeit mit den Künstlern des Hofes. Im darauffolgenden Jahr gab Maccioni nämlich in der Einleitung zum Libretto des neuen Balletts »Li quattro Elementi« eindeutig zu verstehen, daß Adelheid nicht als Verfasserin der ganzen Textdichtung gelten konnte. Zwar sei das Ballett eine Erfindung ihres glücklichen Geistes und die darin enthaltenen phantasiereichen »Motti« entstammten ihrer »heldischen Feder«, aber er selbst habe ihre Vorschläge in Reime gebracht. Ebenso inspirierte sie ihn 1660 zu dem musikalischen Drama »L'Ardelia«, dessen Thema, eine griechische Königssage, er von ihr zur Verarbeitung erhalten hatte. Ein andermal, zu Ehren von Maria Annas Geburtsfest 1657, drückte er die literarische Zusammenarbeit mit der jungen Kurfürstin in poetischen Worten aus:

»Die Blumen sammelte Adelheid,
das Schicksal und ihre Gewogenheit
sie wollten es, daß ich mich fand,
der alle sie in Reime band.«

Spätestens zu diesem Zeitpunkt lieferte die Kurfürstin also zumindest das Thema und die dramatische Entwicklung eines Theaterstücks, während sie die Ausarbeitung den Hofpoeten überließ.[401]

Eine so ideenreiche, lebensvolle und freigiebige Fürstin wie Henriette Adelheid regte die Dichterwelt ständig zu Versen an. Aus Italien und später auch aus Frankreich trafen immer neue Huldigungen für die Schöpferin des Musenhofes an der Isar ein. Die Poeten bezeichneten sie als Stern des germanischen Himmels, als göttliche Fürstin, Ehre der Dichtkunst, Perle der Isar und widmeten ihr »Heilige Reime« voll barocken Überschwangs und meist inhaltloser Galanterie. Dagegen findet sich auf einem späten Porträtstich Adelheids ein einfacher lateinischer Hexameter des Emanuele Tesauro, der ihre Charaktereigenschaften in wenigen Worten zusammenfaßte und dabei auf Eltern und Zwillingsschwester verwies:

»Victoris gravitas, Christinae gratia possunt
e geminis unam pingere Adelaidem.«[402]

Eine besondere Verbindung pflegte die Kurfürstin mit dem italienischen Barockpoeten Bernardo Bianchi, der im Lauf der Jahre zu ihrem auserwählten Dichterfreund wurde, wenn auch nur auf weite Entfernung. Wo sie ihn kennenlernte, ist ungewiß. Er war ein höherer Verwaltungsbeamter des Kirchenstaats und führte 1658/59 in Rom in ihrem Auftrag die Verhandlungen wegen der Einführung des Theatinerordens in Bayern. Adelheids Briefe an Bianchi verraten liebenswürdige Sympathie und starkes Interesse an seinem Wohlergehen. Der Dichter lieferte nach ihren Anweisungen immer neue Sonette, Arien, Oden und Lieder an den bayerischen Hof, die er auf Adelheids Wunsch auch vertonen ließ. Häufig sandte sie ihm selbst den Stoff für die Dichtung, ja sie gab dem Poeten sogar die Musikinstrumente an, für die eine Canzonetta geschrieben werden sollte, zum Beispiel Baßlaute, Zymbel und zwei hohe Violinen. Bianchi war ein Mann, der Geschäftssinn und Diplomatie mit musischen Neigungen, den »Lärm des Forums mit der Ruhe des Pindus« zu vereinen wußte. Damit beeindruckte er die Kurfürstin, die sich ihm geistesverwandt fühlte.[403]

Solange Maria Anna und Maximilian Kurz den Münchener Hof beherrschten, wurden nach dem Wiener Beispiel nur italienische Kultureinflüsse zugelassen. Von Adelheids französischer Lektüre war man daher unangenehm berührt. Die musizierenden und dichtenden Künstler der Hofkapelle, zum großen Teil aus Italien gebürtig, bestimmten den Charakter der Festlichkeiten und begründeten den Ruf der Münchener Hofoper. Zwar brachte Italien, das durch die politischen Verhältnisse in seiner geistigen Freiheit gehemmt war, damals keine großen literarischen Schöpfungen hervor, aber es besaß eine Sprache, die auch unbedeutenden, heute gehaltlos erscheinenden Dichtungen musisches Gepräge gab. Sie bot ideale Ausdrucksmöglichkeiten für die neue Kunstform der Oper, die besonders in Venedig Triumphe feierte.

Am Münchener Hof wurden damals drei Arten von festlichen Schaustellungen üblich: die Oper, »comedia in musica« genannt, das Ballett und die Reiterspiele oder Turniere. Sie gaben der Hofgesellschaft und der kurfürstlichen Kapelle Anlaß, die Herrschertugenden des Hauses Bayern auf künstlerische Weise zu verherrlichen. Adelheid, ganz dem Vorbild der Turiner Tradition verhaftet, bemühte sich um die Einführung des Balletts in die Münchener Hoffestlichkeiten, während Kurz die Form der Oper vorzog und Ferdinand Maria großen Geschmack an Turnieren fand. Für alle Aufführungen gab man Textbücher in italienischer Sprache heraus, die mit Kupferstichen oder Vignetten belebt wurden. Am Hof der Herzogin Christine von Savoyen war es üblich gewesen, jeden Geburtstag in der

Fürstenfamilie durch Theaterspiel zu feiern. Mit dieser Sitte verschönte Adelheid auch bald das Alltagsleben des Münchener Hofes, dem bisher in erster Linie der Karneval zu Festlichkeiten gedient hatte.

Für die geplanten Opernaufführungen nach venezianischem Vorbild hatte Kurfürst Maximilian bereits in den ersten Friedensjahren nach 1648 einen großen Kornstadel in der Nähe des Schwabinger Tors in Aussicht genommen. Die Bauarbeiten, die in seinem Todesjahr 1651 bis zur Fertigstellung des Zuschauerraums fortgeschritten waren, wurden durch den Regierungswechsel unterbrochen. Doch konnte schon im Februar 1654, nach dem Einbau des Bühnenraums, die gesungene Komödie »La Ninfa ritrosa« von Maccioni im neuen Opernhaus in Szene gesetzt werden. In den nächsten Jahren folgte ein ganzer Reigen solcher Aufführungen und die Agenten des bayerischen Kurfürsten in Rom, Venedig und Mailand hatten alle Hände voll zu tun, um der Hofkapelle die nötigen Sänger und Instrumentalisten zu verschaffen. Vor allem Francesco Crivelli und ab 1662 dessen Nachfolger Maccioni, die bayerischen Residenten in Rom, die über Jahrzehnte die Beziehungen zum Heiligen Stuhl pflegten, versorgten den Münchener Hof erfolgreich mit neuen künstlerischen Kräften.[404]

Die italienischen Mitglieder der Hofkapelle waren vielseitige Leute. So trat Maccioni nicht nur als Hofkaplan, Musikvirtuose und Harfenlehrer Adelheids, sondern auch als Dichter, Komponist und schließlich als Resident in Rom auf. Der Hofsänger Francesco Santi ließ sich gleichzeitig als Operndekorateur verwenden und schuf die prunkvolle Bühnenausstattung für das musikalische Drama »L'Oronte«. Auch der Bassist Giorgio Giacopo Alcaini besaß dichterischen Ehrgeiz, verfaßte Textbücher und arrangierte im November 1656 zum Geburtstag der jungen Kurfürstin das großartige Turnier »Il Monte incantato«. Ebenso ließen sich andere Mitglieder der Hofkapelle, vor allem ihr Dirigent Jacopo Porro († 1656), für schöpferische Aufgaben verwenden.

Durch den rein italienischen Charakter der Festaufführungen wurden die verdienten deutschen Hofmusiker zur Seite gedrängt, was zu Spott, Kränkungen und Reibereien führte. Erst als Johann Caspar Kerll, ein deutscher Musiker aus dem Vogtland mit italienischer Ausbildung, 1656 die Leitung der Münchener Hofkapelle übernahm, gewann das einheimische Element wiederum an Boden. Nach einem Textbuch Alcainis komponierte Kerll zu Beginn seiner Laufbahn die bereits genannte Oper »L'Oronte«, die ihn sofort zu hohen Ehren aufsteigen ließ. Da in der damaligen Oper auch die Frauenrollen von Männern gesungen wurden, waren mehrere Kastraten in der Hofkapelle beschäftigt. Diese besaßen die Stärke der männlichen Stimme, gepaart mit dem Schmelz hoher Töne, und erwiesen sich als besonders gesuchte, hochbezahlte Künstler. Deutsche waren damals vor allem im Orchester beschäftigt.[405] Die Besetzung eines anderen Kerll'schen Musikdramas, des »Erinto« vom Jahre 1661, läßt in deutscher Rekonstruktion die überragende Rolle der Italiener auf der Münchener Opernbühne zum ersten Mal in aller Deutlichkeit erkennen:

Das königliche Musikdrama
L'ERINTO
Text von Pietro Paolo Bissari
Musik von Johann Caspar Kerll

Personen der Handlung

Corimanto, König von Circesia	Baß	Giovanni Carlo Ferrucci
Artemia, Gemahlin des Königs	Alt	Giovanni Antonio Tinti
Timante, eigentlich Erinto, geraubter Sohn des Königs	Alt	Serafino Jacobuti
Olderico, Prinz von Ninfea	Tenor	Paolo Rivani
Fernando, Prinz von Palmosa	Tenor	Pietro Zambonini
Erinda, Schwester des Fernando	Sopran	Giuseppe Maria Donati
Rosaura, Schwester des Olderico	Sopran	Giovanni Antonio Divido
Gidaspe, König von Samia, Feind des Corimanto	Baß	Francesco Galli
Stelliclea, Tochter des Gidaspe, als Page Armillo verkleidet	Soprano	Gabriel Angelo Battistini
Bisto, Diener des Corimanto	Tenor	Benedetto Giussani
Nerina, Dienerin der Stelliclea, als Soldat Nerillo verkleidet	Alt	Francesco Bardi

Regie: Vittorio Castiglione[406]

Die junge Kurfürstin gewann im Lauf der Jahre auf die Entwicklung des Theaterlebens bedeutenden Einfluß. Überall war ihre verfeinernde Hand zu spüren. Nachdem die Oper der Männerwelt vorbehalten war, versuchte sie durch Einführung des Turiner Balletts auch das weibliche Element auf die Hofbühne zu bringen, nämlich sich selbst und die Damen der Gesellschaft. Mit der ersten Aufführung »Le Pompe di Cipro« im Februar 1654, die den bayerischen und piemontesischen Hofdamen Gelegenheit gab, ihre Tanzkünste zu zeigen, begann die lange Reihe von Adelheids Hofballetten. Allegorische Darstellungen wechselten wie in Turin mit Tanzszenen oder heiteren Pantomimen, die von Gesang und Versdeklamationen unterbrochen wurden.

Da diese Aufführungen gewöhnlich einen Hofball einleiteten, fanden sie im Herkulessaal der Residenz statt. Adelheid betonte stets in ihren Briefen nach Turin, daß es sich um Erfindungen ihrer selbst handelte. Stolz und Glücksgefühl schwangen in ihren Worten mit. Als der piemontesische Gesandte Gremonville de Sonning 1665 den Münchener Hof besuchte und die Tauffeierlichkeiten für den Prinzen Ludwig Amadeus miterlebte, beschrieb er ein Ballett, in dem die lebenslustige Kurfürstin als Solotänzerin auftrat:

»Am gleichen Abend tanzte die Frau Kurfürstin ein Ballett, in dem sie ganz allein eine Entrée zum Besten gab, die nicht schöner getanzt werden konnte, soweit ein schlechter Tänzer wie ich dies beurteilen kann. Mit einem Wort, ihr gebührt der ganze Ruhm für dieses Ballett, wie überhaupt für alles Schöne an diesem Hof.«[407]

1667 tanzte die dreißigjährige Savoyerin in einem Ballett die Amphitrite, Gemahlin des Meergotts Poseidon, und zog sich dabei zu ihrem Ärger eine Fußverletzung zu, die ihr den weiteren Karneval verdarb. Auch die kurfürstlichen Kinder waren häufig in Tanzpantomimen auf der Bühne zu sehen. Das Gewicht solcher Aufführungen lag in der choreographischen Gestaltung und in der Schönheit der Ausstattung, während auf die Dichtung weniger Wert gelegt wurde. 1674 schickte der Chevalier de la Perouse ein Ballett-Libretto an den Herzog von Savoyen mit der Bemerkung: »Sie finden darin schlechte Verse, aber die Erfindung war bewundernswert.«[408]

Bessere Reime mußten für die Oper erdacht werden. Als Maccioni im Herbst 1661 den Münchener Hof verließ, begann sich das Kurfürstenpaar um bekannte italienische Dichter zu bemühen. Der Vorsitzende der olympischen Akademie von Vicenza, Conte Pietro Paolo Bissari, hatte bereits zu den Festlichkeiten anläßlich der Geburt der Prinzessin Marianne Christine das Textbuch für die Oper »L'Erinto« geliefert. Als Max Emanuel zur Welt kam, wurde Bissari nach München berufen. Er schuf nicht nur phantasiereiche Libretti für die großartigen Hoffeiern des Jahres 1662, sondern leitete diese auch mit meisterhaftem Regietalent. Nur ungern ließ ihn das Kurfürstenpaar wieder in den Süden ziehen, obwohl seine aufwendigen Prachtspiele, besonders die See- und Feuerschlacht »Medea Vendicativa« auf der Isar, den Staatssäckel um etwa 34 000 Gulden erleichtert hatten.[409] Durch ihn war Europa auf den Festesglanz des bayerischen Musenhofes aufmerksam geworden.

Als nächster italienischer Poet wurde Francesco Sbarra um Mitarbeit gebeten, der sich als Hofdichter Kaiser Leopolds einen Namen machte und 1665, wohl von Wien aus, das Textbuch für ein »Dramma musicale« zu der Tauffeier des Prinzen Ludwig Amadeus schuf.[410] Vertraute Freundschaft schloß das Kurfürstenpaar ein Jahr später mit dem Schriftsteller Marchese Pallavicino aus Parma, soweit das Gottesgnadentum eine solche zuließ. Dieser beschäftigte sich zwar nach eigener Aussage lieber mit ernsteren Studien, wurde aber trotzdem in der Münchener Residenz als Hofdichter tätig, als ihm das Herrscherpaar eine jährliche Pension von 900 Gulden in Aussicht stellte. Außer seiner bekannten Residenzbeschreibung verfaßte Pallavicino eine Charakteristik Ferdinand Marias (Ritratto di gran Personaggio), die dessen vielseitige Interessen, seine Vernunft und Gerechtigkeitsliebe betonte, und eine ebensolche über die Kurfürstin (Ritratto di gran Principessa), von deren Existenz das Bibliotheksverzeichnis Adelheids noch heute Kenntnis gibt.[411]

Schließlich gelang es den Überredungskünsten der Savoyerin sogar, den geistlichen Herrn aus Parma zu einem gereimten Drama der anspruchsvolleren Muse zu bewegen. Pallavicino's »Atalanta« aus dem antiken Sagenkreis, im Januar 1667 aufgeführt, darf als das schönste Werk unter den Barockdichtungen gelten, die damals am Münchener Hof geschaffen wurden. Adelheid selbst hatte für die Heldin der Oper Porträt gestanden und sich in eigener Person um das Gelingen bemüht. Sie schrieb darüber beglückt an Karl Emanuel: »Ich schicke Ihnen eine Komödie, die ich vorigen Sonntag und gestern Abend aufgeführt habe, denn der Kurfürst fand sie so schön und genoß sie so sehr, daß er sie noch einmal sehen wollte.« Pallavicino selbst hüllte sich im Vorwort zu dieser Dichtung in die Bescheidenheit des devoten Höflings und betonte, daß ihm das Thema vorgegeben war und er sich nur unter dem Schutz des Kurfürstenpaares in Reimen versucht hatte. Nach der italienischen Reise, die den Schriftsteller noch mit dem bayerischen Hof nach Venedig und Padua führte, kehrte er nicht mehr nach München zurück.[412]

So mußten sich Ferdinand Maria und Adelheid nach einem neuen Hofpoeten umsehen. Aus Venedig folgte ihnen im Herbst 1667 der Leiter einer Dichterakademie, Domenico Gisberti, der am Münchener Hof die Stelle eines italienischen Sekretärs bei Ferdinand Maria annahm. Die zahllosen Gelegenheitsdichtungen, die er in geschickter Sprachform zu Opern, Turnieren und kleineren Feierlichkeiten verfaßte, wurden für die kurfürstliche Familie und ihre Umgebung zu einer ständig fließenden Quelle der Unterhaltung und Freude. Dichtung und Prosa, Beschreibung von Hoffesten, poetische Lobpreisung des Kurfürstenpaares und die vielgelesene »Reise der kurfürstlichen Hoheiten von Bayern nach Salzburg« machten seinen Namen weithin bekannt. Als der allseits beliebte kleine Priester, der in München bald als »Vater der Armen« bezeichnet wurde, im Oktober 1675 in die Heimat zurückreiste, herrschte großes Bedauern am Hof und Gisberti erhielt für seine unschätzbaren Dienste als »Poeta e Segretario« eine hohe Abfindung.[413]

Auch eine von Adelheids bayerischen Hofdamen, die begabte Anastasia Katharina Törring-Jettenbach, entwickelte sich zur Dichterin in kultiviertem Italienisch und leistete als Vertreterin des einheimischen Elements einen reizenden Beitrag zum Lob des kurfürstlichen Musenhofes. Sie schrieb 1666 zu Ehren von Ferdinand Marias Geburtstag ein Festpiel »Applausi festivi« in phantasiereichen Versformen, denen sie drei wohlgelungene Sonette einfügte. Auch die Hofkapelle war zur gewohnten musikalischen Umrahmung aufgeboten und beendete das Spiel der jungen Gräfin Törring mit einem temperamentvollen Schlußchor.[414]

Großer Beliebtheit erfreuten sich an den europäischen Höfen dieser Zeit die malerischen Reiterspiele und Fußturniere, im Italienischen »Giostre« oder »Carrosselli« genannt. Sie beweisen, daß sich noch im 17. Jahrhundert Fürstlichkeiten und Adel mit Ernst und Eifer an ritterlichen Kampfspielen beteiligten. Bei allen größeren Hoffesten gaben sie Ferdinand Maria und seinem Bruder Max Philipp Gelegenheit, ihre sportliche und künstlerische Begabung zu zeigen. In Ermangelung eines geeigneten Turnierhauses fanden solche Spiele zunächst in der sogenannten Reitschule oder im Freien statt. 1654 wurde das erste große Fußturnier in Adelheids Anwesenheit, »Mercurio e Marte discordi«, unter einer schützenden Dachkonstruktion im Brunnenhof der Residenz aufgeführt. Genügend Raum für Reiterspiele, die stets mit einer Schaustellung glänzender Kostüme verbunden waren, bot auch der Platz vor dem Zeughaus, doch war in der Fastnacht für die zuschauenden Damen die Witterung zu kalt. Daher entstand in den Jahren 1660/61 nach den Plänen des Hofbaumeisters Marx Schinnagl an der Westseite des großen Residenzgartens ein monumentaler Turnierfestsaal mit Galerien für mehrere tausend Zuschauer.

Solche Kampfspiele begannen, von Pauken und Trompeten begleitet, mit einem malerischen Einzug und der festlichen Vorstellung aller Beteiligten vor der Damenwelt und den Preisrichtern. Dann folgte entweder ein Kübelstechen, ein Kopfturnier oder eine theatralisch aufgeführte Schlacht mit Hieb- und Stichwaffen. Am beliebtesten und häufigsten war damals in München das Kopfturnier, bei dem die Reiter auf Mohren- oder Türkenköpfe aus Holz, Wachs oder Papier zielen mußten. Auch ein hölzerner Riese diente häufig als Turnierfigur.

Für das große Reiterspiel »Der verzauberte Berg« auf dem Zeughausplatz wurde 1656 als Kulisse ein Perspektivpalast mit einem Berg von märchenhaften Ausmaßen errichtet. Jeder Teilnehmer hatte die Aufgabe, mit Lanze, Pistole und Degen je drei Köpfe zu treffen, wobei er in vollem Galopp, mit losem Zügel und ohne Parade vorbeireiten mußte. Das nächtliche Kampfspiel zu Max Emanuels Taufe fand zur Begeisterung einer riesigen Zuschauermenge bereits im neuen Turniersaal statt. Der Kurfürst erhielt stets einen Sonderpreis, den »Masgalano«, für das schönste Rennen und die geschickteste Art, die Waffen zu führen. Dann erst folgten die Preise für die meisten Treffer. Beim Fußturnier urteilte das Preisgericht nach den stärksten und geschwindesten Streichen mit dem Stoßdegen, den meisten und schönsten Treffern mit der Pike und dem elegantesten Einzug in die Kampfbahn.[415]

1661 ließ Ferdinand Maria aus Italien einen wandernden Turniermeister namens Vittorio Castiglione kommen, der den »Bavaresi« großes italienisches Theater vorspielte. Er inszenierte mit seinem Begleitpersonal eine prachtvolle Turnieraufführung und erwies sich als so geschickt, daß man ihn auch bei Oper und Ballett Regie führen ließ. Als ebenso erfolgreicher Festarrangeur betätigte sich 1662 der Venezianer Francesco Santurini, den der bayerische Hof als Theateringenieur für die Architektur der Kulissen und die komplizierte Bühnenmaschinerie nach München holte. Santurini war als Sohn eines venezianischen Theaterdekorateurs mit allen Stilmitteln der italienischen Oper vertraut und beherrschte seinen Beruf in wahrhaft künstlerischer Manier. Seine barocken Opernkulissen und das schwimmende Feuertheater auf der Isar wurden damals am Münchener Hof als so großartige Erfindungen betrachtet, daß das Kurfürstenpaar dem Venezianer auch die Ausgestaltung seiner Festflotte auf dem Starnberger See, besonders den Bau des Bucintoro, anvertraute.[416]

Der betont italienische Zuschnitt dieses Musenhofes veranlaßte Ferdinand Maria 1669, eine deutsche Komödiantentruppe zu verpflichten, um auch das einheimische Kulturelement in München zu fördern. Michael Daniel Treu, der neue Theaterdirektor, unterhielt bereits im ersten Jahr seiner Anstellung die Hofgesellschaft in der Residenz mit zwölf verschiedenen deutschen Komödien und war auch bald im Münchener Rathaus bei der Stadtbevölkerung ein gern gesehener Gast. Im Sommer begleitete er den Hof auf die Lustschlösser und schlug dort seine anspruchslose Bühne auf. Die Komödianten Treu's spielten deutsches Volkstheater, Possen und Schäferspiele, versuchten sich aber auch an Tragödien wie dem »Doktor Faustus«.[417]

Die allzu verwöhnten Bewohner der Residenz, vor allem die Kurfürstin und ihre welsche Umgebung, empfanden diese etwas plump wirkenden Spektakel auf die Dauer aber nicht als die wahre Schauspielkunst. Adelheid wußte über die Triumphe, die das französische Theater in Turin feierte, und sann auf Möglichkeiten, eine Pariser Schauspieltruppe nach München zu bringen. Als im Februar 1670 der Geheimvertrag mit Frankreich unterzeichnet war, konnte sie hoffen, endlich auch der französischen Kunst in München eine Heimstätte zu bieten. Ihre Erziehung am savoyischen Hof war so sehr auf die Verschmelzung französisch-italienischer Kulturelemente ausgerichtet gewesen, daß sie in den Jahren unter Maria Annas Einfluß französische Lebensart, Literatur und Mode schmerzlich entbehrte. Zwar brachte nach dem Tod der Kurfürstinwitwe die Reise nach Padua nochmals einen gewaltigen Aufschwung des italienischen Elements in der Münchener Residenz, und der Wiener Hof, an dem ein junges Kaiserpaar rauschende Feste feierte, diente noch immer als Vorbild für die bayerische Hauptstadt. Aber die französische Kultur stand bereits vor den Toren. Mit dem Herzkabinett und der preziösen Liebeskarte fand sie erstmals Eintritt in Adelheids Gemächer. Versailles wurde nun das Idol, nach dem sie ihre kulturellen Bestrebungen ausrichtete.

1671 kam die ersehnte Berufung einer französischen Schauspieltruppe endlich zustande. Der Ruf eines erfahrenen Mimen, Philipp Millot, der bereits seit Jahrzehnten in Frankreich Theater gespielt und auch auf den Schlössern von Adelheids Cousine, der Herzogin von Montpensier, sowie am Turiner Hof als Komödiant gewirkt hatte, war nach München gedrungen. So wurde Millot schließlich von Adelheid beauftragt, eine französische Schauspieltruppe zusammenzustellen.

In der Residenz gab es damals bereits eine Reihe von Persönlichkeiten, die der Kunst von Millots Komödianten sprachlich folgen konnte. Dazu gehörten neben dem Kurfürsten der Herzog Max Philipp und dessen künstlerisch interessierte Frau Mauritia Febronia, Hermann Egon Fürstenberg, der französische Gesandte Duc de Vitry, der Chevalier de la Perouse und dessen Schwester Jeanne, Max Emanuels Erzieher Marquis de Beauvau, der Geheime Rat Franz von Mayr, die Familie Simeoni, die lothringische Hofdame Gräfin Kriechingen (Créange), Adelheids Sekretär Lanteri und andere mehr.

Über das Publikum, das die französischen Schauspieler am Münchener Hof vorfanden, berichtete 1674 der Kosmopolit Chapuzeau in seinen Aufzeichnungen »Le Théatre François«: »Außer einigen deutschen Herren, die unsere Sprache perfekt verstehen, gibt es Lothringer und Savoyarden, die alle ihre Schönheiten kennen.« Auf Adelheids Wunsch unterrichtete ein französischer Sprachmeister in der bayerischen Hofgesellschaft, um diese an das Versailler Kulturvorbild heranzuführen.[418]

Millots Truppe bestand zunächst nur aus acht Schauspielern, aber diese waren vortrefflich aufeinander abgestimmt. Zwei »Demoiselles« vertraten das weibliche Element. Über die Repertoire-Titel der Comédie française sind keine Einzelheiten bekannt, doch lassen spätere Nachrichten darauf schließen, daß am Hof der Henriette Adelheid von Savoyen bereits Bühnendichtungen von Corneille und Molière zur Aufführung kamen. Die französische Truppe bemühte sich in ihrem Spielplan aber auch um die Pflege des Lokalkolorits. So führte sie 1671 während der Festlichkeiten für den Salzburger Erzbischof Max Gandolf von Kuenburg ein reizendes Intrigenspiel auf, dessen Hintergrund der berühmte Münchener Jahrmarkt, die Jakobidult, bildete.[419]

Die traditionelle Zeit der bayerischen Hoffestlichkeiten war die Fastnacht, und Adelheid schloß sich deren Gepflogenheiten mit lebhaftem Vergnügen an. Maskentreiben und Tanz bis in die Nächte, Schlittenfahrten und Theater folgten einander in buntem Wechsel. Der Hof tanzte auf glänzenden Festen in der Residenz, folgte aber auch einer Reihe von Einladungen in den Münchener Privatpalais. »Wir verbringen unseren Karneval auf allen Festen, die in der Stadt gegeben werden«, schrieb Adelheid im Fasching 1661 nach Turin, den sie nach der Geburt ihres ersten Kindes besonders genoß. Eine Nacht durchtanzte man im Palais Kurz, eine andere beim Grafen Fürstenberg, eine dritte im Hause des Hofmeisters Portia. Dann wieder folgte ein rauschendes Maskenfest bei Hofe, eine Schlittenfahrt im Fackelschein bei Nacht über verschneite Wege oder bei strahlender Sonne durch die geschmückte Stadt, eine Ballettaufführung, ein Fest im Palais des Grafen Törring. »So geht es die ganze Woche weiter«, war Adelheids erschöpfter, aber glücklicher Kommentar.[420]

Den Höhepunkt des Faschings bildete jahrzehntelang am Hof die allseits beliebte »Wirtschaft«, das Maskenfest der schönsten und einfallsreichsten Kostüme. Ferdinand Maria und Adelheid erschienen im Lauf der Jahre als Türke und Türkin, als Perser- und Indianerpaar, als Wirt und Wirtin im ländlich verwandelten Herkulessaal der Residenz. Während der Hofratspräsident einen Kaminkehrer und Herzog Max Philipp einen welschen Bauern mimte, trat die gestrenge Gräfin Wolkenstein als Mohrin auf und die Frau des Hofmarschalls bediente als Hausmagd die Gäste.

1673 beschrieb der Hofpoet Domenico Gisberti dieses Fastnachtstreiben mit all der liebenswürdigen Kunst und Phantasie, die ihm zu Gebote stand, und gab seiner Erzählung den Titel: »Il Würthschafft overo l'Imperio dell'oste«. Dies sei die älteste Unterhaltung der deutschen Höfe im Karneval, erklärte er, und führe die Kostüme der bekanntesten Völker in der bunten Welt einer Gastwirtschaft zusammen.

Acht Tage vor dem Fest erfolgte die Wahl des Wirtsehepaares und anschließend zog jedes Mitglied der Hofgesellschaft ein Los aus der Urne, das ihm den Partner und das Kostüm bestimmte. Den Einzug der maskierten Paare beschrieb der Dichter als ein großartiges Ereignis. In den Saal trat der Venezianer mit seiner Gentildonna, der Engländer mit seinem Wife, der Römer mit seiner Uxor, der Moskowiter mit seiner Xoná, der Ungar und seine Feleség, der Held und die Amazone, der Schäfer und die Schäferin, der Grieche, Flame, Chinese, Araber und Zigeuner. Ein schier unaufhörlicher Zug aus aller Herren Länder in farbenprächtigen Volkstrachten vermischte sich mit den anwesenden Wirtsleuten und Hausknechten, Trompetern, Köchen und Mägden. War das Gasthaus voll, so speiste man in fröhlichem Tumult ohne jegliches Zeremoniell. Auch beim anschließenden Tanz, so berichtete der Dichter, unterscheide nur der schuldige Respekt die Fürstlichkeiten von den Vasallen, die Diener von ihrem Herrn. »Oh denkwürdiges Glück des Deutschen«, rief er bewundernd aus, »der mit seinem Monarchen tafeln und tanzen darf!«[421]

Für die Kunsthandwerker und Gewerbetreibenden brachten die Festlichkeiten dieses Musenhofes goldene Zeiten. Zusammen mit den Bauten der Kurfürstin förderten sie das einheimische Künstlertum, regten Handel und Wandel an und halfen die Wunden der langen Kriegsjahre zu heilen. Adelheids großzügige Mitgift von 200 000 Scudi, nach Reichswährung 500 000 Gulden, die Karl Emanuel von Savoyen bis 1669 in Raten auszahlte, gab ihr gegenüber dem Hof die Berechtigung zu prunkvoller Lebensführung und trug dazu bei, die Kunst in und um München zu neuer Blüte zu führen. Ebenso brachte ein der Kurfürstin zustehendes Erbe aus dem Hause Medici, das sie dem Bau der Theatinerkirche widmete, Geld ins Land.[422]

Wie die Rechnungen des Hofzahlamts von Jahr zu Jahr beweisen, förderte sie gemeinsam mit Ferdinand Maria die einheimischen Maler und Kupferstecher, Bildhauer und Buchdrucker, Gold- und Silberarbeiter, die Seidensticker, Siegelstecher, Wachsbossierer, Kunstschreiner, Hofschneider, Perückenmacher und viele andere Gewerbe. So fertigten die Gebrüder Küsell aus Augsburg und der Stecher Carl Gustav Amling die höfischen Kupferstiche, der Goldschmied Paul Zeggin die künstlerischen Porträtmedaillen und Gnadenpfennige, die Bildhauer Balthasar Ableithner, Tobias Bader und Wolfgang Leithner die kirchlichen und weltlichen Skulpturen.

Auch bayerische Maler wurden in diesen Jahrzehnten, die dem Barockstil einen so gewaltigen Aufschwung bescherten, am Münchener Hof gefördert. Niklas Prugger schuf zahlreiche Poträts und Michael Scharner Miniaturen, Kaspar Amort aus der Jachenau bemalte Theaterkulissen, Möbel, Tapeten und das Außenbord des Bucintoro, Michael Gumpp war für die Residenz und deren Einrichtung tätig. Aber die einheimischen Talente genügten der Kurfürstin nicht, als sie die Ausschmückung ihrer Bauvorhaben im neuen Stil Italiens plante. Für die großflächigen Kirchenbilder bei den Theatinern und die Deckenmalereien ihrer Gemächer in der Residenz und in Nymphenburg beauftragte sie deshalb eine ganze Reihe auswärtiger Künstler, deren Manier ihrem Geschmack entsprach.[423]

Das bayerische Kurfürstenpaar besaß für die bildenden Künste großes Verständnis und übte sie in bescheidenem Maße sogar selbst aus. Während die Savoyerin es liebte, sich mit kunstvoller Goldstickerei auf Leinwand und Seide zu befassen, widmete sich Ferdinand Maria der Malerei, wie Ranuccio Pallavicino 1667 in seiner Charakterdarstellung des Fürsten bezeugte. Dagegen scheint Adelheid den Pinsel nicht selbst geführt zu haben. Keine zeitgenössische Quelle berichtet, daß sie neben ihren vielen Liebhabereien auch gemalt habe, und die barocken Blumenstücke im bayerischen Nationalmuseum, die das 19. Jahrhundert der Kurfürstin zuschrieb, stammen mit Sicherheit nicht von ihrer Hand.[424]

Doch war ihr Blick von Jugend auf an den Gemäldesammlungen der Casa Savoia geschult. Nachhaltigen Eindruck hatte ihr die Turiner Porträtmalerei hinterlassen, die damals am Hof der Herzogin Christine nach Van Dyck'schem Muster gepflegt wurde, aber auch durchaus unabhängige Schöpfungen hervorbrachte. In München förderte die Kurfürstinwitwe Maria Anna die Malerei von Bildnissen der Herrscherfamilie, und Graf Kurz legte auf diesem Gebiet sogar eine wahre Sammelleidenschaft an den Tag. Doch fanden die Produkte dieser Kunst bei der savoyischen Prinzessin wenig Anklang. Sie verlangte von einem Porträt in erster Linie Ähnlichkeit. Als sie 1654 ein Bildnis ihrer selbst nach Turin schickte, machte sie ihrem Ärger über den Künstler, wahrscheinlich Niklas Prugger, brieflich Luft: »Dieser Maler taugt nichts und er kann mich nicht darstellen, wie ich wirklich bin«, schrieb sie unmutig an Madama Reale.[425]

Auch spätere Porträtmaler Adelheids, z. B. Johann Ulrich Mayr aus Augsburg (1659) und Sebastiano Bombelli aus Udine (1666), trafen nicht die sprechende Ähnlichkeit, die sie sich für ein Porträt wünschte. Erst als sie der französischen Bildniskunst in München zum Durchbruch verhalf, kamen endlich Porträts zustande, die ihre volle Billigung fanden. In den Jahren 1673/74 arbeitete der französische Hofmaler Paul Mignard in der Münchener Residenz, dessen Kunst die Kurfürstin aufs äußerste beglückte. »Er hat mir eineinhalb Jahre zur größtmöglichen Zufriedenheit gedient«, schrieb sie am 20. November 1674 an Karl Emanuel, »und ist schließlich der einzige, der wirklich mein Porträt geschaffen hat, seitdem ich auf der Welt bin.« Sie brachte Mignard soviel Dankbarkeit entgegen, daß er ihr seinerseits ein Selbstporträt mit der stolzen Umschrift »Mignardus Adelaidis Apelles unus« zum Geschenk machte.[426]

Der heutige Betrachter sieht auf jedem ihrer Bildnisse eine dunkelgelockte, hochelegant gekleidete Erscheinung in anmutig-stolzer Haltung. Kurhut oder Königskrone, Hermelin oder Reichsapfel unterstreichen die hohe fürstliche Stellung. Die Abstammung von den Bourbonen wird durch ein Liliensträußchen betont. Perlen, runde und tropfenförmige, umgeben den Hals, bedecken Brust und Kleidung, schmücken Ohren und Haar. Ein längliches, schmales Gesicht mit mandelförmigen Augen, französischer Nase und ausdrucksvollem Mund wird von koketten Stirnlöckchen und langen, gedrehten Locken umrahmt. Als zu Beginn der siebziger Jahre die französische Kultur in München Eingang fand, ersetzte die Kurfürstin ihre konservative Haartracht für einige Zeit durch den Pariser »Hurluberlu«. Eine Unmasse feiner Löckchen umgab bei dieser Frisur Stirn und Kopf, während auf jeder Seite des Gesichts eine einzige Stopsellocke auf die Schulter fiel.[427]

Auf dem ganzfigurigen Porträt in Schloß Racconigi bei Turin, dessen Maler unbekannt ist, zeigt sich die etwa zwanzigjährige Fürstin in einer golddurchwirkten lachsrosa Seidenrobe mit olivfarbenem Umhang und besonders schlanker, spitz zulaufender Taille. Der tiefe Ausschnitt ist durch einen glattgespannten Schleier nur soweit bedeckt, daß er die leicht abfallenden Schultern freiläßt. Auf den Bildern nach 1670 trägt die Kurfürstin nach französischer Sitte ein freies Dekolleté und erscheint als zeitlose Schönheit mit ebenmäßigen Zügen.

Besonders eindrucksvoll stellt sich Henriette Adelheid auf einem Porträt in der traditionellen Ballettgewandung ihres Jahrhunderts dar, das vermutlich von dem Maler Jean Delamonce aus Turin geschaffen wurde. Dieser ist seit Anfang der siebziger Jahre neben Antonio Triva in München als Hofmaler nachzuweisen und vertrat den französischen Malstil seiner Zeit. In Schuppenpanzer und federgeschmücktem Helm ließ sich die Kurfürstin, nach dem Vorbild ihrer Familie am Turiner Hof, als elegante Tänzerin des Münchener Festtheaters malen. Seit der Geburt der fürstlichen Kinder hatte das Herrscherpaar besondere

Freude an Doppelporträts, mit denen es die eheliche Harmonie und die Verbindung zweier großer Fürstenhäuser dokumentierte. So entstand die schöne Goldmedaille von Paul Zeggin zur Geburt Marianne Christines, das Ehepaar-Bildnis von Sebastiano Bombelli und ein Holzrelief des Bildhauers Wolfgang Leithner. Einzelbildnisse Ferdinand Marias und die reizenden Konterfeis aller Kinder von Bombelli und Mignard ergänzen den Bestand der damaligen Porträtmalerei am Münchener Hof und zeugen von deren europäischem Rang.[428]

Der deutsche Maler Joachim von Sandrart, der für Kurfürst Maximilian I. eine ganze Reihe von Gemälden geschaffen hatte, brachte Adelheid große Verehrung entgegen und war daher stets bereit, in ihre Dienste zu treten. 1671 vollendete er in ihrem Auftrag das monumentale Altargemälde im linken Querschiff der Theatinerkirche. Als er vier Jahre später in Nürnberg sein kunsthistorisches Werk »Teutsche Akademie der Edlen Bau-, Bild- und Mahlerey-Künste« herausgab, war die bayerische Kurfürstin eine der ersten, denen er diese Sammelbeschreibung deutscher Künstler widmete.

Wie viele andere war auch er fasziniert von ihrer Bauleidenschaft und ihrem künstlerischen Verständnis. Es liegt nahe, daß Sandrart, dessen schöne Bildnisse von Kurfürst Maximilian I. und Maria Anna der Habsburger Porträtsammlung in Wien angehören, auch von Adelheid um ein Porträt gebeten wurde. Da der Künstler 1672 am Münchener Hof tätig war, stammt vielleicht aus diesem Jahr sein romantisches »Bildnis einer Dame« im Adelaidensaal des Bayerischen Nationalmuseums, das Adelheids Erscheinung ähnelt. Wenn dieses ausdrucksvolle Porträt einer dunkelgelockten Schönheit auch mit keinerlei fürstlichen Symbolen geschmückt ist, so deutet doch vieles darauf hin, daß die Kurfürstin dem Maler als Vorbild diente.[429]

Über Adelheids Aktivität als Kunstsammlerin ist aus den zeitgenössischen Quellen nicht viel Greifbares zu ermitteln. Zwar berichtete der Franzose Chapuzeau in seiner »Relation« von 1673 über den bayerischen Hof von ausgezeichneten Gemälden aus Italien und Flandern, die Adelheids Räume schmückten, von seltenen Kunstgegenständen, mit denen ihre Galerie und ihr Kabinett angefüllt waren. Noch heute finden sich Teile ihrer Porträtsammlung unter den Gemälden der Residenz. Auch Ferdinand Maria umgab sich in seinen Privaträumen mit Kunstobjekten, vor allem mit einer wertvollen Uhrensammlung. Aber die Hofrechnungen notierten während seiner ganzen Regierungszeit keine Ankäufe für die Kunstkammer der Residenz, die seine Vorfahren so reich bedacht hatten. Adelheid förderte die Künste zur Ehre Gottes und der Heiligen, zur höfischen Repräsentation und zur Verschönerung ihrer privaten Umgebung, vermachte aber ihre persönliche Hinterlassenschaft an Hunderte von Menschen. Erst ihr Sohn Max Emanuel betrieb wieder Kunstkäufe großen Stils für die Wittelsbachischen Sammlungen.[430]

Auch als Förderer der Musik erwarben sich Ferdinand Maria und Adelheid bei ihren Zeitgenossen einen bedeutenden Ruf. Beide waren an musikbeflissenen Höfen aufgewachsen und widmeten sich dieser Kunst seit ihren Jugendjahren. Als junger Mann lernte Ferdinand Maria eine ganze Reihe von Instrumenten und liebte Hausmusikabende im Kreis der Familie. In späteren Jahren suchte der musische Fürst vor allem Entspannung an Orgel und Spinett.[431]

Auch die Kurfürstin war mit den Saiteninstrumenten vertraut, spielte Tanzweisen auf der Gitarre, sang zur Laute und vertrieb sich die öden Wintermonate in München mit dem Harfenspiel. Maccioni war ihr in den ersten Jahren ein verständnisvoller Lehrer und förderte ihr musikalisches Empfinden. Weniger harmonisch verliefen die Gesangsstunden bei dem deutschen Leiter der Hofkapelle, Johann Caspar Kerll, die Adelheid auf Wunsch des Kurfürsten 1656 begann. Dieser war eine starke, begabte Persönlichkeit, doch fehlte ihm für die fürstliche junge Südländerin das richtige Einfühlungsvermögen. Es kam zu tränenreichen Szenen und Adelheid schrieb nach Turin, daß sie erst wieder singen werde, wenn sie bei ihren Liedern nicht mehr weinen müßte. Doch unterhielt sie ihre Umgebung so gerne mit der geliebten Kunst, daß sie diesen Vorsatz bald wieder fallen ließ, obwohl Beichtvater Montonaro ihr Musizieren nicht mit der Reputation einer Kurfürstin vereinbar fand.[432]

Ein kostbares Erinnerungsstück an diese Begabung der Savoyerin ist ihre Gitarrentabulatur, eine Sammlung von fünfzig handgeschriebenen Tänzen und Liedbegleitungen des 17. Jahrhunderts. Spanische, italienische und französische Tanzformen, wie Passacaglia, Sarabande, Gavotte, Courante, Chaconne, Romanesca, wurden in diesem schön gebundenen Notenbüchlein von einem anonymen Schreiber in loser Form aneinandergereiht. Ein energischer Namenszug »H. M. Adelaida di Savoya Elettrice di Baviera« auf dem letzten Blatt beweist der Nachwelt, daß diese Tabulatur ihr ureigenstes Besitztum war. Nicht von ungefähr verewigte der Hofdichter Domenico Gisberti die Kurfürstin in seiner Dichtung »Die neun Musen« unter Polyhymnia, der Muse des Gesanges.[433]

Neben der außerordentlichen Förderung, die das Kurfürstenpaar der Oper angedeihen ließ, wurde am Münchener Hof vor allem die Kirchenmusik gepflegt. Diese war bereits hundert Jahre zuvor unter Orlando di Lasso zu europäischer Bedeutung aufgestiegen. Kurfürst Maximilian I. unterhielt, wie der Hofbassist Baldassare Pistorini in seiner Residenzbeschreibung von 1644 berichtete, trotz der Kriegswirren für seine höfischen Gottesdienste ein komplettes Musikkorps von Vokalisten, Instrumentalisten und Trompetern aus allen Teilen Italiens.[434]

Auch Ferdinand Maria liebte geistliche Musik in römischer Form und stellte mit dem Kapellmeister Kerll einen in Rom ausgebildeten Künstler an, der vorzüglich Orgel spielte und das Münchener Musikleben auf der geistlichen und weltlichen Ebene beherrschte. Kerll komponierte Messen und sonstige Vokalchöre, Opern, Kantaten und Stükke für Streichorchester. Für seine Orgelimprovisationen war er berühmt. Er stützte das einheimische Element in der Hofkapelle, hatte aber häufig Schwierigkeiten mit den italienischen Sängern und Instrumentalisten, die sich seiner harten Führung nicht beugen wollten. Auch Adelheid hätte an seiner Stelle lieber einen Italiener gesehen. Als ihr Musenfreund Bianchi 1666 eine lateinische Dichtung über das Martyrium der Heiligen Katharina nach München sandte, wagte sie nicht, diese dem Hofkapellmeister zur Vertonung anzuvertrauen. Eine solche Komposition, schrieb sie dem Dichter, verlange das wirkliche Verständnis der Worte, damit diese »in angemessener Kleidung« erschienen. Das Zusammenklingen von Ton und lateinischem Wort traute sie dem Deutschen nicht zu.[435]

Trotz dieser Abneigung der welschen Musikliebhaber am Hof konnte Kerll seine Stellung über fast zwei Jahrzehnte behaupten, da er das Vertrauen Ferdinand Marias genoß, der auf die Leistungen seiner Musiker stolz war. 1664 ließ der Kurfürst die Hofkapelle sogar zum Regensburger Reichstag kommen, um sie vor Kaiser Leopold spielen zu lassen.

Wenige Jahre später wurde Kerll der Lehrer des hochbegabten jungen Musikanten Agostino Steffani, den das Kurfürstenpaar 1667 von der Reise nach Padua mitbrachte. Im Herbst des gleichen Jahres sang dieser junge Kastrat, der eine wunderschöne hohe Stimme besaß, bereits den Sopranpart der Aurora in Kerlls Turniervorspiel »Le Pretensioni del Sole«. Der Kapellmeister nahm ihn in Kost und Logis, lehrte ihn das Orgelschlagen und erkannte bald, daß ihm in dem anspruchsvollen Südländer ein Meister erwuchs. Im Herbst 1672 schickte das Kurfürstenpaar seinen Schützling zur Vervollständigung der Studien nach Rom, wo vorbildliche Kirchenmusik gepflegt wurde. Ein Empfehlungsbrief Adelheids an den Kardinal Altieri enthielt die lebhafte Bitte, dem jungen Musiker seinen mächtigen Beistand zu leihen, und zeigte ihr persönliches Interesse an dessen künstlerischer Entwicklung. Aus Erkenntlichkeit für die römischen Ausbildungsjahre widmete Steffani seinen Patronen das geniale Erstlingswerk »Psalmodia Vespertina Volans«, eine Vertonung verschiedener Psalmen für acht Stimmen und Orgel, die 1674 in Rom gedruckt wurde. In einem lateinischen Vorwort schmeichelte er dem bayerischen Herrscherpaar mit der Versicherung, daß nicht Ruhmsucht oder das Drängen seiner Freunde ihn zu dieser Komposition veranlaßt habe, sondern allein die Dankbarkeit gegenüber dem Kurfürsten und seiner so verdienstvollen Gemahlin.[436]

Da die ständigen Reibereien zwischen Kerll und seinen italienischen Musikern nicht ohne Auswirkungen auf die Leistung des Orchesters blieben, entschlossen sich Ferdinand Maria und sein Kapellmeister nach 17jährigem Zusammenwirken zur Trennung. Kerll verließ den Hofdienst im Herbst 1673 und reiste nach Wien, wo er einen weniger glanzvollen Wirkungskreis fand, während der Kurfürst mit Hilfe seines Residenten Maccioni in Rom einen neuen Dirigenten für die Hofkapelle zu suchen begann. Schließlich gewann er im Frühjahr 1674 Steffanis Maestro an der Peterskirche, den ausgezeichneten Organisten und Kapellmeister Ercole Bernabei für die Münchener Residenz. Daß dieser dem Ruf des Kurfürsten Folge leistete, war ein aufsehenerregender Beweis für das hohe Niveau des Münchener Musiklebens. Gemeinsam zogen Bernabei und Steffani im Juli 1674 im Musenhof an der Isar ein und begründeten eine neue Blütezeit italienischer Tonkunst im süddeutschen Raum, die noch in Max Emanuels Regierungsjahre hinüberwirkte. Agostino Steffani, der junge Sänger aus Padua, wurde dank der Förderung des bayerischen Herrscherpaares zu einem der bedeutendsten italienischen Komponisten seiner Zeit. Seine Werke werden noch heute aufgeführt. Opern und Kammerduette, Orgelmusik, Kantaten und Orchesterstücke verschafften ihm schon zu Lebzeiten einen außerordentlichen Ruf in Mitteleuropa und ließen ihn den Weg für Georg Friedrich Händel bereiten.[437]

Tod und Vermächtnis

Das Leben einer Frau des Barockzeitalters war häufig geprägt von Krankheiten und frühem Tod. Für die damalige Gesellschaft galt es als selbstverständliches, gottgewolltes Schicksal der Ehefrauen, immer von neuem den Beschwerden und Gefahren des Gebärens ausgesetzt zu sein. Gegen das gefürchtete Kindbettfieber war kein Kraut gewachsen. Auch geschwächte Patientinnen versuchte man mit Aderlässen und Klistieren, den Allheilmitteln der damaligen Medizin, zu kurieren und verabreichte Medikamente, deren Herstellung oft auf abergläubischen Vorstellungen beruhte. Vor allem Frauen aus den höheren Ständen mußten häufig im Kindbett ihr Leben lassen, und zwei bis drei Ehen galten im 17. Jahrhundert für einen Mann keineswegs als Seltenheit. Da nur die stärkeren Säuglinge und Kleinkinder die ersten Lebensjahre überstanden, war das Familienglück allzu oft überschattet.

Auch für die bayerische Kurfürstin bedeuteten trotz aller Freude an der Mutterschaft die ständigen Schwangerschaften und Fehlgeburten, das Dahinsiechen und Sterben der lebensunfähigen Nachkommen eine schwere Belastung ihrer Gesundheit. Von den acht ausgetragenen Kindern Adelheids starben vier im zarten Alter. Wie bei vielen Frauen ihrer Zeit begannen die Kräfte bereits Mitte der Dreißig zu schwinden, aber ihre außerordentliche Energie überwand stets von neuem die Schwächezustände. Wochenlang dirigierte sie vom Alkoven aus das Leben der Münchener Residenz, um schließlich wieder zu ihren vielen Repräsentationspflichten zurückzukehren.

Von Todesahnungen gequält, verfaßte sie schon 1669 das erste Testament und begann 1673 mit dem zweiten. Lektüre und tiefe Versenkung in die Religion waren ihr Trost.[438] Aber der Wille zur Macht, der über zwanzig Jahre hinter all ihren Lebensäußerungen gestanden hatte, erlosch auch in den Zeiten der Krankheit nicht. Wenn sie selbst nicht Kaiserin oder Königin hatte werden können, wollte sie wenigstens den Weg bereiten für eine Rangerhöhung des Hauses Wittelsbach und ihrer Kinder.

Jahrelang warf der Tod seine Schatten voraus. Er riß schmerzliche Lücken in die Reihen der Menschen, die Adelheid nahestanden, und sie neigte dazu, traurige Ereignisse und Unglücksfälle als Vorzeichen ihres nahenden Endes zu begreifen.

Am 14. März 1673 setzte sich die kurfürstliche Familie an die Mittagstafel, und der Ehrenhofkaplan, Abt Ulrich Schwaiger von Tegernsee, begann das Tischgebet zu sprechen. Da erlitt er einen plötzlichen Schwächeanfall und sank sterbend in den Schoß der neben ihm sitzenden Kurfürstin, die ihn mit ihren Armen aufzufangen suchte. Während die Hofbediensteten nach den Leibärzten und Medikamenten liefen, fiel sie selbst in tiefe Ohnmacht. Dieser Vorfall, der das Kurfürstenpaar eines jahrzehntelangen treuen Beraters beraubte, hinterließ in Adelheid nachhaltigen Eindruck. Auf einem namenlosen barocken Marmorgrabstein in der Tegernseer Klosterkirche, der den Kreisen der Münchener Hofkunst zuzuschreiben ist, knieen ein Abt und eine fürstlich gekleidete Magdalena zu beiden Seiten des Kreuzesstammes. Die Lockenpracht der schönen Büßerin weist auf Adelheids Haartracht der siebziger Jahre. Mit inbrünstiger Gebärde blickt sie zum Gekreuzigten auf. Es liegt nahe, daß die Kurfürstin dem ebenso gelehrten wie gütigen Prälaten, der ihr bereits im Jodbad Heilbrunn Gesellschaft geleistet hatte, mit diesem Epitaph ein besonderes Andenken bei der Nachwelt bereiten wollte.[439]

Ein Jahr später, in der Nacht vom 9. zum 10. April 1674, brach über den schönen Münchener Herrschersitz der Wittelsbacher eine Brandkatastrophe schrecklichen Ausmaßes herein. Drei Zeitgenossen am bayerischen Hof haben die Feuersbrunst mit vielen schaurigen Einzelheiten beschrieben: der kurfürstliche Erzieher Marquis de Beauvau in seinen Memoiren, der Beichtvater Don Antonio Spinelli in den Tagebüchern der Theatiner und der Gesandte Herzog von Vitry in einem Bericht an Ludwig XIV.

Da die Kurfürstin, kaum genesen von einer schweren Fehlgeburt, in Altötting ein Gelübde einlösen wollte, bereitete der Hof in der zweiten Aprilwoche eine Wallfahrt dorthin vor. In Begleitung verschiedener Höflinge und des französischen Gesandten reiste Ferdinand Maria am 8. April nach Braunau zur Inspektion der dortigen Festungsanlagen und wollte einige Tage später mit seiner Familie am Gnadenort zusammentreffen. Die für den nächsten Morgen geplante Abreise des »Frauenzimmers« konnte jedoch wegen einer plötzlichen Krankheit der 1673 geborenen Prinzessin Violante Beatrix nicht stattfinden. An diesem Abend, dem 9. April, schlief Adelheids Hoffräulein Jeanne de la Perouse über ihrem Nachtgebet ein, ohne die Kerze zu löschen. Beißender Rauchgeruch weckte die Kammerfrau, die ihre Herrin gerade noch aus dem brennenden Himmelbett retten konnte. Zunächst versuchten beide, das Feuer ohne Hilfe zu ersticken, wodurch kostbare Zeit verlorenging. Der Brand zerstörte mit rasender Schnelligkeit das ganze Zimmer, griff auf die Räume der anderen Hofdamen über und breitete sich schließlich über den Dachstuhl zu den östlichen und nördlichen Teilen des Palastes aus.

An eine wirkungsvolle Bekämpfung des Feuers war zunächst nicht zu denken, da es wegen der Nachlässigkeit der Hofverwaltung im ganzen Haus an Löschwasser fehlte. In Abwesenheit des Kurfürsten lag die Befehlsgewalt über die Residenz in den Händen des Obersthofmeisters Fürstenberg, dessen Nerven jedoch versagten. Er war angesichts der Gefahr in Tränen aufgelöst und konnte kaum sprechen, geschweige denn sinnvolle Anweisungen zur Koordinierung der Löscharbeiten erteilen. Im allgemeinen Wirrwarr fanden sich nicht einmal die Torschlüssel, so daß Hilfswillige, die durch Eimerketten Wasser auf die Dächer bringen wollten, ausgesperrt waren.

Adelheid, von ihrer Hofdame Magdalena Kriechingen geweckt, lief mit dieser sofort auf bloßen Füßen zu dem besonders gefährdeten Zimmer der Prinzessin Marianne Christine. Im letzten Augenblick gelang es der tapferen jungen Lothringerin, das schlaftrunkene Mädchen aus dem Bett zu reißen, denn unmittelbar danach stürzte die Zimmerdecke ein. Von der kostbaren Ausstattung blieb nur ein rauchender Trümmerhaufen zurück.

Trotzdem behielt die Kurfürstin ihren klaren Kopf. Beherrscht weckte sie ihre anderen Kinder, die weiter entfernt vom Brandherd schliefen, und ließ alle vier zunächst durch den unterirdischen Gang zu den Theatinern in das Kurz'sche Palais bringen. Dann begann sie, halbbekleidet, in dieser kalten Aprilnacht ihre Befehle zur Rettung des Palastes zu erteilen. Als sich die verzweifelte Urheberin des Brandes ihr zu Füßen warf, fand Adelheid sogar noch tröstende Worte und versicherte ihr, daß der Kurfürst und sie selbst genügend Mittel besäßen, um allen Schaden wiedergutzumachen.

Währenddessen hatte das zerstörende Element den nördlichen Trakt der Residenz, die sogenannten Kaiserzimmer, erreicht und verheerte dort Gemächer mit kostbaren Kunstwerken, machte aber an der Feuermauer vor dem Kaisersaal Halt und wandte sich entlang der Westfront an der Schwabingergasse nach Süden. Nun geriet die neueingerichtete Gemächerfolge Adelheids in Gefahr, vom Feuer ergriffen zu werden, und man begann, so schnell es ging, das kostbare Inventar auf die Straße zu räumen. In den Vorzimmern vor Adelheids Audienzsaal hatte sich jedoch inzwischen der unerschrockene Baumeister der Theatinerkirche, Lorenzo Perti aus Como, eingefunden, der in fieberhafter Eile alle brennbaren Teile entfernen ließ und damit die weitere Ausbreitung des Flammenmeers verhinderte.

Allmählich begann man des Brandes auch mit Wasser Herr zu werden. So wurden der Goldene Saal und Adelheids schöne Galerie gerettet, während die Camera dell'Alcova und das Herzkabinett nur geringe Schäden erlitten. Kostbare Einrichtungsgegenstände, vier Zimmer voll, rettete man zu den Theatinern, wie Spinelli in seinen Tagebuchaufzeichnungen vermerkte. Mitten in der Nacht kam auch die erschöpfte Kurfürstin mit ihren abenteuerlich bekleideten Damen und Kammerfrauen in das benachbarte Kloster. Spinelli trat ihr sein Bett ab, von dem aus sie unermüdlich bis drei Uhr morgens Befehle erteilte. Neben ihr stand lamentierend der alte Leibarzt Simeoni und bangte um ihre Gesundheit. Schließlich schickte sie die Kinder zu Herzogin Mauritia Febronia in die Maxburg, wo sich mehr Bequemlichkeiten boten als in den Klosterzellen der frommen Patres. Die Augenzeugen bescheinigten der Kurfürstin eine ebenso entschlossene wie untadelig fürstliche Haltung während der Brandkatastrophe.

Inzwischen befand sich die ganze Stadt »in tumulto gravissimo«. Da glücklicherweise Windstille herrschte, konnte das Läuten der Sturmglocken unterbleiben, doch war ein großer Teil der Bevölkerung auf den Beinen. Angesichts der Kopflosigkeit des Hofpersonals übernahmen Münchener Maurer und Zimmerleute, Kaminkehrer und Wassermeister, Tagwerker und Soldaten die Rettungsarbeiten. Vor der Residenz hatte sich schließlich eine große Menschenmenge angesammelt. Als bekannt wurde, daß eine Ausländerin die Feuersnot heraufbeschworen hatte, waren böse Verwünschungen zu hören. Man verlangte, daß sie aus dem Lande verjagt, ja in die Glut geworfen werden sollte. In den frühen Morgenstunden war die Macht des Feuers schließlich gebrochen, doch schwelte es an vielen Stellen bis zum nächsten Abend fort.

Noch in der Brandnacht hatte die Kurfürstin einen reitenden Boten nach Braunau geschickt. Die Schreckensnachricht veranlaßte Ferdinand Maria, unverzüglich nach München zurückzureisen. Mit achtspänniger Extrapost brachten die einander ablösenden oberbayerischen

Posthalter ihren Landesherrn auf dem schnellsten Weg in die Residenzstadt, wo er bereits am Tag nach der Brandkatastrophe eintraf. Ein Fünftel der ganzen Residenzbauten lag in Asche. Als aber der Herzog von Vitry am 12. April in der Maxburg seine Aufwartung machte, erlebte er ein Kurfürstenpaar, das in unerschütterlicher Haltung von der glücklichen Rettung seiner Kinder und der baldigen Wiederherstellung des Herrschersitzes sprach. Die Verluste der Hofdamen schienen Adelheid mehr zu berühren als ihre eigenen.[440]

Fünf Monate später starb Hermann Fürstenberg zur größten Bestürzung des Kurfürsten und seiner eigenen Brüder im Alter von 47 Jahren. Nur in der Brandnacht hatte er seinen schlechten Gesundheitszustand nicht verbergen können, im übrigen lebte er aber in solcher Selbstdisziplin, daß Ferdinand Maria angesichts seines unerwarteten Todes an eine Vergiftung glaubte. Der unermüdliche Förderer des Vertrages mit Frankreich hatte viele Feinde, vor allem im österreichisch-spanischen Lager. Wäre zu seinen Lebzeiten die habsburgische Linie in Wien ausgestorben, so hätte seine Politik für Bayern möglicherweise eine bedeutende Stärkung der Hausmacht und eine Rangerhöhung der Herrscherfamilie bewirkt. Die politische Entwicklung der folgenden Jahrzehnte und das Erwachen eines deutschen Nationalgefühls gegenüber den französischen Übergriffen am Rhein ließen seine Bestrebungen jedoch später als Verrat am Heiligen Römischen Reich erscheinen.

Adelheid war jahrelang mit ihm die gleichen Wege gegangen. Sie hatte seinen wachsenden Einfluß auf Ferdinand Maria aber als unerträglich empfunden und schließlich Intrigen gegen seine Macht gesponnen. Als Fürstenberg starb, war ihre eigene Gesundheit jedoch bereits so angegriffen, daß sie sich nicht mehr wie früher als Machtfaktor in die Politik des bayerischen Hofes einzuschalten vermochte.[441]

Nach der schrecklichen Brandnacht verdüsterten häufige Kopfschmerzen, Herzschwäche und allgemeiner Kräfteverfall ihr Leben. 1675 gab sie vielen Menschen voll Niedergeschlagenheit ihre Todesahnungen zu verstehen. Noch im gleichen Jahr traf sie ein familiärer Verlust, der ihr den letzten Lebensmut raubte. Karl Emanuel von Savoyen, der heißgeliebte Bruder, mit dem sie stets in Briefwechsel stand, starb nach kurzer, schwerer Krankheit. Die heiter-liebenswürdige, aber auch politisch wirksame Verbindung zwischen Bruder und Schwester, der kulturelle Austausch beider Höfe, die vielen Geschenke, die der großzügige Herzog nach München gesandt hatte, waren für Adelheid eine ständige Quelle der Freude und Anregung gewesen. Herzogin Giovanna von Savoyen, die nun für den neunjährigen Viktor Amadeus II. die Regentschaft übernahm, war Adelheid eine Unbekannte und sie befürchtete, daß die ihr so wichtige Verbindung zur Heimat verlorengehen könnte. Nach diesem Schlag erholte sich die Kurfürstin nicht mehr. Am 8. Februar 1676 nahm ihr der Tod auch den alten Leibarzt Simeoni, der in guten und schlechten Tagen treu an ihrer Seite geblieben war.[442]

Dann stand ihr selbst der Abschied bevor. Ein schwerer Herzanfall am Sonntag, den 16. Februar, gefolgt von Ohnmachten, Erbrechen und einem latenten Schwächezustand, ließ das Schlimmste befürchten. Schließlich begannen unerträgliche Kopfschmerzen, die sie bis zur Todesstunde nicht mehr verließen. Es wurde ein wochenlanges trauriges Sterben. Der verzweifelte Kurfürst und die Theatinerpatres Spinelli, Bonomo und Marimont standen ihr abwechselnd Tag und Nacht zur Seite.

Trotz ihres geschwächten Zustands nahm Adelheid noch Anteil an ihrer Umgebung und bedachte die Theatiner mit weiteren Schenkungen, wobei ihr Ferdinand Maria die Hand zur Unterschrift führte. Da sie von der wundertätigen Hirnschale der heiligen Anastasia im Kloster Benediktbeuern eine Besserung ihrer Kopfschmerzen erhoffte, ritt Abt Placidus Mayr in der ersten Märzwoche persönlich nach München, um ihr die Reliquie aufzulegen. Aber das Leiden schritt mit erschreckenden Konvulsionen fort und man erteilte der Kranken mehrmals die Sterbesakramente. Die Ärzte waren ratlos. In der Nacht vom 17. zum 18. März wurde sie nach qualvollem Todeskampf von ihren Schmerzen erlöst. »Erbarme Dich meiner, Du Gott der Barmherzigkeit«, waren ihre letzten Worte. Nur mit Mühe konnte Ferdinand Maria von der Toten getrennt und in sein Kabinett geführt werden.

»In den Händen unserer Brüder«, so schrieb Spinelli in sein Tagebuch, »starb unsere so mildtätige und freigiebige Stifterin, unsere liebevolle, wahrhaftige Mutter. Es war ein Tag, der für unsere Stiftung ewiges Unglück bedeutete.«[443]

Mit dem klösterlichen Habit der Dienerinnen Mariens bekleidet, wurde die Kurfürstin in einem ihrer Gemächer für das Publikum aufgebahrt und am 30. März in der neuen Gruft unter dem Hochaltar der Theatinerkirche beigesetzt. Ein schmaler Zinnsarg, heute noch erhalten, war ihre letzte Ruhestatt. Der barocke »Apparatus funebris«, die

Trauerausgestaltung des Gotteshauses, pries durch lateinische Inschriften auf den Altären, an den Säulen und Toren die Verdienste und Wohltaten der verstorbenen Landesfürstin, die im Alter von 39 Jahren ihre Familie, den Hof und das Bayerland hatte verlassen müssen.

Amadeus Hamilton, ein junger Theatiner, hielt ihr bei der Trauerfeier den schönsten Nachruf, den sie sich hätte wünschen können. Er rankte seine Leichenpredigt um einen Satz des spätrömischen Gelehrten Cassiodor auf die Gotenkönigin Amalaswintha: »Suchst Du eine Weise, so ist diese Königin in allem weise erfunden worden; fragst Du nach einer Starken, so ist diese keinem gewichen; die Andacht hat in ihr herfürgeschienen, mit Leibesfrucht ist sie beseligt gewesen, aller Herzen Liebe hat sie gewonnen.«[444]

In ganz Europa löste die Todesnachricht Bestürzung aus. Ferdinand Maria erhielt Kondolenzschreiben vom Kaiserhof, von Fürsten und Fürstinnen des Reiches, von Bischöfen, Äbten und Äbtissinnen, von Städten und Kardinälen, aus Frankreich, Spanien, England, Dänemark und vor allem aus ganz Italien. Er las von der »inniglichen Affektion«, die ihr die Menschen entgegenbrachten, von den Tränen, die ihr Begräbnis aus der Ferne begleiteten. Man erinnerte den Kurfürsten an ihre Hilfsbereitschaft und Güte, man sprach von ihr als einer starken Beschützerin und Wohltäterin.[445]

Für Ferdinand Maria bedeutete der frühe Tod seiner Frau einen fast unerträglichen Schicksalsschlag. Seine »herzliebste Gemahlin«, sein »tesoro« hatte ihn verlassen. Nach einer 24jährigen Ehe voll Rücksichtnahme, Freundlichkeit und Eingehen auf ihren starken Willen stand er nun dem Leben allein gegenüber. Er hatte sie geliebt, wie sie war, mit all ihrem leidenschaftlichen Temperament, ihren Begabungen und Schwächen. Er hatte ihre Launen mit stoischer Gelassenheit ertragen, ihre Intelligenz, Liebenswürdigkeit und Anziehungskraft bewundert. Ferdinand Maria hielt ihr unverbrüchlich, auch über den Tod hinaus, die Treue und stellte ihr damit für die Nachwelt ein beredtes Zeugnis aus. Nach den Trauerfeiern zog er sich für lange Wochen nach Schleißheim, Dachau und Starnberg zurück, während die Kinder unter der Obhut ihrer bisherigen Erzieher verblieben.[446]

Adelheid hinterließ keinen gültigen Letzten Willen. Aus dem ersten Testament von 1669 war das Siegel herausgeschnitten, das zweite hatte sie infolge der Krankheit nicht vollenden können. Doch bestätigte der Kurfürst beide auf ihre Bitten in seiner Eigenschaft als Souverän und handhabte nach ihrem Tod die ganze Hinterlassenschaft in so großzügiger Weise, daß auch handschriftliche Zettel über kleinere Spielschulden bei ihren Hofdamen und mündliche Zusicherungen, die von Zeugen bestätigt werden konnten, Berücksichtigung fanden. Als die beiden Testamentsverordneten, der Kanzler Caspar von Schmid und der Geheime Rat Anton von Berchem, den Schlußstrich zogen, waren etwa 250 Personen, Klöster und Kirchen aus dem reichen Nachlaß bedacht und befriedigt worden.

Alle Menschen, die ihr nahestanden oder Dienste erwiesen hatten, erhielten Andenken oder Geldgeschenke. Ihre schönsten Juwelen und Bilder, die Musikinstrumente und Bücher waren an Ferdinand Maria und die Kinder vermacht. Doch gingen auch an das Gefolge wertvolle Dinge, zum Beispiel ein silbernes Schreibzeug des Kaisers an die Baronin Simeoni, die Adelheid eine besonders treue Dienerin gewesen war.

Um alle Legate und Verbindlichkeiten überantworten zu können, versilberten die beiden Kommissare schließlich den Rest der persönlichen Habe. Auf Weisung des Kurfürsten wurden auch die Nymphenburger Künstler bezahlt und die Handelsleute befriedigt, bei denen Warenrechnungen offenstanden. Dann zogen die Testamentsvollstrekker eine Endbilanz aus Adelheids Mitgift und Morgengabe in Höhe von insgesamt 666 000 Gulden, ihren freigiebigen Stiftungen an die Theatiner und Salesianerinnen, den Aufwendungen für das Nymphenburger Besitztum, ihren reichhaltigen und kunstvollen Mobilien und den Verbindlichkeiten aus dem Letzten Willen. Sie schlossen damit die Akten über einem glanzvollen und großzügigen Kapitel der bayerischen Kulturgeschichte.[447]

Trotz aller Sehnsucht nach Italien war der Kurfürstin das Land Bayern nicht gleichgültig geblieben. Sie liebte die alten Städte, die Seen, Wälder und Abteien, die herben und lieblichen Aspekte der Landschaft. Immer wieder versuchte sie, die Herzen des Volkes zu gewinnen, indem sie Religiosität und Mädchenerziehung, Kloster- und Kirchenbauten, Wohltätigkeit und künstlerischen Geschmack förderte. Doch als Fremde hatte sie einen schweren Stand gegenüber den bayerischen Menschen, die sich selbst genügten und Ausländern mit Mißtrauen begegneten. Populär und heimisch ist Adelheid von Savoyen in Bayern nicht geworden. Sie war für das Volk eine »Welsche«, die sich mit Ihresgleichen umgab und in ihrer weiteren Umgebung nicht allzu viel Widerhall fand. Ihr Wirkungskreis blieb somit weitgehend auf den höfischen Bereich beschränkt.

Die zahlreichen Südländer, die mit ihr über den Brenner gezogen waren oder später von ihr nach München berufen wurden, verloren dagegen mit ihr die Herrin und den Mittelpunkt. Ihre Trauer und ihre Angst vor der Zukunft waren groß. Nach teilweise jahrzehntelangem Aufenthalt fühlten sie sich in München zuhause und wollten nicht mehr zurück. So blieben die Theatiner und Salesianerinnen, der Maler Antonio Triva und der Kapellmeister Ercole Bernabei, die Baronin Simeoni und deren Kinder, der junge Marquis de St. Maurice, der Chevalier de la Perouse und Adelheids alte Kammerfrau Vernoni. Es gab zwar Entlassungen unter der Dienerschaft, die großes Lamento hervorriefen, aber man brachte treue Persönlichkeiten aus Adelheids Hofstaat nach Möglichkeit anderweitig unter.

Die Inschriften der bevorzugten Begräbnisstätte der Italiener in München, einer Gruft unter der Nordseite der Theatinerkirche, hinterließen ein beredtes Zeugnis: in der bayerischen Residenzstadt hatte sich in der zweiten Hälfte des 17. Jahrhunderts eine bedeutende italienische Kolonie gebildet, deren Zahl sich durch Zuzug und Geburten noch ständig vermehrte. Die Kraft ihrer Sprache fand Niederschlag in der Münchener Mundart. So wurde der italienischen »sposa« (Braut) das »Gspusi« entliehen und das heute noch gebräuchliche Wort »Fleischpflanzl« soll seinen Ursprung in »placenta« (Fleischkuchen) haben. Anstatt das Kind zu wickeln, »fatschte« man in München den »Bams« (fasciare il bambino). Auch in die Hofsprache wurden neue italienische Worte aufgenommen, so der Hartschier für den kurfürstlichen Leibtrabanten, der sich von »arciero« (Bogenschütze) herleitete.[448]

Neben vitalen bildenden Künstlern, Baumeistern und Musikern, tüchtigen Hofbediensteten und Gewerbetreibenden gab es aber auch Glücksritter, die in bayerischen Hofkreisen ungern gesehen waren. Als ein solcher entpuppte sich der Chevalier Perusa. Um seinen Platz an der Sonne nicht zu verlieren, bat er nach dem Tod der Kurfürstin zunächst bei Herzogin Giovanna von Savoyen, als deren ständiger Gesandter in München akkreditiert zu werden. Diese zog ihm jedoch Adelheids langjährigen Sekretär Lanteri vor, der in Turin als untadeliger Charakter bekannt war. Dem Chevalier dagegen sagte man Skrupellosigkeit und Bereicherungsabsichten nach. Nun ging der gutaussehende Perusa unter den Töchtern des bayerischen Adels auf Mitgiftjagd und hatte Glück. Noch im Todesjahr Adelheids reichte eines der vornehmsten und wohlhabendsten Mädchen am Münchener Hof dem Savoyarden die Hand zur Ehe, Maria Gertrude Gräfin Wartenberg, eine Cousine zweiten Grades des Kurfürsten Ferdinand Maria. Perusas Stellung am Hof war damit nicht mehr zu erschüttern. Als die junge Frau bald nach der Geburt eines Söhnchens starb, war der Chevalier ein reicher Mann und hatte den Grundstein für das Vermögen einer Familie gelegt, an die noch heute die Perusastraße im Herzen Münchens erinnert.[449]

Ferdinand Maria führte in den folgenden Jahren ein freudloses Dasein. Die seinem Charakter eigene Melancholie, die Adelheid so erfolgreich bekämpft hatte, ergriff mehr und mehr sein ganzes Wesen. Er mied den Münchener Hof, so oft er konnte, und ließ seinen Kanzler Schmid zu Besprechungen auf die Landschlösser kommen. Seinen Kindern zuliebe nahm er zwar an Hoffestlichkeiten teil, die nach dem Trauerjahr wieder aufgenommen wurden, doch zu einer zweiten Heirat konnte er sich nicht entschließen. Ein Leistenbruch vergällte ihm das Leben und ließ ihn schließlich auch an der Jagd keine Freude mehr empfinden.

In den ersten Monaten des Jahres 1679 verschlechterte sich sein Leiden so sehr, daß er nicht mehr gehen konnte. Als er sich im Mai mit seinen älteren Kindern in Schleißheim aufhielt, erlitt er mehrere Krankheitsanfälle, die seine engere Umgebung in große Sorge versetzten. Am 26. Mai wurde Spinelli, der sich als Beichtvater von Max Emanuel und Marianne Christine ebenfalls dort eingefunden hatte, nach Tisch in größter Eile zum Kurfürsten gerufen. Er fand ihn im Todeskampf liegend und erteilte ihm sofort die Absolution. Kurz darauf starb Ferdinand Maria in seinen Armen, – nach offizieller Version an einem Schlagfluß, nach Spinellis Vermutung an einem verborgenen Brand, der durch sein geheimes Leiden ausgelöst war. Man bestattete den toten Landesherrn neben seiner Gemahlin und vier kleinen Kindersärgen in der Theatinergruft. Da Max Emanuel erst im Juli 1680 volljährig wurde, übernahm Herzog Maximilian Philipp von Leuchtenberg für ein Jahr die Regentschaft.[450]

Mit Ferdinand Marias Tod ging eine Ära zu Ende, die dem Land ununterbrochenen, fast dreißigjährigen Frieden und damit neuen Wohlstand bescherte. Obwohl ihm die Tatkraft und politische Begabung seines Vaters fehlten, galt dieser Fürst mit dem Beinamen »Pacificus« seinen Untertanen als unerschütterlicher Garant der Sicherheit und politischen Unabhängigkeit. Er sorgte für unparteiische Justiz, geregelte Finanzen und ein schlagkräftiges Heerwesen. Seine Stärke lag im bedachtsamen Abwägen. Der Antritt des Habsburger Erbes wäre das eigentliche Ziel seines Lebens gewesen. Viele Jahre lang bestimmte es seine Politik und schien immer wieder in Reichweite zu liegen. Doch wurde dem Kaiser im Juli 1678, ein Jahr vor Ferdinand Marias Tod, durch seine dritte Gemahlin Eleonore von Neuburg ein lebensfähiger Sohn geboren. Max Emanuel mußte daher die bayerische Politik auf neue Wege führen.

Das eigentliche Vermächtnis Adelheids an ihren Sohn, ihr ehrgeiziges Streben der letzten Lebensjahre, war die Rangerhöhung ihrer beiden älteren Kinder durch glanzvolle Heiraten. Marianne Christine sollte Herrin von Versailles werden, Max Emanuel die spanische Königskrone tragen. Die Kurfürstin hatte alles getan, was in ihrer Macht stand, um diese hochgesteckten dynastischen Ziele zu erreichen.

Ihre Kinder erwiesen sich als Erben des mütterlichen Ehrgeizes. Nie werde sie die Lehren ihrer Mutter vergessen, versicherte Marianne Christine im Mai 1679 dem französischen Gesandten de la Haye. Dieser war von Ludwig XIV. angewiesen, ständig über ihre Entwicklung zu berichten. Obwohl sie keine Schönheit war, fand sie durch ihre Intelligenz und sanfte Anmut Gnade vor den Augen aller Franzosen, die sie als junges Mädchen am Münchener Hof zu sehen bekamen. Man hoffte, mit Hilfe der kunstreichen Pariser Coiffeure ihre Erscheinung und ihren Teint der französischen Eleganz anzupassen. Zwar zögerte Ludwig XIV. nach Adelheids Tod, die Zusicherungen über die Heirat seines kostbaren Erstgeborenen zu erneuern, aber Bayern schien ihm ein so wichtiger Stein auf dem politischen Schachbrett, daß er im Winter 1679/80 selbst auf der Unterzeichnung des Ehevertrages bestand.

Mit hochgespannten Erwartungen zog Adelheids Tochter den Weg nach Frankreich und schloß am 8. März 1680 in Châlons mit dem Dauphin Ludwig den Bund fürs Leben. Aber obwohl sich der große König von Frankreich als aufmerksamer und liebevoller Schwiegervater erwies, obwohl Marianne Christine drei Söhne gebar, wurde sie in Versailles nicht glücklich. Der verwöhnte junge Kronprinz liebte galante Abenteuer und kümmerte sich wenig um die Vorwürfe seiner sittenstrengen Gemahlin, die ihn nicht zu fesseln vermochte. Als Max Emanuel ins österreichische Lager überschwenkte, verlor man in Versailles das Interesse an der bayerischen Dauphine, die ihre Persönlichkeit nicht ins rechte Licht zu setzen wußte und überdies nach den Geburten kränkelte. Am 19. April 1690 starb sie im 30. Lebensjahr an einem inneren Leiden, ohne Königin von Frankreich geworden zu sein. Ihr Enkel war Ludwig XV., ihr zweiter Sohn bestieg den spanischen Thron. Durch sie wurde Adelheid von Savoyen zur Ahnfrau zweier bourbonischer Königslinien.[451]

Auch Max Emanuel blieb dem Vermächtnis der Mutter treu. Durch Spinelli hatte sie ihm an ihrem Lebensende ein Schriftstück überreichen lassen, das die Mahnung enthielt, jederzeit fest zum Kaiserhaus zu halten. Er kannte ihre hochfliegenden Pläne um die Tochter Kaiser Leopolds, die auch seinem eigenen Ehrgeiz entsprachen. Eine tiefe Wesensverwandtschaft band ihn über den Tod hinaus an diese lebensvolle, begeisterungsfähige, politisch und künstlerisch interessierte Mutter, die Tatkraft, Mut und scharfen Verstand bewiesen hatte. Ebenso wie sie befolgte er streng die Frömmigkeitsübungen der Kirche. Aber auch Adelheids Charakterschwächen fanden sich bei Max Emanuel, und zwar in verstärktem Grad: hohe Ansprüche an den Staatssäckel, übersteigerter Ehrgeiz und Freigiebigkeit ohne Maß. Im Gegensatz zu seinem Vater war er unvorsichtig in der Politik und haltlos in der Moral. Die Mätressenwirtschaft, die nun am Münchener Hof ihren Einzug hielt, wäre zur Zeit seiner Eltern undenkbar gewesen.

Aber Max Emanuel besaß eine besondere Eigenschaft, die ihm unter den Zeitgenossen zu legendärem Ruhm verhalf und sein historisches Bild verklärt: in den Türkenkriegen bewies er eine persönliche Tapferkeit vor dem Feind, wie sie an Souveränen nur selten zu beobachten war. Sie stempelte ihn zu einem der ersten Heerführer des kriegerischen 17. Jahrhunderts und neben seinem Vetter, dem Prinzen Eugen von Savoyen, zum Mitschöpfer der habsburgischen Donaumonarchie. Obwohl ihm die Kaisertochter Maria Antonie, die mit ihrer Hand die Ansprüche auf das spanische Erbe vereinigte, weder schön noch liebenswert erschien, heiratete er sie 1685 aus politischem Ehrgeiz. Eheliche Treue kannte er nicht. Die junge Kaisertochter gebar 1692 einen Sohn Joseph Ferdinand, der für den bayerischen Kurfürsten das Unterpfand einer großen Zukunft des Hauses Wittelsbach darstellte. Während sie selbst nach der Geburt dahinsiechte und zwei Monate später starb, begann Max Emanuel seinem Sohn in den folgenden Jahren den Weg zum spanischen Thron zu bereiten.[452]

Gegen die Ansprüche Österreichs und Frankreichs nahm 1698 der kinderlose spanische König Karl II. mit Zustimmung seines Staatsrats den kleinen Kurprinzen von Bayern als Universalerben der Krone in sein Testament auf. Adelheids einstige Träume schienen sich zu verwirklichen. Dem Haus Bayern winkten glänzende Aussichten auf das Reich, in dem die Sonne nicht unterging. Doch ein Jahr vor dem längst erwarteten Tod des spanischen Monarchen starb Max Emanuels sechsjähriger Sohn in Brüssel und nahm alle großen Hoffnungen mit sich ins Grab. Der Spanische Erbfolgekrieg machte Europa erneut zum Schlachtfeld. Aus diesen Kämpfen ging ein anderer Enkel Adelheids als Sieger und König von Spanien hervor, der zweite Sohn Marianne Christines, Philipp von Anjou.

Dem Herzog von Savoyen indessen erkannten die europäischen Mächte im Friedensschluß von 1713 endlich jene Rechte zu, für die Adelheid ein halbes Jahrhundert vorher vergebens gekämpft hatte, nämlich den Besitz des Montferrat und den Königstitel. Viktor Amadeus II. wurde zunächst König von Sizilien, 1720 von Sardinien. Damit hatte das zielstrebige Haus Savoyen eine neue Stufe seines geschichtlichen Weges erreicht, der es im 19. Jahrhundert zur Herrschaft über ganz Italien führen sollte.

Die jüngeren Kinder Adelheids wurden von Max Emanuel im politischen Dienst des Hauses Wittelsbach eingesetzt. So verschaffte er, ganz im Sinn der Eltern, seinem Bruder Joseph Clemens das mächtige Kurfürstentum Köln und verheiratete seine jüngste Schwester Violante Beatrix 1689 mit dem Sohn des Großherzogs von Toskana, da er sich für den Anfall des spanischen Erbes in Italien Parteigänger zu gewinnen suchte. Alle Kinder Adelheids waren künstlerisch begabt, musizierten selbst und widmeten sich der Theater- und Kunstpflege an ihren Höfen. In München setzte Max Emanuel die höfische Prestige-Repräsentation des Absolutismus mit all den künstlerischen Bestrebungen fort, deren Zeuge er in Kindheit und Jugend gewesen war. Aus Nymphenburg machte er ein Juwel hochbarocker Architektur.[453]

Henriette Adelheid von Savoyen erscheint aus historischer Sicht als eine typische Fürstin des Absolutismus. In der Politik wirkte sie als enge Ratgeberin des Souveräns, auf kulturellem Gebiet schaltete sie aus eigener Machtvollkommenheit und persönlichem Reichtum. Sie war der strahlende Mittelpunkt des Hofes, haßte den Krieg und lebte für die Kultur. Als Bourbonenenkelin erlaubte sie sich großen persönlichen Luxus, tat aber gleichzeitig viel Gutes und lebte ihrer Umgebung beispielhafte Religiosität vor. In der Politik behielt sie eine große Linie bei, die aus Herkunft und dynastischem Willen zur Größe resultierte. Sie verbreitete um sich das ganze Fluidum einer kultivierten Südländerin und verband Hoheit mit menschlicher Wärme. Die Unausgeglichenheit ihres Temperaments in den ersten Münchener Jahren war auf die vielen Enttäuschungen zurückzuführen, die das Leben am bayerischen Hof ihr zunächst bereitete. Sie ging aber geläutert aus ihnen hervor. Als souveräne Natur behauptete sie auch in der Fremde ihre Eigenart und drückte ihrer Umgebung den Stempel südlicher Geisteswelt auf. Die europäische Geltung der Savoyerin auf dem wittelsbachischen Thron liegt in der Weiterentwicklung ihrer Ideale und Ziele auf politischer und kultureller Ebene begründet.

Luzern
Bern
EIDGENOSSENSCHAFT
Châlon s.S.
Saône
Lausanne
Genfer See
Mâcon
Genf
K G R. F R A N K R E I C H
H Z M.
S A V O Y E N - P I E M O N T
Annecy
Mont Blanc
Gr. St. Bernhard
Monte Rosa
H Z M. M A I L A N D
Lyon
Aosta
Como
Kl. St. Bernhard
Biella
Monza
Chambery
Ivrea
Mailand
Vercelli
Novara
Certosa
Mont Cenis
Po
Pavia
Grenoble
Susa
Rivoli
Turin
Casale
Rhône
Moncalieri
Chieri
Alessandria
Pinerolo
Asti
Tortona
Cherasco
Fossano
R E P. G E N U A
Genua
Cuneo
Savona
Avignon
Durance
Nizza
Marseille
Toulon
M I T T E L M E E R
KORSIKA
HERZOGTUM SAVOYEN-PIEMONT
Pinerolo – Französische Festung

BAYERN UND SAVOYEN
IM HEILIGEN RÖMISCHEN REICH

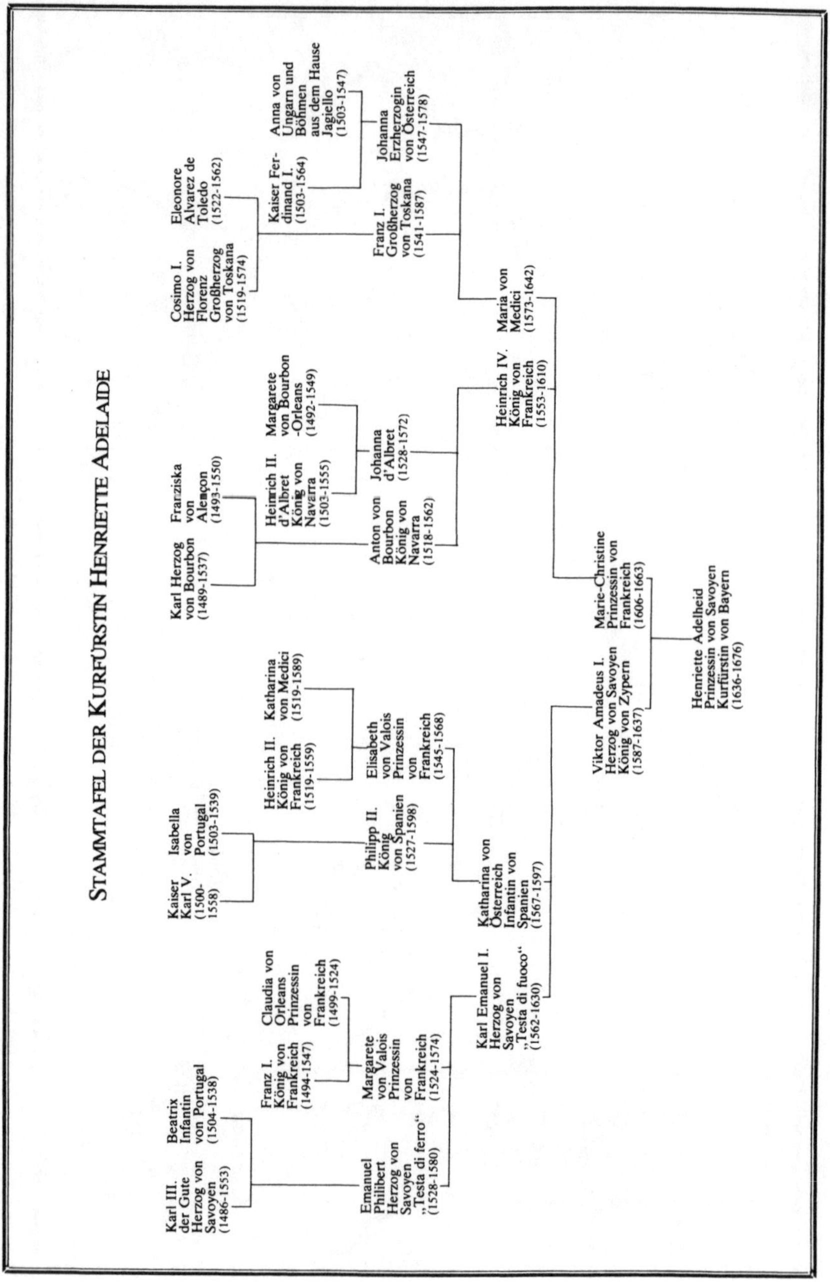
Stammtafel der Kurfürstin Henriette Adelaide
Karl III. der Gute Herzog von Savoyen (1486-1553)
Beatrix Infantin von Portugal (1504-1538)
Franz I. König von Frankreich (1494-1547)
Claudia von Orleans Prinzessin von Frankreich (1499-1524)
Kaiser Karl V. (1500-1558)
Isabella von Portugal (1503-1539)
Heinrich II. König von Frankreich (1519-1559)
Katharina von Medici (1519-1589)
Karl Herzog von Bourbon (1489-1537)
Franziska von Alençon (1493-1550)
Heinrich II. d'Albret König von Navarra (1503-1555)
Margarete von Bourbon -Orleans (1492-1549)
Cosimo I. Herzog von Florenz Großherzog von Toskana (1519-1574)
Eleonore Alvarez de Toledo (1522-1562)
Kaiser Ferdinand I. (1503-1564)
Anna von Ungarn und Böhmen aus dem Hause Jagiello (1503-1547)
Emanuel Philibert Herzog von Savoyen „Testa di ferro“ (1528-1580)
Margarete von Valois Prinzessin von Frankreich (1524-1574)
Philipp II. König von Spanien (1527-1598)
Elisabeth von Valois Prinzessin von Frankreich (1545-1568)
Anton von Bourbon König von Navarra (1518-1562)
Johanna d'Albret (1528-1572)
Franz I. Großherzog von Toskana (1541-1587)
Johanna Erzherzogin von Österreich (1547-1578)
Karl Emanuel I. Herzog von Savoyen „Testa di fuoco“ (1562-1630)
Katharina von Österreich Infantin von Spanien (1567-1597)
Heinrich IV. König von Frankreich (1553-1610)
Maria von Medici (1573-1642)
Viktor Amadeus I. Herzog von Savoyen König von Zypern (1587-1637)
Marie-Christine Prinzessin von Frankreich (1606-1663)
Henriette Adelheid Prinzessin von Savoyen Kurfürstin von Bayern (1636-1676)

Abkürzungen und Erläuterungen

A.	Anno
Anm.	Anmerkung
AStP	Archivio di Stato Parma
AStT	Archivio di Stato Torino
BStGS	Bayer. Staatsgemäldesammlungen
Cod. gall.	Codex gallicus
Cod. germ. mon.	Codex germanicus monacensis
Cod. lat. mon.	Codex latinus monacensis
Cod. ital.	Codex italicus
Corr.	Correspondance
Diss.	Dissertation
f.	folio
fasz.	Faszikel
FGB	Forschungen zur Geschichte Bayerns
G. R.	Generalregistratur
HJb	Historisches Jahrbuch
H. R.	Hofamtsregistratur
HZ	Historische Zeitschrift
HZR	Hofzahlamtsrechnungen im Bayer. Hauptstaatsarchiv
JGM	Jahrbuch für Münchener Geschichte
K. L.	Klosterliteralien
Korr. Akt	Korrespondenzakt
K. schw.	Kasten schwarz
lett. A.	lettere Adelaide = Briefe Adelheids, Turin
LStA	Landshut Staatsarchiv
mazzo	= Faszikel
ME-Kat.	Max-Emanuel-Katalog
MBM	Miscellanea Bavarica Monacensia
MGHA	München Geheimes Hausarchiv
MHS	München Handschriftenabteilung der Staatsbibliothek
MHStA	München Bayerisches Hauptstaatsarchiv
MOA	München Erzbischöfliches Ordinariatsarchiv
MStA	München Stadtarchiv
MStB	München Staatsbibliothek
MStO	München Staatsarchiv für Oberbayern
no.	numéro, numero
p.	page, pagina
PAE	Paris Archives du Ministère des Affaires Étrangères
Rep.	Repertorium
RStB	Regensburg Staatsbibliothek
SBAW	Sitzungsberichte der bayerischen Akademie der Wissenschaften
WAF	Wittelsbacher Ausgleichsfonds
WHHStA	Wien Haus-, Hof- und Staatsarchiv
WÖNB	Wien Österreichische Nationalbibliothek
Ztschr.	Zeitschrift
ZBLG	Zeitschrift für bayerische Landesgeschichte

Quellen und Literatur

I. Ungedruckte Quellen

WIEN

Haus-, Hof- und Staatsarchiv (WHHStA)
Bestände: Bavarica
Staatskanzlei, Abteilung Bayern
Österreichische Staatsregistratur, Repertorium N
Reichskanzlei, Abteilung München
Habsburgisch-lothringisches Familienarchiv

Österreichische Nationalbibliothek (WÖNB)
Musiksammlung

PARIS

Archives du Ministère des Affaires Étrangères (PAE)
Correspondance Politique Bavière

TURIN

Archivio di Stato Torino (AStT)
Bestände: Storia della Real Casa
Die Briefe Adelheids sind zusammengefaßt unter:
Lettere Principi Savoia, Principi diversi, Lettere di Adelaide di Savoia, Duchessa Elettrice di Baviera, mazzo 20-25 (lett. A.)
Lettere di Cristina di Francia
Lettere Principi Baviera
Lettere Ministri Francia, Baviera
Matrimonii
Lettere Particolari
Storia della Real Casa, Principi diversi, Categoria 4

PARMA

Archivio di Stato Parma (AStP)
Bestände: Epistolario scelto
Carteggio farnesiano estero

MÜNCHEN

Bayerisches Hauptstaatsarchiv (MHStA)
Bestände: Fürstensachen
Kasten schwarz (K. schw.)
Klosterliteralien (K. L.)
Hofamtsregistratur (H. R.)
Generalregistratur (G. R.)
Hofzahlamtsrechnungen (HZR)
Amtsbücherei Merian-Bände B 1 $^{c, d, e}$

Geheimes Hausarchiv (MGHA)
Bestände: Korrespondenzakten (Korr. Akt)
Hofhaushaltakten (Haushalt-Akt)
Hausurkunden
Handschriften
Wittelsbacher Porträtsammlung

Staatsarchiv für Oberbayern (MStO)
Törring-Archiv
Hohenaschauer Archiv

Archiv des Erzbischöflichen Ordinariats (MOA)
Akten Salesianerinnen

Bayerische Staatsbibliothek München, Handschriften-Abteilung (MHS)

Handschriften: Cod. lat. mon.
Cod. germ.mon.
Cod. ital.
Dellingiana
Raritäten

Stadtarchiv München (MStA)
Ratsprotokolle

Staatliche Münzsammlung München
Medaillen von Ferdinand Maria und Henriette Adelheid

LANDSHUT
Staatsarchiv Landshut (LStA) J-K.G.
Residenzpfleger-Rechnungen

II. Gedruckte Quellen und Literatur

Acton, Harold: The Last Medici, London 1958

Adrover, D. Juliàn: I Teatini in Monaco, in: Regnum Dei, Collectanea Theatina, A. VIII, Romae 1952, 53-68, 111-124; A. IX, Romae 1953, 3-17, 91-124

Albertis, s. Datta de Albertis

Allongeperücke und Schleppenkleid. Kostüme der Zeit des Max Emanuel (1670-1730), Ausstellungskatalog München 1976

Amiguet, Philippe: La Grande Mademoiselle et son siècle, Paris 1957

Andersen, Liselotte: Eine unbekannte Quellenschrift aus der Zeit um 1700, in: Münchner Jahrbuch der Bildenden Kunst, 3. Folge, Bd. XXIV, München 1973, 175-212

Andraeus Bortot, Elisabetta: Per Antonio Triva, in: Arte Veneta XX, 1966, 262-265

Andreas, Willy: Staatskunst und Diplomatie der Venezianer im Spiegel ihrer Gesandtenberichte, Leipzig 1943

Andreu, D. Francesco: I Teatini e la Schiavitù Mariana, in: Regnum Dei, Collectanea Theatina, A. VIII, Romae 1952, 2-16

anonym: Adelaïde de Savoie en Bavière. Une Fondation religieuse (Bibliothèque Mazarine, MS 1755 H), in: Documents et Manuscrits, Paris 1889

anonym (S. Marie Seraphica Brentano): Kurze Geschichte des Ordens von der Heimsuchung Mariä, genannt Salesianerinnen, in Bayern, Regensburg 1910

anonym: Merkwürdigkeiten der kurfürstlichen Hofkirche der Theatiner in München, München 1789

anonym: Piissimis Manibus Serenissimae ac Potentissimae Principis H. M. Adelaidis etc., o. O., o. J. (13 lateinische Epitaphe)

anonym: Neu=gedrucktes Register Aller Einverleibten einer Hochadelichen Versammlung derer Leibeigenen Dienerinnen Oder insgemein Sclavinnen Mariae In Der Churfürstlichen Hof=Kirchen SS. Adelhaidis & Cajetani bey denen Regulirten Priestern, sogenannten PP. Theatinern in München, verfaßt im Jahr 1763, München

Aretin, Christoph, von: Nachrichten zur bayerischen Geschichte, 1. Sammlung, München 1809

Bauer, Heinrich: Agostino Steffani und die Festoper des Barock, in: Bayerns Goldenes Zeitalter, hg. von H. Schindler, München 1968, 36-48

Bauerreiss, Romuald: Kirchengeschichte Bayerns, Bd. VII, 1600-1803, St. Ottilien 1977

Baumstark, Reinhold: Abbild und Überhöhung in der höfischen Malerei unter Henriette Adelaide und dem jungen Max Emanuel, in: ME-Kat. I, 171-205

Bayerische Frömmigkeit. 1400 Jahre christliches Bayern, Ausstellung anläßlich des Eucharistischen Weltkongresses, München 1960

Bayern, Adalbert, Prinz von: Schloß Nymphenburg und seine Bewohner, München 1950

ders.: Als die Residenz noch Residenz war, München 1967

Bayern und Europa um 1700, Max-Emanuel-Ausstellung (Katalog), 2 Bde., München 1976

Beauvau, Henri, Marquis de: Mémoires pour servir à l'histoire de Charles IV Duc de Lorraine et Bar, Cologne 1688

Becher, Johann Joachim: Politische Diskurs, Frankfurt 1673

Behr, Kamill: Genealogie der in Europa regierenden Fürstenhäuser, Leipzig 1854

Beierlein, J. P.: Die Medaillen und Münzen des Gesamthauses Wittelsbach, Bd. I, München 1901

Bekh, Johann Joseph: Apollo Triumphans oder Der Siegruffende Apollo welcher neben Seiner Neuen Ankunfft zugleich Den Durchl: Fürsten und Herrn, Herrn Ferdinan-

dum Mariam etc. Und Die Durchl: Fürstin und Frau, Frau Henriet: Adelheid etc. In einem Prächtigen Einzug beede hohe Churfürstl. Personen mit männiglichen Verwunderung-Frolokken in Löbliche des H. Röm. Reichs Freyen Statt Regenspurg glüklichen ein und mitbracht etc. (gekürzt), Regensburg 1664 (RStB)
Benacchio, Adalgisa: Pio Enea 2° degli Obizzi, letterato e cavaliere, in: Bollettino del Museo Civico di Padova, A. VI, Padova 1902
Berghoff, Leonore: Emanuele Tesauro und seine Concetti, unter besonderer Berücksichtigung von Schloß Nymphenburg, Diss. München 1971 (Masch. schrift)
Bernardi, Marziano: Vicende costruttive del Palazzo Madama di Torino, in: Mostra del Barocco Piemontese, Catalogo a cura di Vittorio Viale, Vol. I, ,,Le Sedi", Torino 1963, 1-8
ders.: Vicende costruttive del Palazzo Reale di Torino, ebenda, 9-19
Berni, Francesco, Conte: Descrizione del Catajo, Luogo del Marchese Pio Enea degli Obizzi, Ferrara 1669
Blaeu, Willem: Theatrum Statuum Regiae Celsitudinis Sabaudiae Ducis, Amstelodami 1682, Vol. I (Pedemontium), Vol. II (Sabaudia)
Blanc, Thomas: Histoire de Bavière. Par le Sieur Blanc, Conseiller et Historiographe de S. A. R. Monseigneur le Duc de Savoye. 4 vol., Paris 1682
Bleibrunner, Hans: Ursprung der Wallfahrt Maria Brünnl in Berg ob Landshut, Passau und Landshut 1960
Bohner, Theodor: Das Haus Savoyen, Berlin 1941
Bolongaro-Crevenna, Hubertus: L'Arpa Festante. Die Münchener Oper 1651-1825, München 1963
Bosl, Karl: Kurfürst Max Emanuel und Bayern, Sonderdruck aus ZBLG, Bd. 39, Heft 2, 1976, 397-411
Braubach, Max: Wilhelm von Fürstenberg (1629-1704) und die französische Politik im Zeitalter Ludwigs XIV., Bonn 1972
ders.: Kurköln. Gestalten und Ereignisse aus zwei Jahrhunderten rheinischer Geschichte, Münster i. W. 1949
Brentano, s. anonym
Brinckmann, A. E.: Theatrum Novum Pedemontii, Düsseldorf 1931
Brockhaus Enzyklopädie Bd. 11, Wiesbaden 1970 (Lionne)
Brunner, Andreas: Schau-Plaz Bayerischer Helden, Nürnberg 1681
Brunner, Herbert und Hojer, Gerhard: Residenz München, München 1975
Burckhardt, Carl Jacob: Richelieu. Der Aufstieg zur Macht, München 1935

Castellamonte, Amedeo: La Venaria Reale, Palazzo di piacere, ideato dall 'A. R. di Carlo Emanuele II, designato e descritto dal Conte Amedeo di Castellamonte, l'anno 1672
Castiglione, Don Valeriano: Li Reali Himenei De' Serenissimi Principi Sposi Henrietta Adelaide di Savoia e Ferdinando Maria di Baviera, Descritti Dall'Abate Don Valeriano Castiglione, Historico delle Altezze Reali di Savoia, Torino 1651
Chapuzeau, Samuel: Relation de l'estat present de la Maison electorale et de la cour de Bavière, par le Sieur Chapuzeau, Paris 1673
ders.: Le Théatre François, Lyon 1674, Neuauflage 1875 von Georges Monval
Chiminelli, Piero: San Gaetano Thiene, Cuore della Riforma Cattolica, Vicenza 1948
Chronik der deutschen Jagd, hg. von M. Marx-Kruse und E. von Campe, Ebenhausen 1937
Cicogna, Antonio: Delle Inscrizioni Veneziane, Vol. III, Venezia 1830, 401 f (Panegyrische Rede des Nicolò Bon auf das Kurfürstenpaar); Vol. V, Venezia 1842, 23 (,,Semiramide" von Nicolò Maria Corbelli); ebenda 124 (Besuch des Kurfürstenpaars in

Monselice); Vol. VI, Venezia 1853, 473-482 (Lebenslauf des Domenico Gisberti mit Porträt und Werken)
Claretta, Gaudenzio: Adelaide di Savoia, Duchessa di Baviera e i suoi tempi, Torino 1877
ders.: Storia della reggenza di Cristina di Francia, Duchessa di Savoia, Vol. 1-2, Torino 1868-69
ders.: Storia del regno e dei tempi di Carlo Emanuele II, Duca di Savoia, Vol. 1-3, Genova 1877-78
ders.: Nymphenburg ed Agliè. Reminiscenze antiche e moderne, Torino 1883
Cognasso, Francesco: I Savoia, Milano 1971
Collectaneen-Blatt für die Geschichte Bayerns, insbesondere für die Geschichte der Stadt Neuburg a. d. Donau und des ehemaligen Herzogtums Neuburg, bearbeitet von Mitgliedern des Historischen Filialvereins zu Neuburg, 39. Jg., Neuburg 1875
Coltellini, Agostino: Rime Sacre, Firenze 1667
Condulmer, Piera: La Sindone, testimone o inganno ? Torino 1978
Coreth, Anna: Pietas Austriaca. Ursprung und Entwicklung barocker Frömmigkeit in Österreich, München 1959
Coulanges: Mémoires de M. de Coulanges, publiés par M. de Monmerqué, Paris 1820

Daffner, Franz: Geschichte des Klosters Benediktbeuern (740-1803), München 1893
Datta de Albertis, Giulia: Cristina di Francia, Madama Reale, Torino 1943
Debrett's Peerage, Baronetage, Knightage, and Companionage. Edited by Arthur G. M. Hesilrige, London 1920 (Peerage p. 869, „Teynham")
Dirr, Pius: Buchwesen und Schrifttum im alten München (1450-1800), München 1929
Dirrigl, Michael: Residenz der Musen. München, Magnet für Musiker, Dichter und Denker, München 1968
Doeberl, Michael: Bayern und Frankreich, vornehmlich unter Kurfürst Ferdinand Maria, 2 Bde., München 1900 und 1903
ders.: Innere Regierung Bayerns nach dem Dreißigjährigen Kriege, in: FGB XII, München und Berlin 1904, 32-108
ders.: Das Projekt einer Einigung Deutschlands auf wirtschaftlicher Grundlage, in: FGB VI, Regensburg 1898, 163-205
ders. und Preuß, Georg Friedrich: Zur Beurteilung der Regierung Ferdinand Marias, in: FGB XII, München und Berlin 1904, 219-226 (Doeberl), 287-301 (Preuß)
Ducasse, André: La Grande Mademoiselle (1627-1693), o. O. 1963
Duhr, Bernhard SJ.: Die Jesuiten am Hofe zu München in der zweiten Hälfte des 17. Jahrhunderts, in: HJb Bd. 39, 1918/19, 73-114

Einstein, Alfred: Agostino Steffani, Biographische Skizze, I. Münchener Zeit 1654-1688, in: Kirchenmusikalisches Jahrbuch, 23. Jg., Regensburg 1910, 1-36
Erdmannsdörffer, Bernhard: Herzog Karl Emanuel I. von Savoyen und die deutsche Kaiserwahl von 1619, Leipzig 1862
Ewald, Gerhard: Eine unbekannte Entwurfszeichnung für das Hochaltarbild der Theatinerkirche in München, in: Das Münster Nr. 13, 1960, 260-263

Facciolati, Jacopo: Fasti Gymnasii Patavini Jacobi Facciolati studio atque opera collecti, Patavii 1757
Ferrari Octavio: Octavii Ferrarij prolusiones vigintisex. Gymnasii Patavini Vota suscepta pro Serenissimis ac Potentissimis Principibus Ferdinando Maria et Adelaide à Sabaudia utriusque Bavariae Ducibus, Patavii 1668
Ferrofino, Per Giovanni Battista: Relatione delle Solemnità e Feste nelle Nozze della Serenissima Prencipessa Adelaide di Savoia etc., Torino 1650 (MGHA, Korr. Akt 631/3)

Fiedler, Joseph: Die Relationen der Botschafter Venedigs, in: Fontes Rerum Austriacarum, Bd. XXVII/2, Wien 1867
Foa, Salvatore: Vittorio Amedeo I (1587-1637), Torino 1930
Fouquet, Nicolas: Recueil des défenses, Vol. VIII, o. O. 1666
Frankenburger, Max: Die Silberkammer der Münchner Residenz, München 1941

Gabrielli, Noemi: Racconigi, Torino (Istituto Bancario di San Paolo) 1972
La Galleria di Minerva, Tomo Secondo, Venezia 1697
Galvani, Livio Niso: I teatri musicali di Venezia nel secolo XVII (1637-1700), Milano 1878
Gaxotte, Pierre: Lettres de Louis XIV, Paris 1930
Geiger, Simon: Kloster Tegernsee. Ein Kulturbild, München 1936
Geist und Gesetze der Kongregation der Adeligen Dienerinnen Mariens zu St. Kajetan und Adelheid in München. Errichtet im Jahre 1663. München 1952
Gilardone, Georg: Bayerische Uniformen, in: Bayerland 40, 1929, 605-608
Gisberti, Domenico: Il viaggio dell'A.A.S.S.E.E. di Baviera a Salzburgo, in giornate diviso, e all'Altezza Real di Savoia in lettere di raguaglio descritto, Monaco 1670
ders.: Il Würthschafft overo l'Imperio dell'Oste. Festa Signorile dell'Alemagna. Comparsa nella Serenissima Corte Elettoral di Baviera nel Carnevale dell'anno 1673, Monaco 1673
ders.: Le Nove Muse, Polinnia. Il ritratto della Serenissima Enrietta Adelaide, Monaco 1675
Glaesemer, Jürgen: Joseph Werner (1637-1710), Oeuvrekataloge Schweizer Künstler 3, Zürich 1974
Gloria, Andrea: Lucrezia degli Obizzi e il suo secolo, Padova 1853
Goetze, Johann Christian: Die Durchlauchtigsten Churfürstinnen von Bayern, Dresden 1747
Gonzati, Bernardo: La Basilica di S. Antonio di Padova, Vol. I, Padova 1852
Gregorovius, Ferdinand: Die beiden Crivelli, Residenten der Herzöge und Kurfürsten von Baiern beim heiligen Stul in Rom von 1607-1659, in: SBAW Hist. Classe, München 1880, Heft III, Separatabdruck, 332-376
Gualdo Priorato, Galeazzo Conte: Relatione della Corte e Stati del Serenissimo Ferdinando Maria Elettore di Baviera, Leyden 1668
Gubernatis, Angelo de: Die Frauen des Hauses Savoyen, in: Deutsche Revue über das gesamte nationale Leben der Gegenwart, Jg. VIII, Bd. 2, Breslau und Berlin 1883, 378-393

Häuserbuch der Stadt München, 4 Bde., München 1958-1966
Haeutle, Christian: Die Wittelsbacher als Herzoge, Kurfürsten und Könige von Bayern, Augsburg 1880
ders.: Genealogie des Erlauchten Stammhauses Wittelsbach, München 1870
ders.: Geschichte der Residenz in München, Leipzig 1883
Hager, Luisa: Nymphenburg. Schloß, Park und Burgen, München o. J.
dies.: und Hojer, Gerhard: Schleißheim, Amtlicher Führer München 1970
Hamilton, Don Amadeus: Glorwürdige Lobgedächtnuß Der Bayrischen Amalasunthae oder Leichen-Ehren-Predigt, in welcher die Heroischen Tugenden Der Durchleuchtigisten Fürstin und Frawen Henriette Adelheid etc. eingeführt (gekürzt), München 1676
Hauttmann, Max: Der kurbayerische Hofbaumeister Joseph Effner, Straßburg 1913
ders.: Geschichte der kirchlichen Baukunst in Bayern, Franken und Schwaben 1550-1780, München 1921
Heide, Gustav: Kurfürstin Adelheid von Bayern, in: Ztschr. f. Allg. Geschichte III, 1886, 313-334
ders.: Die Wahl Leopolds I. zum römischen Kaiser, in: Forsch. z. deutschen Geschichte Bd. 25, Göttingen 1885, 3-67

ders.: Über die angebliche Bewerbung Ludwigs XIV. um die deutsche Kaiserkrone, in: Hist.-pol. Blätter für das katholische Deutschland, 1893/II, 865-878
Heigel, Karl: Es regnet. Eine Münchner Geschichte, Stuttgart und Leipzig 1878
Heigel, Karl Theodor: Die Vermählung des Kurfürsten Ferdinand Maria von Bayern mit Adelaide von Savoyen und die Beziehungen zwischen Bayern und Savoyen 1648-53, in: Quellen und Abhandlungen zur neueren Geschichte Bayerns, Neue Folge, München 1890, 1-47
ders.: Nymphenburg, in: Bayer. Bibliothek Bd. 25, Bamberg 1891
ders.: Kurfürst Joseph Clemens von Köln, in: SBAW, München 1883, Heft 3, 332-400
ders.: Italianismen in der Münchener Mundart, in: Hist. Vorträge u. Studien, 3. Folge, München 1887, 264-272
ders.: Adelaide von Savoyen, Kurfürstin von Bayern, in: Beilage zur Allg. Zeitung 1892, Nr. 279
ders.: Das Projekt einer Wittelsbachischen Hausunion unter schwedischem Protektorat (1667-1697), in: SBAW, München 1882, Bd. II, 51-113
ders.: Die Beziehungen zwischen Bayern und Savoyen 1648-53, in: SBAW, München 1887, Bd. II, 118-172
Helle, Christoph: ohne Titel (Feuerwerke in München, 17. Jahrhundert), o. J.
Herzog, Dora: Kurfürstin Adelheid von Bayern. Ein Beitrag zur Geschichte des höfischen Absolutismus, Diss. München 1943 (Masch. schrift)
Himmelheber, Georg: Spiele. Gesellschaftsspiele aus einem Jahrtausend, in: Kataloge des Bayer. Nationalmuseums München, Bd. XIV, 1972
Höfler, Max: Die Heilbrunner Adelheidisquelle, in: Ztschr. f. Balneologie 1913, Nr. 2
Hojer, Gerhard: Die Münchener Residenzen des Kurfürsten Max Emanuel, in: ME-Kat. I, 142-169
Hubensteiner, Benno: Vom Geist des Barock. Kultur und Frömmigkeit im alten Bayern, München 1967
ders.: Land vor den Bergen, München 1979
Hüttl, Ludwig: Caspar von Schmid (1622-93), ein kurbayerischer Staatsmann aus dem Zeitalter Ludwigs XIV., MBM Heft 29, München 1971
ders.: Max Emanuel, der Blaue Kurfürst, München 1976
Hufnagel, Max Joseph: St. Cajetan, ein wenig bekannter Schutzpatron Bayerns, in: Jahrbuch 1966 für altbayerische Kirchengeschichte, Deutingers Beiträge 24/3, München 1966, 45-103

Jannaco, Carmine: Il Seicento, in: Storia Letteraria d'Italia, Milano 1966 (Tesauro)

Kleinschmidt, Arthur: Bayern, Pfalz und Sardinien von 1700-1800, in: FGB Bd. VIII, Berlin 1900, 144-191
Kleinschmidt, P. Beda OFM: Antonius von Padua in Leben und Kunst, Kult und Volkstum, Düsseldorf 1931
Kobell, Franz von: Wildanger, München 1932
Koch, Laurentius: Die Wallfahrt, in: Ettaler Manndl, Jg. 49/22, Festschrift 1970, 123-171
Koch, Wilhelm: Die Jagd in Vergangenheit und Gegenwart, Stuttgart 1961
Koegel, Joseph: Geschichte der St. Cajetans-Hofkirche, München 1899
König, Maria Angela: Weihegaben an U. L. Frau von Altötting, 2 Bde., München 1939-40
Köstler, Josef: Geschichte des Waldes in Altbayern, München 1934
Kornemann, Ernst: Große Frauen des Altertums, Bremen 1958
Kraus, Andreas: Kurfürst Ferdinand Maria und sein Hof, in: Handbuch der bayerischen Geschichte, Bd. II, 2. Nachdruck, München 1977, 411-414
Kremer, Manfred: Apollos Lohn für den Dichter. Ein Beitrag zur Biographie Johann

Joseph Beckhs, in: Argenis, Internat. Ztschr. f. Mittlere Deutsche Literatur, Bd. 2, Heft 1-4, 1978, 143-158, Sonderdruck
Krempel, Ulla: Max Emanuel als Gemäldesammler, in: ME-Kat. I, 221-226
Kull, J. V.: Die Goldschmiede- und Graveursfamilie Zeggin (1560-1710), in: Bayerland 24, 1913, 308-310
Kurtz, Maximilian, Graf: Relation der auß gnädigisten Befelch der Durchleuchtigisten Fürstin und Frawen Maria Anna etc. in Abholung der Durchleuchtigisten Fürstin und Frawen Henrietta Adelhaida Churfürstin in Bayrn etc. geborne Hertzogin auß Savoia Durch den Hoch und wolgebornen Herrn Maximilian Graf Kurtzen etc. verrichter Raiß nacher Piemont, 1652 (gekürzt)
Kutter, Paul: Joachim von Sandrart als Künstler, Straßburg 1907

Lampl, Sixtus: Die Klosterkirche Tegernsee, in: Obb. Archiv Bd. 100, (Textband), München 1975
Lieb, Norbert: München. Die Geschichte seiner Kunst, München 1971
ders.: Die Fugger und die Kunst, Bd. II, München 1958
Lindner, Pirmin: Familia S. Quirini in Tegernsee, Teil II, in: Obb. Archiv, Bd. 50, München 1898
Lipowsky, Felix J.: Des Ferdinand Maria Lebens- und Regierungsgeschichte, München 1831
Löwenfelder, Gertrud: Die Bühnendekoration am Münchner Hoftheater (1651-1778), Diss. München 1955 (Masch.schrift)
Lotheißen, Ferdinand: Geschichte der französischen Literatur im 17. Jahrhundert, Bd. I, Wien 1897
Luin, Elisabeth Jeanette: Das künstlerische Erbe der Kurfürstin Adelaide in ihren Kindern, Enkeln und Urenkeln, in: Festgabe für S.K.H. Kronprinz Rupprecht von Bayern, München-Pasing 1953, 152-179

Magendie, Maurice: L'Astrée d'Honoré d'Urfé, Paris 1929
Maier, Julius Joseph: Die musikalischen Handschriften der K. Hof- und Staatsbibliothek in München, I. Teil, München 1879
Maillinger, Joseph: Bilder-Chronik der königlichen Haupt- und Residenzstadt München, Bd. I, München 1876
Marimont, Carl: Die Hochlöbliche und Gottseelige Stifftung, so Weyland die Durchleuchtigiste Fürstin Henrietta Adelheid etc. für die in Zügen ligende Personen eingesetzt und auffgericht (gekürzt), München 1676
ders.: Apparatus funebris Piissimis manibus Adelaidis Utriusque Bavariae et Palatinatus Superioris Ducissae erectus (gekürzt), Monacchii 1676
Marpurg, Friedrich Wilhelm: Historisch-kritische Beyträge zur Aufnahme der Musik, Bd. IV, Berlin 1758
Martin, Franz: Salzburgs Fürsten in der Barockzeit (1587-1812), Salzburg 1952
Kurfürst Max Emanuel, Bayern und Europa um 1700, Max-Emanuel-Ausstellung (Katalog), 2 Bde., München 1976 (ME-Kat.)
Mayerhofer, Johannes: Schleißheim, in: Bayer. Bibliothek, Bamberg 1890
Mayr, Karl: Briefe der Kurfürstin Maria Anna von Bayern, in: Festgabe Karl Theodor von Heigel, München 1903, 305-323
Mazarin, Jules: Lettres du Cardinal Mazarin pendant son ministère, recueillies et publiées par G.d'Avenel, Tome VIII, Paris 1894
Meazza, Don Girolamo: Le eroiche e christiane virtu di S. Adelaide imperatrice. Panegirico Sacro, Monaco 1662
Meichelbeck, P. Carolus: Chronicon Benedictoburanum, Pars 1, 1752

Meinecke, Friedrich: Der Regensburger Reichstag und der Devolutionskrieg, in: HZ Bd. 60, 1888, 193-222
Mentz, Georg: Johann Philipp von Schönborn, Kurfürst von Mainz (1605-73), Jena 1896
ders.: Literaturbesprechung über Doeberl, Bayern und Frankreich, in: HZ Bd. 88, 1902, 303
Merkel, Carlo: Adelaide di Savoia, Elettrice di Baviera. Contributo alla storia civile e politica del Milleseicento, Torino 1892
Merkwürdigkeiten, s. anonym
Mindera, Karl: Bad Heilbrunn, das 800-jährige Jodbad in Oberbayern, Bad Tölz, o. J.
Mitterwieser, Alois: Heilbrunn als altes Hofbad, in: Tölzer Kurier, Heimatbote vom Isarwinkel, Nr. 202, Jg. 1932, Nr. 4
ders.: Bayerische Prunkschiffe aus fünf Jahrhunderten, München 1931
ders.: Wenn der Kurfürst nach Starnberg reiste, in: Bayer. Heimat 1929, 44. Lieferung
Mlakar, Pia und Pino: Notizen über Max Emanuels Beziehungen zum Ballett, in: ME-Kat. I, 317-320
Montpensier, Anne Marie Louise: Mémoires de Mlle de Montpensier, édiés par A. Chéruel, 4 vol., Paris 1858/59
Mostra del Barocco Piemontese, Vol. I, II, Torino 1963
Münster, Robert: Das kurfürstliche München, in: Musik in Bayern, Bd. I, Bayerische Musikgeschichte, Tutzing 1972, 191-206
Muggenthaler, Ludwig: Der Schulorden der Salesianerinnen in Bayern von 1667 bis 1831, JMG Bd. V, 1894, 61-236
Die Musik in Geschichte und Gegenwart, Bd. VII, Kassel 1958 (Artikel Kerll)
Musik in Bayern, Ausstellungskatalog, Bd. II, Tutzing 1972

Neu-gedrucktes Register, s. anonym

Orationi Divote, raccolte da diversi libri spirituali dalla Serenissima eletrice Adelaide duchessa dell'una e l'altra Baviera etc. Monaco 1656 (Weitere Ausgaben Monaco 1659, 1670, Torino 1662)
Ow, Leo von: Eine bayerische Chronik, München 1975

Pallavicino, Ranuccio: I Trionfi dell'architettura nella sontuosa Residenza di Monaco, Monaco 1667
ders.: Ritratto di gran Personaggio, Monaco 1667
Papadopolus: Nocolai Comneni Papadopoli Historia Gymnasii Patavini, Venetiis 1726, Liber II, III
Parish, Hermine von: Allongeperücke und Schleppenkleid (s. d.), München 1976, Vorbemerkung 8-18
Pauels, Hubert OSFS: Die Mystik des Hl. Franz von Sales in ihrer Grundhaltung und Zielsetzung, in: Studia Salesiana, Eichstätt und Wien 1963
Paulus, Richard: Der Baumeister Henrico Zuccalli am kurbayerischen Hofe zu München, Straßburg 1912
ders.: Die Theatinerkirche, ihr Bau und ihre kunsthistorische Bedeutung für München, in: Bayerland 24, 1913, 643-647 und 659-664
ders.: Ein Schönheitsfehler der Theatinerkirche, in: Bayerland 24, 1913, 242-244
Pée, Herbert: Johann Heinrich Schönfeld, Die Gemälde, Berlin 1971
Pepe, Don Stefano: Vita della Beata Chiara degli Agolanti Ariminese, Monaco 1661
ders.: Istoria e meraviglie della B. Vergine d'Etinga, Monaco 1664 (Geschichte und Wunderzeichen der seligsten Jungfrau zu Altötting)
Peroni, Adriano: L'Architetto della Theatinerkirche di Monaco, Agostino Barelli (1627-

1687 ?) e la tradizione architettonica bolognese, in: Palladio, Rivista di Storia dell'Architettura I, Nuova Serie, A. VIII, Roma 1958, 22-38
Petzet, Michael: Entwürfe für Schloß Nymphenburg, in: ZBLG Bd. 35, Heft 1, 1972, 202-212
Pichler, Joseph: Dachau einst und jetzt, Jubiläumsfestschrift, Dachau 1908
Poelnitz, Götz Frhr. von: Anton Fugger, Bd. I, Tübingen 1958
Porträtgalerie zur Geschichte Österreichs (1400-1800), Katalog Kunsthistorisches Museum, Wien 1976 (Porträts und Stammtafeln)
Prechtl, J. B.: Das Schloß Isareck bei Moosburg, München 1881
Preuß, Georg Friedrich: Kurfürstin Adelheid von Bayern, Ludwig XIV. und Lionne, in: Festgabe Karl Theodor von Heigel, München 1903, 324-360
ders.: Wilhelm III. von England und das Haus Wittelsbach im Zeitalter der spanischen Erbfolgefrage, 1. Halbband, Breslau 1904
ders. und Doeberl, Michael: Zur Beurteilung der Regierung Ferdinand Marias, in: FGB XII, München u. Berlin 1904, 219-226 (Doeberl), 287-301 (Preuß)
Pribram, A. F.: Venezianische Depeschen vom Kaiserhofe, hg. von der Hist. Komm. der kaiserl. Akademie der Wissenschaften, 2. Abt., 1. Bd., bearb. von A. Pribram, Wien 1901
ders. und Landwehr von Pragenau, M.: Privatbriefe Kaiser Leopolds I. an den Grafen F. E. Pötting, 1662-1673, 2 Bde., in: Fontes Rerum Austriacarum, Wien 1903/04
Prinz, Wolfram: Die Entstehung der Galerie in Frankreich und Italien, Berlin 1970

Quadri, Antonio: Il Canal Grande di Venezia, Venezia 1834, Tavola 13 (Palazzo Tron)
Quazza, Romolo: La politica di Carlo Emanuele I durante la guerra dei trent'anni, in: Biblioteca della Società Storica Subalpina, Vol. CXX, Torino 1930, 1-45

Raffalt, Reinhard: 300 Jahre Theatinerkirche (1675-1975), Festrede München 1975
Rall, Hans: Kurfürst Max Emanuel und das Haus Wittelsbach im 17. und 18. Jahrhundert, in: ME-Kat. I, 51-66
ders.: Wittelsbacher Lebensbilder von Kaiser Ludwig bis zur Gegenwart. Führer durch die Münchener Fürstengrüfte, München 1980
ders. und Hojer, Gerhard: Kurfürst Max Emanuel, der „Blaue König", München 1979
Recueil des Instructions données aux ambassadeurs et ministres de France depuis les traités de Westphalie, Tome VII, Bavière, ed. par A. Lebon 1889
Reinhardstöttner, Karl von: Über die Beziehungen der italienischen Literatur zum bayerischen Hofe und ihre Pflege an demselben, in: JGM 1. Jg., München 1887, 93-160
ders.: Faschingsschlittenfahrten bayerischer Studenten, in: FGB Bd. VII, Berlin 1899, 57-66
Reiser, Rudolf: Adeliges Stadtleben im Barockzeitalter. Internationales Gesandtenleben auf dem Immerwährenden Reichstag zu Regensburg, MBM Heft 17, München 1969
Riccati, Giordano, Conte: Notizie di Ms. Agostino Steffani, Vescovo di Spiga e Vicario Apostolico, Venezia 1779 (Biblioteca Querini Stampalia, Venezia)
Riccoboni, Alberto: Antonio Zanchi e la pittura Veneziana del Seicento, Firenze 1967
ders.: Zanchi e Triva nel Castello di Nymphenburg, in: Arte Veneta XXIII, 1969, 232-235
Riemann, Hugo: Musiklexikon Bd. 3, Sachteil, Mainz 1967
Riezler, Sigmund: Geschichte Bayerns, Bd. VII, Gotha 1913
ders.: Bayern und Frankreich während des Waffenstillstands von 1647, in: SBAW, phil.-hist. Klasse, München 1899, Bd. II, 493-541
Rittershausen: Die vornehmsten Merkwürdigkeiten der Residenzstadt München für Liebhaber der bildenden Künste, München 1787
Rizzi, Gualtiero: Repertorio di Feste alla corte dei Savoia (1346-1669), raccolto dai trattati

di C. F. Menestrier a cura di Gualtiero Rizzi, Centro Studi Piemontesi, Quaderno 4, Torino 1973
Rizzoli, L.: Il Castello del Catajo nel padovano e il testamento del marchese Tommaso degli Obizzi, Venezia 1923
Rockinger, Ludwig: Die Pflege der Geschichte durch die Wittelsbacher, Akademische Festrede, München 1880
Rossetti, Giovambattista: Descrizione delle pitture, sculture ed architetture di Padova, parte 2ª, Padova 1780
Roth, Carl: Geschichte des Forst- und Jagdwesens in Deutschland, Berlin 1879
Rudhart, Fr. M.: Geschichte der Oper am Hofe zu München, Freising 1865

Sackville-West, Victoria: Tochter Frankreichs. Das abenteuerliche Leben der Anne Marie Louise d'Orléans, Herzogin von Montpensier, Deutsche Ausgabe, Hamburg 1960
Sales, Franz von: Philothea oder Anleitung zur Frömmigkeit von dem hl. Kirchenlehrer Franz von Sales, hg. von Eduard Fehringer, München 1931
Salomonio, Jacobo: Inscriptiones Patavinae sacrae et prophanae, Patavii 1708
Sandberger, Adolf: Johann Kaspar Kerll, in: Gesammelte Aufsätze zur Musikgeschichte, Bd. I, München 1921, 181-187
Sandrart, Joachim von: Teutsche Akademie der Bau-, Bild- und Mahlerey-Künste, Nürnberg 1675 (MHS D/Rar. 2230)
Sartor, Sergio: Agostino Steffani, Città di Castelfranco Veneto, Fondazione Morello, o. J., mit Bibliographie
Saviolo, Pietro: Le prodigiose glorie del Santo di Padova. Alle Serenissime Elettorali Altezze di Ferdinando Maria et Adelaide etc. Padova 1669
Schanderl, Elisabeth: Henriette Adelaide von Savoyen, Kurfürstin von Bayern. Ihr Einfluß auf Politik und Kunst am Münchener Hofe, in: Bayerland 24, 1913, 467-473
Schattenhofer, Michael: Von Kirchen, Kurfürsten, Kaffeesiedern etcetera, München 1974
Schiedermair, Ludwig: Künstlerische Bestrebungen am Hofe des Kurfürsten Ferdinand Maria von Bayern, in: FGB Bd. X, Berlin 1902, 82-148
Schmeller, J. Andreas: Bayerisches Wörterbuch, Neudruck Aalen 1966 (Bd. I, Spalte 647: Trucktafel)
Schmidt, Friedrich: Geschichte der Erziehung der bayerischen Wittelsbacher, Berlin 1892
Schmidt, Johann: Triumphierendes Wundergebäu der Churfürstlichen Residenz zu München, München 1685
Scolari, Antonio: Cenni biografici di Francesco Bernardino e Ottavio Ferrari, Padova 1836
Scudéry, Madeleine de (Scudéry, Mr.de): Clélie, Histoire Romaine, vol. 10, Paris 1654-1661
Seidel, G. F.: Die königliche Residenz zu München, Leipzig 1873 (Bildband)
Sendschreiben der Weyland Durchlauchtigsten Churfürstin aus Bayern Maria Henrietta Adelheid über die mittels der Andacht zum heiligen Cajetan erhaltenen Gnaden und Wohltaten an P. Don Stephan Pepe (gekürzt). Deutsche Übersetzung München 1763
Sertorius, Lilli: Katharina von Genua, München 1939
Simonsfeld, Henry: Der Bucintoro auf dem Starnbergersee, in: JMG, 4. Jg. 1890, 175-214
ders.: Johann Joachim Becher und die Seidenmanufaktur in München unter Ferdinand Maria, in: JMG, 1. Jg. 1887, 363-415
ders.: Maskenfeste am bayerischen Hofe unter Kurfürst Ferdinand Maria, in: Bayerland 5, 1894, 219-222
Spruner, Carl von: Charakterbilder aus der bayerischen Geschichte, München 1878
Steffan, Franz: Bayerische Banken und ihre Geschichte, in: Bayerland 41, 1930, 577-585
Steffani, Agostino: Psalmodia Vespertina Volans, Romae 1674
Stieve, Felix: Kurfürst Maximilian I. von Bayern, Akademische Festrede, München 1882

ders.: Urteile und Berichte über München aus dem 15., 16. und 17. Jahrhundert, in: JMG, 1. Jg. 1887, 313-327
Straub, Eberhard: Repraesentatio Maiestatis oder churbayerische Freudenfeste. Die höfischen Feste in der Münchener Residenz vom 16. bis zum Ende des 18. Jahrhunderts, MBM Heft 14, München 1969
Strich, Michael: Kurfürstin Adelheid von Bayern. Nach den Briefen in der Biblioteca del Re zu Turin und anderen unveröffentlichten Dokumenten. Sonderabdruck des HJb Bd. 47, Heft 1, München 1927, 63-96
ders.: Das Kurhaus Bayern im Zeitalter Ludwigs XIV. und die europäischen Mächte, 2 Bde., in: Schriftenreihe z. bayerischen Landesgesch. 13/14, München 1933
ders.: Der Chevalier della Perosa. Ein Hofkavalier aus der Zeit des Kurfürsten Ferdinand Maria, in: ZBLG, 1. Jg. 1928, 33-47
ders.: Der Residenzbrand vom 9. April 1674 und der Herzog von Vitry, in: Bayerland 25, 1913, 184-188 und 204-206

Tesauro, Emanuele: Il Canocchiale Aristotelico, Faksimile-Neudruck der Ausgabe Turin 1670, hg. u. eingeleitet von August Buck, Bad Homburg 1968
ders.: Inscriptiones, Editio tertia, Romae 1667
Thieme-Becker: Allgemeines Lexikon für bildende Künstler, Leipzig 1907 ff.
Tobacco, Giovanni: Lo Stato Sabaudo nel Sacro Romano Impero, Torino 1939
Trautmann, Karl: Zwei unbekannte Beschreibungen Münchens aus dem 17. Jahrhundert, in: JMG 1. Jg., 1887, 506-510
ders.: Italienische Schauspieler am bayerischen Hofe, in: JMG 1. Jg., 1887, 193-312
ders.: Französische Schauspieler am bayerischen Hofe, in: JMG 2. Jg., 1888, 185-334
ders.: Joachim von Sandrart und Kurfürstin Adelheid von Bayern, in: Monatsschrift d. Hist. Vereins v. Obb., Jg. III, 1894, 21-25
Treves, G.: Rime di Adelaide di Savoia, Elettrice di Baviera, sopra la vita della Beata Chiara degli Agolanti, Padova 1883
ders.: Adelaide Enrichetta di Savoia-Baviera, in: Giornale degli Eruditi e Curiosi, Padova 1883, 769-780
Troeger, Curt: Die Memoiren des Marschalls von Gramont, in: Halle'sche Abhandlungen zur Neueren Geschichte, Heft 24, Halle 1888
Trucktafel: Gedruckte und geschriebene Regeln für das Spiel „trucco a tavola", 17. Jahrhundert, Schloß Harmating bei Wolfratshausen

Urkunden und Aktenstücke zur Geschichte des Kurfürsten Friedrich Wilhelm von Brandenburg, Bd. 12, Berlin 1892
Ursprung, Otto: Münchens musikalische Vergangenheit, München 1927

Valfrey, Jules: La diplomatie française au XVIIe siècle. Hugues de Lionne, ses ambassades en Espagne et en Allemagne, Paris 1881
Viale Ferrero, Mercedes: Feste delle Madame Reali di Savoia, Torino 1965
Vogl, Adalbert: Führer durch die Schatzkammer beim Gnadenschlößlein unserer lb. Burgherrin Maria in Altötting, Altötting 1928
Volberg, Heinrich: Deutsche Kolonialbestrebungen in Südamerika nach dem Dreißigjährigen Kriege, insbesondere die Bemühungen von Johann Joachim Becher, Köln 1977

Wagner, Fritz: Frankreichs klassische Rheinpolitik. Der Rheinbund von 1658, Stuttgart 1941
Waldstein-Wartenberg, B.: Geschichte der Herren und Grafen von Arco, Innsbruck-München 1971

Wichmann, Siegfried: Das mythologische Porträt am Hofe des Kurfürsten Ferdinand Maria von Bayern, in: Die Kunst und das Schöne Heim, 55. Jg., München 1957, 4-7
Wolf, Georg Jacob: Das kurfürstliche München, München 1930
ders.: Bilder aus dem kurfürstlichen München, in: Bayerland 39, 1928, 161-167
ders.: Die Münchnerin, München 1924, 14-20
Wolfart, K.: Geschichte der Stadt Lindau im Bodensee, Bd. I u. II, Lindau 1909

Zanelli, Ippolito: Vita del gran pittore Cavalier Conte Carlo Cignani, Bologna 1722
Zumthor, Paul: La Carte de Tendre et les Précieux, in: Trivium, Jg. VI, Heft 4, Zürich 1948, 263-273

Weitere Literatur

Förg, Klaus G.: Schloss Nymphenburg, Rosenheim 2002

Hartmann, Peter Claus: Bayerns Weg in die Gegenwart. Vom Stammesherzogtum zum Freistaat heute, 2., überarbeitete und ergänzte Auflage, Regensburg 2004
Häuserbuch der Stadt München, 5 Bde., München 1958-1977
Hojer, Gerhard: Nymphenburg. Schloss, Park und Burgen (amtlicher Führer), 22., neu gestaltete Auflage, München 1999

Kaiser, Alfred: Theatinerkirche St. Kajetan, München, 7. Auflage, Regensburg 2003
Kraus, Andreas: Maximilian I. Bayerns großer Kurfürst, Regensburg 1990

Lieb, Norbert: München. Die Geschichte seiner Kunst, 4., überarbeitete und erweiterte Auflage, München 1988

Macht der Gefühle – 350 Jahre Oper in München, hrsg. von der Bayerischen Staatsoper in München, Berlin 2003

Neumann, Hermann: Die Münchner Residenz, München 2000

Anmerkungen

(Die vollen Titel der angeführten Bücher sind dem Literaturverzeichnis zu entnehmen)

1 Cognasso, I Savoia; Bohner, Das Haus Savoyen; Datta, Cristina di Francia; Behr, Genealogie; Heigel, Vermählung.
2 Burckhardt, Richelieu; Quazza, La politica di Carlo Emanuele I; Foa, Vittorio Amedeo I; Heigel, Vermählung; MHStA, K. schw. 6677 (Savoyische Korrespondenz).
3 Viale Ferrero, Feste; Rizzi, Repertorio di Feste, 26.
4 Cognasso, 398 f; Foa, 134 ff.
5 BStGS, Inv. Nr. 3132, 3182; Datta, Abb. nach p. 48.
6 Cognasso, 404 f; Bohner, 123; Claretta, Reggenza I, 211; Foa, 283 f.
7 Datta, 144.
8 AStT, Lettere Cristina di Francia a Don Felice di Savoia.
9 Claretta, Reggenza I, 500; Datta, 169 ff.
10 Bildnis im Palazzo Reale, Turin; Abb. bei Viale Ferrero 35.
11 Datta, 190; Viale Ferrero, tavola I.
12 AStT, Lettere Particolari, Carlo Emanuele Pallavicini.
13 AStT, Lettere Particolari, Emanuele Rainaudi; Claretta, Adelaide, 13.
14 Sertorius, Katharina von Genua; AStT, lett. A., mazzo 21, 6. 1. 55 (über die Annunziatinnen).
15 Claretta, Reggenza I, 870; Cognasso, 411; Viale Ferrero, tavola III.
16 AStT, Lettere Particolari, Carlo Emanuele Pallavicini.
17 AStT, Lettere Particolari, Ettore Rocca; ebenda, lett. A., mazzo 24, 18. 3. 67 („Tenerina"); MGHA, Korr. Akt 631/1, 4. 12. 49 (Madama di Brandis, „dama di molto rispetto e degne qualità").
18 MGHA, Korr. Akt 666/II, 30. 3. 1644, Adelaide an die Priorin.
19 Viale Ferrero, 46-50, tavole V-IX.
20 Blaeu, Theatrum, Vol. I, Pedemontium (Abbildungen von Turin); Bernardi, in: Mostra del Barocco Piemontese, Le sedi, 1-8, 9-18; MGHA, Korr. Akt 631/1 (Egartner, 4. 12. 49).
21 Condulmer, 60.
22 Blaeu, Theatrum, Vol. I, Pedemontium (Abb. der Sommerschlösser); Brinckmann, Abb. 6 B, 126 A; Datta, 141; AStT, lett. A., mazzo 20, Brief vom 24. 12. 52 (Schloß Agliè).
23 AStT, Lettere Ministri Francia, mazzo 49, lettera 65, 31. 8. 46
24 Riezler, Waffenstillstand, 494, 526 f; Herzog, Kurfürstin Adelheid, 74 ff; MGHA, Korr. Akt 631/1, 10. 9. 49.
25 MGHA, Korr. Akt 631/1; Riezler, Waffenstillstand 527.
26 Claretta, Adelaide, 12; Merkel, 4; Heigel, Vermählung, 8.
27 Claretta, Reggenza II, 248 ff; Datta 287 ff.
28 MGHA, Korr. Akt 631/1, Bericht aus Florenz vom 17. 4. 49.
29 Mayr, Karl, 306.
30 ebenda, 312, Brief vom 26. 8. 49.
31 Auskunft Stadtarchiv Lindau; Poelnitz, Anton Fugger I, 105, 543 f; Lieb, Fugger, 84; Wolfart, Lindau, Bd. I. u. II (Familie Kurz und Schlößchen Senftenau); Goetze, 27 (Philipp Kurz); Häuserbuch München, Bd. I, 276; Auskunft Eleonore Gräfin Waldburg-Zeil, Wengen/Allgäu.
32 MGHA, Korr. Akt 631/1 (Egartner).
33 ebenda, Bericht vom 15. 10. 49.
34 MHStA, K. schw. 6455/1; PAE, Corr. Bavière II, 542/43.

35 Claretta, Adelaide, 16 f und Documenti no. I.
36 MGHA, Korr. Akt 631/2, mit Ahnentafel; MHStA, K. schw. 6678; AStT, Matrimonii 29. Der Stammbaum Adelaides im Anhang wurde mit Unterstützung des Instituts für Historische Führungsschichten, Bensheim/Bergstraße, erstellt.
37 MGHA, Korr. Akt 631/1, Brief vom 19. 7. 50.
38 Claretta, Adelaide, 41.
39 Schmidt, Erziehung, LXXXII ff; MHS, Cod. lat. mon. 1551; Mayr, 323, Brief vom 15. 1. 50; MGHA, Korr. Akt 639 (Monita paterna).
40 MGHA, Korr. Akt 631/1, Brief vom 15. 9. 50.
41 MGHA, Korr. Akt 631/3, Instruktion vom 28. 10. 50.
42 MGHA, Korr. Akt 631/3, „Itinerarium" des Grafen Kurz von 1650.
43 Castiglione, Don Valeriano: Li Reali Himenei etc.; Ferrofino, Per Giovanni Battista: Relatione delle Solemnità e Feste etc.; MGHA, Korr. Akt 631/3, Briefe von Maximilian Kurz.
44 Bericht Kurz vom 30. 11. 50, MGHA, Korr. Akt 631/3 (dort auch die Berichte zum Folgenden); Castiglione, 12-16.
45 Ferrofino, Relatione; Berichte von Kurz an Maximilian I. und Maria Anna (631/3); Claretta, Adelaide 28; Allongeperücke und Schleppenkleid, 10; ME-Kat. I, 173 und Abb. 59 (Baumstark); Auskunft Casa di S. M.Il Rè, Cascais/Portugal.
46 Castiglione, 36.
47 Abbildung der Turiner Hofkapelle von 1650 bei Viale Ferrero, 52.
48 Kurz an Maria Anna, 11. 12. 50, MGHA, Korr. Akt 631/3.
49 Textbuch des Turniers „Gli Ercoli domatori" in Korr. Akt 631/3.
50 MGHA, Korr. Akt 631/3 (21. 12. 50); MHS, Dellingiana 13 (26. 12. 50).
51 Viale Ferrero, 57 und tavole XV-XVII; MGHA, Korr. Akt 631/3 u. 4; Claretta, Adelaide, 33 ff; Heigel, Vermählung 12 f.
52 Kurz an Maria Anna, Novara 26. 12. 50, MGHA, Korr. Akt. 631/3; HZR 1652, f. 613 (Emanuele Somis).
53 „Diarium" des Grafen Kurz über die Vorgänge am Münchener Hof im Jahre 1651, MGHA, Korr. Akt 631/4.
54 ebenda, 12. 2. 51, und Bericht des Grafen Kurz über das „Freydenfest" anläßlich der Prokura-Vermählung Ferdinand Marias in München (MGHA, Korr. Akt 631/4).
55 MGHA, Korr. Akt 644/2; MHS, Dellingiana 13; WHHStA, Bavarica, fasz. 3 b, Bericht der Gräfin Portia nach Wien; Schiedermair, Künstlerische Bestrebungen, 140; Löwenfelder, Bühnendekoration, 5-8.
56 MGHA, Korr. Akt 631/4, Bericht über das „Freydenfest".
57 Kurz an den Marchese Pianezza, 20. 2. 51, MGHA, Korr. Akt 631/4.
58 „Diarium" des Grafen Kurz von 1651, ebenda; MStA, Ratsprotokoll 1649, f. 39; Mayr, 307.
59 Schmidt, Erziehung, LXXXIII f und 440; HZR 1652, f. 263 f, 569 ff, 613, HZR 1654 u. 1655, Ausgaben für Ferdinand Maria; Riemann, Musiklexikon, 3. Bd., Sachteil (Thiorbe); „Diarium" des Grafen Kurz, Monat August, Jagden (MGHA Korr. Akt 631/4).
60 MGHA, Korr. Akt 631/4, Briefwechsel Kurz-Pianezza; 631/1, ohne Datum, Brief Adelaides an Ferdinand Maria.
61 Haunsperg an Maria Anna, Turin, 8. 11. 51, MGHA, Korr. Akt 631/5.
62 ebenda, 12. 10. 51 (König Philipp von Spanien) und 23. 12. 51 (Doge von Venedig).
63 Gräfin Felizitas Wolkenstein, geb. Gräfin Spaur. Geboren 1609 in Brixen, Südtirol, verheiratet 1636 mit Graf Johann Wolkenstein, verwitwet 1649. Auskunft Baronin Maria Call, Schloß Rodenegg, Südtirol; MGHA, Haushalt-Akt 1712 G I 11 u. 13.
64 MGHA, Korr. Akt 631/4, „Diarium" des Grafen Kurz von 1651.

65 MGHA, Korr. Akt 631/5, Bericht vom 8. 3. 52.
66 AStT, Matrimonii 29; Claretta, Adelaide, Documenti no. IV.
67 MHStA, Fürstensachen 652/II, Hoffourierzettel; WHHStA, Bavarica, fasz. 3 b; HZR 1652, f. 569 ff.
68 Briefe des Grafen Kurz an Maria Anna, Mai 1652, MGHA, Korr. Akt 631/5; Gedruckter Reisebericht des Grafen Kurz von 1652: ,,Relation etc. verrichter Raiß nacher Piemont" (MStB, 4⁰ Bavar. 1148p); Claretta, Adelaide, 46.
69 Briefe des Grafen Kurz an Maria Anna und gedruckte ,,Relation" (wie Anm. 68), auch zum Folgenden.
70 AStT, lett. A., mazzo 20; AStP, Epistolario scelto, b.19 (Brief Adelaides an ihre Schwester Luisa, 17. 5. 52).
71 AStT, Lettere Particolari, Vol. 67: Briefe des Padre Luigi Montonaro an Herzogin Christine von Savoyen; Claretta, Adelaide, 46.
72 Waldstein-Wartenberg, 216 (Isotta Nogarola).
73 MGHA, Korr. Akt 631/5, 30. 5. 52, Kurz an Ferdinand Maria.
74 MHStA, K. schw. 6678 (Instruktionen für Maximilian Kurz und Felizitas Wolkenstein); Heigel, Vermählung, 29; Herzog, 101.
75 Montonaro an Herzogin Christine, Innsbruck, 15. 6. 52, AStT, Lettere Particolari; Claretta, Adelaide, Documenti no.V; Kurz ,,Relation", 39 f; Porträtgalerie zur Geschichte Österreichs, Farbtafel IX, Anna dei Medici, gemalt von Justus Sustermans, Abbildungen der beiden Erzherzöge Nr. 206 und 211.
76 MHStA, K. schw. 6678, Instruktion für Metternich.
77 MGHA, Korr. Akt 631/5, Bericht Metternichs an Kurfürstin Maria Anna vom 17. 6. 52.
78 AStT, lett. A., mazzo 20, 17. 6. 52, Adelaide an Madama Reale.
79 Kurz, ,,Relation", 45 f.
80 Montonaro an Herzogin Christine, 28. 6. 52; Bericht über den Einzug des Hofes in die Stadt München, MGHA, Korr. Akt 631/5.
81 Kurz, ,,Relation", 48-53.
82 AStT, lett. A., mazzo 20, 23. 6. 52; Merkel, 15 f.
83 Kurfürstin Maria Anna an Herzogin Christine, ohne Datum, AStT, lett. A., mazzo 20.
84 Kurz, ,,Relation", 54.
85 AStT, lett. A., mazzo 20, Briefe Adelheids nach Turin vom 29. 6. 52, 15. 7. 52, 24. 9. 52; ebenda, Lettere Particolari, Briefe Montonaros vom 28. 6. 52 und 6. 8. 52.
86 AStT, Lettere Particolari, Montonaro an Herzogin Christine, 28. 6. 52.
87 AStT, lett. A., mazzo 20, 24. 9. 52; Merkel, 25.
88 mazzo 20, 3. 1. 53; HZR 1652, f. 578; Heigel, Adelaide, 2 f.
89 MGHA, Haushalt-Akt 1712 G II 2.
90 AStT, lett. A., mazzo 20, 24. 9. 52, auch zum Folgenden.
91 mazzo 20, 27. 9. 52; Merkel, 28.
92 ebenda.
93 ebenda; Merkel 27; Strich, Adelheid 69.
94 AStT, Montonaro an Herzogin Christine, 25. 9. 52; Merkel, 23.
95 AStT, lett. A., mazzo 20, 3. 1. 54; Merkel, 44; Heide, Adelheid, 319.
96 AStT, lett. A., mazzo 20, Adelheid an ihre Schwester Luisa, 1. 10. 52; Merkel, 339.
97 Franz von Sales, Philothea; Pauels, Die Mystik des Hl. Franz von Sales; AStT, Montonaro an Herzogin Christine, 2. 10. 52; Adelheid an Herzogin Christine, 28. 9. 52.
98 HZR 1653, f. 259 u. 259'; AStT, lett. A., mazzo 21, 29. 9. 54, 6. 10. 54; Merkel, 53, 350.
99 Torino, Biblioteca di Stato, ms. 498, Briefe Adelheids an Ettore Rocca (nach Merkel

VII); Madame de Courtenay: AStT, lett. A., mazzo 25, 18. 12. 52; s. a. Merkel, 81; Montpensier, Mémoires, Vol. IV, 405 f; Auskunft Archives Nationales Paris, Archive de la Maison de France, Branche Orléans, Fonds du Château d'Eu: Keine Briefe Adelheids an die Herzogin von Montpensier erhalten; Sackville-West, Tochter Frankreichs; Amiguet, La Grande Mademoiselle; Ducasse, La Grande Mademoiselle.

100 Montpensier, Anne Marie Louise, Mémoires, édiés par A.Chéruel, 4 vol., Paris 1858/59.

101 ebenda, Vol. IV, 405 f.

102 MHStA, K. schw. 4422 (Der bayerische Reichstagsgesandte Oexl über die Geheimkorrespondenz Adelheids mit dem savoyischen Conte Biglior).

103 AStT, Montonaro an Herzogin Christine, 9. und 25. 10. 52; Merkel 19.

104 Montonaro an Herzogin Christine, 2. 10.52; Adelheid an ihre Schwester Luisa, 24. 9. 52.

105 Briefe Adelheids vom 6. 11. und 27. 9. 52; Montonaro an Herzogin Christine, 8. 1. 53; Merkel 28 und 31.

106 AStT, lett. A., mazzo 20, 1. 8. 52 und 19. 8. 52; LStA, Residenzpfleger-Rechnungen; Merkel, 341.

107 AStT, lett. A., mazzo 20, 28. u. 30. 10. 52; Montonaro an Herzogin Christine, 30. 10. 52; Merkel, 342 f, 350, 357.

108 mazzo 20, 1. 10. 52; Merkel 339 f, 357.

109 AStT, Lettere Particolari, Vol. 69, Briefe des Leibarztes Stefano Simeoni an Madama Reale, 13. 10. 52 und 2. 4. 53; HZR 1654, f.429 (Zahnbrecher aus Judenburg); Merkel, 341, A. 2; AStT, lett. A., mazzo 20, 17. 12. 53.

110 Merkel, 343 mit A.3.

111 AStT, lett. A., mazzo 20, 19. 2. 53 und 26. 2. 53.

112 ebenda, 24. 12. 52, 3. 8. 53; Claretta, Adelaide, 193; Merkel 346.

113 ebenda, 8. 7. 53; Merkel 172.

114 ebenda, 20. 8. 53; Merkel 174 f.

115 Haeutle, Die Wittelsbacher, 86; AStT, lett. A., mazzo 20, 2. 9. 53.

116 AStT., lett. A., mazzo 20, 2. 9. 53; Merkel 175.

117 WÖNB, Musiksammlung, Mus.Hs.16889: „L'Arpa Festante", und Auskunft Dr. Brosche; MGHA, Korr. Akt 631/3, Gedichte Maccionis; Bolongaro-Crevenna, L'Arpa Festante, 28 f; Musik in Bayern, Bd. II, Nr. 439.

118 HZR 1653, 1654, 1655, Ausgaben für Ferdinand Maria (Mathematische Geräte: Federzirkel, Wegzähler, Uhrwerke, „Stächel", außerdem Drehwerke, Drehbank, Rhinozeros-Horn zum Drechseln); Merkel 346, A.4 (Einfluß der Habsburger); MHStA, K. schw. 6216, Korrespondenz Ferdinand Marias mit Ferdinand IV., König der Römer.

119 MStB, 4° Bavar. 2165, Textbücher der drei Aufführungen; AStT, lett. A, mazzo 20, 11. 2. 54; Löwenfelder, 18-23; Bolongaro-Crevenna, 29; Rudhart, 29-32; Schiedermair, 93; Straub, 186-201; Merkel, 183, 348.

120 MHStA, H. R. fasz. 250, Nr. 446, Relation Oexls.

121 MGHA, Hausurkunden 1634, Geheimes Konferenzprotokoll vom 15. 7. 1654.

122 Merkel, 186, A.2, 190.

123 AStT, lett. A., mazzo 20, 15. 1. 53; Merkel 36.

124 HZR 1652, f. 544 (Francisc Ropert Graf von Tenam); Auskunft Lord Teynham, The Severalls, Hatherop, Cirencester, Glos., England; Debrett's Peerage, Baronetage, Knightage and Companionage, 1920, Peerage 869; AStT, lett.A., mazzo 20, Adelheid an Luisa von Savoyen, 24. 12. 52; Lettere Particolari, Simeoni an Herzogin Christine, 12. 3. 53 (Augenverletzung Ferdinand Marias); Merkel, 344, A.8.

125 AStT, Storia della Real Casa, Principi Diversi, Categoria 4, mazzo II, no. 2: „Informazioni assunte sopra i sospetti di amorosa corrispondenza di Adelaide di Savoia

con un cavaliere inglese, 1655"; Claretta, Adelaide, 96 f, 204, 210 f; MHS, Cod. ital. 409, Residenzbeschreibung Pistorinis; HZR 1655, f. 414 (Pistorini).
126 AStT, lett. A., mazzo 20, 4. 12. 52, 11. 6. 53; Merkel 163, 169 f.
127 ebenda, 2. 6. 54; Merkel 186.
128 Preuß, Wilhelm III. von England, 194, mit A.1 (Montferrat).
129 ebenda, 129; Heide, Wahl Leopolds I., 4; Doeberl, Bayern und Frankreich I, 33.
130 AStT, lett. A., mazzo 20, 1. 7. 53, 17. 7. 53; Merkel 192 f.
131 HZR 1655, f. 445', 446; Doeberl, Bayern und Frankreich I, 34 f; Merkel 192 f.
132 Doeberl, Bayern und Frankreich I, 34; Merkel 202. Ein Doppelporträt des Herzogspaares befindet sich in Schloß Berchtesgaden, ein Porträt des Herzogs im Kultusministerium München.
133 Merkel 201; Preuß, Wilhelm III. von England, 111, A.1; PAE, Corr.Bavière II, 554, Adelheid an die Herzogin von Neuburg, 18. 11. 55.
134 Pribram, Venezianische Depeschen, 47: Relation des Giovanni Battista Nani vom 15. 8. 57.
135 Doeberl, Bayern und Frankreich I, 35; Merkel 203; PAE, Corr. Bavière II, 556-562.
136 Heide, Über die angebliche Bewerbung Ludwigs XIV. um die deutsche Kaiserkrone.
137 PAE, Corr. Bavière II, 568; Preuß, Wilhelm III. von England, 112, A.1.
138 Heide, Wahl Leopolds I., 28; Mazarin, Lettres, VIII, 182.
139 Coulanges, Mémoires, 11-12.
140 PAE, Corr.Bavière II, 572.
141 Preuß, Wilhelm III. von England, 112, A.2, 115, A.1; Heide, Wahl Leopolds I., 27-29; Fouquet VIII, 167; AStT, Storia della Real Casa, Categoria 4 (Briefe Montonaros an Herzogin Christine); Doeberl, Bayern und Frankreich I, 37; Mazarin, Lettres, VIII, 95; Merkel, 230 ff.
142 WHHStA, Bavarica, fasz. 4 a, 1657.
143 PAE, Corr. Bavière II, 573/74, 578/79.
144 ebenda, 584-587.
145 MHStA, K. schw. 6459 (Gramont in München); Strich, Kurhaus I, 27.
146 Troeger, Die Memoiren des Marschalls von Gramont, 76, 88; Aretin, Nachrichten, 72-84.
147 Merkel, 247; Aretin, 85; Valfrey, Ambassades, 106 und 108; Montpensier, Mémoires III, 324.
148 Mazarin, Lettres VIII, 296, 298.
149 Heigel, Joseph Clemens, 382.
150 Heide, Wahl Leopolds I., 32, A.1; Häuserbuch München I, 276-279 (Häuser Kurz).
151 Hüttl, Caspar von Schmid, 44; Doeberl, Bayern und Frankreich, I, 69; Merkel, 258.
152 Fiedler, Die Relationen der Botschafter Venedigs, 65; Pribram, Venezianische Depeschen, 47.
153 Wagner, Rheinbund, 47; Mazarin, Lettres VIII, 297.
154 Foa, Vittorio Amedeo, 46; Lotheißen, Französische Literatur, 240; Muggenthaler, Salesianerinnen, 70.
155 Sertorius, Katharina von Genua, 68-71; Magendie, L'Astrée, 91.
156 Pauels, Franz von Sales, 23, 121; MHStA, K. L. 477, 12 b (Sendschreiben Adelheids an Pepe, italienisches Original) und MStB, Bavar. 51 (deutsche Übersetzung von 1763); Hamilton, Lobgedächtnuß, 9.
157 Strich, Adelheid, 72, A.38.
158 AStT, lett. A., mazzo 22, 20. 12. 56; Merkel 354, A.4.
159 Franz von Sales, Philothea; Straub, Repraesentatio, 86; Herzog 44.
160 König, Altötting II, 280; Auskunft Dr. R. Bauer, Altötting; Vogl, Schatzkammer; Strich, Kurhaus II, 361.

161 König I, 246 f und Tafel 33.
162 MHStA, Fürstensachen 646; MGHA, Korr. Akt 666/II, 1657; HZR 1659, f. 469.
163 Koch, Wallfahrt, 158 f (Ettal); Merkel 350 und 355 (Andechs und Polling); HZR 1659, f. 468' (Tuntenhausen), HZR 1664, f. 445' (Ebersberg); Bleibrunner (Berg ob Landshut).
164 Koch, 159; MHStA, Fürstensachen 642 1/3; MHS, Cod. germ. mon. 3302, cod. lat. mon 27148; MHStA, K. L. 875/518 (Ornat Tegernsee); Lampl 101; Lindner 19 ff; Geiger 69 f.
165 AStT, lett. A., mazzo 20, 6. 8. 53; Merkel 173; Claretta, Adelaide, 106.
166 MStB, „Orationi Divote", Monaco 1656; Merkel, 355; MHStA, K. schw. 5322 (Maria Domitilla); Cod. ital. 365 (Persönliches Gebetbuch Adelheids).
167 MStB, Bavar.51, Sendschreiben an Don Stefano Pepe; Merkel, 370.
168 MGHA, Korr. Akt 666/I; Strich, Adelheid, Briefe an Bianchi; Merkel 48, 349.
169 AStT, lett. A., mazzo 22, 1. 5. 58; Merkel, 77.
170 MHStA, K. L. 477, 12 b; Hufnagel, 55-57.
171 MGHA, Korr. Akt 666/I; MHS, Dellingiana 13, Testamentskodizill Maximilians I. vom 5. 6. 1650; Raffalt, 300 Jahre Theatinerkirche, 19; Adrover, I Teatini in Monaco, 56 f.
172 MHStA, K. schw. 6206, 6214, 14458/II; Strich, Adelheid, 72; Strich, Kurhaus I, 20-24.
173 MGHA, Korr. Akt 642; HZR 1659, f. 271; Hubensteiner, Land vor den Bergen, 65.
174 Doeberl, Innere Regierung, 35 f.
175 AStT, lett. A., mazzo 22, 31. 10. 57; Merkel, 74; Claretta, Adelaide, 115.
176 Merkel, 78-82, auch zum Folgenden.
177 Mindera, Bad Heilbrunn; Mitterwieser, Heilbrunn als altes Hofbad; Höfler, Die Heilbrunner Adelheidisquelle.
178 AStT, Lettere Particolari, Simeoni an Herzogin Christine, 1. 7. 59; Meichelbeck, Chronicon, 316.
179 Daffner, 169 f; Mitterwieser, Heilbrunn, 3; HZR 1659, f. 381.
180 Meichelbeck, 316.
181 AStT, Lettere Particolari, Briefe Simeonis von 1659/60; MGHA, Korr. Akt 644/1.
182 Montpensier, Mémoires III, 301 ff, 452; Troeger 94; Amiguet, 295 ff; Sackville-West 175 f; Merkel, 264 ff; Lettres Mazarin, VIII, 318, Anm. 2.
183 AStT, mazzo 22, 23. 6. 60; Merkel, 88; HZR 1661, f. 450'.
184 MHStA, K. schw. 5633; Fürstensachen 772 q.
185 MHStA, HZR 1660, f. 253; HZR 1661, f. 255', 450, 557; MGHA, Korr. Akt 644/1 und 3.
186 MGHA 644/1-3 (Geburt Marianne Christine)
187 HZR 1660, f. 252'; Kull, Zeggin, 309; Beierlein, Medaillen und Münzen, Nr. 1360.
188 AStT, lett. A., mazzo 23, 4. 3. 61; Merkel, 92.
189 AStT, Lettere Particolari, Brief Simeonis vom 1. 7. 61; Claretta, Adelaide, 132.
190 MHStA, K. schw. 13175 (Andechser Gürtel); WHHStA, Bavarica, fasz. 3 b, Schreiben Ferdinand Marias vom 12. 7. 62; HZR 1663, f. 247.
191 MGHA, Korr. Akt 645 (Geburt Max Emanuels).
192 ebenda, Produkt Nr. 73; Hüttl, Max Emanuel, 61 ff.
193 MHS 2° Chalc. 135: „Churfürstlich Bayerisches Frewden-Fest etc. Bey den vorgangnen Tauff-Ceremonien Deß Durchleuchtigsten Fürsten unnd Herrn, Herrn Maximilian Emanuel etc., München 1662 (gekürzt). Mit Kupferstichen von Matthaeus und Melchior Küsell; Straub, 217-234.
194 Collectaneen-Blatt für die Geschichte Bayerns, 22-27; HZR 1662, f. 501; Merkel, 363 A.1.

195 AStT, lett. A., mazzo 22, 10. 3. 62; mazzo 23, 8. 1. 64; LStA, Residenzpfleger-Rechnungen 1663/64; MHStA, K. schw. 16649 (Maria Elisabeth von Closen).
196 AStT, mazzo 23, 15. 6. 63; Merkel, 96.
197 MGHA, Korr. Akt 647 (Geburt Ludovica Margherita).
198 Hüttl, Schmid, 44 f, 100; Doeberl, Bayern und Frankreich I, 66 ff.
199 Braubach, Wilhelm von Fürstenberg, 17 f.
200 Doeberl, Bayern und Frankreich I, 142 f; Merkel 284, 286.
201 AStT, lett. A., mazzo 23, 31. 8.63; Merkel 290.
202 Doeberl, Bayern und Frankreich I, 189 f, II, 30.
203 AStT, lett. A., mazzo 23, 23. 12. 61; PAE, Corr. Bavière III, 36; Doeberl, Bayern und Frankreich I, 190; Merkel 286 f.
204 HZR 1661, f. 554.
205 PAE, Corr. Bavière III, 47/48; Preuß, Wilhelm III. von England, 189 ff; Preuß, Adelheid, Ludwig XIV. und Lionne, 328 f.
206 PAE, Corr. Bavière III, 49/50; Preuß, Wilhelm III., 191 f.
207 PAE, Corr. Bavière III, 59/60.
208 ebenda, 62/63; Doeberl, Bayern und Frankreich II, 158 f (Deutsche Übersetzung).
209 MHStA, K. schw. 6460, Instruktion vom 12. 9. 63.
210 Fiedler, 64 f: „non resta però contento Baviera, dall'Elettrice Moglie, sorella di Savoia, sempre stimulato e battuto".
211 WHHStA, Bavarica, fasz. 4 a.
212 LStA, Residenzpfleger-Rechnungen 1663/64; PAE, Corr. Bavière III, 107, 28. 12. 63.
213 Reiser, Adeliges Stadtleben, 4-6.
214 MHStA, K. schw. 15069; MGHA 1712 G I 15; MStO, Hohenaschauer Archiv, Akt 650 (Hoftagebuch Regensburg 1664).
215 RStB, Rat. civ. 516, Johann Joseph Bekh, „Apollo Triumphans"; Kremer, Apollos Lohn für den Dichter, 153 ff, mit weiterer Literatur über Bekh; Auskunft Prof. Manfred Kremer, University of Guelph, Ontario/Canada.
216 AStT, lett. A., mazzo 23, 15. 1. 64; Merkel 99.
217 ebenda, mazzo 23, 21. 1. 64; Merkel 292, A.5.
218 Doeberl, Bayern und Frankreich I, 227 f; Preuß, Wilhelm III. von England, 194 f.
219 PAE, Corr. Bavière III, 116/117, 125, 131.
220 MHStA, K. schw. 16303-16311 und 16352-16355 (Malletto) und K. schw. 16308, Schreiben Adelheids an den Mainzer Kurfürsten vom 4. 9. 65; Herzog 118. Über den Kurfürsten von Mainz s. G. Mentz: Johann Philipp von Schönborn.
221 AStT, lett. A., mazzo 23, 16. 10. 64; Merkel 295.
222 PAE, Corr. Bavière III, 157, 183, 219.
223 Preuß, Wilhelm III. von England, 210-212.
224 AStT, lett. A., mazzo 23, 30. 11. 63; Merkel 292, A.1; MHStA, K. schw. 16307, Adelheid an Malletto, 3. 7. 65.
225 AStT, lett. A., mazzo 24, 23. 10. 65; Merkel, 107; MHStA, Fürstensachen 648 a.
226 MHStA, Fürstensachen 646, Reisen Ferdinand Marias; Mitterwieser, Prunkschiffe, auch zum Folgenden.
227 HZR 1662, f.498', 594 (Santurini); MHStA, K. schw. 5561, 5453 (Bissari).
228 Mitterwieser, Prunkschiffe; HZR 1665, f.490; Simonsfeld, Der Bucintoro; Merkel 376, A.1.
229 Auskunft Archivio di Stato Venezia (Name Bucintoro); AStT, lett. A., mazzo 23, 12. 9. 64 und 18. 6. 66; HZR 1665, f.490.
230 MHStA, K. schw. 16303, 12. 9. 64, Adelheid an Malletto, und K. schw. 5450, 20.3.65, Karmeliter Andreas an Ferdinand Maria; Schiedermair, 143.

231 AStT, lett. A., mazzo 24, 25. 6. 66.
232 Simonsfeld, Bucintoro, 189 f; Merkel 377; Auskunft Rudolf von Miller, Niederpökking bei Starnberg.
233 Strich, Adelheid, 90, Adelheid an Bianchi, 15. 10. 66; König, Altötting II, 281 f.
234 Mitterwieser, Wenn der Kurfürst nach Starnberg reiste; Chapuzeau, Relation 135.
235 HZR 1661-1665, Kammerausgaben Ferdinand Marias.
236 Köstler, Geschichte des Waldes, 78-95; Koch, Wilhelm, Die Jagd in Vergangenheit und Gegenwart, 8-13; Kobell, Wildanger, 40-43; Chronik der deutschen Jagd, 67; Roth, Geschichte des Forst- und Jagdwesens.
237 WHHStA, Rep. N, Kasten 26, fasz. 23, Pars X, Bericht Königseggs vom 14. 12. 72.
238 HZR 1658, f.372, 379; 1664, f. 497.
239 Prechtl, Schloß Isareck, 13 ff; Strich, Adelheid, 91; Auskunft Franz Graf La Rosée, Isareck.
240 HZR 1664, f. 378'; 1666, f. 564'.
241 MHStA, K. schw. 6216.
242 MGHA, Korr. Akt 666/II, Adelheid an Gräfin Wolkenstein, 2. 12. 67; Meinecke, Reichstag, 213; Martin, Salzburgs Fürsten, 117; Reiser, Adeliges Stadtleben 79.
243 Merkel, 379 f.
244 Hager/Hojer, Schleißheim, 3-8; Hauttmann, Joseph Effner, 67 f, 106; Mayerhofer, Schleißheim, 24-26; Pichler, Dachau (Abbildungen).
245 MHStA, K. L. Rubr. XVI, Nr. 3, Lit. A, Tagebücher der Theatiner; Adrover, I Teatini, A. VIII, 57-60 und Appendice documentario II.
246 MGHA, Korr. Akt 666/I; Adrover, A.VIII, 111 ff.
247 Adrover, A. VIII, 64, 114 ff, Koegel, 100.
248 MHStA, K. L. Rubr. XVI, Nr. 3, Lit. A und E, Paulus, Zuccalli 217.
249 Koegel, 99; Häuserbuch I, 279.
250 MGHA, Korr. Akt 666/I, 3. 1. 63.
251 Muggenthaler, Salesianerinnen, 85; MGHA, Korr. Akt 674.
252 MGHA, Korr. Akt 666/I, Briefe Pepes von seiner Reise nach Prag; Adrover, A.IX, 6, Grundsteinlegung der Theatinerkirche.
253 Adrover, Appendice Documentario X.
254 Gedruckte Schriften der Münchener Theatinerpatres Pepe, Meazza, Spinelli in der Bayerischen Staatsbibliothek.
255 Pepe, Istoria e meraviglie della B.Vergine d'Etinga, Monaco 1664, MStB V.SS.234; Reinhardstöttner, Italienische Literatur, 110.
256 Koegel 113; Doeberl, Innere Regierung, 105; Duhr, Jesuiten, 89, 103; Bauerreiss, 24.
257 Adrover, A. VIII, 68, 118, 124.
258 Andreu, La Schiavitù Mariana, 14; Register Aller Einverleibten, Vorbericht; MGHA, Handschriften 91 (Sklavinnen der Tugend); MHStA, K. schw. 5450, Karmeliterpater Andreas an Ferdinand Maria, 20. 3. 65.
259 Adrover, Appendice Documentario VII; AStT, lett. A., mazzo 23, 9. 3. 63.
260 Adrover, A. VIII, 120 f; Koegel 101.
261 Thieme-Becker Bd. 25, 565 (Oefele); Merkwürdigkeiten der kurfürstl. Hofkirche der Theatiner, 36, Nr. 39.
262 Adrover, Appendice Documentario VIII; Coreth, Pietas Austriaca, 60 (Eleonore von Neuburg).
263 Neu=gedrucktes Register Aller Einverleibten etc., München 1763; Geist und Gesetze der Kongregation der Adeligen Dienerinnen Mariens etc., München 1952.
264 Bauerreiss, 11, 27; Hubensteiner, Vom Geist des Barock, 103.

265 MHStA, K. schw. 5322, Schwester Maria Giacinta Olgiati an Kurfürstin Adelheid, Vercelli 22. 3. 65.

266 MOA, Kloster der Salesianerinnen, Akt Nr. 268, 272, 667; MHStA, K. L. fasz. 466/I; Muggenthaler, 68 ff; Anonym (S. Marie Seraphica Brentano), Kurze Geschichte des Ordens von der Heimsuchung Mariä; Anonym, Adelaïde de Savoie en Bavière, Une Fondation religieuse; MHStA, K.U. München-Theatiner, 1675 X 22: Plan der Theatinerkirche mit dem ersten Haus der Salesianerinnen.

267 MHStA, K. L. fasz. 466/I (Tagebuch der Salesianerinnen).

268 Häuserbuch III, 22 und 46.

269 Bauerreiss, 29.

270 Auskunft S. Paula Zilery, Zangberg/Niederbayern; Broschüre ,,Zangberg" mit Photo der Stiftungsurkunde. Das Kloster bewahrt auch ein Porträt der Kurfürstin Adelheid nach Paul Mignard.

271 MHStA, K. schw. 5322, 5633 und 16649, Fürstensachen 652/II; MGHA, Korr. Akt 666/I und II; Riezler, Bd. VII, 172; Bauerreiss, 30; Strich, Adelheid, 96 und Strich, Kurhaus I, 105 (Korrespondenz mit Kardinälen, Rom, Biblioteca Vaticana, Cod. Barberini lat. 6735).

272 Staatliche Münzsammlung München; Beierlein, Medaillen und Münzen, Nr. 1433; Adrover, A.IX, 3 und Abb. p. 13.

273 MGHA, Korr. Akt 666/I.

274 MHStA, K. L. 477/12 a, K. L. 489/32; Hufnagel, 78-82; Koegel, 104 ff.

275 MHStA, K. L. 477/12 a (Francesco Diani); Hufnagel 83-89.

276 AStT, mazzo 23, 6. 6. 64; MHStA, K. schw. 5450, Karmeliterpater Andreas an Ferdinand Maria, 10. 5. 65 (über Boromeo)

277 AStT, mazzo 24, 5. 4. 66; Merkel, 114, A.1.

278 MGHA, Korr. Akt 665 (Reisevorbereitungen); Strich, Kurhaus I, 110-118 (Max-Philipp); Merkel 111.

279 MGHA, Korr. Akt 666/II und Haushalt-Akt 1712 G II 15; Hüttl, Schmid, 130.

280 MHStA, Fürstensachen 646, Reisetagebuch, und K. schw. 721, Korrespondenz Adelheids mit Anna dei Medici; MGHA 666/II, Briefe nach München.

281 MHStA, Fürstensachen 646; AStT, lett. A., mazzo 24, 6. 5. 67, Adelheid an Karl Emanuel.

282 MHS, Cod. ital. 510, handschriftliche Auszüge des Vizedirektors Toderini aus den Akten des Archivio di Stato Venezia über den Aufenthalt des Kurfürstenpaars in Padua und Venedig; Riezler, Geschichte Bayerns VII, 85 f; MHStA, K. schw. 15573, Briefe italienischer Familien.

283 MHS, Cod. ital. 510; MHStA, Fürstensachen 646; Quadri, Canal Grande, tavola 13, Palazzo Tron.

284 MHS, Cod. ital. 510; Riezler VII, 86; Fiedler Relationen (über Alvise Molin).

285 MGHA, Korr. Akt 666/II.

286 MHS, Cod. ital. 510.

287 Mattio Noris, La Perla (Gedicht auf Kurfürstin Adelheid, MHS, Cod.ital.410); Nicolò Bon, Panegyrische Rede auf das Kurfürstenpaar (Cicogna, Delle Inscrizioni Veneziane Vol.III, 401 f); Huldigungsgedicht des Giovanni Giorgio Nicolini, s.Reinhardstöttner, Italienische Literatur, 121, 167; Gedichte des Giovanni Francesco Diani (MGHA, Korr.Akt 666/II); Nicolò Maria Corbelli, Semiramide, ein von Ferdinand Maria protegiertes historisches Werk (Cicogna, Delle Inscrizioni Veneziane, Vol.V, 23); Lebenslauf, Porträt und Werke des Domenico Gisberti (Cicogna, Delle Inscrizioni Veneziane, Vol. VI, 473-482).

288 Doeberl, Bayern und Frankreich I, 304; Hüttl, Schmid, 131 f; PAE, Corr.Bavière III, 288.

289 AStT, lett, A., mazzo 24, 28. 5. 67; Claretta, Adelheid, Doc.17.
290 MGHA, Korr. Akt 666/II; ME-Kat. II, 19.
291 Benacchio, Pio Enea degli Obizzi, 12 f; Gloria, Lucrezia degli Obizzi, 53-57; Rossetti, Descrizione delle pitture, 291.
292 Rizzoli, Il Castello del Catajo, 134 f; Berni, Descrizione del Catajo (Ausführliche zeitgenössische Beschreibung des Schlosses).
293 Berni, 183; MHStA, Fürstensachen 646 (Reisetagebuch).
294 Octavii Ferrarij prolusiones vigintisex, 367; Scolari, Cenni biografici, 6-8; Saviolo, Le prodigiose glorie del Santo di Padova.
295 Gonzati, La Basilica di S.Antonio, 107; Anonym, Adelaïde de Savoie en Bavière, 3.
296 Einstein, Agostino Steffani, 8; Riccati, Notizie di Ms. Agostino Steffani; Sartor, Agostino Steffani (mit Bibliographie); Bauer, Agostino Steffani, 36 ff.
297 MHS, Cod. ital. 510; Claretta, Carlo Emanuele II, Bd.I, 502; MGHA, Korr. Akt 666/II; Berni, 202.
298 Salomonio, Inscriptiones Patavinae, 373 f und 368; Berni, 192.
299 Salomonio, Suppl. Tom. III, Sect.IV, 3; Cicogna, Inscrizioni Veneziane V, 124.
300 MHStA, K. L. 466/I (Reisebericht der Salesianerinnen).
301 Biblioteca Comunale Castelfranco Veneto, Q 1 -Ms 158, Manuskript des Nadal Melchiori Pittore, Kopie von 1869 (Besuch des bayerischen Kurfürstenpaares in Castelfranco Veneto, Hosteria della Spada).
302 MHStA, Fürstensachen 646.
303 HZR 1667, f.242/2' (Kosten der Reise); MGHA 666/II (Voranschlag).

Die für dieses Kapitel benützte italienische Literatur wurde mir größtenteils von Rag. Eberardo Menin, Padua, genannt, der in den Bibliotheken von Padua, Venedig und Castelfranco Veneto für mich tätig war. Ihm schulde ich großen Dank.

304 Stieve, Urteile und Berichte über München, 325; Trautmann, Zwei unbekannte Beschreibungen Münchens.
305 Adrover, A. IX., 3; Koegel 15; Häuserbuch II, 343 ff.
306 MHStA, K. L. 471, Rubr. XVI, Nr. 3, Lit. A; Adrover, A. IX., 4; Koegel 14, Paulus Zuccalli, 219, A. 60; Peroni, L'Architetto della Theatinerkirche, 23.
307 Adrover, A. IX., 4; Paulus, Zuccalli, 38.
308 HZR 1666, f. 400 (Bezahlung Barelli); Adrover, A.IX., 6.
309 MHStA, K. L. 471, Rubr.XVI, Nr. 3, Lit. E, f. 144 ff; Paulus, Zuccalli, 214, A.43; Paulus, Schönheitsfehler 242-244.
310 Pläne bei Paulus und Peroni; HZR 1669, f.391 und 1671, f. 514' (Bezahlung Barelli und Perti).
311 MGHA, Korr. Akt 666/I, Fundationsbrief; MHStA, K.U. München-Theatiner 1675 X 22, Plan Theatinerkirche und Kloster.
312 MGHA, Korr. Akt. 666/I (Spinelli und der Stukkateur Brentano, 1673); ME-Kat.II, Nr. 11-14 (Fassade).
313 Paulus, Zuccalli; Lieb, München, Die Geschichte seiner Kunst, 124; Ow, Bayerische Chronik, 170 ff (Anton Berchem).
314 Riccoboni, Antonio Zanchi, 59; Ewald, Eine unbekannte Entwurfzeichnung, 260-63; ME-Kat. II, Nr. 16; MHStA, K. L. Rubr. XVI, Nr. 3, Lit. E, f.24; Galleria di Minerva, 65.
315 Zanelli, Vita del gran pittore Cavalier Conte Carlo Cignani, 21 f.
316 Koegel, 29, 32 f.
317 MHStA, K. L. Rubr. XVI, Nr. 3, Lit E, f.27; Bayerische Frömmigkeit, Kat. Nr. 494, Monstranz.

318 MGHA, Korr. Akt 669, Kosten der Theatinerkirche; Koegel, 24, Erbschaftszahlung; Hofzahlamtsrechnungen, Bauleute und gelegentliche Zuschüsse.
319 HZR 1658, f.487'; Haeutle, Residenz, 77.
320 Mostra del Barocco Piemontese, Bd. II, Pittura; Tesauro, Inscriptiones; derselbe, Il Canocchiale Aristotelico; Jannaco, 68; Berghoff, 1. Kapitel.
321 Merkel 374, A.1.
322 HZR 1664, f.254', 1665, f.257', 408, 1668, f.393; Haeutle, Residenz, 78-82; Baumstark, Abbild und Überhöhung, 178 ff.
323 AStP, Carteggio farnesiano estero, Baviera b. 3, fasz. 1655-1700, Pallavicino an den Herzog von Parma, 26. 11. 66; HZR 1666, f.427; Tesauro, Canocchiale, Einleitung XII. Die „Trionfi dell'Architettura" wurden 1685 von Johann Schmidt übersetzt und weitergeführt.
324 Trionfi, 48; Galleria di Minerva, 65; Riccoboni 59 (hier stehen die antiken Tugendheldinnen fälschlich unter Nymphenburg).
325 Trionfi, 50-54; Pée, Schönfeld, 54; HZR 1667, f. 453.
326 Prinz, Die Entstehung der Galerie in Frankreich und Italien; Baumstark, 179 f; Haeutle, Residenz 82.
327) Thieme-Becker Bd. 33, 411 f; Andraeus Bortot, Per Antonio Triva; Baumstark, 181; MHStA, H. R., fasz. 282, Nr. 155/56.
328 Tesauro, Inscriptiones, 166 f; Haeutle, Residenz 79 (Bibliothek).
329 Peroni, 32 f.
330 Trionfi, 64.
331 Lotheißen, 104 f; Madeleine de Scudéry, Clélie; Zumthor, La Carte de Tendre, 263-273; Brunner/Hojer, Residenz, 86 (Herzkabinett); Seidel, Die königliche Residenz zu München, Abbildungen des Herzkabinetts.
332 HZR 1669, f. 436.
333 MGHA, Hausurkunden 1655 und Haushalt-Akt 17120 fasz. 6, Nr. 18/1.
334 AStT, lett. A., mazzo 23, 5. 7. 63, 10. 8. 63; Merkel 373.
335 ebenda, 8. 1. 64; Merkel 374.
336 Hojer, Die Münchener Residenzen, 159 und Abb. 43.
337 MHStA, H. R., fasz. 201, Nr. 20 a.
338 Tesauro, Inscriptiones, 174 („Viridis propugnaculi Aedicula").
339 MHStA, H. R. 282, Nr. 155/56; Berghoff, 87.
340 Blaeu, Theatrum Statuum, Vol. I, Pedemontium, Ansichten von Rivoli und Agliè; Brinckmann, Abb. 6 B, 126 A.
341 Castellamonte, La Venaria Reale, MStB, 2° Ital. 37, fig. XI, Plan des Schlosses.
342 Hager, Nymphenburg, 11; Petzet, Entwürfe für Schloß Nymphenburg, 204.
343 Baumstark, 183.
344 ebenda, 175; Berghoff, 91; Wichmann, Das mythologische Porträt, 4-7.
345 Z. B. Staatliche Münzsammlung München, Brustbild der Kurfürstin, Revers: Perle mit Devise, Beierlein Nr. 1432; Hamilton, Lobgedächtnuß, 15, Erklärung der Devise.
346 Berghoff 93; ME-Kat. II, Nr. 40; Wichmann (Bildbeschreibung).
347 MHStA, H.R. 282, Nr. 155/56, Rechnung Trivas vom 22. 1. 75; Riccoboni, 45; Galleria di Minerva, 65; Glaesemer, 25, 57; Baumstark, 183 f.
348 AStT, mazzo 25, 15. 3. 75, Adelheid an Panealbo.
349 Castellamonte, La Venaria Reale, fig. XV, Ansicht des Gartenparterres; zu vergleichen mit dem Kupferstich Nymphenburg von Michael Wening.
350 Doeberl, Innere Regierung, 95 (Bayerischer Adel); HZR 1656, f. 539' (Hoffräulein).
351 MHStA, K. schw. 16649.
352 HZR 1661, f. 257'.
353 WHHStA, Österr. Staatsregistratur, Rep.N, Kasten 26, fasz. 23, Pars X, Bericht Königseggs vom 22. 11. 72.

354 Auskunft V. Frfr. v. Schirnding, Harmating, Obb.
355 WHHStA, Staatskanzlei, Abt. Bayern, Korrespondenz 1672-1745 (Bericht Raßlers vom 24. 1. 74); MGHA, Haushalt-Akt 1712 G I 15 (Tagebuch Regensburg).
356 MHStA, K. schw. 721, 16649, 1496 (Brandenburg-Kulmbach).
357 MHS, Cod. germ. mon. 3009, „Mundus Christiano-Bavaro-Politicus".
358 HZR 1662, f. 442; 1663, f. 247; Schmidt, Erziehung, LXXXIX f.
359 Chapuzeau, Relation, 148-150.
360 MHStA, Fürstensachen 772 i; Frankenburger, Die Silberkammer der Münchener Residenz; Kremer, 155.
361 Chapuzeau, Relation, 145-147.
362 WHHStA, Österr. Staatsregistratur, Rep. N, Kasten 26, fasz. 23, Pars X (Bericht Königseggs vom 8. 11. 72); Adrover, A. VIII., 59.
363 Gisberti, Il Viaggio etc. a Salzburgo, 1670; Chapuzeau, Relation 118-138; Helle, Feuerwerke; Martin, 132.
364 MHS, Cod. germ. mon. 2552/II (Tabakmonoqol); Aretin, Nachrichten, 123 (Liselotte von der Pfalz).
365 AStT, Lettere Ministri Baviera, mazzo I, Briefe Perusas aus München; Strich, Perusa, 34 f; HZR 1669, f. 520, Jeanne de la Perouse; MGHA, Korr. Akt 639 (Monita paterna).
366 MGHA, Korr. Akt 666/II und Haushalt-Akt 1712 G II 5 (Instruktionen Wolkenstein, Beauvau); MHStA, K. schw. 6231 (Kinderbriefe); Schmidt, Erziehung 192 ff.
367 Schmidt, Erziehung, 194.
368 WHHStA, Bavarica, fasz. 3 b (Altötting); Kleinschmidt, P. Beda, Antonius von Padua, 265.
369 Kurfürstin Adelheid leitete die Abfassung einer Geschichte Bayerns durch den piemontesischen Geschichtsschreiber Thomas Blanc in die Wege (Histoire de Bavière, 4 vol., Paris 1682, p. 500); Rockinger, Die Pflege der Geschichte durch die Wittelsbacher, 69; Strich, Kurhaus II, 200 mit Anm. 87; Strich, Adelheid, 64 mit Anm. 2 (Blanc); MHStA, K. schw. 15591 (Molinetto); Nicolai Comneni Papadopoli Historia, Liber Secundus, 168, 174, Liber Tertius, 370 f (Molinetto); Facciolati, Fasti Gymnasii Patavini etc., 345 (Molinetto).
370 MHStA, K. schw. 16018, Stiftung für Sterbesakramente; ebenda, K. L. fasz. 471, Rubr. XVI, Nr. 3, Lit. E, f. 64; Sendschreiben Adelheids an Stefano Pepe, MStB, Bavar. 51; Marimont, Die Hochlöbliche und Gottseelige Stiftung; Prinz Adalbert von Bayern, Residenz 334.
371 AStT, mazzo 24, 23. 5. 66; Merkel 298.
372 Doeberl, Bayern und Frankreich I, 162, 332; Merkel 112.
373 Gilardone, Bayerische Uniformen; Kleinschmidt, Arthur, Bayern, Pfalz und Sardinien; Merkel, 308-312 (mit Anm. 2).
374 MHStA, K. schw. 14458. Oexl nannte Becher einen „Fisigunkhes".
375 HZR 1664, f. 534'; 1665, f. 487, 489; Simonsfeld, Johann Joachim Becher; Doeberl, Innere Regierung 64 ff.
376 Becher, Politische Diskurs, 404 f, 1029 f; MHStA, G.R. 272/1, 273/10, 282/79; Volberg, Deutsche Kolonialbestrebungen; Steffan, Bayerische Banken; Simonsfeld, Johann Joachim Becher.
377 MHStA, K. schw. 212 (Christobal Roxas); Doeberl, Das Projekt einer Einigung Deutschlands auf wirtschaftlicher Grundlage, 168 ff.
378 WHHStA, Österr. Staatsregistratur, Rep. N, Kasten 26, fasz. 23, Pars X (Bericht Königseggs vom 8. 11. 72).
379 AStT, mazzo 24, 6. 11. 65; Merkel 293, A.3 und 297.
380 PAE, Corr. Bavière III, 248, 263/64.

381 AStP, Carteggio farnesiano estero, Baviera b.3, 4. 12. 65, Prignani an den Herzog von Parma; PAE, Corr. Bavière III, 208-212; Preuß, Adelheid, Ludwig XIV. und Lionne, 338 f.
382 MGHA, Korr. Akt 666/I, 15. 1. 66, Prignani an Ferdinand Maria; MHStA, K. schw. 16352, Korrespondenz mit Regensburg, März 1666; Doeberl, Bayern und Frankreich I, 284-287; Hüttl, Schmid, 130.
383 Merkel, 298, 300; Preuß, Adelheid, Ludwig XIV. und Lionne, 338, A.6; PAE, Corr.Bavière III, 298, Memorandum Prignani.
384 Braubach, Wilhelm von Fürstenberg, 289.
385 MHStA, K. schw. 16802, Negotiation Waldstein; WHHStA, Bavarica, fasz. 4 a, 30. 8. 67, Leopold I. an Adelheid; AStT, mazzo 24, 23. 9. 67.
386 Urkunden und Aktenstücke zur Geschichte des Kurfürsten Friedrich Wilhelm von Brandenburg, 804 ff; Meinecke, Reichstag, 213; Mentz, Literaturbesprechung, 303.
387 MGHA, Korr. Akt 657; Merkel 118; Strich, Kurhaus I, 119-146; PAE, Corr.Bavière IV, 52/53, 58.
388 Preuß, Adelheid, Ludwig XIV. und Lionne, 331, A.4; Urkunden und Akten 868; Merkel, 318, A.1; Strich, Kurhaus I, 218 ff, 225.
389 Preuß, Adelheid, Ludwig XIV. und Lionne, 357; Preuß, Wilhelm III. von England, XII f; Doeberl, Bayern und Frankreich I, 171, 371, 386.
390 AStT, mazzo 25, 24. 1. 70.
391 Doeberl, Bayern und Frankreich I, 404 f, 450 ff; II, 97 ff; PAE, Corr. Bavière IV; Preuß, Wilhelm III. von England, 226-229; MHStA, K. schw. 9565 (Bayern und Frankreich 1669-1670).
392 Doeberl, Bayern und Frankreich II, 74, 80; WHHStA, Österr. Staatsregistratur, Rep. N, Kasten 26, fasz. 23, Pars X, Bericht Königseggs vom 18. 11. 72.
393 MHStA, K. schw. 208 (Kaiserin Eleonore), und 9614 (Kaiser Leopold); WHHStA, Hausarchiv, Familienkorrespondenz A, Kasten 11, 20. 9. 66, Adelheid an Kaiser Leopold; PAE, Corr. Bavière III, 298 (Memorandum Prignani); Preuß, Adelheid, Ludwig XIV. und Lionne, 357, A.1.
394 WHHStA, Bavarica, fasz. 4 a, 27. 9. 71, Leopold I. an Adelheid; AStT, mazzo 25, 9. 9. 72; Merkel 308; Pribram und Landwehr von Pragenau, Privatbriefe Kaiser Leopolds, 354, 359.
395 WHHStA, Österr. Staatsregistratur, Rep. N, Kasten 26, fasz. 23, Pars X (Berichte Königseggs).
396 Recueil des Instructions, Tome VII, Bavière 45 f; MHS, Cod. ital. 40 (Relation des Venezianers Morosini 1670); MHStA, K. schw. 235, 17. 1. 75, Ferdinand Marias politische Grundsätze.
397 MGHA, Haushalt-Akt 1712 G I 39 (Bibliotheksverzeichnis); MHS, Cod. ital. 40, 310 (Venezianische Relationen, Lanteri) und Cod. ital. 41, 42 (dito, andere Schrift); MHStA, Archivbibliothek: Merians Topographien aus Adelheids Privatbibliothek, B $1^{c, d, e}$; MHStA, Fürstensachen 645 (Buchbinderarbeiten); Beispiel für Turiner Buchbinderarbeit: MStB, Bavar. 393.
398 Dirr, Buchwesen, 78; HZR 1660, f. 510, Ardelia.
399 Treves, Rime; Reinhardstöttner, Italienische Literatur, 110; Das „Befreite Jerusalem“ von Torquato Tasso gehörte zu Adelheids Bibliothek.
400 MHStA, K. schw. 6231; Koegel, 12.
401 Mémoires Montpensier, Vol.4, 405 f; MStB, 4° Bavar. 2165 L 21 (Li quattro Elementi); 4° P.O.ital. 214 (L'Ardelia); 4° Bavar. 2165 I 23 (Introduttione per il Balletto); Reinhardstöttner, Italienische Literatur, 125.
402 MGHA, Handschriften 171; MHS, Cod. ital. 410 („La Perla“); MHStA, K. schw. 13175 (Gedichte von Giovanni Francesco Diani); Coltellini, Rime Sacre; Schanderl,

Henriette Adelaide von Savoyen; Allongeperücke und Schleppenkleid, S. 36, Nr. 69, Stich von C.G. Amling mit Hexameter Tesauro, Stadtmuseum München.

403 Strich, Adelheid, 85, Brief an Bianchi Nr. 3 („lo strepito del foro con la quiete di Pindo").

404 Löwenfelder, 10 ff, 18; Gregorovius, Die beiden Crivelli; MHStA, K. schw. 16515/2 (Maccioni); HZR 1662, f. 531 (Maccioni in Rom); Schiedermair, 91.

405 Literatur: Rudhart, Bolongaro-Crevenna, Ursprung, Löwenfelder, Schiedermair, Reinhardstöttner; MStB, 4° Bavar. 69^h (Il monte incantato).

406 MStB, 4° Bavar. 2165 II 5 (L'Erinto); Schiedermair, 96; HZR 1660, f. 591 ff.

407 AStT, Lettere Ministri Baviera, mazzo 1, Bericht Gremonville de Sonning, 29. 5. 65; Merkel 380; Mlakar, Notizen über Max Emanuels Beziehungen zum Ballett, ME-Kat. II, 317.

408 Merkel 382 f, 386, A.2.

409 HZR 1662, Komödienausgaben.

410 MGHA, Korr. Akt 666/II (Sbarra); Reinhardstöttner, Italienische Literatur, 124, 167.

411 MStB, 4° P. O. it. 254, Ritratto di Gran Personaggio; MGHA, Haushalt-Akt 1712 G I 39, Bibliotheksverzeichnis.

412 MStB, 4° P. O. it. 253, L'Atalanta; Claretta, Adelaide, 149, A.1.

413 Cicogna, Delle Inscrizioni Veneziane, Vol. VI, 473-482, mit Porträt Gisbertis; Reinhardstöttner, 113-120 und 163-166 (Werke); MHStA, Fürstensachen 644; HZR 1675, f. 453; Schiedermair, 117 f.

414 MStB, 4° Bavar. 2165 III 5 (Applausi festivi); MStO, Törring-Archiv (Personalien der Anastasia Törring).

415 MGHA Korr. Akt. 644/2 und Haushalt-Akt 1712 G II 29; MHStA, Fürstensachen 673; HZR 1665, f. 481' (600 papierene Turnierköpfe); Straub, 198; Innenansicht des Turnierhauses bei Haeutle, Die Wittelsbacher, Blatt 12.

416 HZR 1661, f. 511; 1662, f. 498'; Löwenfelder, 33; Merkel, 375, A.2.

417 HZR 1669, f. 471; Merkel, 388; Trautmann, Italienische Schauspieler, 254 ff.

418 Chapuzeau, Le théatre françois, 137.

419 Trautmann, Französische Schauspieler, 185 ff.

420 AStT, mazzo 23, 26. 2. 61; 19. 1. 67; Merkel 361, 381.

421 Gisberti, Il Würthschafft; MGHA, Haushalt-Akt 1712 G II 29; Simonsfeld, Maskenfeste 219 ff; Haeutle, Die Wittelsbacher, 93.

422 MGHA, Korr. Akt 631/3, Heiratsinstrument vom 4. 12. 50, und Korr. Akt 669, Verlassenschaft; MHStA, Fürstensachen 640 (letzte Rate 1669); Claretta, Carlo Emanuele II, Vol. III, 61; Koegel, 24 (Erbschaft Medici).

423 Lieb, München, 119-136; ME-Kat. II, Nr. 29 (Scharner).

424 Pallavicino, Ritratto di Gran Personaggio; Gisberti, Le Nove Muse, Polinnia, 278; Auskunft Dr. Volk, Bayerisches Nationalmuseum.

425 Reste der Kurz'schen Porträtsammlung in Schloß Adldorf/Ndb., darunter zwei Porträts der jungen Adelheid; Merkel, 342, A.3, 371 f.

426 MGHA, Wittelsbacher Porträt-Sammlung, Bayer. Linie VII, Stich nach Porträt Adelheids von J. U. Mayr; BStGS, Inv. Nr. 4156, Ehepaarbildnis von Bombelli; AStT, mazzo 25, 20. 11. 74; Merkel, 391; ME-Kat. II, Nr. 27.

427 Allongeperücke und Schleppenkleid, Kat. Nr. 69; ME-Kat. I, Abb. 62, 64.

428 Gabrielli, Racconigi, 141; ME-Kat. II, Nr. 4 (Delamonce); Bayerisches Nationalmuseum, Adelaidensaal (Leithner); Kull, 308-310 (Zeggin).

429 Trautmann, Joachim von Sandrart und Kurfürstin Adelheid von Bayern, S. 21-25; MHS D/Rar. 2230 (Teutsche Akademie); Porträtsammlung Wien, Kat. Nr. 112, 210; Bayer. Nationalmuseum, Adelaidensaal (Bildnis einer Dame); hierzu MGHA,

Wittelsbacher Porträt-Sammlung, Bayer. Linie VII, Kupferstich J. Sandrart mit deutschen Alexandrinern über eine verstorbene Fürstin (Adelheid?); HZR 1672, f. 459, Nachweis einer Tätigkeit Sandrarts am Münchener Hof.

430 Chapuzeau, Relation, 46 f; Pallavicino, Trionfi, 123; Krempel, Max Emanuel als Gemäldesammler, 222; Teile von Adelheids Porträtsammlung befinden sich im Charlottengang der Residenz.

431 Pallavicino, Ritratto; Merkel 53; HZR 1661, f. 253; 1663, f. 249.

432 AStT, mazzo 22, 17. 1. 57; Merkel 73, 77.

433 MStB, Musikabteilung, Handschrift Ms. 1522, Gitarrentabulatur; Gisberti, Le Nove Muse, Polinnia; Maier, Die musikalischen Handschriften I, 148.

434 MHS, Cod. ital. 409 (Pistorini).

435 Musik in Geschichte und Gegenwart, Bd. 7 (Artikel Kerll); Schiedermair, 101 f; HZR 1656, f. 566'; Strich, Adelheid, 86.

436 Einstein, Steffani, 7-15; MStB, 4° Bavar. 2165 IV 1, Le Pretensioni del Sole; HZR 1669, f. 549; Sartor, Steffani, 8 (Altieri); MStB, 4° Mus. Pr. 478, Psalmodia Vespertina.

437 Einstein; Sartor; Musik in Geschichte und Gegenwart (Kerll, Bernabei).

438 MGHA, Korr. Akt 668, 669; MHS Cod. ital. 673 (Religiöse Vorsätze).

439 MHS Cod. germ. mon. 3302 und Cod. lat. mon. 27148; Lindner, 19; Geiger, 70; Lampl, 65; Auskünfte Rupert Berlinger, Tegernsee, Dr. Sixtus Lampl, Schliersee.

440 Beauvau, Mémoires, 424-434; Spinelli in: MHStA, K. L. 471, Rubr. XVI, Nr. 3, Lit. E, 9. 4. 74; Strich, Der Residenzbrand vom 9. April 1674 und der Herzog von Vitry; Haeutle, Residenz, 82-89; Paulus, Zuccalli, 219, A. 55; Mitterwieser, Prunkschiffe, 110 (Posthalter).

441 Braubach, Wilhelm von Fürstenberg, 295; Doeberl, Bayern und Frankreich I, 498; Preuß, Adelheid, Ludwig XIV. und Lionne, 353 ff.

442 MHStA, K. L. 471, Rubr. XVI, Nr. 3, Lit. E, f. 41 (Todesahnungen), f. 25 (Tod Karl Emanuels), f. 44 (Tod Simeonis); ebenda, K.schw. 6690 (Karl Emanuel); Merkel 131.

443 MHStA, Fürstensachen 652/II und K.schw. 6690; ebenda, K. L. 471, Rubr. XVI, Nr. 3, Lit. E, f. 45 ff; AStT, Lettere Ministri Baviera, mazzo I, Briefe Perusas über Krankheit und Tod Adelheids; Daffner, Benediktbeuern, 179; Lipowsky, 230.

444 Merkel 136; Marimont, Apparatus funebris; Hamilton, Glorwürdige Lobgedächtnuß.

445 MGHA, Korr. Akt 667.

446 MHStA, K.schw. 5328; Merkel 140.

447 MGHA, Korr. Akt 668, 669.

448 Koegel, 53; Ursprung, 166; Heigel, Italianismen in der Münchener Mundart.

449 Strich, Perusa, 38 ff.

450 MHStA, K. L. 471, Rubr. XVI, Nr. 3, Lit. E, f. 97 ff; ebenda, Fürstensachen 648 a; Lipowsky 233, 243.

451 Strich, Kurhaus, Bd. II (Leben Marianne Christines).

452 Hüttl, Max Emanuel; Doeberl, Bayern und Frankreich, 486; Bosl, Kurfürst Max Emanuel; Rall, Kurfürst Max Emanuel.

453 Luin, Das künstlerische Erbe der Kurfürstin Adelaide in ihren Kindern, Enkeln und Urenkeln.

Personenregister

Bildnachweis

Archiv für Kunst und Geschichte, Berlin: Titelabbildung
Archiv Wolf-Christian von der Mülbe, München: 15
Archiv Verlag Schnell & Steiner, Regensburg: 24
Bayrisches Hauptstaatsarchiv, Geheimes Hausarchiv/Wittelsbacher Porträtsammlung, München: 7, 8, 10
Bayerisches Nationalmuseum, München: 3
Bayerische Staatsbibliothek, München: 19, 20, 21
Bayerische Staatsgemäldesammlung, München: 1 (Inv. Nr. 3145), 6 (Inv. Nr. 4196), 12 (Inv. Nr. 7502), 13 (Inv. Nr. 4464), 14 (Inv. Nr. 7356) (Fotos: J. Blauel, Gauting)
Istituto Bancario di San Paolo, Turin: 2, 4, 5
Staatliche Graphische Sammlung, München: 9 (Inv. Nr. 233354)
Staatliche Münzsammlung, München: 11 (Foto: Zocher, Garching)
Wittelsbacher Ausgleichsfond, München: 16 (BT a 108), 17 (BT a 109)

Aus: Koegel, J.: Geschichte der St. Cajetan-Hofkirche: 23